权威·前沿·原创

皮书系列为
“十二五”“十三五”国家重点图书出版规划项目

中国社会科学院创新工程学术出版项目

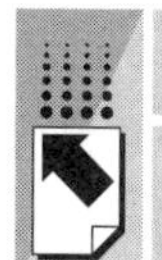

企业国际化蓝皮书

BLUE BOOK OF CHINESE ENTERPRISE GLOBALIZATION

中国企业全球化报告（2018）

REPORT ON CHINESE ENTERPRISES GLOBALIZATION (2018)

主　编／王辉耀　苗　绿

全球化智库（CCG）
西南财经大学发展研究院／编

社会科学文献出版社
SOCIAL SCIENCES ACADEMIC PRESS (CHINA)

图书在版编目（CIP）数据

中国企业全球化报告.2018／王辉耀，苗绿主编；全球化智库（CCG），西南财经大学发展研究院编. --北京：社会科学文献出版社，2018.11
（企业国际化蓝皮书）
ISBN 978-7-5201-3824-6

Ⅰ.①中… Ⅱ.①王… ②苗… ③全… ④西… Ⅲ.①企业发展-研究报告-中国-2018 Ⅳ.①F279.2

中国版本图书馆CIP数据核字（2018）第257143号

企业国际化蓝皮书
中国企业全球化报告（2018）

主　　编／王辉耀　苗　绿

出 版 人／谢寿光
项目统筹／邓泳红　陈晴钰
责任编辑／陈晴钰

出　　版／社会科学文献出版社·皮书出版分社（010）59367127
地址：北京市北三环中路甲29号院华龙大厦　邮编：100029
网址：www.ssap.com.cn
发　　行／市场营销中心（010）59367081　59367083
印　　装／三河市龙林印务有限公司

规　　格／开　本：787mm×1092mm　1/16
印　张：27.5　字　数：411千字
版　　次／2018年11月第1版　2018年11月第1次印刷
书　　号／ISBN 978-7-5201-3824-6
定　　价／98.00元

皮书序列号／PSN B-2014-427-1/1

本书如有印装质量问题，请与读者服务中心（010-59367028）联系本蓝皮书的研究与出版得到了河仁慈善基金会和西南财经大学的支持，特此致谢！

《中国企业全球化报告（2018）》
编　委　会

（按姓氏笔画排序）

《中国企业全球化报告（2018）》
课　题　组

主　　　编　王辉耀

副 主 编　苗　绿

专家及撰稿人　（按姓氏拼音排序）：

曹佳洁　丁继华　董庆前　何伟文　霍建国
李小永　卢进勇　雷宇京　苗　绿　牛　骁
唐琪娃　王辉耀　王胜地　王天鹏　韦洪斌
吴　赟　郇国华　于蔚蔚　张明超　张诗伟
张亚勤　赵　刚

CCG 智库蓝皮书系列

《中国海归创业发展报告（2012）》

《中国海归发展报告（2013）》

《中国留学发展报告（2012）》

《中国留学发展报告（2013）》

《中国留学发展报告（2014）》

《中国留学发展报告（2015）》

《中国留学发展报告（2016）》

《中国留学发展报告（2017）》

《中国国际移民报告（2012）》

《中国国际移民报告（2014）》

《中国国际移民报告（2015）》

《中国国际移民报告（2018）》

《海外华侨华人专业人士报告》

《中国区域人才竞争力报告》

《中国区域国际人才竞争力报告（2017）》

《中国企业国际化报告（2014）》

《中国企业全球化报告（2015）》

《中国企业全球化报告（2016）》

《中国企业全球化报告（2017）》

主要编撰者简介

王辉耀 博士，教授，博导，全球化智库（CCG）主任，国务院参事，商务部中国国际经济合作学会副会长，欧美同学会/中国留学人员联谊会副会长，人社部中国人才研究会副会长，中国国际人才专业委员会会长，西南财经大学发展研究院院长，九三学社中央经济委员会副主任，国侨办专家咨询委员会委员，中国华侨历史学会副会长，中华海外联谊会常务理事。曾担任国家经贸部国际经济合作司官员，中组部/中央人才工作协调小组国际人才战略研究专题组组长，《国家中长期人才发展规划纲要》起草组特邀专家。

曾任加拿大魁北克驻香港和大中华区首席经济代表，哈佛大学肯尼迪学院高级研究员和布鲁金斯学会客座研究员。担任联合国国际移民组织（IOM）国际顾问理事会理事，国际大都会国际执委会委员，国际猎头协会顾问，耶鲁大学亚洲发展理事会成员，杜克－昆山大学顾问委员会成员，加拿大毅伟商学院亚洲董事会成员和德国 IZA 研究所研究员等职务。先后兼任北京大学、中国政法大学，中国农业大学、西安交通大学、广东外语外贸大学、哈尔滨工业大学、首都经贸大学和加拿大西安大略大学及中国人事科学研究院等多家大学和研究机构客座教授和博士生导师等职务。

在企业国际化、智库发展、人才战略、华侨华人、海归与留学生及国际移民等领域有大量著作和学术研究，在国内外出版相关中英文著作70多部，主编“企业国际化蓝皮书”《中国企业全球化报告》和“国际人才蓝皮书”系列——《中国海归发展报告》《中国留学发展报告》《中国国际移民报告》《海外华侨华人专业人士报告》和《中国区域人才竞争力报告》等，著有《世界华商发展报告》《国际人才竞争战略》《国际人才战略文集》《国家战略》《海归时代》《当代中国海归》《人才战争》《移民潮》《哈佛肯尼迪政府学院精英课》《海归百年与中国创新》《那三届》《大国智库》和*Entrepreneurial and Business Elites of China*、*Globalizing China*、*Reverse Migration in Contemporary China* 等一批有影响力的著作。

苗　绿　博士，全球化智库（CCG）联合创始人兼秘书长，中国国际人才专业委员会秘书长，中国欧美同学会建言献策委员会秘书长，北京师范大学国际写作中心副总干事。获得北京师范大学当代中国研究博士学位，经济管理与资源管理博士后，曾在美国纽约大学和哈佛大学担任访问学者，香港科技大学博士后，新加坡南洋理工大学连氏学者奖学金获得者。曾参与多项国家部委和社科基金研究课题，发表学术论文和专业文章多篇及出版多部学术研究著作，合著有企业国际化蓝皮书、国际人才蓝皮书系列、《出海潮》《全球化 VS 逆全球化》《大转向——谁将推动新一波全球化》《大国背后的“第四力量”》《国际猎头与人才战争》*China Goes Global* 等中英文著作多部。苗绿经常活跃于国内外各大政经、文化论坛，担任主持和发言嘉宾，她也是京城不少当代文学文化活动的组织者，曾组织和策划过多项有影响力的文化和文学活动及海归论坛。研究领域相当广泛，包括当代中国与全球化、中国智库建设、中国海归与留学发展、国际移民、当代中国文化研究等。

研究机构简介

全球化智库（CCG）

全球化智库（Center for China & Globalization）简称CCG，是国内领先的社会智库和国际化研究网络。CCG成立于2008年，总部位于北京，在国内外有近10个分支机构或海外代表处，“以全球视野为中国建言，以中国智慧为全球献策”，致力于中国的全球化战略、全球治理、人才国际化和企业国际化等领域的研究，目前拥有全职智库研究和专业人员近百人。CCG是中央人才工作协调小组全国人才理论研究基地、中联部“一带一路”智库联盟理事单位、财政部“美国研究智库联盟”创始理事单位、人社部中国人才研究会国际人才专业委员会所在地，并被国家授予博士后科研工作站资质。在全球最具影响力的美国宾夕法尼亚大学《全球智库报告2017》中，CCG位列全球顶级智库百强榜92位，成为首个进入世界百强的中国社会智库，并在全球最佳社会智库榜单中被评为中国社会智库第一。同时，CCG在国内多个智库排行榜也获高度认可，在南京大学与《光明日报》发布的《中国智库索引CTTI 2017发展报告》中蝉联社会智库Top10榜首，并入选中国社会科学院《中国智库综合评价AMI研究报告（2017）》“核心智库榜单”。此外CCG还被权威的中国管理科学学会评选为“2016～2017年度十大中国管理价值组织”。

CCG每年出版十多部中英文研究著作，承担多个国家部委的课题和举办多个有影响力的论坛及智库研讨会。多年来，CCG在社会科学文献出版社连续发布国际人才蓝皮书系列报告和企业国际化蓝皮书系列报告，CCG致力于人才国际化、企业国际化等领域的研究，成果显著。

CCG邀请了一批在政界、企业界、智库和学术界等领域具有广泛影响力的海内外知名人士担任顾问、理事和学术指导，已形成全球化、创新性的研究网络。CCG同全国人大、全国政协、中组部、人社部、统战部、国务院参事室、国务院侨办、科技部、教育部、商务部、发改委、中国侨联、国务院发展研究中心和中国国际经济交流中心及欧美同学会等国家有关部委和机构保持密切联系，向政府部门积极建言献策，承担其相关政策研究课题，提供独立专业的政策咨询和决策参考报告；同时也多次为北京、上海、天津、广东、江苏、浙江、四川、湖南、山东、广州、深圳、大连、无锡、苏州、东莞等地方政府提供政策咨询研究与服务。

西南财经大学发展研究院

西南财经大学发展研究院（Institute of Development Studies）成立于2009年9月12日，是西南财经大学四个学术特区之一。发展研究院是一家以服务国家、行业和地方的发展需要为己任的财经智库机构，着力研究经济社会发展中具有全局性、战略性、前瞻性的重大理论和实践问题，以不断增强西南财经大学服务社会的能力。

发展研究院由国务院参事、欧美同学会副会长、全球化智库（CCG）主任王辉耀担任院长，第一任院长、著名经济学家李晓西教授现担任名誉院长，著名经济学家张卓元教授、刘诗白教授为学术委员会主席，著名经济学家厉以宁教授等知名专家为学术顾问，卢中原、刘伟等一批著名专家学者为学术委员。发展研究院与经济学院共同建设发展经济学博士点和硕士点，于2014年开始联合招收硕士生和博士生，并设有研究机构“西南财经大学绿色经济与经济可持续发展研究基地”。

发展研究院成立9年多来，秉承“经世济民，孜孜以求”的西财精神，坚持“以项目为基础，以成果为导向，以科研为主体，以合作为关键”的协同创新发展模式，精心策划，协调组织，积极开拓，搭建了“中国人才五十人论坛”“西部人才论坛”“发展与展望论坛”“金帝雅论坛”“都江堰国际论坛”“西南财经大学发展论坛”等系列高层次交流平台，编制了《中国绿色发展指数报告》《中国经济形势分析与预测（季度报告）》《中国绿色金融报告》《人类绿色发展报告》《四川人才发展报告》《中国区域国际人才竞争力报告》《中国留学发展报告》《中国国际移民报告》《中国企业全球化报告》等一系列高水平研究成果，有效提升了西南财经大学在国内外相关领域的社会影响力。

摘　要

《中国企业全球化报告（2018）》是CCG对中国企业全球化发展持续追踪五年的研究成果。本报告从理论研究到实证研究，多角度全方面地对中国企业海外发展进行了梳理与分析。全书由总报告、评价篇、调查篇、专题篇、对策篇、案例篇和附录七部分组成。

总报告中，归纳总结了2017～2018年全球对外投资以及中国企业对外投资的发展情况和特点。纵观全球对外直接投资，从投资区域来看，美欧亚备受投资者青睐；投资行业主要集中在服务领域；投资方式上，跨国并购与绿地投资双双出现下滑；虽然贸易保护主义波及全球，但国际投资政策依然趋向自由与便利化发展。中国企业对外直接投资方面，投资区域中心从北美转至欧亚；投资主体呈多元化发展；投资方式以并购为主，绿地投资持续下降；投资领域主要集中在制造业，高端制造业发展迅速。另外，本报告分析了2017～2018年中国企业海外发展面临的五大挑战，即中国企业海外发展，合规经营亟待与国际接轨；从“产品走出去”到“品牌走出去”，中国企业任重而道远；走进“一带一路”的中国企业困难显现；中美大国博弈下，中国企业美国投资遇阻碍；中国企业海外对外承包工程，PPP模式效率亟待提高。在深入分析的基础上提出相应的对策与解决方案，为中国企业海外发展提供参考与借鉴。

评价篇中，CCG在持续更新的中国企业全球化评价体系（2018）的基础上，以追踪收集的300家“走出去”的中国企业数据为基础，持续推出了具有影响力的中国企业全球化50强榜单。另外，在分榜单中我们推介了2018年中国企业全球化新锐50强榜单、2018年“一带一路”十大先锋企业榜单、2018年中国企业全球化创新十强推荐榜单。

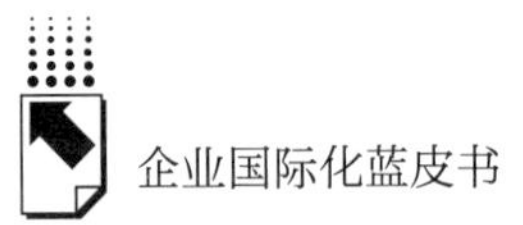

调查篇中，我们通过问卷调查和对论坛专家观点的汇总，收集了宝贵的一手资料进行分析。问卷调查部分，我们采取线上与凤凰网合作进行网上调查以及线下对企业的实地调研访谈的形式，截至2018年8月15日共回收有效问卷213份。通过问卷调查，我们对企业“走出去”的基本情况进行统计，厘清中国企业“走出去”面临的主要问题，掌握政策环境变化对企业的影响，了解走进“一带一路”企业的现状与前景。专家观点汇总部分，根据2017年第四届“中国企业全球化论坛”，整理汇编了各界专家学者与企业家的观点。旨在更深入了解中国企业“走出去”的真实现状与存在的问题，为已经“走出去”和即将“走出去”的中国企业提供参考借鉴。

专题篇中，我们深入探讨了中国企业海外发展所面临的合规问题、民营企业海外投资实业以及“一带一路”经贸合作问题，并对中国企业海外发展的本质进行具体分析。

对策篇中，我们探讨了中小企业海外发展的困境，邀请专业律师对中国企业跨境并购交易合同核心条款进行解读，对近期中、美、欧的准入法规对中企的影响进行分析，并针对中美贸易紧张局势，提出维护双边稳定大局的10条建议。

案例篇中，我们精选了福耀玻璃、复星、科锐国际、百度、京东、碧桂园、爸爸的选择、河南航投八家中国企业“走出去”的经典案例。通过对案例的分析与解读，为中国企业海外发展提供借鉴与参考。

最后，附录部分汇总了全球化智库（CCG）收集统计的2017～2018年对外投资事件，为读者了解中国企业海外发展提供帮助。我们希望本报告为推动中国企业海外发展走向更高层次提供理论基础，为国家有关部门制定政策提供有益参考。

序一　坚守：中国企业全球化的曲折前进之路

2017 年全球经济进入平稳复苏轨道，然而受逆全球化和贸易保护主义等影响，全球对外直接投资出现大幅下降，2017 年全球 FDI（Foreign Direct Investment）同比下降 23%，总额跌至 1.43 万亿美元。作为世界经济体系中的一员，2017 年中国企业海外直接投资出现十余年来的首次下滑，从 2016 年全球对外投资排名的第二位下滑至第三位，全年对外投资总额为 1582.9 亿美元。近年来中国与其他国家的贸易摩擦不断增多，特别是自美国总统特朗普上台以来，中美贸易关系日益紧张，2018 年 3 月开始，中美双方均对对方产品采取了反倾销措施，对相关商品提高关税，中美“贸易战”之声甚嚣尘上，最终搞得中美两国企业和民众人心惶惶，更引发了股市下跌，市场惊慌。一时质疑之声四起，中国加入世贸组织的选择是否正确？中国对外贸易之路将走向何方？中国是否应该继续支持经济全球化？中国企业在新的时代背景下是否还要“走出去”？如何“走出去”？

现实的不明朗总是会给人们前进的信心带来丝丝疑虑，但看问题不应仅看当前和表面，还应关注整体发展历程和深层逻辑。2018 年正值中国改革开放 40 年，也是中国加入 WTO 的成人之际，还是中国推进全面深化改革的五年历程节点，在这样关键的年份，借 CCG《中国企业全球化报告（2018）》推出之际，我们回顾总结中国企业全球化的四十年，客观理性分析今天的挑战与机遇，展望中国企业全球化的未来之路，是非常必要的。

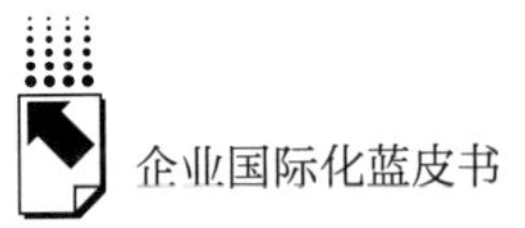

一 回顾：中国企业全球化的过去40年

中国企业全球化必然需要中国企业“走出去”。新中国成立后至1978年的30年间，中国企业也曾在海外开展一些投资活动，虽然当时的海外分支机构规模小、发展慢，但中国企业“走出去”的微弱萌芽也为中国企业在改革开放后至今的40年发展进程提供了经验和基础。回望改革开放40年，中国企业从墨守成规、蜗居一方到勇敢地走出国门再到成为21世纪世界经济全球化的重要推动者和践行者，回顾中国企业全球化的峥嵘40年，有助于更好地指导我们应对今天的挑战。

第一，中国企业全球化的初步发展期。1978年中国共产党十一届三中全会宣布中国实施改革开放，将工作重心转移到经济建设上来，各种有利于经济发展的政策法规相继出台，国内企业到海外投资办厂得到初步发展。1979年国务院颁布了15项经济改革措施，其中第13项提出“允许出国办企业”，使得中国企业“走出去”得到官方认可。从此，以中国化工进出口总公司、中国五矿进出口总公司、上海机械进出口公司等为代表的外贸公司凭借着新中国成立初期的经验和敢闯敢拼的精神开启了中国企业的全球化之路。直至1992年，中国各类企业已经在120多个国家和地区开办了4117家合资、独资和合作生产企业，总投资额达32.04亿美元。

第二，中国企业全球化的调整发展期。1993年开始，中国决定实行经济结构调整，紧缩银根，让过热的经济实现软着陆，因此中国企业全球化的进程进入结构调整和清理整顿阶段，也导致从1993年至21世纪初期，中国企业全球化的发展速度放缓。有数据显示，这一阶段，中国企业对外直接投资为12.78亿美元，批准设立海外企业1500家左右。直接投资的范围则扩大到开发国外资源和制造加工业，此外还包括进出口贸易、工程承包、咨询服务等第三产业。当时的环境下，世界经济全球化几乎成为世界各发达国家的共识，世界经济水平远高于我国跨国公司的发展水平，但看到了差距就看到了努力的方向。在总结这一阶段经验后，中国政府提出了要发展比较优势产业，更要重视有实力的国有企业走出去，以国内国外两个市场、两种资源全力支持中国企业在海外发展。

第三，中国企业全球化的快速发展期。21 世纪到来，中国企业全球化的发展进程随着中国加入世界贸易组织（WTO）而逐步加快，外国商品和资本快速流入中国，中国企业全球化也呈现前所未有的高速发展。入世加快了中国经济与世界经济融合的进程，不仅推动了中国经济的发展，也促进了世界经济的增长、加快了世界经济全球化的进程。但入世以来中国企业海外发展机遇与挑战并存。在机遇方面，中国入世是全世界的巨大利好，使得全球开始享受中国作为一个世界工厂所生产出来的价廉物美的产品，相当于中国正进行着一个“世界级别的扶贫工程”，入世 18 年，使国人开阔了眼界，解放了中国对外贸易的生产力，真正实现了以改革促开放，以开放促发展的愿景。在挑战方面，在 WTO 规则的约束下，大部分国家都在向贸易自由的方向努力，但由于现行规则的不完善，贸易保护主义经常无孔不入，因此采取与 WTO 不直接冲突的各种保护措施，已经成为经济全球化过程中贸易保护主义的普遍形态。中国企业在入世后，早期由于廉价劳动力红利而受到发达国家反倾销、反补贴贸易保护手段的调查，现阶段，随着中国科技实力增强，逐渐走向产业链顶端，发达国家又开始以技术壁垒、知识产权保护和绿色壁垒为理由对中国进行调查。尽管入世 18 年间，中国企业全球化进程屡受挫折，但目前中国已经成为世界第三大对外投资来源国和第二大外国直接投资目的国，成果显而易见。

二　博弈：中国企业全球化的现实纷争

2018 年 3 月，美国开始向中国频频出击，多次向中国各类出口产品加征关税，中美贸易关系成为热点话题，“中美贸易战”一触即发，但对于当前中美之间的贸易分析不可过分渲染和夸大，以“贸易战”命名只会给两国企业和民众带来恐慌，并引起股价大跌。

2001 年中国入世后，中美之间打过很多所谓的“反倾销战”“反补贴

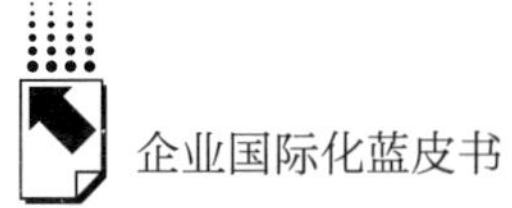

战”，但世界经济依旧向前发展，世界贸易也没有因此而止步，当前的贸易纷争是一个市场行为，是扩大化的贸易摩擦。2009 年，美国国际贸易委员会以中国轮胎扰乱美国市场为由，向中国输美轮胎连续三年分别加征 55%、45% 和 35% 的从价特别关税；2010 年 10 月，美国贸易代表办公室宣布，应美国钢铁工人联合会申请，对中国政府所制定的一系列新能源政策和措施开展 301 调查，最终中美在 WTO 争端解决机制下进行磋商解决；2012 年，时任美国总统奥巴马否决了中国三一重工的关联公司在美风电投资项目；2012 年，美国众议院以国家安全为由禁止中国两家通信设备制造商华为和中兴进入美国；2018 年起，美国商务部先后对中国铝箔、钢铁和污水管道配件分别加征 106.09%、25% 和 109.95% 的反倾销税。的确，美国对中国采取的贸易保护政策对中国企业全球化进程带来重大损失，特别是在特朗普上台以后，美国“不按套路出牌”的风格更使中国企业在海外投资时心惊胆战，但必须清楚地认识到，对奉行“美国优先”政策的特朗普领导下的美国政府而言，削减贸易赤字就是他的优先项，美国对华加征关税就是在“意料之中”。

诚然，对待贸易纷争的心态要理性，解决问题的手段也要慎重。削减贸易逆差是一个渐进的过程，必须以市场化的方式来解决，采取行政化的方法或者强硬的贸易政策措施将欲速则不达。从当前中国采取的反制手段来看，我们的反应是很有节制的，说明我们想为今后一系列的贸易谈判留下更大的空间，这是处理中美经贸关系这样重大的国际经贸问题时需要把握的重要原则，不要因为一次贸易纠纷就动摇了对整个形势的判断，把中美当前的贸易摩擦看成美国对中国的战略发生了重大变化，那会导致后续的一系列误判。从全球产业链的布局来看，美国的消费者和中国产业链上下游的伙伴会站在中国一方，因此双方的谈判和回旋余地依旧很大。

三　展望：中国企业全球化的未来之路

改革开放 40 年、入世 18 年，中国企业随着时代的风帆破浪前行，成果丰硕。最新数据显示，2017 年中国货物贸易进出口总值为 27.79 万亿元人民币，相较上年增长 14.2%，世界贸易大国的地位岿然不动。尽管中国企业在全球化进程中不畏挑战和艰险，成功抓住机遇，利用自身优势，已经成为世界贸易大国，但中国企业面对全球化的未来之路，依旧要谦虚谨慎，时刻保持危机感与紧迫感，不可沾沾自喜。

2013 年，习近平主席提出“一带一路”倡议，为中国企业全球化搭建新平台，为世界经济全球化提供新机遇。中国企业要走好“一带一路”，做好对外投资和可持续发展，需要加强与各国、各地区企业的全方位、宽领域、多层次的合作；中国企业要在“一带一路”沿线上承接为当地人民办实事、办好事的项目，做好沿线国家和地区的民心工程，赢得当地民心，扩大中国企业的国际美誉度和影响力。无论是国有企业还是民营企业都应在“一带一路”发展中找到自身的存在意义和角色，特别是要提升民营企业的社会参与感与社会责任感，使民营企业在整个社会和国家当中能够赢得尊重。国有企业也应勇于承担起政局相对动乱、发展相对落后国家的重大项目，勇于面对投资发展风险，成为“一带一路”建设项目中的开路先锋。

“一带一路”建设已经成为正在进行中的现实，也是中国企业全球化未来发展的关键机遇与平台。因此，全球化智库（CCG）在本书中特别关注了中国企业全球化在“一带一路”建设方面的表现。总体来看，中国企业全球化的进程是历史趋势，不可倒退，不仅要在“一带一路”建设框架下努力向前发展，还要在过去的发展历程中汲取经验，而非妄自菲薄，打退堂鼓。我们一定要坚持走改革开放的道路不动摇，坚持走中国特色社会主义市场经济道路，遵守世贸协定，积极融入世界经济发展大势，让中国企业在全球市场中获得利润，也让世界分享中国改革开放的红利。正是在对中国企业全球化满怀希望、对世界经济全球化积极支持的观点指引下，CCG 对 2017 年中国企业全球化的诸项成果、面临难题进行深入浅出的分析从而撰写成报告。希望这本《中国企业全球化报告（2018）》能够为在曲折道路上前行的中国企业提供光明的指引。

一时的挫折和摩擦并不能影响全局发展的正确方向，只有道路正确才能行远。

全球化智库（CCG）主席

龙永图

2018年9月

序二　经济全球化新形势下的中国企业“走出去”

经济全球化从20世纪80年代末90年代初开始迅速发展，对世界经济产生了深远影响。在科学技术的推动下，国际贸易、国际金融、国际投资以及技术、信息和人员在国际范围内自由流动，推动了全球资源配置效率的提高，世界经济获得了长足发展。我国积极加入经济全球化的发展进程，尤其是在加入世界贸易组织后，逐步成为经济全球化的重要参与者、受益者和贡献者。

在这一背景下，我国企业对外投资从无到有，一路发展到了世界领先水平。2000年3月第九届全国人大三次会议正式提出实施“走出去”战略，我国企业对外投资开始了快速发展的历程，尤其是进入21世纪后，我国企业对外投资高歌猛进，“走出去”迎来了大发展的黄金期。2015年，我国对外直接投资实现历史性突破，位列全球第二，仅在美国之后。据商务部统计数据，2016年我国对外直接投资在实现连续14年快速增长之后，创下了1961.5亿美元的历史新高，同比大幅增长34.7%。

企业的发展壮大和提升离不开全球化布局。企业发展到一定阶段，进行全球化经营不仅是完成产业转型升级的需要，也是自身实力增强后开始在全球范围内配置资源的必然。在经济全球化的今天，企业的经营活动不可能囿于一国一地一市场，必然要在条件成熟时走向世界，去寻求市场、资源和技术。福耀集团就是中国最早“走出去”进行海外投资的制造企业之一。1994年福耀在美国成立美国绿榕玻璃工业有限公司，负责在北美销售汽车玻璃，开始进行海外扩张；20年后，在积累了丰富的全球化发展经验后，福耀开始在美国大规模投资建厂，先后建立了“代顿工厂”和“芒山工厂”。福耀的对外投资始终专注于自己的主业，没有做房地产，也没有做金融，从 2011 年投资俄罗斯加州首府卢加市到后来投资美国，一直围绕着汽车玻璃制造这个主业。

但是，近年来，发达国家推进经济全球化发展的意愿减弱，单边主义和贸易保护主义抬头，多种“逆全球化”举措出现。从 2016 年开始，以英国脱欧、欧洲民粹主义抬头、反对自由贸易的特朗普赢得美国大选，及世界贸易增长缓慢、保护主义增强等为代表，逆全球化现象集中升温。美国总统特朗普上任后签署了第一份行政命令，正式宣布美国退出《跨太平洋贸易伙伴协定》（TPP），之后更是退出了《巴黎协定》、联合国教科文组织等。

伴随着“逆全球化”现象，投资保护主义盛行。很多国家制定了安全审查和反垄断制度。一些国家以环境规制权为理由，通过法律和行政手段对跨国企业进行变相规制限制；一些国家以进行国家安全审查和反垄断审查、诉讼的形式对外资流入进行限制。例如，美国外资投资委员会（CFIUS），它的审查更加复杂化，对企业赴美投资构成了严重阻碍。联合国贸易和发展会议的《2018 年世界投资报告》显示，2017 年全球对外直接投资（FDI）下降了 23%，超大型并购及企业重组减少导致跨国并购下降 29%，其中美国 FDI 流入量大幅下降了 40%，降至 2750 亿美元。

与此同时，我们也看到，在我国企业海外投资热情最高涨的这两年，自身也暴露出一些问题。如房地产、酒店、娱乐、体育俱乐部等领域出现了很多非理性投资，这些非理性、高风险、高负债的投资行为引起了国家和社会的重视。近期，这些投资行为也在逐步调整，逐渐回归理性。从商务部发布的数据，我们看到，2018 年上半年，我国企业对外投资主要流向了租赁和商务服务业、制造业、采矿业以及批发和零售业，房地产业、体育和娱乐业对外投资没有新增项目。

当前引起各方关注的中美经贸关系，不仅影响全球化的走势，也是中国企业投资美国的重要影响因素。当前中美经贸冲突加剧，2018 年以来美国已连续几次宣布对中国进口产品加征关税。与此同时，美国也收紧了对外资的审查。近期美国总统特朗普签署了新财年的“国防授权法案”，加强了美国外资投资委员会（CFIUS）的职能，要求 CFIUS 更加严格审查外资收购美国公司，并对外国投资美国企业提供国家安全评估报告。未来中国企业投资美国，将面临比以往更多的不确定性和更加严格的审查。因而，增强对风险的掌控能力，加强对合规经营的重视，是未来中国企业投资美国乃至全球的至关重要的功课。

中国企业在全球化过程中合规经营的重要性愈发凸显。随着各国政府和国际组织加强监管，以及单边主义和贸易投资保护主义的威胁，合规风险成为企业全球化经营中的主要风险，合规竞争也成为全球化企业新的竞争规则。中国企业必须高度重视企业海外投资经营所面临的合规风险，如果不能遏制这一风险，中国企业将难以“走出去”，即使“走出去”了，也难以在海外持续发展。近些年，企业在实施国际化的过程中，违规经营事件频繁发生，一些国际知名跨国企业在华进行商业贿赂的事件时有见诸报端。而中国“走出去”企业的合规经营问题也开始凸显。“合规”已经成为中国企业适应全球竞争新规则和新方式的必经之路，是全方位“走出去”的关键所在，应根植于企业的文化和意识之中，成立专门的合规部门，建立完善的合规管理体系，保证合规管理制度的落地执行。

过去数十年，经济全球化对世界经济发展做出了重要的贡献，成为不可逆转的时代潮流，但经济全球化也面临新的挑战，全球治理机制面临调整、完善和重塑。在经济全球化遭遇曲折的时候，中国成为新一轮全球化的支持者、塑造者和引领者。中国在全球治理中主张开放包容、普惠平衡的理念，结果上更加追求公正共赢。在国际经贸方面，中国支持多边贸易体制，进一步扩大开放，实施了一系列扩大开放的重磅举措，大幅度放宽市场准入，创造更有吸引力的投资环境，并加强知识产权保护。中国提出的“一带一路”倡议，将为中国企业“走出去”提供新的机遇和更广阔的天地。中国企业的海外投资，也将引领新一轮全球化进程，为建设人类命运共同体做出贡献。

全球化智库（CCG）资深副主席
福耀玻璃工业集团股份有限公司董事长
河仁慈善基金会创办人、捐赠人
曹德旺
2018 年 9 月

目　录

Ⅰ　总报告

Ⅱ　评价篇

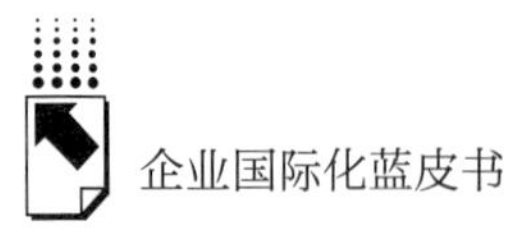

Ⅲ 调查篇

Ⅳ 专题篇

Ⅴ 对策篇

Ⅵ 案例篇

Ⅶ 附录

皮书数据库阅读**使用指南**

总 报 告

General Report

B.1

中国企业全球化发展现状与趋势

王辉耀　苗 绿*

摘　要： 2017 年，全球经济持续复苏，但全球对外投资持续下滑，且下降幅度为近 15 年之最，超过 2008 ~ 2009 年金融危机时期的下降水平。从投资区域来看，美欧亚依然备受投资者青睐；投资行业主要集中在服务领域；投资方式上，跨国并购与绿地投资双双出现下滑；虽然贸易保护主义思想波及全球，但国际投资政策依然趋向自由与便利化发展。受国内外投资政策监管力度加大的影响，以及美国对中国投资领域限制的不断加码，2017 年中国企业对外投资出现了十余年内的首次下滑。主要特点为：投资区域中心从北美转至欧亚；投资主体呈多元化发展；投资方式以并购为主，绿地投资持续下降；

* 王辉耀，博士，全球化智库（CCG）主任，教授、博士生导师；苗绿，博士，CCG 副主任、秘书长。CCG 研究员曹佳洁、李庆、于蔚蔚、侯少丽对本报告亦有贡献。

投资领域主要集中在制造业，高端制造业发展迅速。本报告归纳总结了2017～2018年全球对外投资以及中国企业对外投资的发展情况和特点，从国际政治、经济、投资环境的角度分析了对外投资大幅下降的原因，提出2017～2018年中国企业海外发展面临的五大挑战，在深入剖析的基础上提出对策与解决方案，为中国企业海外发展提供参考与借鉴。

关键词： 中国企业 全球化发展 对外直接投资

一 概述

2017年全球经济持续复苏，金融环境改善、市场需求增长等因素加快了主要经济体经济增长的步伐。国际货币基金组织（International Monetary Fund，IMF）的数据显示，2017年世界GDP增长率较2016年上升0.4个百分点，是2011年以来全球经济增长速度的最高纪录。其中，发达经济体GDP增速为2.2%，较2016年上升0.5个百分点，美国、欧元区和日本等国家GDP普遍提升成为发达经济体提速增长的主要原因。另外，新兴市场与发展中经济体的GDP增速为4.6%，与2016年相比提升0.3个百分点。其中，中国经济增长稳健，俄罗斯、巴西均扭转了负增长态势；但是也有部分国家及地区经济状况恶化，比如印度受“废钞令”影响、中东北非受地缘政治冲突影响，经济增长率有所回落。

2017年全球对外直接投资（Foreign Direct Investment，FDI）流量的大幅下降与全球经济形势的上扬形成鲜明对比。2017年，全球FDI流量跌至1.43万亿美元，同比下降23%。从区域来看，美国依然是第一大对外投资国，日本超过中国跃居第二大投资国，中国对外投资出现下滑；从行业分布看，三大产业的跨境并购均出现下滑，其中第一产业降幅最大，制造业与服务业整体也都停留在较低水平。从投资方式看，并购投资与绿地投资这两种投资方式均出现不同程度的下滑，全球价值链扩张出现放缓的态势。①

在世界贸易壁垒不断增加，逆全球化潮流频繁出现的背景下，中国砥砺前行，经济发展可圈可点。根据国家统计局公布数据，2017年中国GDP首次突破80万亿元人民币，达到82.7万亿元，较2016年增长6.9%，实现了七年内的首次提速。② 虽然中国企业对外投资有所放缓，但投资领域与投资模式逐步回归理性。中华人民共和国商务部与外汇局统计的数据显示，2017年我国对全球的174个国家和地区的6236家境外企业，进行非金融类直接投资，累计实现对外直接投资1200.8亿美元，同比下降29.4%，是中国FDI数据十余年内的首次下滑；中国对“一带一路”沿线的59个国家直接投资143.6亿美元，同比下降1.2%。投资主要流向俄罗斯、新加坡、马来西亚、印度尼西亚、阿联酋等国家。③

全球化智库（CCG）认为，这主要是因为在全球化时局波动的背景下，国内外对海外投资监管环境相继收紧。首先，我国加大了对外投资的风险防范，鼓励和支持更多与主营业务相关的项目“走出去”。在此影响下，我国企业投资结构不断优化，高技术制造业、装备制造业的实体“走出去”比例上升。其次，欧美等发达国家也在提高战略性行业投资的准入门槛和加强海外投资的国家安全审核，收紧了外资的准入政策，中国企业“走出去”正在面临新的挑战。

企业“走出去”行稳才能致远。现阶段，“走出去”的中国企业“如何规划好全球化发展战略，实现更高层次的‘走出去’？”“如何‘脱虚入实’，更积极主动地应对来自国内外的监管、审查等不确定因素？”“如何带动中国制造更好地融入全球价值链中？”“如何让企业与东道国协同发展，创造经济价值与社会价值双丰收的局面？”“如何做好海外投资的风险防范？”等都需要“走出去”和准备“走出去”的中国企业深入思考和长远谋划。CCG在对企业全球化发展领域长期研究的基础上，通过分析国内外对

① 联合国贸发会议（UNCTAD）：《2018年世界投资报告》。

② 国家统计局，http：//www.stats.gov.cn/。

③ 中华人民共和国商务部，http：//mofcom.gov.cn/。

外投资的发展情况，总结当下中国企业海外投资面临的五大挑战，提出相应的解决方案，为中国企业全球化发展提供参考与借鉴。

二 2017 ~2018年全球对外直接投资的现状与特点分析

CCG 企业全球化课题组根据 2018 年 6 月联合国贸易和发展会议（United Nations Conference on Trade and Development，UNCTAD）发布的《2018 年世界投资报告》，梳理汇总了 2017 年全球 FDI 的六大特点。

（一）全球 FDI 流量再次下滑，且出现金融危机以来的最大跌幅

2017 年，全球经济发展呈现持续回暖迹象，但全球 FDI 流量再次下滑。与 2016 年全球 FDI 流量的小幅回落不同，2017 年全球 FDI 缩水严重，降至约 1.43 万亿美元，同比下降 23%（见图 1）。

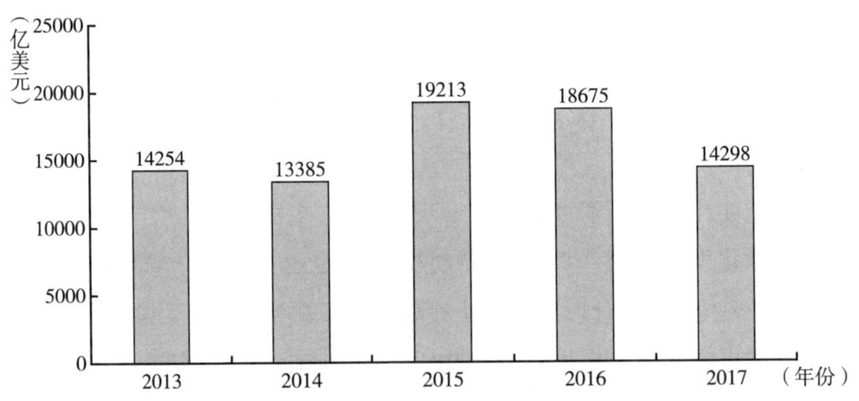

图 1　2013 ~ 2017 年全球对外直接投资（FDI）流入量

资料来源：联合国贸发会议（UNCTAD）：《2018 年世界投资报告》。

CCG 分析，世界范围内逆全球化浪潮的不断上升，是 2017 年全球对外直接投资下滑的主要原因。譬如，美国方面，特朗普政府扬言对与美国进行不公平贸易的国家采取提高关税的行为，且重启《北美自由贸易协定》（NAFTA）的

谈判，以提高美国商品的竞争力和促使制造业的回流。欧洲方面，一些重要国家大选反映出欧洲右翼势力的扩张，阻碍了全球化发展进程。例如，奥地利保守派候选人库尔茨当选；德国民粹主义政党获得民众13%的支持率，首次进入德国联邦议院；法国右翼政党国民阵线候选人玛丽娜·勒庞成功突围总统选举第一轮等事件，为全球化蒙上了一层阴影。加之各国对来自海外直接投资的监管与审批收紧，一系列事件的叠加对2017年全球对外直接投资造成重大影响。而在美国税制改革等因素影响下，根据联合国贸发会议最新统计数据，2018年上半年，全球FDI再创新低，同比下降了41%，仅为约4700亿美元。

（二）全球对发达经济体投资降幅达到37%，亚洲反超欧洲重新回到最受欢迎的投资区域

2017年，全球对发达经济体的投资流入量大幅缩水（见图2），仅为7124亿美元，与2016年相比减少4208亿美元，降幅达37%。从占比来看，对发达经济体的投资流入量占全球FDI流入量的50%，同比下降约10个百分点。全球对转型经济体的投资也在2017年严重受挫，跌至468亿美元，与2016年相比下降27%。与前两者相比，全球对发展中经济体的投资保持平稳，且小幅回升5亿美元，达到6707亿美元。

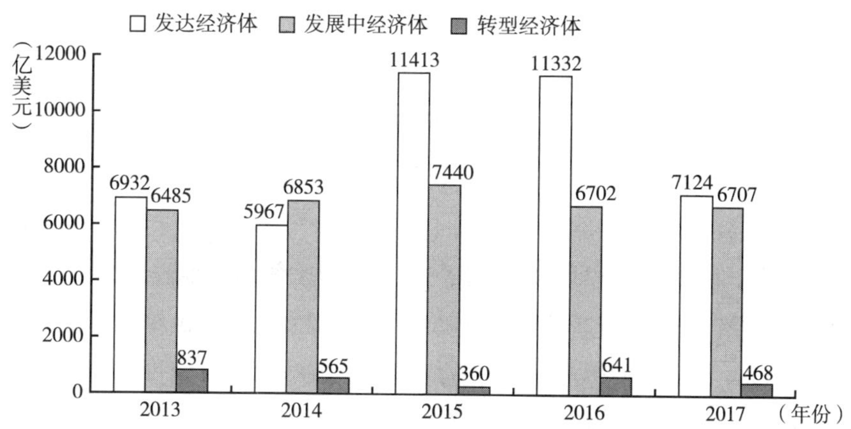

图2　2013～2017年全球对外直接投资流入量对比

资料来源：联合国贸发会议（UNCTAD）：《2018年世界投资报告》。

从全球 FDI 流入的洲域上看，2017 年亚洲超过欧洲，成为全球 FDI 流入量最多的区域，占投资总额的 36%。之后依次为欧洲 26%、北美洲 21%、拉美和加勒比海地区 10%，以及大洋洲 4%、非洲 3%（见图 3）。

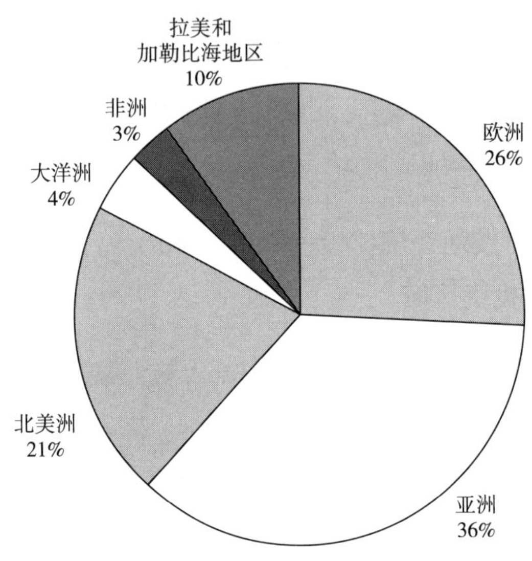

图 3　2017 年全球对外直接投资流入区域分布

资料来源：联合国贸发会议（UNCTAD）：《2018 年世界投资报告》。

相比 2016 年，除亚洲、拉美和加勒比海地区吸引外国直接投资有所增长外，其他大洲均有不同程度的下降，其中欧洲、北美洲及非洲吸引外国直接投资下降幅度较大，分别下降 39.8%、39.4% 以及 21.5%（见图 4）。

2017 年，欧盟和欧元区经济取得了 2.4% 的增长率，欧洲经济开始走上复苏之路。然而受英国脱欧带来的巨大不确定性以及难民问题、民粹主义和贸易争端等因素影响，欧洲经济复苏前景仍存在较大不确定性，外国投资者对欧洲投资表现得较为谨慎。在北美区域，因美国特朗普政府“美国优先”的相关政策，及对外资监管的严格审核，提高了对美投资的准入门槛，使得一些投资者望

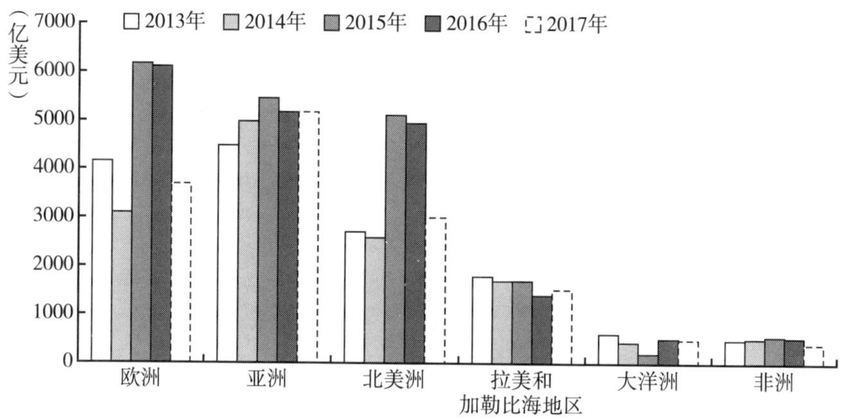

图 4　2013～2017 年全球对外直接投资流入区域

资料来源：联合国贸发会议（UNCTAD）：《2018 年世界投资报告》。

而却步。与之相对，全球对亚洲的投资平稳增长，在 2017 年全球外国直接投资前 10 大目的国（地区）中，亚洲占据四席。

（三）美国仍稳居全球最大对外投资来源国，中国成为全球最大对外投资目的国

从对外直接投资来源国和地区来看（见图 5），美国的对外直接投资在 2017 年出现了显著增长，同比增长 22%，达到 3423 亿美元；日本从 2016 年的第三位跃居至 2017 年全球第二位，达 1604 亿美元①，这已是日本连续第四年对外投资出现增长；中国内地在 2017 年则是出现了较大回落，对外直接投资额从 2016 年的 1961 亿美元降至 1246 亿美元；英国 2017 年对外直接投资出现了极大的反弹，对外国直接投资达到 996 亿美元。中国香港和德国的对外国直接投资均出现了增长，分别上升了 39% 和 60%，达到 828 亿美元和 823 亿美元。

① 2017 年 1 月，日本武田制药公司以 52 亿美元，约 24 美元/股收购美国阿瑞雅德（Ariad）制药公司；8 月，软银花费了大约 26 亿美元投资印度电子商务公司 Flipkart。

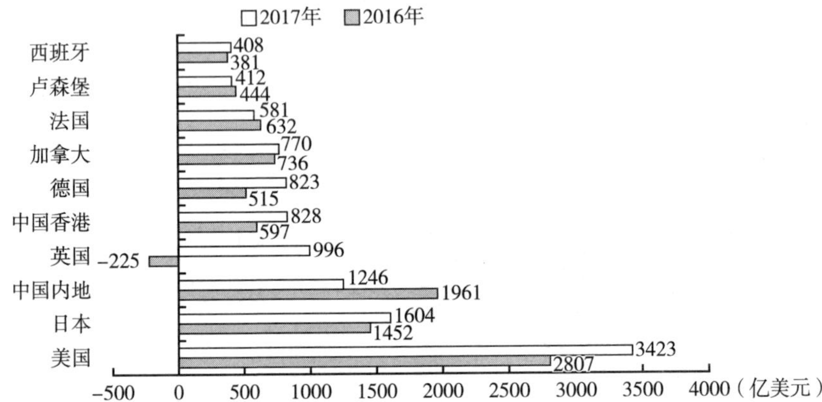

图 5 2016～2017 年全球对外直接投资前 10 大来源国（地区）

资料来源：联合国贸发会议（UNCTAD）:《2018 年世界投资报告》。

从对外投资目的国和地区来看，2017 年，虽然美国吸引外资额同比下降了40%，但仍以2754 亿美元居各国之首（见图6），然而，在美国对外国投资实施更为严格的投资审查以及美国对外贸易关系的不确定等因素影响下，2018 年上半年，全球对美国的投资流量大幅下降 73%，跌至460 亿美

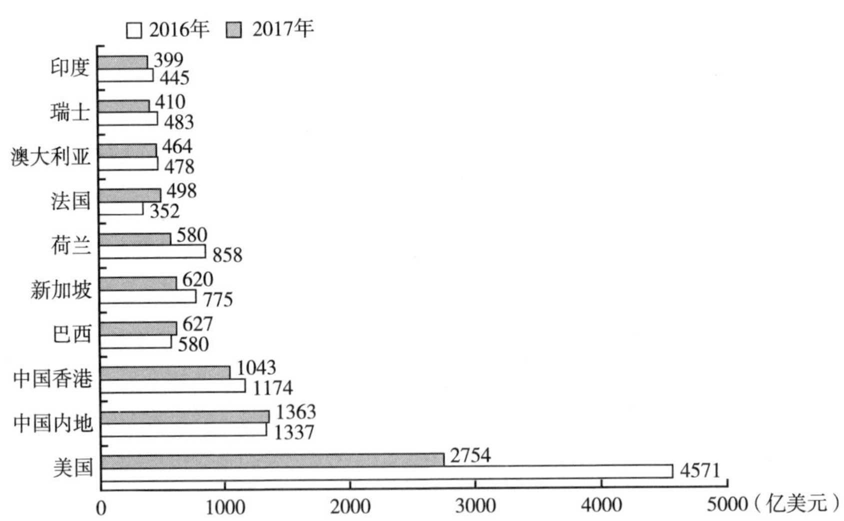

图 6 2016～2017 年全球对外直接投资前 10 大目的国（地区）

资料来源：联合国贸发会议（UNCTAD）:《2018 年世界投资报告》。

元，美国也从第一大对外投资目的国跌落至第三位。①

在一系列投资便利化以及招商引资的措施下，中国对外资的吸引力不断增强，2018 年上半年，中国超过美国，成为全球第一大外资目的地。随着中国不断扩大开放，进一步完善投资环境，未来流入中国的外国直接投资有望继续保持高位。

（四）全球对外直接投资在服务业和制造业并驾齐驱，农业有所下降

从全球对外国直接投资流入的行业来看（见图 7），2017 年以农业为主的第一产业仅占总外资的 1%，较 2016 年下降了 3 个百分点。由于化学原材料及化学制品制造业②、食品及烟草行业③出现较大的跨国并购案例，流

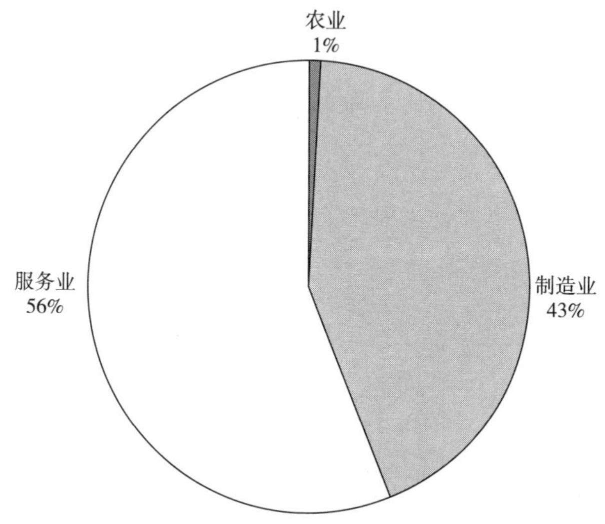

图 7　2017 年全球对外直接投资流入量行业分布

资料来源：联合国贸发会议（UNCTAD）：《2018 年世界投资报告》。

① 贸发会议（UNCTAD）：《全球投资趋势监测报告》（第 30 期）。

② 2017 年，中国化工集团公司并购瑞士农化和种子公司先正达，交易金额为 430 亿美元。

③ 2017 年 1 月，美烟草（British American Tobacco PLC）支付 494 亿美元收购该公司尚未持有的雷诺兹美国（Reynolds American Inc.）。

向制造业的投资占 43%，同比上升 3 个百分点。服务业依旧是最吸引外国直接投资的行业，占全球对外直接投资的 56%。

CCG 分析，近年来很多大国都出台了一系列产业政策，例如德国的“工业 4.0”、中国的“中国制造 2025”、美国的“制造业回流”以及日本的“机器人新战略”，各国均在高新技术领域采取产业扶持的战略以扩大自身的优势进而提高产品在市场中的竞争力，促使制造业在全球对外直接投资行业中的占比不断攀升。

（五）并购投资活跃但大型并购有所减少，绿地投资中仅制造业有所增长

2017 年，全球跨国并购金额同比下降 22%（见图 8），不过，在金额出现较大回落的同时，并购数量出现小幅攀升，增长 5%，达到 6967 宗。这说明，2017 年的大型跨国并购事件较 2016 年有所下降。全球跨国并购在第一产业出现了严重缩水，同比下降 123%。制造业与服务业也出现了回落，同比分别下降 32%、11%。

绿地投资金额同样出现下滑，同比下降 14%。值得注意的是，在绿地

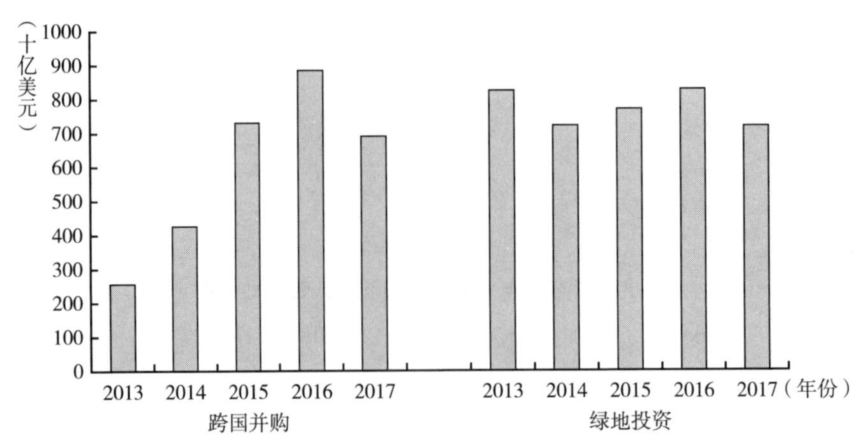

图 8　2013 ~ 2017 年全球对外直接投资模式对比

资料来源：联合国贸发会议（UNCTAD）：《2018 年世界投资报告》。

投资中，制造业吸引的外国投资同比增长 14%，第一产业和服务业的绿地投资均出现不同幅度的下滑，同比分别下降 61% 和 25%。

（六）国际投资政策发展趋势以自由化和便捷化为主

2008～2017 年，出台对外投资政策的国家逐步增多。2017 年，全球 65 个国家共出台 126 项相关政策，其中自由化与便利化的政策数量为 93 项，中性政策 15 项，限制性政策 18 项。自由化与便利化政策占政策总量的 73.8%，相较 2016 年提升了 6 个百分点；限制对外投资的政策略有减少，同比下降了 3 个百分点，占政策总量的 14%（见表 1）。

表 1　2008～2017 年对外投资政策数量变动情况

单位：个，项

年份	2008	2009	2010	2011	2012	2013	2014	2015	2016	2017
出台政策的国家数量	40	46	54	51	57	60	41	49	58	65
法律法规变化的总数	68	89	116	87	92	88	74	99	124	126
自由化与便利化政策数量	51	61	77	63	65	64	52	74	84	93
限制性政策数量	15	24	33	21	21	21	12	14	22	18
中性政策数量	2	4	6	3	6	3	10	11	18	15

资料来源：联合国贸发会议（UNCTAD）：《2018 年世界投资报告》。

从出台对外投资政策的经济体来看，亚洲新兴经济体在扩大对外投资自由度方面力度空前，吸引外资的投资领域不断延展：中国取消 30 项限制外资进入的措施，其中涵盖服务业、制造业和采矿业；老挝废除针对外国资本最低限额的登记；缅甸放宽外资对本国公司的持股比例；等等。与之相反，发达经济体不断加强投资限制壁垒：日本修正针对外资的审查制度；德国联邦内阁会议通过了《对外经济法》实施条例的修订；英国提出了加大外资并购英国企业的审查力度的相关建议。根据贸发会议的报告，出台限制性政策的国家主要是出于对国家安全和外资可能控制战略性行业的考虑。

CCG 分析，从趋势上看，各国对于外资的重视程度不断提升，为外资提供更好的投资环境逐渐成为共识。但仍有不少国家在2017年对外国直接投资采取更为审慎的态度。值得关注的是，出台限制性政策的国家主要集中在发达经济体，这些国家普遍加强了对外资并购的审查，特别是对战略资产及高新技术企业并购的严格审查①。从2017年中国企业对外投资的目的国（地区）来看，资金的主要流向还是欧洲和北美的发达经济体，因此中国企业将会受到相关目的国（地区）限制性政策的较大影响。针对上述出台限制性政策的国家，中国企业需要做好更充足的应对准备和拥有更专业的并购团队。

三　2017～2018年中国企业对外直接投资的现状与特点分析

2017年，中国企业"走出去"的步伐有所放缓。如上文所述，与2016年相比较，中国全球对外投资排名从第二位下降至第三位，但在全球外资流入排名中，中国已经从第三位上升至第二位，仅次于美国②。探其原因，一是在"走出去"方面，为了进一步规范中国企业对外投资的行为，防范中国企业可能在国际投资环境中遇到的不稳定风险，提升中国企业海外发展水平，我国政府在政策层面有所收紧，引导企业在开展对外直接投资方面应更加理性，投资方向应加强与主营业务的相关性，且保持投资的真实性与合理性。2017年6月，中央全面深化改革领导小组的第36次会议将海外投资安全上升至国家安全高度。会议审议通过《关于改进境外企业和对外投资安全工作的若干意见》，重点强调坚持党对境外企业和对外投资安全工作的领导，并且要在国家安全体系建设的总体框架下，建立统一高效的境外企业和

① 例如，美国外资投资委员会（CFIUS）在关键领域的并购上，以可能会对国家安全造成威胁为由，阻碍中国企业的并购。2017年，特朗普在CFIUS的建议下，阻止了有中资背景的Canyon Bridge Capital Partners收购位于俄勒冈州波特兰的莱迪思半导体公司，北京大北农科技集团未获CFIUS的批准，被迫放弃对种猪销售公司Waldo Genetics的收购。

② 根据贸发会议《全球投资趋势监测报告》，2018年上半年，中国超过美国成为全球FDI最大吸收国。

对外投资安全保护体系。[①] 二是在"引进来"方面，我国正处于产业转型升级阶段，亟待引进海外高新技术、新的管理方式等，推进我国产业结构性改革的进度，优化现有产业格局；同时，中国改革开放进一步加深，投资与营商环境不断改善，制造业升级和互联网行业的快速发展，以及更具国际化的市场正在形成，这些都成为吸引外资的重要因素。

CCG 根据相关研究机构、企业自行披露的公开信息等资料，整理出中国企业2000 年至2018 年上半年海外并购、绿地投资、合资等案例共计3228 起。课题组对这些数据进行系统分析，总结了中国企业海外投资的六大现状与特点。

（一）2017年中国企业对外投资首次下滑，政策监管加码引导企业"走出去"更趋理性

商务部的数据显示，中国企业对外直接投资流量迎来自 2002 年中国政府对外公布这项数据以来的首次下降。2017 年的对外投资额为 1582. 9 亿美元，同比下降 19. 3% （见图 9）。

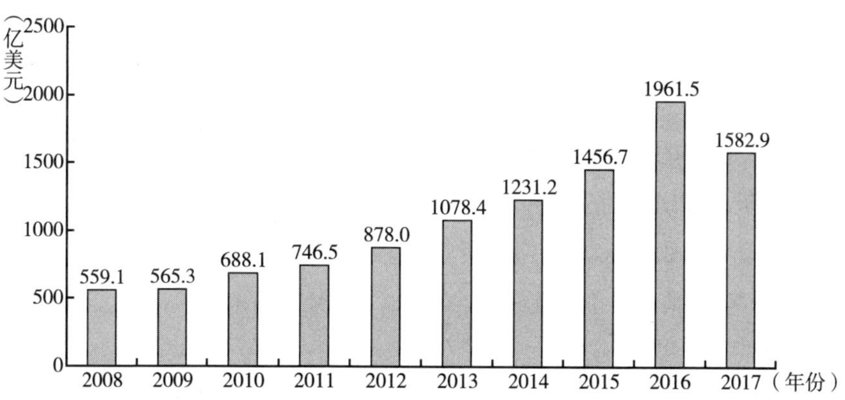

图 9　2008 ~ 2017 年中国对外直接投资流量变化情况

资料来源：根据各年度《中国对外直接投资统计公报》整理。

① 《多部门收紧对中国企业海外投资的监管政策》，中国商务新闻网，http：//news. comnews. cn/20170717/1339. html。

CCG 统计数据显示，2017 年 1 ~6 月中国企业海外并购共 201 宗，7 ~12 月并购数为 135 宗，整体呈现上半年企业海外投资较下半年活跃的特点。与 2016 年中国企业海外投资呈井喷式增长相比，2017 年的中国企业海外投资额下降明显，2017 年全年的并购案例不及 2016 年上半年的并购宗数。

CCG 认为，在延续 2016 年对外投资政策收紧的情况下，为进一步对企业“走出去”行为进行合规引导，2017 年我国政府又密集出台了企业“走出去”的相关政策，例如《关于进一步引导和规范境外投资方向的指导意见》《民营企业境外投资经营行为规范》；同时国家发改委发布了《企业境外投资管理办法》，在简政放权的同时进一步规范企业境外投资改革。2018 年，《对外投资备案（核准）报告暂行办法》《境外投资敏感行业目录（2018 年版）》开始实施，政策变化对企业海外投资影响明显。

国家监管层对中国企业“走出去”的管理日趋精细化，有效促进中国企业对外投资健康有序发展，并且不断优化对外投资结构，推动实体经济、创新领域、高新技术等走向世界舞台。与此同时，企业资源全球化配置的优化，将进一步促进我国从投资大国向投资强国转变。

（二）欧洲、亚洲、北美为主要投资区域，中国对美投资大幅下降

从海外投资的区域分布看，2017 年中国企业海外投资集中在欧洲、亚洲及北美洲，占比分别为 39%、23% 和 23%（见图 10）。中国企业对于大洋洲、南美洲和非洲区域海外投资数量相对较少，比重分别为 6%、8% 和 1%。2018 年中非合作论坛北京峰会召开，中国企业未来对非投资合作的增长空间明显。

从对外投资流向的单个国别来看，中国企业对美国的投资出现了断崖式下跌。CCG 的调查显示，中国企业对美投资在 2015 ~2016 年连续两年超过了美企对华投资。而 2017 年受特朗普上台后的贸易保护主义等影响，中国对美投资数量和投资额均出现明显下降。根据 CCG 统计数据，中国企业在 2017 年对美投资仅为 67 起，投资总金额为 201. 33 亿美元，与 2016 年相比，分别下降了 57% 和 76%（见图 11）。

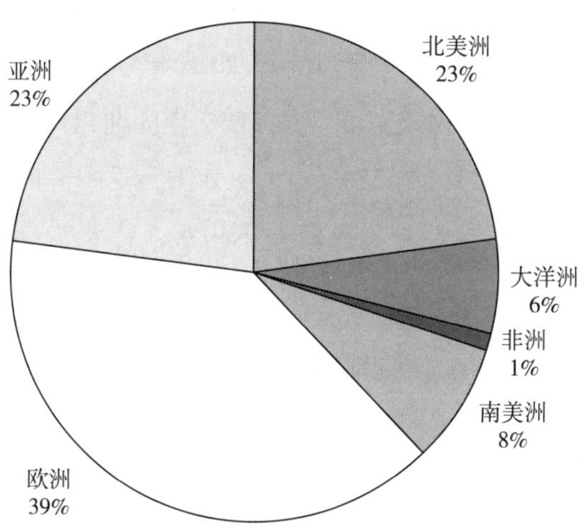

图 10　2017 年中国企业海外投资区域分布

资料来源：全球化智库（CCG）数据库。

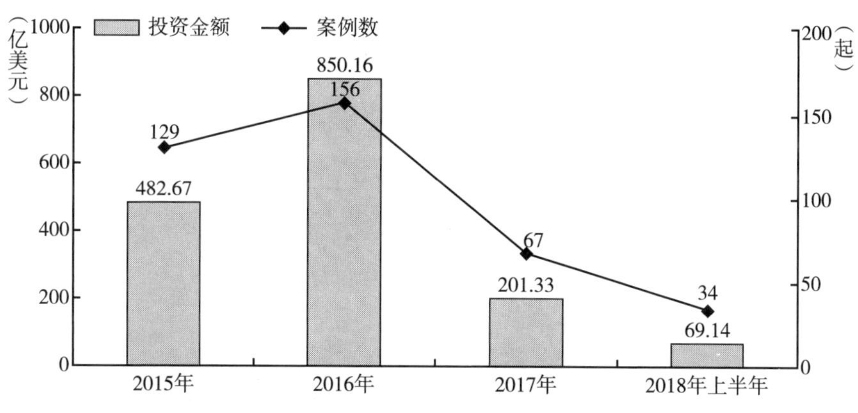

图 11　2015 年至 2018 年上半年中国企业投资美国的案例数和投资金额

资料来源：全球化智库（CCG）数据库。

2018 年开年以来，中美贸易摩擦逐渐加大。美国针对中国企业在海外高科技领域投资启动 301 调查、对中国出口美国产品列出清单加征高额关税、对中兴开出 13 亿美元巨额罚单等，这一系列动作，证明美国对来自中国企业的投资逐步收紧。另外，中企投资美国面临着来自美国外资投资委员会前所未有的挑战。CCG 统计数据显示，2018 年上半年中国企业赴美投资为 34 起，投资金额为 69. 14 亿美元，与 2017 年同期相比，投资数量与金额持续下降，降幅分别为 24% 与 37% 。CCG 分析，受中美经济贸易摩擦的影响，2018 年下半年中国企业赴美投资并不乐观，特朗普政府的贸易政策影响将继续为中美，乃至全球经济发展蒙上阴影。

（三）国民携手齐头并进成为中国企业“走出去”的新时代特征

2017 年民营企业与国有企业在海外投资上各具特点，民营企业在投资数量上表现抢眼，国有企业则在投资金额方面具有显著优势，成为中国企业“走出去”的新时代特征。根据 CCG 统计数据，2017 年民营企业海外投资数量为 248 起，占中国企业海外投资总数的 73. 8% 。可以看出民营企业参与海外投资的活力与积极性，也反映出我国民营经济的蓬勃发展。从投资金额来看，2017 年国有企业海外投资金额为 846 亿美元，占总投资额的 57% ；民营企业海外投资金额为 638. 28 亿美元，与国有企业相比还有一定的差距（见图 12）。

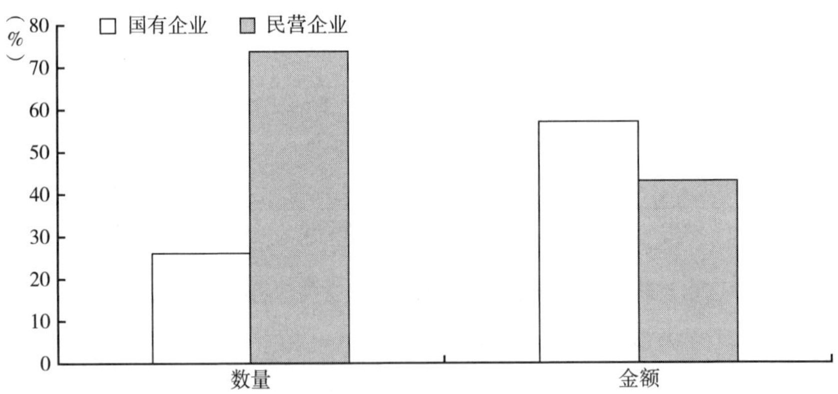

图 12　2017 年中国国有企业、民营企业海外投资数量、金额占比状况

资料来源：全球化智库（CCG）数据库。

CCG 分析，改革开放 40 年来，中国参与全球化发展的程度越来越深，随着进一步深化改革和更大的开放，无论国企还是民企“走出去”，积极对接国际资源、开拓海外市场、寻求技术创新、吸引顶尖人才、提升品牌影响力，都是为了打造真正具有全球竞争力的世界级企业而努力。尽管 2017 年密集出台的一系列对外投资政策给火热的中国企业“走出去”降温去火，但是政府整合规范投资环境的总体思路，引导国有企业与民营企业在海外投资过程中升效率降风险，打品牌降成本，对于企业更加规范、健康、持续地“走出去”，具有重要意义。可以说，政策的整合、规范，以及对合规“走出去”企业的持续支持，为国企和民企的海外投资发展起到了方向引领和保驾护航的作用。

（四）对外投资方式以并购为主，绿地投资持续下滑

从对外投资方式来看，2017 年中国企业投资方式主要以跨国并购为主。结束了 2013 ~2016 年投资金额与案例数的双上涨，2017 年中国企业海外并购下降明显。CCG 统计数据显示，2017 年中国企业海外并购案例数与投资金额分别为 347 起、1445 亿美元，较 2016 年分别下降 55% 和 45%（见图 13）。

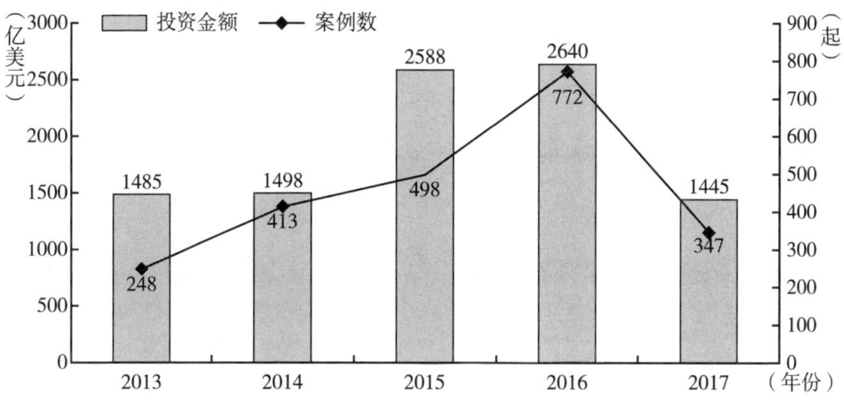

图 13　2013 ~2017 年中国企业跨国并购规模分析

资料来源：全球化智库（CCG）数据库。

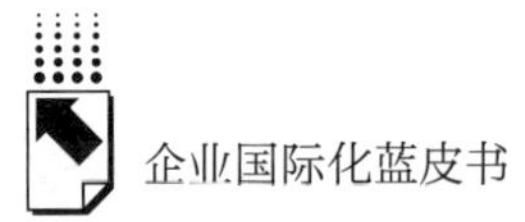

CCG 分析，通过跨国并购，企业可以迅速获得技术、人才、销售渠道等以突破企业自身的天花板，获得更广阔的海外市场；还可以避免出口模式带来的跨国运输高额费用和他国关税壁垒阻碍。2017 年，在对外投资政策收紧的情况下，非理性对外投资，如房地产、酒店、娱乐业等海外并购得到有效遏制。另外，来自海外监管的壁垒更是成为影响中国企业海外并购的重要因素。例如，2017 年 9 月，美国总统特朗普拒绝了有中国背景的 Canyon Bridge Capital Partners 基金收购美国晶片制造商莱迪思半导体（Lattice Semiconductor）。面对日趋严格的国内外监管环境，中国企业海外并购需要更加谨慎，在注重战略性与长远性的同时，也要做好收购遇阻或者收购失败的应对策略。

在绿地投资方面，从 CCG 统计的资料来看，2017 年绿地投资的案例数和投资金额双降到了四年来最低点，出现了连续三年持续下滑的态势。

CCG 认为，绿地投资有益于东道国的社会发展、生产力提高和就业增长，因此受到普遍欢迎。例如，中广核集团在纳米比亚投建的湖山铀矿项目，截至 2017 年底该项目为纳米比亚采矿业创造了 1620 人的永久雇员；每年为纳米比亚政府缴纳税款超过约 5.5 亿元人民币。此项目有望大幅提升纳米比亚矿业的国际竞争力，是中企通过绿地投资使经济效益与社会效益“双丰收”的典型案例之一。但是，绿地投资筹建工作量大，建设周期和回报周期长，对投资企业的资金实力、本土化运营经验都是巨大的考验。因此，与并购投资相比，绿地投资相对较少。CCG 预测，随着“一带一路”倡议的逐步推进，未来 5 年内中企对“一带一路”沿线国家的绿地投资规模将有所扩大。

（五）制造业继续领跑海外投资，信息传输、计算机服务和软件业势头强劲

根据 CCG 统计数据，从 2017 年中国企业“走出去”的投资行业分布来看，制造业占比达 40%，较上一年提升 4 个百分点，继续成为中国海外投资最热门的行业。例如，2017 年 4 月，科瑞集团与德国血浆产品制造商

Biotest 达成现金收购协议，收购金额为 13 亿欧元，之后科瑞集团反复向美国外资投资委员会（CFIUS）递交申请，终于在 2018 年 1 月获得通过，于 2018 年 2 月正式完成对 Biotest 的收购。

信息传输、计算机服务和软件业占总投资案例的 15%，这已经是连续第三年出现增长，较 2016 年提升 4 个百分点。CCG 认为，随着阿里巴巴网络技术、腾讯控股等中国互联网巨头的并购活动，这一行业还将呈现迅猛的发展态势。其中，腾讯控股旗下的音乐集团与瑞典音乐公司 Spotify 互换 10% 的股份，采取了国内较为少用的投资模式，让这两家估值达数十亿美元的公司优势互补，使得腾讯音乐集团在海外扩展更具优势。

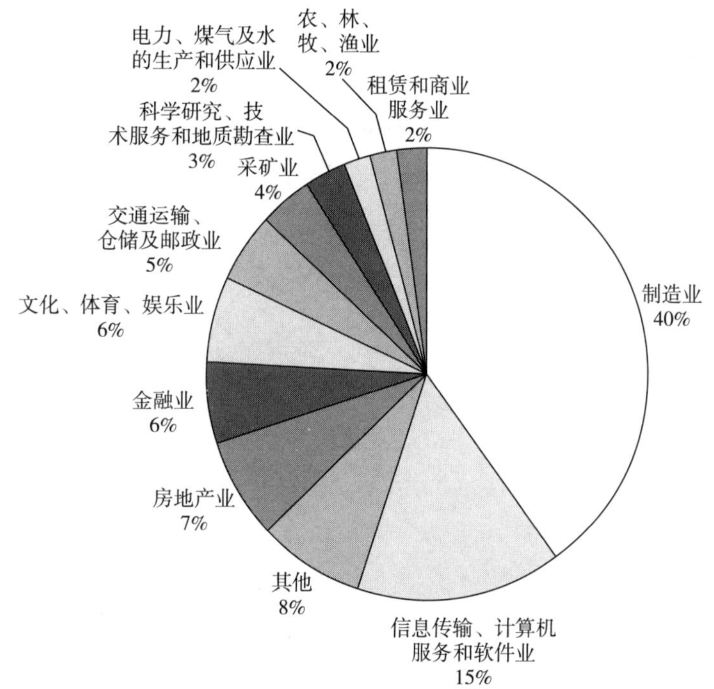

图 14　2017 年中国企业对外投资行业分布

资料来源：全球化智库（CCG）数据库。

CCG 分析，制造业依然是中国企业海外投资的重点行业。通过海外并购获得先进技术和科学的管理经验，拉动整个产业的转型升级，可以更好地优化国内产业格局的配置。与此同时，中国企业通过对信息技术、计算机服务和软件业的海外并购，获得与国际接轨的研发、运营、管理和技术团队，以及相对稳定的客户市场，不断提升中国企业在高科技领域的话语权。但是需要时刻警惕欧美等发达国家在此领域设置的国家安全审查和反垄断审查，规避并购风险。

（六）“一带一路”进入经贸合作新阶段，投资拓至更宽领域

CCG 统计数据显示，2002 年至 2018 年上半年，从中国企业对“一带一路”沿线国的投资规模来看，主要集中在 1 亿 ~ 10 亿美元，占比为 48.7%，其次分布于 1000 万 ~ 1 亿美元以及 10 亿 ~ 100 亿美元，案例数量分别占比 25% 与 15.6%，10 万美元以下以及 100 亿美元以上的案例数量非常少（见图 15）。

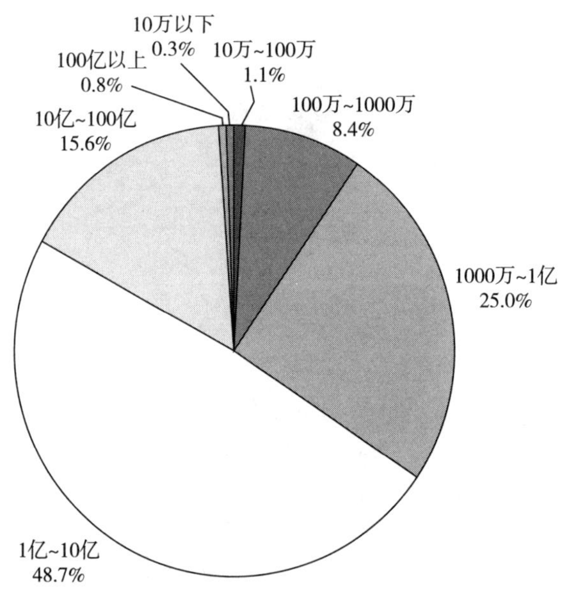

图 15　2002 年至 2018 年上半年中国企业投资“一带一路”沿线国的规模分布（单位：美元）

资料来源：全球化智库（CCG）数据库。

从对“一带一路”沿线国投资的行业分布来看，投资资金主要流向制造业与信息传输、计算机服务和软件业，占比分别为 33% 和 34%；采矿业

和交通运输、仓储及邮政业、金融业占比均等，各为7%；房地产业，文化、建筑业，体育和娱乐业，电力、煤气及水的生产和供应业占比较为分散（见图16）。

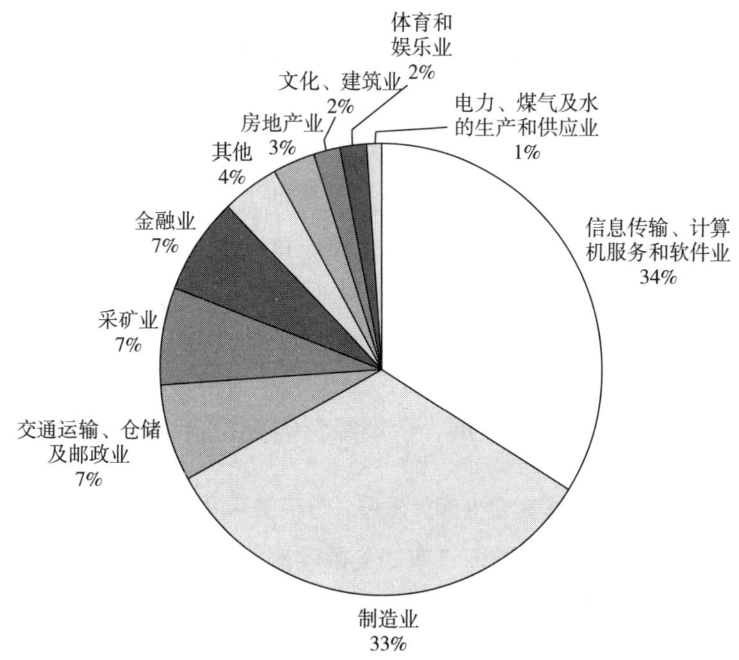

图16 2017年中国企业对“一带一路”沿线国投资的行业分布

资料来源：全球化智库（CCG）数据库。

CCG分析，“一带一路”倡议历经五年已经进入全面合作阶段，我国国有企业是投资“一带一路”沿线国的主力军，不断形成基础设施、能源、航路交通等领域的合作与发展。与此同时，我国政府推动的PPP合作项目，更是带动了民营企业参与到“一带一路”建设的产业链上下游中来，推动中国制造业、信息技术等领域的企业进入“一带一路”沿线国市场，特别是拓宽到互联网、旅游业、文体等领域，形成了“国民携手”投资“一带一路”的新局面。

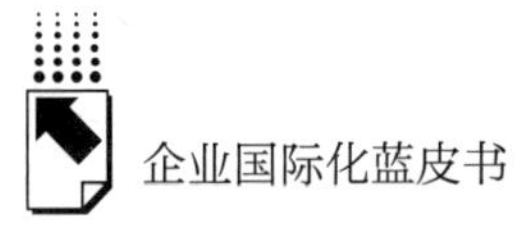

四 2017 ~2018年中国企业全球化发展面临的五大问题与对策建议

2017 ~ 2018 年中国企业对外投资凸显的新问题主要集中在五个方面：第一，中国企业海外发展，合规经营需要符合国际标准；第二，从“产品走出去”到“品牌走出去”，中国企业任重而道远；第三，走进“一带一路”的中国企业困难显现；第四，中美经贸冲突下，中国企业投资美国遇阻碍；第五，中国企业海外对外承包工程项目 PPP 模式效率亟待提高。针对以上问题，本节将结合现状，分析其生成的原因，提出相应的对策与建议以供参考。

（一）中国企业海外发展，合规经营需要符合国际标准

1. 问题现状：中国多家企业海外发展，因不了解投资国法律规章受重罚

2018 年 4 月，美国商务部宣布，美国政府将禁止中兴通讯在未来七年内从美国公司购买敏感产品。“中兴违反了 2017 年与美国政府达成的和解协议”，当时，美国政府指责中兴通讯非法出口伊朗和朝鲜。经过中国政府和中兴管理层的斡旋，同年 5 月美国商务部解除了对中兴公司的销售禁令，并对中兴采取以下处罚：①更换管理层和董事会；②必须购买更多美国产品；③罚款 13 亿美元；④为保障美国的安全，必须听美国的。① 尽管中兴制裁案中“违规”问题更多表现为一种美国的“出师之名”，但此案也折射出中国在某些高精尖端领域仍然“不掌握核心技术”“科研力量相对薄弱”的客观现实。同时，更反映出企业在全球化发展过程中合规经营的重要性。未来中国企业海外发展还需提升自身能力，加强合规经营，避免因小失大而造成无法挽回的局面。中国企业走出国门到海外发展正在成为全球

---

① 《中兴最终逃过一劫的背后，这三个问题必须警钟长鸣》，凤凰资讯，https：//baijiahao. baidu. com/s？ id = 16015094 20091202281&wfr = spider&for = pc。

化发展中的重要特点，然而与之相伴的是中国企业在海外将会面临越来越严峻的挑战。

2. 原因分析：中资企业对海外法律不熟悉，在利益驱动下铤而走险，企业合规机制不完善难以有效规避风险

第一，中国企业对海外法律法规不熟悉。对海外法律法规的不熟悉或者不重视，使企业在自认为合规的商业行为中遇到法律纠纷，甚至遇到巨额罚款，给企业带来损失，是中国企业“走出去”容易遇到风险的主要原因之一。例如，2014 年，小米收到了一份关于在海外“披露个人信息”的调查。用户怀疑他们的小米手机正在秘密地将手机中存储的个人信息传回中国并被非法使用。证据是他们会经常收到来自中国的推销电话。西方国家历来重视个人信息保护，2018 年欧盟出台了《通用数据保护条例》，对个人信息的保护更加严格，中国企业在保护个人信息方面，尤其是对于个人信息保护的法律理解方面，需要进一步加强。同时，对于规模相对较小且具有“走出去”需求的企业来说，深入了解当地的法律法规具有一定难度，需要相关服务机构的帮助与指导。

第二，有一些企业海外经营不合规。2018 年中兴被美国商务部制裁案是一系列事件最终构成的结果。中兴通讯违反了美国政府禁止向伊朗出口美国制造的技术产品的出口限制，将一批配备硬件和软件的产品从美国科技公司出售给伊朗最大的电信运营商——伊朗电信（TCI），因而受到美国商务部的调查。2016 年 3 月，美国商务部公布调查结果证实中兴存在违规行为，决定对中兴采取限制出口政策，在多方斡旋后美国政府宣布暂缓制裁，2017 年中兴承认违规行为并向美国政府支付了 8.92 亿美元的罚款。2018 年美国商务部再次发起对中兴的出口禁令调查。

中兴通讯制裁案是中国公司海外违规行为的颇具代表性的案件。中国企业在“走出去”的过程中，为了在全球化过程中占据先机而铤而走险，然而违规行为一旦被投资国政府发现，企业和企业高管都将面临巨大的风险。

第三，合规机制不健全，无法有效规避海外违法行为。近年来，中国企业在海外发生的一系列合规事件，在不同程度上反映出中国企业缺乏海

外业务活动的综合合规机制，难以适应海外监管制度。例如，中国工商银行涉嫌在西班牙洗钱被调查。体现出中国工商银行西班牙分行的反洗钱合规机制形同虚设，对如此大规模的洗钱行为无所作为，最终被西班牙警方立案。[①] 良好的合规机制不仅可以帮助企业衡量风险，还可以在面临执法机构的调查和执法时帮助企业获取执法机构的信任，并争取更理想的结果。

3. 对策与建议

（1）企业：从高管层开始培养合规管理的思想与习惯、建立完善的合规体系、任命首席合规官负责全面的协调与管理

第一，企业开展对管理者合规经营的培训，将合规管理的理念深度融入企业文化中。以诚信经营为基础，不断在企业内部开展对员工的合规培训认知，公司高层管理者做出表率，推动合规经营自上而下有效执行。

第二，企业内部构建系统的合规管理体系。一是明确合规管理的范畴；二是成立企业社会责任（CSR）部门，保持 CSR 部门的独立性；三是从战略层面赋予 CSR 部门使命、内控框架、部门职能。

第三，参照全球跨国公司的管理模式设立首席合规官职位，负责协调企业合规风险的识别和管控。[②]

（2）政府：加强中国企业合规管理立法、成立企业合规审查委员会、牵头央企制定企业合规体系

第一，政府应加强中国企业合规管理的相关立法，设立相关法律规章。近年来，中国政府也在合规管理领域不断加强立法和执法。2017 年 5 月 23 日，中央综合深化改革领导小组第 35 次会议审议通过了《关于规范企业海外业务行为的若干意见》。显然，我们要加强海外业务合规体系建设，逐步形成权责明确、整合、规范、有序的风险控制监管体系，从而更好地服务对外开放大局。同年 12 月 29 日，《合规管理体系指南》的国家标准正式发

① 《从北京的天际线看中国企业海外违规原因》，赛尼尔法务管理，http：//www. yangqiu. cn/senior_ rmWX/3972848. html。

② 范黎波、刘瀚龙：《中国企业走向国际不能忽视合规管理》，《光明日报》2016 年 8 月 6 日。

布。相关法律的出台制约了企业海外商业行为，从而最大限度地降低企业的违规行为发生率，国内立法还有助于填补国内的企业合规法律的空白，净化国内市场环境、促进企业合规经营、培育全社会遵循企业合法经营的清风正气。

第二，政府牵头成立企业合规审查委员会。面对中国企业在海外遇到的诸多不合规、被调查执法、被罚巨款的问题，政府应该牵头成立相关企业合规审查委员会，以内部监管的方式监督企业合规经营。一是可以协助海外投资避开“雷区”；二是对“走出去”企业进行全方面监管和审查；三是培养合规人才，协助企业更好地处理海外违规问题，将损失降到最低。

第三，政府先牵头央企作为合规体系建设试点，帮助企业建立自身合规体系。除了全国人大面向全社会进行行业立法外，各企业内部也应进行立法工作，从企业内部规范商业行为。近年来，中国政府不断加强合规要求，积极推动合规管理各领域的立法和执法。2016 年 3 月，国资委选择五家中央企业（中石油、中国移动、招商局集团、中国铁路和东方电气）作为合规体系建设的试点。①

（3）智库为企业合规建设建言献策、助力海外发展

企业在海外投资过程中需要一定的智力支持，智库可以为此做出贡献。一是智库的客观研究可以为企业提供更为科学、客观、真实、有价值的咨询建议，为企业分析投资国相关法律要求、投资环境、审查重点和趋势，智库尤其是社会智库相对独立的身份使其可以为企业提供更加中立客观的咨询服务。二是视角更多元，在经济社会转型中，将不同群体的利益诉求和价值取向纳入政策制定过程，是制定公共政策需要解决好的重要课题，而社会智库视角多元化，可以深入社会各个层面，有利于将不同利益诉求和价值理念纳入政策视野，在企业合规行为的审查和内部管理过程中，社会智库可以从投资企业、本国政府、标的、投资国政府、公众舆情等多个视角进行分析，提

① 《应对“一带一路”合规风险　央企带头建设合规管理体系》，《21 世纪经济报》2016 年 11 月 19 日。

供更有价值的合规信息。

在经济全球化的背景下，中国企业“走出去”的趋势不可逆转。诚然，中国企业因不了解投资国法律而交了不少“学费”，但希望不要因噎废食，企业应重视合规经营在海外投资行为中的重要性，从而促进中国企业更好地“走出去”。

（二）从“产品走出去”到“品牌走出去”，中国企业任重而道远

1. 问题现状：中国企业的品牌国际影响力远落后于发达国家水平

中国企业越来越频繁地在海外购买资产、实施跨国并购活动。虽然中国企业“走出去”已经使中国品牌在国际市场上产生了一定的影响力，但事实上中国企业的品牌影响力与欧美企业、日本企业相比，在国际市场上的认可度和信任度相对较低。据统计，90% 以上的世界知名品牌来自发达国家，知名品牌的产量在同类产品中占 3% 左右，但销售额却约占 50% 。目前，中国拥有世界上最多种类的工业产品和最健全的工业门类，种类达 220 多种。然而在 2016 年的世界 500 强品牌评选中，中国只占据 36 个席位。这种“制造大国、品牌弱国”的不对称局面亟待转变。① 当前中国正处在由“世界工厂”向“世界品牌”转型的关键时期，实际上就是从“产品走出去”向“品牌走出去”转变的重要阶段，是否能够成功转型决定着中国企业是否具有驾驭全球化发展的能力，更决定着中国经济在世界经济转型的大背景下能否立于不败之地。

2. 问题分析：恪守传统商业思维，品牌口碑有待提升，品牌宣传手段单一，品牌管理落后

第一，中国品牌恪守传统商业思维，导致品牌知名度不高。“酒香不怕巷子深”的隐喻是，只要产品质量好，就不怕吸引不到顾客，这样的传统思维至今仍然束缚着中国企业品牌发展。中国奇瑞在巴西受到欢迎，人们对

① 《加快打造响亮的中国品牌》，《经济日报》2017 年 5 月 20 日。

奇瑞汽车漂亮的车型、较高的性价比和良好的安全性能感到满意，然而，与欧美汽车品牌相比，奇瑞在巴西市场的品牌认知度仍然较低，因此除了高性价比和卓越的产品质量外，丰富的营销手段也必不可少。①

第二，中国品牌国际美誉度有待提升。品牌是企业对消费者的承诺，是消费者对企业的信赖与认可，需通过提高质量与完善服务长期积累。然而，很多中国企业将品牌只归于“宣传”，在如何提高产品质量、提高服务能力、增加投资和规范内部管理方面十分缺乏，从而造成品牌生命周期偏短，流星式品牌层出不穷。

第三，缺乏品牌管理的经验。大部分中国企业在品牌管理上出现职责模糊、功能不完善等问题，直接导致品牌规划和品牌监控的过程混乱。因此很多企业的品牌建设滞后，很难与国际接轨，影响企业的国际化进程。

3. 对策与建议

（1）企业：增强产品质量，注重产品研发；充分挖掘中国传统文化精髓；学习海外管理及消费文化

第一，不断研发创新产品，推动“中国制造”向“中国创造”转型。中国并不缺乏具有国际影响力的民族品牌，例如海尔、联想、华为。通过分析不难发现这些公司具有相同的特点：它们专注于产品的开发与创新；海外投资以引进先进技术为主，通过扩张国际渠道加速产品研发与推广。这些企业对研发、知识产权极其重视，奠定了品牌海外发展的基础。而中国的现代企业也应认真总结具有一定国际影响力的中国企业的发展经验，首先注重产品的品质，这是根本，其次也要具有一定的创新和研发能力。②

第二，将中国文化转化为品牌元素向国际传播。中华传统文化是当代中国文化宝库，是中国企业品牌“走出去”的文化“武器”。海外企业也看中

---

① 《中国品牌知名度不高原因不一而足，遭他国不公对待》，人民网，http：//finance. people. com. cn/n/2013/0510/c1004 -21433026. html。

② 汪小菲：《企业走出去不代表品牌走出去》，环球网，http：//opinion. huanqiu. com/1152/2016 -10/9554676. html。

了中国传统文化的宝库并进行商业开发，在获得巨额利润的同时，更宣传了自身的商业品牌，例如，美国迪士尼拍摄的《花木兰》和《功夫熊猫》等以中国文化为主元素的电影作品。中国企业更应充分利用悠久的民族文化资源和中国文化，将中国企业品牌推向国际舞台。

第三，海外经营需要本土化管理。中国企业"走出去"不能只是自说自话，更要将自身的文化特色与当地的经营传统与消费习惯巧妙结合，既满足人们对不同地域、不同国家特色内容的猎奇心态，也要充分考虑消费者的消费习惯和适应度，最好的办法就是在当地寻找经营伙伴或指导，以中国企业的贴心管理与人性化服务，使中国品牌给当地消费者留下好印象。

（2）政府：优化政策法规，营造良好的社会氛围；以国家间政府交往为契机推动中国企业品牌"走出去"

第一，优化政策法规，营造良好的社会氛围。地方政府应从品牌建设的外围提供支持，帮助企业更好地打造中国品牌，讲好中国故事，从而有力地走向世界。尽管今天中国产品逐渐获得社会认可，但依然出现很多国人出国买感冒药、买马桶盖的现象，这是社会的思维导向偏差，应鼓励民众使用国内优质产品，从而支持中国企业快速成长，帮助建立民族品牌。加强对中国品牌的知识产权保护，需要良好的社会和市场环境。因此，要进一步加大知识产权意识的普及，加大力度打击国内市场环境下的知识产权侵权行为，规范市场环境，打击垄断，打击不正当竞争，保护企业知识产权不受侵犯。

第二，以国家间政府交往为契机推动中国企业品牌"走出去"。国家层面的国际交往和外事活动中，如果使用中国品牌的产品或重点宣传中国品牌，则对于中国品牌"走出去"发挥着重要作用。例如，中国外交部自2016年3月以来，从举办第一场中国省区市全球推介活动至今，已先后有13个中西部省份亮相外交部。外交部通过举办全球推介活动，邀请驻华大使和各国媒体更深入全面地了解中国中西部省区市的基本情况，它将推动世界各国政府和企业到中国各地投资和建设，促进中国品牌在国际舞台上的推广传播，增强其国际影响力。外交部举办全球推介活动有三点理由，一是为国家发展做好服务；二是为地方开放创造条件；三是为驻华使团了解中国国情打造平台。外交部利用自己的资源和优势，为中国的进一步开放做出贡献。

（3）社会：媒体助推中国企业“走出去”

中国品牌“走出去”的道路并不平坦，新闻媒体应予以支持。企业要选准发声平台，优化传播渠道，了解当地情况，深入洞察市场受众，以促进自身品牌更稳健地“走出去”。例如，2016 年中央电视台广告经营工作转型升级，隆重推出了“国家品牌计划”，旨在推动中国产品向中国品牌转变，助力品牌兴邦。中国主流媒体在王牌节目的黄金档期播出中国品牌的广告，可以从两方面推动中国品牌走向世界：一是国内民众对国产品牌的广泛熟识可以提升对国内品牌的消费水平，以国内消费带动国外发展；二是在移动互联网时代，央视等主流媒体上的信息很快会传播到世界各地，在国际上产生一定影响力。媒体为中国品牌宣传助力，就是在用国家平台成就国家品牌。

（三）走进“一带一路”的中国企业困难显现

1. 问题现状

“一带一路”倡议提出五年以来，中国企业正随着“走出去”的浪潮，大踏步地与“一带一路”沿线各国互通经贸往来。据商务部数据，2018 年 1 ~ 7 月，中企对“一带一路”沿线的 54 个国家合计投资 85. 5 亿美元，同比增长 11. 8% 。新签对外承包工程合同额 571. 1 亿美元，占同期总额的 45. 6% ；完成营业额 450. 8 亿美元，占同期总额的 53. 8% 。①

中国企业在“一带一路”建设中发挥了至关重要的作用。但是，随着中国企业不断深入参与“一带一路”建设，各种困难开始显现。这些主要问题包括中国企业面临的政治风险、文化障碍、法律体系差异以及环保劳动等。例如，2011 年利比亚内战爆发，国内 12 家央企在利比亚的项目被迫搁置暂停，近 200 亿美元项目停摆；2015 年希腊政府宣布终止与我国中远集

① 中华人民共和国商务部，http：//mofcom. gov. cn/。

团的合作项目——比雷埃夫斯港口项目，不再向中国出售港口股权等。[①]“一带一路”项目的推行和发展离不开企业的支持和运作。我们必须要直面挑战与问题，勇于剖析原因，并加以解决完善。

2. 原因分析：“一带一路”沿线国家政权更迭频繁；文化冲突产生投资障碍；环境问题阻碍海外投资进一步发展

第一，“一带一路”沿线国家政权更迭频繁。“一带一路”沿线上的各国多为发展中国家，国情复杂多样，经常存在政治不稳定甚至爆发军事内乱、暴动、战争的情况，而政权更迭则深刻影响中国企业在海外投资的利益，一旦东道国发生政治不稳定问题，中国企业的多数项目就会停摆，造成难以估计的损失。例如，2014 年泰国国内发生政局变化，早在 2009 年就决定签订的中泰高铁计划被迫搁置，直到 2017 年 11 月，中泰双方就高铁问题召开了 22 次会议，主要围绕高铁沿线开发权进行讨论，但泰国政府不断更迭政权，中泰双方的合作一再拖延调整，导致中企的前期巨额投资难以收回，面临着巨大风险。[②]

第二，文化冲突产生投资障碍。文化冲突更多体现在生活习惯、宗教和意识形态等方面，这对于中国企业“走出去”的阻碍不容小觑。例如，2009 年，中缅两国政府签订了密松水电项目，总投资额达 36 亿美元，计划在 2017 年完工发电。然而，自 2010 年开始，缅甸总统吴登盛突然以“人民意愿”为由宣布，暂停在其任职期间与中国合作的密松水电项目。“密松河在当地具有崇高地位，建设水电站会破坏当地习俗，毁坏当地生态环境”、“中国掠夺缅甸资源”等民族主义言论，让中国企业和缅甸国内两败俱伤。中国企业在海外投资建设期间，对各地文化风俗不进行彻底调查和了解，极易受此困阻，付出惨痛代价。

第三，环境问题阻碍中国企业进一步海外发展。随着环境保护问题逐渐

① 王淑慧：《“一带一路”倡议下中国企业海外投资障碍分析》，《法制与社会》2018 年第 2 期，第 69 ~ 70 页。

② 梁玉忠：《中国企业投资“一带一路”沿线国家面临的政治风险与防范策略》，《对外经贸实务》2018 年第 5 期，第 77 ~ 80 页。

成为全世界的热点话题，各国都非常重视本国的环境保护，会对海外投资建厂的企业给予“特别关注”。事实上，无论是投资者还是东道国，都应对环境问题加以重视，这是国家和企业可持续发展的重要条件，也是双方合作共赢的基石之一。从统计数据看，中国企业对外投资并购主要集中在制造业，信息传输和信息技术服务业，交通运输和仓储、邮政业以及电力、热力、燃气及水的生产供应业。可见中国企业对外投资的主要行业都与生态环境紧密相关，生态环境问题是中国企业海外“走出去”的一道警戒线。

3. 对策与建议

（1）企业：学会使用政治保险工具，企业应合规合法经营

第一，中国企业应学会使用政治保险工具。政治保险工具又称“政治风险保险”①。因为政治风险是企业难以估计的，更是企业难以控制把握的，因此只能在面对政治风险阻碍时尽量减少损失。中国企业可以在海外投资时在东道国已经建立的政治风险承保机构购买企业资产的政治保险，也可以购买负责政治险和商业险的信贷保险，尽量减少自身在因政治等不可控因素下出现的资产损失。

第二，企业应合规合法经营。无论东道国有怎样严格的环境、劳工条款，或是当地有怎样特殊的风俗习惯，作为海外投资者，中国企业应谨慎遵循当地的法律法规和风俗习惯，避免产生不必要的麻烦。比如企业应在进驻之前全方位调查了解东道国在该领域的相关法规条文，包含企业所涉及的各个领域，还应充分了解当地居民的风俗习惯，不触犯或不违背当地人民的习俗；中国企业还应遵循中国规范企业海外行为的相关法律条文，不应形成在国内谨言慎行、严格按照国家要求经营生产，而到了国外则不管不顾，产生贪腐贿赂问题、生态环境问题的状况。因此，企业应该从自身内部注重培养员工的合规经营意识，对员工进行标的国的法律法规、文化习俗的相关培训。

---

① 政治保险工具是指保险人对被保险人因政治如政府的没收、征用、外汇汇兑限制，或因战争、叛乱、罢工、暴动等受到经济损失承担赔偿责任的保险形式。

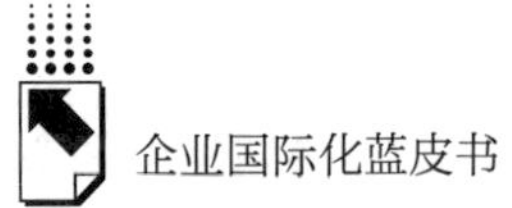

（2）政府：帮助企业参与境外谈判，以两国共同利益打破障碍，邀请发达国家共同参与“一带一路”

第一，政府应协助企业参与境外谈判。尽管企业对海外经营各种问题进行了全面评估测量，但也很难做到万无一失。因此，政府应根据事实情况，尽全力对本国企业加以支持，并协助中国企业参与海外谈判，尽量减少企业的损失。政府也应在企业出现相关问题后，将纠纷作为案例进行经验总结，并着力与东道国完善双边投资协定的漏洞。

第二，政府应大力促进两国共同利益的合作项目，从而打破合作阻碍。政府应为企业提供更多发展机会，重点在“一带一路”沿线国家旅游项目和民生项目的联合开发上。引导并鼓励中国企业的投资建设重点放在双方的共同利益项目上，以此来获得当地政府与民众的支持。①

第三，中国应积极邀请美、日、韩以及欧盟成员国共同参与到“一带一路”建设中来，共同从中受益。可以说“一带一路”是中国向全世界提供的一份公共产品，可以拓展与外延。美国虽不在“一带一路”沿线上，却是不可忽视的重要“相关国”，美国的参与可以为“一带一路”带来更多机遇和更广阔的合作空间。

中国可与参与进来的各个国家共同制定“一带一路”区域治理、全球治理秩序。推动中国与各个国家在资金、人才、技术、项目等方面的交流、合作。建立“一带一路”多边/双边合作机制，不断创新合作方式，推动重大项目的有效对接，让各个国家在合作中互利互惠。

（3）社会：金融机构对中国企业提供更多财务援助

中国企业“走出去”的道路是坎坷的，面对众多不确定因素和挑战，要想继续深入挺进“一带一路”，在不断壮大企业自身的同时带动“一带一路”沿线国家共同发展，中国企业肩负着重要使命。因此，需要得到国内社会的广泛支持，特别是财务方面的援助。根据前文的原因分析，可以看出

---

① 梁玉忠：《中国企业投资“一带一路”沿线国家面临的政治风险与防范策略》，《对外经贸实务》2018 年第 5 期，第 77 ~ 80 页。

中国企业进入“一带一路”投资建设后面临诸多问题，直接导致的恶劣影响就是资金无法收回、设备搁置受损折旧、企业在资金上面临重创，且面临银行催款和各项违约金赔偿的问题。因此国内的金融机构应设立专项海外资金，协助企业应对“一带一路”投资建设中出现的困境，助力中国企业在“一带一路”建设中发挥更大作用。

（四）中美经贸冲突下，中国企业投资美国遇阻碍

1. 问题现状

2015 年，据美国商务部公布的数据，1～9 月中美货物贸易额达到 4416 亿美元，标志着中美互为第一大贸易伙伴国时代的到来。不仅如此，对于中国企业而言，美国一直是中国海外投资最受欢迎的目的地。然而，2018 年开年，美国发起了针对中国在云计算与其他高科技服务领域的所谓“不公平限制”的 301 调查，例如可能禁止中国企业阿里巴巴在美国提供云计算服务，或在对中国解除限制之前，禁止阿里巴巴在美国扩大运营。接着美国对中国出口至美国的产品列出清单并加征 25% 的关税。与此同时，中国政府迅速做出反应，对美国出口至中国的产品，例如大豆、汽车、飞机等多种贸易产品进行关税的政策调整，两国经贸摩擦不断升级。中美双方虽然就相关问题进行了多次会晤，但基本上保持着一种“边打边谈”的状态。中美经贸摩擦对于中美经贸的主力军——两国企业而言是一次沉重的打击。特别是对于准备投资美国的中国企业而言，来自美国外资投资委员会的挑战前所未有。中国企业在中美双方经贸关系出现剧烈波动的情况下该如何应对？这需要具体分析中国企业陷入困境的原因。

2. 原因分析：美国政党竞争所产生的阻碍、以“国家安全”为理由的政治博弈、中国企业对美国的法律制度和社会文化适应性有待加强

第一，美国政党竞争所产生的阻碍。此次中美“贸易战”不仅仅是一场中美双方之间的经贸类“战争”，其本质还体现出美国党争的激烈情况，从另一个角度来看此次中美贸易战更像是美国的政治“内战”。自 2016 年

以来，特朗普赢得了共和党初选，然后击败民主党候选人希拉里成为新一届美国总统。但事实上，无论是共和党内部还是其对手民主党对于这一结果的态度都有所保留，并非是主流势力所期待的。而随着特朗普政府初期的幕僚接连换血，例如国务卿蒂勒森被炒、总统经济顾问科恩辞职以及国家安全顾问不断换人等事件，充分证明美国共和党内利益集团之间的竞争正在加剧，而在此背景下拉开的中美“贸易战”大幕，事实上是一些被称为美国政治的“鹰派”人物纷纷跳到台前，试图在乱局中谋取个人利益。而特朗普也需要在成功当选总统后实现他在竞选时期的诺言，即在竞选时期曾说的要打“贸易战”，2017 年因为中美之间的外交活动，实际上将此次“贸易战”推迟到 2018 年。因此特朗普尽管知道与中国进行“贸易战”是损人不利己的行为，但在美国政党制度下他也一定会冒着风险“兑现诺言”。

第二，以“国家安全”为理由的政治博弈。中国企业特别是生产高科技产品的企业在受到美国的贸易制裁时经常会收到以“国家安全”为理由的答复文件。事实上，“国家安全”不过是现实中商业利益的政治化表现。特朗普政府认为，全球化给美国带来的伤害远大于利好，中国是全球化的最大赢家，而政治与经济上的双赢局面不会重现。此外，美国政府一直认为中国企业与中国政府之间的关系十分不明确，中国企业的进驻会有泄露美国机密的风险。例如，阿里巴巴旗下的蚂蚁金服的汇金收购案中，因为蚂蚁金服可以获取美国境内资金流动的大量资料，尽管蚂蚁金服保证会采取措施以增强数据的安全性，但交易最终还是没有通过美国监管机构的批准。①

第三，中国企业对美国的法律制度和社会文化适应性有待加强。从以上两点分析不难看出，美国对华开展贸易战是中国企业甚至中国政府都难以避免和预防的，具有不可控性。但中国企业面临的困境，其中还有部分源自企业自身。中国企业在美国环境中难以适应不同的制度环境、市场环境、文化

① 黄亚生：《为何中国企业在美国“举步维艰”?》，IT 网时代，http：//news. ittime. com. cn/news/news_ 18901. shtml。

环境。例如在与媒体的交往过程中，美国媒体认为越大的企业越有信息挖掘的价值，因此会毫不留情地去探寻这家企业的全部信息从而公之于众，一旦中国企业在美国投资，其在经营过程中出现的任何问题都会被公布，因此这对于中国企业在海外发展的形象管理有着更高的要求。①

3. 对策与建议

（1）企业：适应美国社会文化、积极履行社会责任，从而赢得支持；同时发掘亚非拉新兴国家的投资潜力

能够有实力收购美国企业的中国企业在国内一般都具有较好的社会声誉、较高的商业地位以及雄厚的资本实力。但对于美国本土而言，除了极少数的中国本土全球知名品牌，例如华为、中兴之外，其余的企业要想深入美国市场，尽量减少美国政府制裁政策的影响，赢得美国民众和消费者的口碑，则需要在行为上表现出企业愿意努力符合美国本地社会对企业的期望，学会在美国的社会结构特征下采取相应的行动。例如，积极参与美国本土的社群支持活动、建立基金会、支持地方教育、帮助扶贫、提供优质的售后服务等。这样即使在美国政府对企业充满敌意的情况下，民众的支持也可以争取到一定的缓和机会。

在美国等西方国家贸易和投资保护不断升级的情况下，中国企业一方面需积极支持多边主义，继续谋求与美国等西方国家的合作共赢；另一方面，还要巩固和加强与全球的经贸联系，发掘亚非拉新兴国家的投资潜力。2012年非盟通过《非洲基础设施发展规划》（PIDA，2012－2040），投资总额预计达3600亿美元，每年的资金缺口在300亿美元以上。非洲发展潜力巨大，据国际货币基金组织数据，2017年非洲经济总量为2.19万亿美元，同比增长3.7%；非洲人口12.5亿，年轻人占60%以上，劳动力充足；同时，非洲资源丰富，市场正在成长，投资环境在逐步改善。考虑到非洲的发展潜力，未来中国企业投资非洲将有很大空间，可以投资基础设施、能源、矿产、农业等行业。

① 黄亚生：《为什么美国“不欢迎”中国企业?》，虎嗅网，https://www.huxiu.com/article/232315.html。

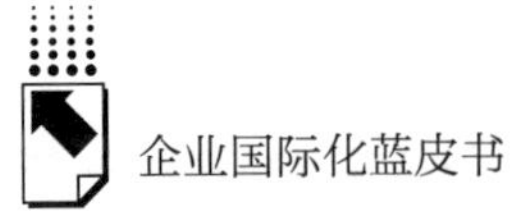

（2）政府：在必要的经济政策支持的基础上，支持中国企业继续“走出去”；维护多边机制，推动自贸体制发展

第一，在经济政策的基础上，支持中国继续“走出去”。中国企业在海外的发展紧密关系着中国经济的发展，可以说，中国企业是中国经济不断与世界接轨的主力军和排头兵。因此在中国企业面临美国投资障碍和风险之际，中国政府更应该对国内企业予以政策和经济上的双重支持。政策上的支持包括以下两点：一是积极与美国贸易代表开展谈判，尽早结束对双方都不利的“贸易战”，从根本上解决中国企业的贸易困境；二是对相关企业进行减税降费的政策支持。经济方面，建议政府加大对国内企业在高新技术领域研发的投入支持力度。

第二，维护多边机制，推动自贸体制。多边机制在未来很长一段时间里仍然会发挥重要作用，中国可以与欧盟、日本等其他发达经济体一起维护世界多边贸易体系。利用好联合国、世界贸易组织、世界货币基金组织和 G20 等多边机构、机制，提出中国方案，发出中国声音。如在联合国世界知识产权组织内展示中国在知识产权保护上取得的成果，展现中国知识产权强国形象，扭转国际上的刻板印象。同时，中国可以考虑加入新的 TPP，在 TPP 范围内加强与日本等国的合作，以经济领域带动其他领域的合作。未来，中国还可以推动 TPP 和 RCEP 的整合，促进涵盖范围更广、经济体量更大的亚太自贸区（FTAAP）的形成。在未来，中国政府可以继续加强周边国家、非洲、亚太国家、“金砖国家”等的合作，扩大中国的“朋友圈”。

（3）社会：银行等金融机构增强对中国企业“走出去”的金融和资本支持；民众应树立对民族企业的信心并在行动上给予支持；发挥“二轨”外交作用

第一，银行等金融机构应增强对中国企业的资本支持。此次中美“贸易战”中，美国的主要手段就是对中国的高科技产品和技术征收高额关税，这样不仅使产品在美国的售价飙升，损失企业在美利益，而且高额关税本身就使得部分企业不堪重负。因此，国内的金融机构应该加强对企业的金融和资本支持，为企业提供一定的贷款，共同应对“贸易战”。

第二，民众应树立对民族企业的信心，坚持正确的舆论导向。此次美国对中兴公司的制裁，尽管最终以美国对中兴罚款 10 亿美元并要求撤换中兴通讯的高层管理人员而告终，但比罚单更沉重的是我们对中国企业海外合规经营以及中国应该掌握核心技术的反思。尽管网络上民众对此事多持反思惊醒态度，但不可就此对中兴通讯的前景持消极态度，要坚信中兴通讯经过此次事件后，经过整改和核心技术提升，未来依然可期。美国政府对中兴的制裁已经给该企业带来一定的损失，而更大的风险在于中兴通讯的声誉是否会因此事而受损，国内民众是否会继续支持中兴，中兴的产品是否会因此而受损，这都需要国内民众保持理智的心态，坚持正确的舆论导向，支持民族企业的长远发展。

第三，提高对外交流水平，鼓励中美两国智库、行业协会等非政府组织发挥“二轨外交”作用，形成高效、灵活的沟通对话渠道和机制，负责传达双方的声音，积极协助双方消除误解，弥合差异，最终提出解决方案。与此同时，中国的对外文化交流应该大大提高透明度和开放度。哈德逊研究所（Hudson Institute）、传统基金会（Heritage Foundation）、美国企业研究所（AEI）、对外关系委员会（Council on Foreign Relations）对特朗普政府的决策有举足轻重的影响力，一些特朗普政府的官员就来自这些智库。因此，中美两国智库的交流沟通如果能达成共识，在一定程度上将有助于两国政府的交流与沟通。这需要中国智库更具有全球化视野与格局，为政策制定和研究提供智力支撑。

（五）中国企业海外对外承包项目 PPP 模式效率亟待提高

1. 问题现状

随着改革开放的深入推进，中国向世界开放的大门越开越大，承载着中国资本、中国技术走向海外的中国企业，也在一边响应国家的号召，一边受到广阔的世界市场的强大吸引，中国企业海外投资、海外兼并、海外建设承包等案例层出不穷，中国企业正在大踏步地走出国门，成为世界经济一体化发展中的关键力量。与此同时，中国企业在海外经营时面临诸多问题。中国企业海外发展过程中总体而言存在三大主要问题：一是重视资本“走出去”和金融合作，缺少海外工程承包项目和工程技术“走出去”；二是中资企业对外承包工程的目的地国大部分为发展中经济体，在发达国家的海外建设承包案例较少；三是中资企业海外承包工程主要依据传统的“大包大揽”承包方式和EPC方式，PPP合作项目数量较少，相关数据显示，目前中资企业在海外承接的PPP项目总数在30个左右。[①] 总体而言，我国对外工程承包企业的国际化水平相对较低，与世界水平差距较大。可以说中企承接境外PPP项目尚处于起步阶段，诸多问题依然存在，当前急需破解之道。

2. 原因分析：中资企业开展PPP合作模式的能力有待提高；东道国的PPP合作模式的相关法律保护政策缺失；中资企业自身在项目承包问题上的PPP合作意识不强

第一，中资企业开展PPP合作模式的能力有待提高。开展PPP模式对于企业而言，既是机遇又是挑战。这种最新的工程承包模式对企业的自身能力提出更高的要求，企业作为重要的参与方，需要熟悉国际市场中PPP模式的运作流程。例如，从项目前期立项、申请、可行性研究、项目融资再到最终的项目实施、运营和后期维护，都需要企业有宏观的把握和清晰的发展认知。但目前，对于大部分中资企业而言，在长期传统承包模式的发展禁锢下，拥有统筹全盘考虑并及时采取行动能力的企业并不多见，企业自身存在着专业人才缺乏、管理模式落后以及融资困难等诸多问题，限制了中资企业在海外的PPP模式发展之路。

第二，东道国PPP合作模式的相关法律保护政策缺失。中资企业以PPP模式中标的海外承包工程现存问题较多，其中一点便是海外申报项目多为与中国贸易关系密切的发展中国家，而在发达国家的项目较少。此外，出于熟悉承包环境的考虑，中资企业还容易在几个发展中国家出现“扎堆”的现象。然而，这些发展中国家的PPP模式仍处于摸索阶段，对此模式下的设

① 徐强：《企业承接境外PPP项目的问题和对策》，新华网，http：//silkroad. news. cn/2018/0222/85168. shtml。

施设备所有权归属、定价、公共与私人在这一项目中可以相互介入到何种程度等关键问题都没有明确合理的规定。然而，推行 PPP 模式的最大优势就在于资源分配的合理性，实现共担风险、共享收益，这些关键问题如不进行界定，就大大降低了 PPP 模式原本的优势，而中资企业也在不规范的合作模式下损失利益或蜕化 PPP 模式。

第三，中资企业自身在项目承包问题上的 PPP 合作意识不强。通过相关调查，不难发现在 PPP 模式发展较好的市场，成功中标开展 PPP 合作模式的个体多为企业联合体，而非一家企业孤军作战。因为通过组建联合体参与境外 PPP 项目的招投标可以实现企业在资金、管理和技术等方面的能力互补。但中资企业明显在这一问题上的合作意识不强，各家企业单打独斗的情况较多，主要是受长期以来的传统承包模式的影响，对海外承包建设的发展模式认知不清、转变思路困难。

3. 对策与建议：企业应重点研究 PPP 合作东道主的发展环境；政府应从宏观制度层面提升以使中资企业更好地参与到 PPP 模式当中；全社会共同参与

针对以上存在的诸多问题及其背后发生的原因，我们力图从企业自身、政府两个层面提出相应的解决对策，以帮助中资企业更好地融入海外承包项目向 PPP 模式发展的浪潮之中。

（1）企业：参与 PPP 项目过程中要注重转变心态；多方调研确定最佳合作时机和方式

第一，中资企业走出国门参与 PPP 模式的海外承包建设项目，必须要转变心态，规矩办事，还要做好风险防控。中资企业特别是国有企业长期在政府的支持下发展，一旦走出国门，其身份就转变为纯粹的“外资企业”。在国内有利的政治、商业条件在国外可能成为影响项目成败的风险。因此，中企一定要转变好建设、发展心态。

第二，中资企业要在参与 PPP 模式前进行多方调研，以确定最佳合作时间。企业在进入东道国之前，应注意项目的总承包和运营，以便进行有效的风险控制。随着中资企业与东道国的合作愈发成熟，对双方逐渐熟悉，风险可以得到有效防控后，再开展 PPP 的合作模式，从而规避中国企业在海外的承包建设风险。

（2）政府：中国政府可以在发展关系较密切的国家推动该国的 PPP 合作建设；国家为中资企业海外投资建设提供信息资讯平台，协调各企业海外承包项目和目的地的选择

第一，中国政府可以在发展关系较密切的国家推动该国的 PPP 合作建设。政府可以充分调动各方面资源，对经贸关系密切、两国关系友好和谐的国家开展人文交流、技术培训，推动中国示范项目的海外宣传。提升东道国与中国企业在 PPP 模式建设项目上的合作意愿，加强双方互助理解，侧面推动中资企业更好地、有更多机会地参与到海外 PPP 项目中。

第二，国家为企业海外投资建设提供信息平台，协调各类企业海外承包项目和目的地的选择。正因为中国企业经常出现“扎堆”的现象，且缺少以企业联合体的方式参与海外承包，因此建议政府为企业提供未来重点投资国家清单，注明投资领域情况，使企业在特定国家和专业领域有的放矢，并实现中资企业间的相互配合。[①] 在熟悉东道国市场环境的可靠保障下，将中标项目做到最好；充分利用 PPP 模式的突出优势，提高海外承包项目的利润、降低风险；同时，对重点国家和领域进行信息发布，也可在一定程度上降低中资企业间的内部竞争所带来的交易成本。

五　结语

2018 年正值中国改革开放 40 周年，也是中共十九大后全面深化改革再出发的第一年。根据 CCG 的调查，不难看出中国企业全球化发展正从以能源领域为主转向高端制造、品牌、技术类投资。过去资本、商品、服务是我们“引进来”和“走出去”的重点，现在更多关注高新技术、国际人才以及创新能力。可以说中国已拉开更高层次“走出去”的新篇章。

展望 2019 年中国企业的海外发展将呈现以下几大趋势。一是随着中美

① 金永祥：《中国企业参与“一带一路”PPP 建设的建议》，《中国财政》2017 年第 16 期。

贸易摩擦的升级，中国企业海外投资的重心将偏向欧洲和“一带一路”沿线国市场。随着我国“一带一路”倡议的深入推进，更多的国家加入进来，预计未来五年“一带一路”沿线国市场依然是中国对外投资的重点区域，且投资领域会从大型基础设施、能源、资源等项目拓展到旅游、电子商务、人文教育交流等领域。二是从行业看，高新技术、智能制造领域的“走出去”步伐将明显加快；与此同时，敏感行业如房地产、娱乐业等依然受政策管控。三是从企业“走出去”方式看，海外并购依然是海外投资的主要方式，随着中国企业在全球产业链上参与程度的深化，绿地投资有望回暖。四是从“走出去”的主体来看，未来有望形成“国民携手”拓展海外市场的新局面。

全球化智库（CCG）作为中国企业“走出去”的观察者、研究者和政策推动者，将继续追踪中国企业海外发展的步伐，从国际政治、经济、环境的全球化背景中解析中国企业海外发展的现状，预判中国企业海外发展的方向，提出更具战略性与前瞻性的对策建议，为政府制定政策、企业海外发展提供参考。

评 价 篇

Evaluation Reports

B.2 全球化智库（CCG）2018年企业全球化推荐榜

CCG 企业全球化研究课题组

一 2018年中国企业全球化50强推荐榜单①

表1

排名	企业	排名	企业
1	中国化工集团有限公司	4	联想集团有限公司
2	华为投资控股有限公司	5	中国远洋海运集团有限公司
3	中国石油天然气集团有限公司	6	中国海洋石油集团有限公司

① 全球化智库（CCG）企业全球化研究课题组，收集整理300家具有代表性的“走出去”的中国企业公开披露的数据与信息，依照“中国企业全球化评价体系2018”评选，以绩效全球化、战略全球化、人才全球化、市场全球化以及企业社会责任全球化5项指标要素，加之企业对外投资与主营业务的相关度评价和调整项目，综合评选出“2018年中国企业全球化50强”。本次数据采集节选时间段为2017年1月至2018年7月。

续表

排名	企业	排名	企业
7	复星国际有限公司	29	海信集团有限公司
8	浙江吉利控股集团有限公司	30	河钢集团有限公司
9	中国中化集团有限公司	31	中国兵器工业集团有限公司
10	腾讯控股有限公司	32	金川集团股份有限公司
11	中国石油化工集团公司	33	中国建材集团有限公司
12	潍柴控股集团有限公司	34	中国交通建设集团有限公司
13	海尔集团公司	35	中国能源建设集团有限公司
14	中国铝业集团有限公司	36	中国移动通信集团有限公司
15	上海汽车集团股份有限公司	37	中国华能集团有限公司
16	中国五矿集团有限公司	38	中国黄金集团有限公司
17	三一集团有限公司	39	中国电信集团有限公司
18	中国有色矿业集团有限公司	40	绿地控股集团股份有限公司
19	TCL 集团股份有限公司	41	中粮集团有限公司
20	中国电力建设集团有限公司	42	珠海格力电器股份有限公司
21	万向集团公司	43	新希望集团有限公司
22	光明食品(集团)有限公司	44	中国中车集团有限公司
23	中国广核集团有限公司	45	首钢集团有限公司
24	国家电网有限公司	46	中国大唐集团有限公司
25	中国中信集团有限公司	47	中国机械工业集团有限公司
26	中国航空工业集团有限公司	48	国家开发投资集团有限公司
27	中国船舶工业集团有限公司	49	中国铁路工程集团有限公司
28	中联重科股份有限公司	50	鞍钢集团有限公司

二 2018年中国企业全球化新锐50强推荐榜①

表 2

企业	企业
艾艾精密工业输送系统(上海)股份有限公司	百度在线网络技术(北京)有限公司
澳优乳业股份有限公司	北方国际合作股份有限公司

① 全球化智库（CCG）企业全球化研究课题组，通过收集和研究 2017 年 1 月至 2018 年 7 月期间“走出去”的中国企业案例，根据新闻性、创新性、影响力和发展潜力等多项标准评选，通过专家评审，甄选出“2018 年中国企业全球化新锐 50 强”。这些企业在所属行业具有创新性与前瞻性，在过去一年中成功运作了具有一定影响力、突破性和创新性的海外投资项目，是中国企业“走出去”的新生力量。它们积极走出国门并能够在国际市场上立足将鼓励并带动更多的中国企业积极参与全球化竞争。

续表

企业	企业
北京爸爸的选择科技有限公司	曲美家居集团股份有限公司
北京京东世纪贸易有限公司	山东如意科技集团有限公司
北京科蓝软件系统股份有限公司	山东黄金矿业股份有限公司
北京小米科技有限责任公司	陕西炼石有色资源股份有限公司
沣沅弘(北京)控股集团	上海岱美汽车内饰件股份有限公司
甘肃刚泰控股(集团)股份有限公司	上海微创医疗器械(集团)有限公司
广州网易计算机系统有限公司	上海新南洋股份有限公司
汉鼎宇佑集团股份有限公司	深圳歌力思服饰股份有限公司
杭州中亚机械股份有限公司	四川和邦生物科技股份有限公司
红豆集团有限公司	四达时代集团
华米(北京)信息科技有限公司	苏州春兴精工股份有限公司
华润电力控股有限公司	苏州胜利精密制造科技股份有限公司
华西能源工业股份有限公司	汤臣倍健股份有限公司
江苏赛摩集团有限公司	携程旅行网
杰克缝纫机股份有限公司	兖州煤业澳大利亚有限公司
金杜律师事务所	浙江春风动力股份有限公司
京东方科技集团股份有限公司	浙江天成自控股份有限公司
巨星科技股份有限公司	浙江仙琚制药股份有限公司
南京海辰药业股份有限公司	志邦厨柜股份有限公司
农夫山泉股份有限公司	中广核欧洲能源公司
鹏博士电信传媒集团股份有限公司	淄博齐翔腾达化工股份有限公司
鹏欣环球资源股份有限公司	中国南方电网有限责任公司
启迪控股股份有限公司	紫光集团有限公司

注：按企业名称拼音排列，排名不分先后。

艾艾精密工业输送系统（上海）股份有限公司

艾艾精密工业输送系统（上海）股份有限公司（以下简称“艾艾精工”）是一家从事轻型工业输送带的生产型企业。2018 年 7 月，艾艾精工公告称，该公司全资公司德国 ARCK Beteiligungen GmbH 受让德国 Bode Belting GmbH（Bode）49% 股权已完成交割，此次交易价格为 150 万欧元（约合人民币 1177 万元）。Bode 是一家德国家族企业，在塑料输送带、同步带和涂层的生产和应用方面拥有数十年的经验。本次收购完成后，艾艾精工将持有德国企业 Bode 公司 100% 的股权。

澳优乳业股份有限公司

澳优乳业于 2003 年成立，2009 年在香港联交所上市。该公司主要从事乳制品研发、奶源收集、加工、生产及包装乳制品等活动，并在中国、欧洲、北美、中东、俄罗斯等国家和地区从事营销及销售活动。2018 年 6 月 1 日，澳优乳业公告称，该公司全资附属公司 Spring Choice Limited 拟以 1.29 亿港元，不高于 3.46 亿港元的价格收购 Ozfarm Australia 剩余 50% 的股权及 Ozfarm HK 42.5% 的股权。近年来，澳优乳业不断加码海外布局，此次收购 Ozfarm Australia 旨在进一步扩展澳大利亚、中国及海外市场，不断完善产品种类，提升整体协同效应，提升运营效率。

百度在线网络技术（北京）有限公司

百度在线网络技术（北京）有限公司（以下简称“百度”）是全球最大的中文搜索引擎，2000 年创立于北京。百度秉承“以用户为导向”的理念，始终坚持技术创新，旨在为用户提供“简单，可依赖”的互联网搜索产品及服务。目前，百度在中国的搜索份额超过 80%。2017 年 7 月，百度全资收购 KITT. AI 公司，将该公司的语音能力和自然语言处理能力融入百度平台，并且全面免费向百度的合作伙伴赋能开放。KITT. AI 创建于美国西雅图，专注于语音唤醒和自然语音交互技术。该公司入选了 CB Insights 人工智能创业 100 强的公司。百度此次对 KITT. AI 进行全资收购是继同年 4 月全资收购硅谷 AI 公司 XPerception 后，在 AI 领域再一次重拳出击，致力于实现 All - in - AI 的百度目标。

北京爸爸的选择科技有限公司

北京爸爸的选择科技有限公司（以下简称“爸爸的选择”）成立于 2015 年，是一家集研发、生产、销售于一体的全产业链日化高新技术企业。公司主要从事母婴全产业链研发、生产和销售，拥有多项专利和著作权。2017 年 5 月，爸爸的选择在日本投资成立了研发中心，正式入驻位于日本神户的原宝洁大厦。爸爸的选择始终坚持“中国制造，世界研发”的企业发展战略，日本的研究中心主要承担日化用品研发、新产品的检验以及新品在日推广等任务，把母婴行业成熟且研发实力强劲的日本作为打进世界市场的桥头堡。目前，爸爸的选择拥有北京、日本神户 2 个国际研发中心和亚洲最大的单体纸尿裤生产基地，成为中国母婴行业的领跑者。

北方国际合作股份有限公司

北方国际合作股份有限公司（以下简称“北方国际”）是一家主营轨道交通、电力工程、石油矿产设施建设的上市公司，隶属于中国北方工业公司，是推进实施“一带一路”倡议的重要力量。2017 年 11 月，北方国际公告称，该公司将收购克罗地亚能源工程股份公司 76% 的股权，交易总金额为 3201.12 万欧元。克罗地亚能源工程股份公司是为开发克罗地亚塞尼 156MW 风电项目设立的特殊目的公司（SPV），负责该项目的前期开发、项目建设、建后运营。此次北方国际对其进行收购，从而获取克罗地亚 156MW 风电项目的建设和运营权。

北京京东世纪贸易有限公司

北京京东世纪贸易有限公司（以下简称“京东”）是中国自营式电商企业。京东旗下设有京东商城、京东金融、京东智能、O2O 及海外事业部等。2014 年 5 月，京东在美国纳斯达克证券交易所挂牌上市。2017 年 6 月，京东集团与时尚精品购物平台 Farfetch 建立战略合作伙伴关系，京东向后者投资 3.97 亿美元一举成为 Farfetch 最大股东之一。Farfetch 是一个享誉全球的时尚购物品牌，此次与京东合作，正是双方优势资源互补融合的良好机遇，将京东的物流、互联网金融以及社交媒体资源与 Farfetch 在全球奢侈品领域的领导能力相结合，共同为消费者提供更优质、更高端的时尚购物体验。2018 年 8 月，京东无人超市落地印度尼西亚首都雅加达，这是京东无人超市在海外的首次亮相，也是京东高度契合“一带一路”倡议的重要举措之一。当前，京东正在积极布局海外市场，不仅要将中国人喜欢的海外品牌带入国内，还要将中国的品牌沿“一带一路”布局海外市场。

北京科蓝软件系统股份有限公司

北京科蓝软件系统股份有限公司（以下简称“科蓝软件”）创始于 1999 年，是一家开发、生产电脑软硬件、网络产品、自产产品的咨询及售后维修服务的民营企业。2018 年 8 月，北京科蓝软件香港全资子公司科蓝软件系统（香港）有限公司，拟以现金 7300 万元人民币收购韩国 SUNJE SOFT 株式会社 67.15% 的股权。韩国 SUNJE SOFT 株式会社是一家致力于研发内存分布式数据库产品的成熟技术企业，特别是其研发的 Goldilocks 分布式数据库产品，将有助于解决科蓝软件在互联网金融业务发展中存在的高并发、高性能问题。

北京小米科技有限责任公司

北京小米科技有限责任公司（以下简称“小米”），成立于 2010 年，是一家专注于智能硬件和电子产品研发的移动互联网公司，同时也是一家专注于高端智能手机、互联网电视以及智能家居生态链建设的创新型科技企业。2017 年 11 月，小米收购韩国佑米公司（金额未披露），正式宣告进军韩国。佑米公司的主要人员此前曾从事中韩、美韩间网购物流及代配送服务，并在此期间开发实时反映电商平台产品数据的 WizExpress 系统，于 2014 年获得小米公司韩国地区代理权，进口销售移动电源。

沣沅弘（北京）控股集团

沣沅弘（北京）控股集团主要从事产业投资、证券投资以及金融投资的控股管理集团。2017 年 6 月，沣沅弘资本与美国的投资集团喜达屋资本（Starwood Capital Group）和全球最大消费品投资基金 L Catterton 达成协议，收购其持有的法国奢华水晶制品生产商 Baccarat（巴卡拉）的控制性股权。协议规定，沣沅弘将收购 Baccarat 88.8% 的股权，总收购金额为 1.64 亿欧元。Baccarat 成立于 1764 年，是得到法国国王路易十五批准成立的水晶工厂，主要生产各类水晶玻璃制品，包括各类配饰、家具装饰品和餐具等，并拥有两家博物馆。此次收购完成后，沣沅弘资本将投资 2000 万~3000 万欧元以帮助 Baccarat 推动在美国、中东和亚洲地区的全球性市场，牢牢抓住奢侈品行业市场回暖的重要机遇。

甘肃刚泰控股（集团）股份有限公司

甘肃刚泰控股（集团）股份有限公司（以下简称“刚泰控股”）是大型企业刚泰集团有限公司的旗下企业，主要营业范围为互联网黄金珠宝平

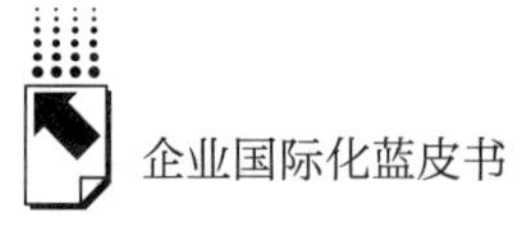

台，致力于打造以金融结合产业链产生协同效应的“互联网+”生态圈。2017年8月2日，刚泰控股公告称，该公司对意大利Buccellati公司85%的股权收购正式交割，交易价格为1.955亿欧元。Buccellati是一家创立于1919年的意大利珠宝公司，其门店遍布包括伦敦、巴黎、米兰在内的全球42个时尚之都，Buccellati拥有品牌历史和产品设计、制造优势，在欧美市场上备受高净值人群和各国皇室家族成员的青睐。此次收购结束，标志着刚泰控股离完全收购Buccellati又迈出重要一步。

广州网易计算机系统有限公司

网易公司是一家成立于1997年的中国互联网公司，目前提供门户网站、在线游戏、电子邮箱、在线教育、电子商务、在线音乐、网易bobo等多种服务门类。2018年7月，英国游戏公司Improbable宣布获得网易5000万美元投资，成为继CCP、Behavior之后又一家和网易达成战略合作的海外游戏公司。Improbable是一家总部设立于伦敦的年轻公司，公司成立于2012年，主营业务包括VR虚拟游戏架构设计、云计算、应用分发等。近年来，网易通过投资海外游戏厂商不断加快海外投资步伐。

汉鼎宇佑集团股份有限公司

汉鼎宇佑集团成立于2006年，旗下产业覆盖信息技术、影视传媒、资产管理、金融控股五大板块，目前拥有一家A股上市公司，130多家全资或参控股子（分）公司。2018年7月，汉鼎宇佑公告称，该公司董事会通过相关议案，同意全资子公司——汉鼎国际与麦克阿瑟收购公司签署《关于购买和出售B类普通股的协议》。麦克阿瑟收购公司是一家于2017年在美国加利福尼亚成立的股份公司，公告显示协议仅用于购买美国加利福尼亚医疗保健计划公司的股权。汉鼎宇佑表示，本次与关联方共同对外投资有利于公司聚焦既定的转型业务，增强公司与美国医疗资源的对接，拓展公司在智慧医疗方面的行业布局，优化公司业务结构。

杭州中亚机械股份有限公司

杭州中亚机械股份有限公司（以下简称“中亚股份”），是一家集研发、制造和销售于一体的液态产品智能化包装设备制造商，也是我国国家级重点高新技术企业、中国轻工业成长型500强企业。2018年6月，中亚股份以828.6万欧元收购意大利Magex SRL公司100%股权事项已完成交割。Magex公司是一家集无人零售设备研发、制造、销售于一体的企业，目前拥有十大系列的无人零售设备产品。中亚股份通过对Magex部分股权收购，将欧洲先进的无人零售设备技术引进中国，结合自身拥有的研发、制造能力，可以有效地降低生产成本，拓展国内和国际市场。

红豆集团有限公司

红豆集团有限公司（以下简称“红豆集团”）以创民族品牌为己任，产品涉及服装、橡胶轮胎、生物制药、地产四大领域。红豆集团坚持自主品牌、自主创新、自主资本的发展战略，积极开拓海外市场，特别是新兴市场，不断寻求高质量发展。2007年红豆集团牵头与柬埔寨企业共同开发建设西港特区，迈出了国际化建设的坚实步伐。十年后，柬埔寨的西港特区建设成为我国“一带一路”的样板工程。“一带一路”倡议与柬埔寨“2015—2025年工业发展计划”相吻合，也是中柬两国、中柬企业的最佳双赢结合点。

华米（北京）信息科技有限公司

华米（北京）信息科技有限公司成立于2014年，并于2018年2月登陆美国纽交所。2018年7月，华米科技宣布与Zepp International Limited签署合作协议，收购后者的核心资产。Zepp是一家多运动传感器技术公司，成立于2010年，Zepp拥有传感器算法和运动建模技术，提供即时、定量的运动分析，帮助用户及时调整训练计划。同时，Zepp还在开发基于深度学习的视频分析与处理技术，并在传感器、算法、深度学习等领域拥有多项美国专利和国际专利。此次收购有助于华米科技拓展全球市场。

华润电力控股有限公司

华润电力控股有限公司（以下简称“华润电力”）成立于2001年8月，主要从事投资、开发、建设、运营等，管理火电、水电、风电、煤炭和分布式能源项目。2018年3月，华润电力首个境外收购项目——英国Dudgeon海上风电场已经交割完毕，与母公司华润集团组成财团从挪威电力公司

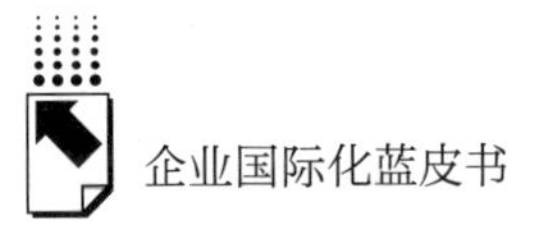

Statkraft 处购得 Dudgeon 海上风电场 30% 的股权，投资金额约 6 亿英镑，交易完成后，华润电力获得其中 12% 的股权。英国 Dudgeon 海上风电场是全球第六大海上风电场。此次并购项目，是华润电力进入英国市场的切入点，也为未来进一步探索海上风电市场和发展国际业务提供经验。

华西能源工业股份有限公司

华西能源工业股份有限公司（以下简称“华西能源”）成立于 2004 年，位于中国四川省自贡市，是一家主营各类大中型电站锅炉以及世界先进动力技术的研发、设计和制造的企业。2018 年 7 月，华西能源公告称，该公司拟出资 650. 3 万欧元（约合人民币 5158. 57 万元）收购德国 JL Goslar GmbH 公司 51% 的股权。德国 JL Goslar GmbH 公司最早成立于 1906 年的 Goslar 铅厂，迄今已有超过百年的经营历史，其处理核废料技术处于国际领先水平。华西能源表示，此次收购对吸收学习国际先进的核废料处理技术、促进公司产品技术升级和业务转型、拓展公司子业务市场具有重要意义。

江苏赛摩集团有限公司

江苏赛摩集团有限公司（以下简称“江苏赛摩”）创建于 1996 年，主要从事煤能源计量及检验设备的研发、设计、制造，致力于为煤能源计量及检验技术领域提供最佳的解决方案。2017 年 11 月，江苏赛摩完成了对意大利 Epistolio S. r. l. 公司收购交易的交割。根据前期签订的协议，赛摩电器以 350 万欧元（约 2700 万元人民币）通过全资子公司徐州赛斯特科技有限公司正式收购了这家意大利机器人及自动化设备公司 40% 的股权。据悉，此次被收购的 Epistolio S. r. l 是一家典型的“小而美”的欧洲家族式企业，其主要产品包括六轴喷涂机器人、重量感应投料系统以及其他自动化设备。通过海外并购，江苏赛摩在不断提升公司国际化水平的同时，进一步加快公司实施工厂智能化产业布局。

杰克缝纫机股份有限公司

杰克缝纫机股份有限公司是一家专门进行工业缝制机械的研发、生产和销售的民营企业，创办于 2003 年 8 月。2018 年 2 月，杰克股份发布公告称将收购意大利 FINVER S. p. A 的全部股份、VI. BE. MAC. S. p. A. 30% 的股份以及 VINCO S. r. l95% 的注册股份，总收购价为 2280 万欧元，折合人民币 1.7 亿元。此次杰克股份收购的三家意大利服装自动化公司的内部存在股权投资关系，FINVER 公司分别持有另两家公司 VBM 和 VINCO 各 50% 的股权，而杰克股份的收购目标是 VBM 公司，杰克股份希望通过收购 VBM 进入生产牛仔服装自动化设备领域，从而进一步开拓公司的产品种类，扩大市场。

金杜律师事务所

金杜律师事务所是中国司法部最早批准设立的合伙律师事务所之一，成立于 1993 年，创始合伙人秉承不断创新及卓越的现代法律理念，金杜律师事务所已经成为中国规模最大并居于领先地位的综合性律师事务所。目前，金杜在全球成长性城市和金融中心城市，如东京、中国上海、新加坡共设立了 27 个国际办公室，拥有 2000 多位专业法律人员，550 多位合伙人，并且持续保持在英国、欧洲和中东的战略布局。随着中国企业“走出去”的步伐不断加快，金杜律师事务所也在全球为不同需求客户提供法律咨询服务。

京东方科技集团股份有限公司

京东方科技集团股份有限公司（以下简称“京东方”）成立于 1993 年，是一家物联网公司。2017 年，京东方的新增专利申请数量为 8678 件，其中发明专利超过 85%，累计可使用的专利数量超过 6 万件，全球领先。2018 年 3 月，京东方完成了对法国零售物联网领域公司 SES – imagotag 发行的在外流通股份的 79.94% 的收购，支付总价 3.23 亿欧元。法国SES – imagotag 是电子货架标签和数字标牌领域的全球领先供应商，SES 的解决方案已经在全球超过 50 个国家、100 个零售品牌、1.2 万家门店中得到应用。京东方此次对 SES 进行收购，旨在使供应链、产品制造、云计算及市场客户资源等方面为其未来发展提供持续资源支持，双方将实现优势互补。

巨星科技股份有限公司

巨星科技股份有限公司成立于 1993 年，是主要从事手动工具、激光产品、智能工具、服务机器人等产品研发、生产和销售的智能装备企业。2018 年 6 月 1 日晚，巨星科技公告称，该公司拟收购瑞士专业工作存储解决方案提供商及设备制造商 Lista Holding AG 100% 的股权，合计交易总价为 1.845 亿瑞士法郎。此次巨星科技收购 Lista 公司是其全球化战略的重要组成部分，在此基础上将进一步开拓巨星欧洲市场，深挖欧洲渠道，大幅提升欧洲销售比例，增强巨星科技对国际环境波动的抵御能力。

南京海辰药业股份有限公司

南京海辰药业股份有限公司（以下简称“海辰药业”）成立于 2003 年，是一家集医药研发、生产和市场营销于一体的国家级高新技术企业。2018 年 3 月，海辰药业等中方联合并购方完成了对意大利 Nerviano Medical Sciences Group S. r. l（以下简称“NMS 集团”）90% 股权的收购。NMS 是意大利最大的肿瘤药物研发机构，具有悠久的医药研发历史；此外，NMS 还具有药物研发的“一站式”服务平台，可以实现药物合成与筛选、临床前实验、临床试验和新药定制研发与生产服务，形成了完整的产业链。

农夫山泉股份有限公司

农夫山泉股份有限公司成立于 1996 年，总部设立于浙江杭州，是一家大型饮用水生产企业，系养生堂旗下控股公司，目前已经成为中国饮料 20 强之一。据彭博社报道，农夫山泉旗下全资新西兰企业 Creswel NZ Ltd 购买了位于新西兰北岛瓦卡塔尼附近的 Otakiri Spring 瓶装水工厂，从而促进农夫山泉向高端水市场发展。高端矿泉水的高利润是企业的关注点，相关数据显示，国内普通包装水的平均利润率仅为 4% 左右，而高端矿泉水的利润率则能达到 25% 左右。此次农夫山泉收购新西兰高端瓶装水工厂 Otakiri 也标志着农夫山泉进一步向高端水市场迈进。

鹏博士电信传媒集团股份有限公司

鹏博士电信传媒集团股份有限公司（以下简称“鹏博士”）成立于 1994 年，主要经营范围为电信增值服务、安防监控以及网络传媒业务。2017 年 11 月，鹏博士公司海外全资子公司 Dr. Peng Holding Canada，Inc. 拟以现金 1460.85 万加元为对价，收购 Urban Communication Inc. 的 100% 流通在外股权，以及其所有认股权证和期权，并负责清偿全部债务。Urban 公司为一家光纤网络运营公司，成立于 1988 年，主营业务为北美地区的家庭及政企用户的宽带网络、语音、视频及宽频等应用服务。此次收购符合鹏博士进行国际化转型的长期发展战略规划，并随着公司构建全球云网战略的推进，加速了海外市场的投入。

鹏欣环球资源股份有限公司

鹏欣环球资源股份有限公司（以下简称“鹏欣资源”）成立于2000年，其主营业务范围为金属铜采矿、选矿、冶炼，同时上市公司业务范围还包括国际贸易和金融投资行业。2018年7月，鹏欣资源拟通过境外子公司现金收购 Marlin Enterprise Limited 全资子公司 Agincourt Resources（Singapore）Pte. Ltd.，从而间接拥有位于印度尼西亚的一座金矿，收购价不超过11亿美元。被收购的 Martabe 金银矿位于全球著名的金矿地区 Sunda-Banda Arc，金、银、铜储量十分丰富，产量超30万盎司/年。鹏欣资源通过此次收购意在打造国际化的有色资源平台体系。

启迪控股股份有限公司

启迪控股股份有限公司（以下简称“启迪国际”）成立于2000年，是一家综合性企业，同时也是首批国家现代服务业示范单位，目前管理总资产规模超过2000亿元人民币。2018年7月12日，启迪国际宣布斥资1.05亿美元（约合7.02亿元人民币）的价格，收购总部位于伦敦的汽车无线通信模块供应商——泰利特（Telit）的车载通信业务。泰利特1986年在意大利成立，之后在英国等地设立分布，其主要营业范围是为运营商提供服务，后期涉足蜂窝手机和汽车通信系统。尽管当前泰利特深陷债务危机，但启迪国际看中泰利特的车载通信业务以增强启迪国际原有的无人驾驶布局。

曲美家居集团股份有限公司

曲美家居集团股份有限公司（以下简称“曲美”）成立于1987年，是集设计、生产、销售于一体的原创家具设计集团公司。曲美于2018年5月对挪威家具制造商 Ekornes ASA 公司进行全现金收购，交易对价为51亿挪威克朗（约合6.337亿美元）。Ekornes ASA 公司创立于1934年，是北欧地区最大的家具制造商，该公司旗下拥有 Ekornes Collection（家具），Stressless 和 Svane（床垫）等品牌，并主要以“Stressless”品牌的豪华斜倚扶手椅和沙发系列而闻名，该品牌还因舒适的设计得到了美国脊椎治疗协会的认可。曲美收购 Ekornes 后，通过整合双方资源、深耕渠道，大力拓展中国市场的业务发展，与 Ekornes 共享现有渠道资源以及互联网营销技术成果，使 Ekornes 产品更好地适应中国“消费升级”和“新零售”的发展趋势。同时，联合 Ekornes 丰富的国际销售经验的管理团队，推动曲美国际化进程，打开国际市场。目前这笔交易成为是中国家具行业规模最大的海外并购。

山东如意科技集团有限公司

山东如意科技集团是成立于 1993 年的大型中外合资企业，纺织产业突出贡献企业，主要涉及兔毛纺纱、服装、棉纺织、棉印染、针织、纤维、牛仔布、房地产等行业，集团目前资产总额 65 亿元，职工 26000 人。2017 年 11 月 23 日，山东如意集团子公司以 1650 万美元，约合 1240 万英镑收购以色列男装集团 Bagir Group Ltd.（以下简称 Bagir）54% 的股份，成为后者的控股股东。Bagir 成立于 1961 年，是一家全球性的创新成衣设计制造和供应商，专注于研发、制造和营销高质量的男女成衣。自 2016 年开始，山东如意广泛收购国际时尚品牌，成为中国时尚市场崛起的一匹黑马，瞄准中国中产阶级人群的大幅上升和对高端产品的消费能力，成为国际时尚市场上并购最为活跃的中国买家之一。

山东黄金矿业股份有限公司

山东黄金矿业股份有限公司（以下简称“山东黄金”）成立于 2000 年，其经营范围包括在许可范围内的黄金开采、选冶、销售以及黄金矿山专用设备的研发和生产等。2017 年 4 月，山东黄金宣布以 9.67 亿美元的价格，向世界知名黄金生产商巴理克公司收购一座位于阿根廷的金矿开发商 50% 的股权。此次收购有助于山东黄金加快国际化进程，迅速扩大矿产资源储备，增强其海外市场的竞争力。

陕西炼石有色资源股份有限公司

陕西炼石有色资源股份有限公司是一家从事钼、铼及其他有色金属矿产的开发、冶炼、贸易以及新材料、冶炼新技术的研发以及产业投资的公司，最早成立于1993年，原名为咸阳偏转股份有限公司，后在2012年更为现在名称。2018年6月8日，陕西炼石有色公告宣布公司将以4400万英镑，约合3.74亿元人民币的价格全部收购英国飞机零部件供应商Northern Aerospace Limited（下文简称NAL）100%的股权。NAL公司是空中客车民航客机的重要零部件供应商，主要制造飞机的机翼结构，此外，NAL还为全球其他著名飞机制造商，例如，波音公司、巴西航空工业、湾流、Pilatus等，提供翼桁，机翼表层，翼梁，超大型机翼骨架，飞机地板横梁和座椅导轨等约2000种产品。此次炼石有色收购案意在拓展公司产品种类、拓宽市场范围，进一步提升公司在航空制造业方面的整体实力。

上海岱美汽车内饰件股份有限公司

上海岱美汽车内饰件股份有限公司是一家从事乘用车零部件研发、生产、销售、服务于一体的汽车零部件制造商。2018年6月，岱美股份全资子公司舟山银美汽车内饰件有限公司（舟山银美）收购法国Motus Integrated Technologies（以下简称“Motus”）公司旗下汽车遮阳板相关资产和业务，交易对价为1.47亿美元。此次并购活动，进一步提升了岱美控股的国际化运营能力、可持续经营能力及总体风险防范能力。使该公司快速切入劳斯莱斯、宝马、保时捷等高端客户群，并迅速与丰田、本田、斯巴鲁等日系品牌客户供应链对接。

上海微创医疗器械（集团）有限公司

上海微创医疗器械（集团）有限公司（以下简称“上海微创医疗”），是我国领先的高端医疗器械集团。2017年11月20日，上海微创医疗宣布，公司全资附属公司拟收购英国LivaNova PLC（以下简称“LPLC”）公司CRM业务，交易价格为1.9亿美元。LPLC是一家医疗器械公司，长期致力于改善全球患者的生活，其先进的技术及突破性的治疗方案，为患者、医疗专业人员及医疗系统提供了有效的解决办法。该收购完成后，微创医疗将成为中国心律管理领域的龙头企业，拥有最先进的技术并覆盖估值约100亿美元的全球心律管理市场。

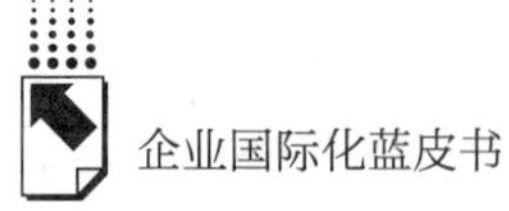

上海新南洋股份有限公司

上海新南洋股份有限公司（以下简称“新南洋”）成立于 1992 年，其主要经营范围为高新技术产品的生产与销售、教育产业投资、技术咨询等领域，上海交通大学为其第一大股东，其持有国家法人股占总股本的 52.7%。2018 年 7 月，据新南洋公告称，该公司拟通过直接购买标的公司普通股的方式，收购 ChungdahmLearning，INC. 公司（以下简称 CDL 公司）持有的标的公司 793965 股股份，预估交易金额约为 7460.38 万元人民币。CDL 公司主要从事 K12（Kindergarten through twelfth grade，是学前教育至高中教育的缩写，现在普遍被用来代指基础教育）英语和数学课程产品的研发和教学，运营区域主要在韩国、东南亚等国家和地区。此次收购旨在促进新南洋公司旗下全资子公司——昂立教育与行业国际水平代表 CDL 公司在课程研发领域进行深度融合。

深圳歌力思服饰股份有限公司

深圳歌力思服饰股份有限公司（以下简称“歌力思”）创立于 1996 年，主要从事自有高端女装的设计研发、生产和销售，旗下主品牌为中国高级时装品牌 ELLASSAY（歌力思）。2017 年 8 月，歌力思与薇薇安谭时装（深圳）有限公司签署了股权收购协议，以总价 3700 万元人民币收购后者持有的薇薇安谭 75% 的股权。薇薇安谭为 CHINANOW ASSOCIATES LIMINTED 通过全资子公司 Peony Power Limited 在国内于 2017 年 6 月成立的公司，该公司拥有 VIVIENNE TAM 品牌在中国大陆地区的所有权。VIVIENNE TAM 是美国华裔时装设计师 VIVIENNE TAM 于 1994 年在美国纽约创立的独立设计师品牌，品牌融合了中国元素和国际流行元素，产品包括服装、手袋、饰品、香水、鞋履等，在全球开设专卖店。此次收购完成后，歌力思在全球高端品牌收购的进程中更进一步，包括薇薇安谭在内，旗下已经拥有 ELLASSAY、德国高级女装品牌“Laurèl”、美国轻奢潮流品牌“Ed Hardy”、法国轻奢设计师品牌“IRO”、线上高级女装品牌“唯颂”（With Song）5 个时装品牌，推动企业成为具有国际影响力的中国高级时装集团。

四川和邦生物科技股份有限公司

四川和邦生物科技股份有限公司（以下简称“和邦生物”）成立于2002年，公司经营范围包括制造、销售草甘膦、蛋氨酸以及工业碳酸钠等。2018年7月13日，和邦生物公告称，该公司完成了对澳大利亚农业综合企业Elders Limited普通股143900股的购买，交易金额为1203万澳元，加上此前购买的5800000股，目前累计对和邦生物持有6.25%的股权，目前成为Elders公司的第一大股东。Elders公司成立于1839年，主要在澳大利亚和新西兰开展农业供应链金融、保险、智慧农业信息、农资产品销售及其服务、农产品贸易、农业物业中介服务、国际农业贸易等业务。此次和邦生物对Elders的股权收购有助于本公司扩展销售市场，增加出口收入。

四达时代集团

四达时代集团是中国广播电视行业颇具影响力的系统集成商、技术提供商、网络运营商和内容提供商，1988年创立于北京。2002年，四达迈出国门走进非洲，2007年四达在卢旺达获得第一张运营牌照，正式开启了在非洲进行数字电视网络投资建设和运营的新征程。2015年，习近平总书记在中非合作论坛上表示，中国将为非洲1万个村落实收看卫星电视项目。四达作为“万村通”项目实施方，为上万村落搭建与外界的“信息通路”。截至目前，几内亚和塞内加尔等国家的“万村通”项目已经完成，莫桑比克、乌干达、加纳等国家的项目都在有条不紊地推进。走出国门16年，四达建立起世界最大的跨洲、跨国、跨网络的异构网络平台，打造了节目集成、译制、制作为一体的内容生成机制，业务遍布非洲37个国家，用户超过2000万，成为一家综合性跨国传媒集团。四达不仅在非洲普及了数字电视，更提供了丰富多彩的节目使非洲民众享受到数字电视的美好。

苏州春兴精工股份有限公司

苏州春兴精工股份有限公司（以下简称“春兴精工”）成立于2001年，其主营业务包括通信系统设备、汽车等精密铝合金结构件的制造、销售及服务、通信系统设备、汽车等精密铝合金结构件的研究与开发等。2017年8月，春兴精工通过项目控股公司间接持有CALIENT公司51%的股权，交易对价为1.479亿美元（约合人民币10.019亿元）。此次收购的CALIENT在数据中心产品和SDN光传输方面都做到业界领先，客户包括华为、爱立信、诺基亚、中兴、思科等优质企业。春兴精工此次对其进行收购，有助于公司由精密制造型向科技型公司的转型。

苏州胜利精密制造科技股份有限公司

苏州胜利精密制造科技股份有限公司，是一家综合性科技企业集团，其主营业务在电脑、移动通信、智能制造等领域。2018年6月5日，苏州胜利精密发布公告称已经完成对芬兰JOT Automation Oy公司（以下简称JOT）100%股权的收购，总耗资为5000万欧元。JOT公司成立于1988年，是芬兰国内的一家消费电子制造业自动化测试和组装解决方案的全球领先供应商，其客户包括全球最大的移动和计算设备OEM厂商。此次苏州胜利精密对芬兰JOT公司的收购，意在充分发挥JOT在产品解决方案上的领先优势和国际声誉，弥补苏州胜利精密的短板，有助于公司开拓欧美市场，深入全球市场布局。

汤臣倍健股份有限公司

汤臣倍健股份有限公司是一家专注于膳食补充、营养品研发、制造和销售的中国领导品牌和标杆企业，创建于1995年。2018年5月31日，汤臣倍健公告称已经完成1亿元人民币的价格对拜耳旗下的有超过70年历史的儿童营养补充剂品牌Penta-vite业务资产的收购。Penta-vite创立于1940年，先后归属于世界500强企业罗氏公司和拜耳公司，如今归于汤臣倍健麾下。Penta-vite专注于0～12岁儿童的营养补充剂的研发和生产，随着中国国内对健康产品需求的与日俱增，国内健康品市场日趋成熟，此次汤臣倍健花重金收购Penta-vite意在完善本公司在儿童营养品市场的布局，从全球寻找优质原料扩大全球市场部署，也为满足国内消费者对健康产品的消费需求不断升级而采取的切实行动。

携程旅行网

携程旅行网（以下简称“携程”），成立于1999年，2003年12月在美国纳斯达克上市。携程积极发展无线应用，为用户提供预订（酒店、机票、旅游、商旅、火车票、汽车票等）、查询、分享等一站式旅行服务。近年，携程不断开拓全球市场，积极海外战略布局。继 2016 年 11 月，携程以 14 亿英镑收购英国旅游搜索网站 Skyscanner（天巡网）之后，2017 年 11 月，携程网旗下子公司 Skyscanner 收购了英国社交媒体初创企业 Twizoo。携程将使用 Twizoo 的社交内容整合平台，来强化酒店评论与建议相关的服务，进一步完善携程在英国市场的旅游生态业务。目前，携程的国际业务已经拓展到英国、美国、印度、新加坡等地。

兖州煤业澳大利亚有限公司

兖州煤业澳大利亚有限公司是兖州煤业的控股子公司。2012 年 6 月该公司在澳大利亚证券交易所上市，助力兖州煤业成为中国唯一一家拥有境内外四地上市平台的煤炭公司。2017 年 1 月 24 日，兖州煤业澳大利亚有限公司（以下简称兖煤澳洲）以 23.5 亿美元收购力拓矿业集团澳大利亚附属公司持有的联合煤炭工业有限公司 100% 的股权。此次收购的历程艰辛，在力拓集团召开股东大会前夕，全球矿业巨头嘉能可以 34.7 亿美元的报价介入，开始了与兖煤澳洲的竞购。最终，兖煤澳洲经过两轮竞购，两次提价，最终将力拓旗下联合煤炭资源公司收入囊中。收购完成后，兖煤澳洲成为当地最大的独立煤炭运营商之一。其煤炭储量、产量都将有望提升至澳大利亚第三位。

浙江春风动力股份有限公司

浙江春风动力股份有限公司（以下简称“春风动力”）是一家专业从事水冷发动机及摩托车、全地形车、轻型多功能车等产品研发、制造和销售于一体的大型股份制企业。2018 年 5 月，春风动力拟通过其在香港的全资子公司和信实业以 1799.6 万美元的总价向 KTM Industries AG 的大股东 Pierer Industrie AG 收购 KTM 约 1.17% 的股权。据悉，KTM Industries AG 是欧洲领先的摩托车生产商，目前已经在瑞士和奥地利证券交易所上市。此次春风动力收购 KTM 少数股权，意在促进 KTM 与公司的长远合作发展。

浙江天成自控股份有限公司

浙江天成自控股份有限公司（以下简称“天成自控”）最早创建于 1992 年，主要从事车辆座椅的研发、生产、销售和服务等。天成自控是我国工程机械座椅的生产研发的翘楚企业，也是工程机械座椅国家标准的起草单位之一。2018 年 7 月，天成自控发布公告称，该公司已经完成收购英国 Arco Holdings Limited（AHL）100% 的股权，交易对价为 4.8 亿元人民币。AHL 目前无实际经营活动，所持主要资产是 Arco Aircraft Seating Limited（AASL），因此天成自控完成对 AHL 的收购就间接形成了对 AASL 的控制。据悉，AASL 是一家成立于 2006 年，主要从事飞机座椅研发、装配及销售的英国航空座椅公司。此次收购案，天成自控是在走向全球行业前三的世界一流高附加值座椅供应商的战略目标迈进。

浙江仙琚制药股份有限公司

浙江仙琚制药股份有限公司（以下简称“仙琚制药”）创建于 1972 年，主要生产皮质激素、性激素、孕激素等生物医药制品。2017 年 11 月，仙琚制药公告称，公司已经完成对意大利甾体药研发公司 Newchem 及药物销售公司 Effechem 100% 股权已完成交割。本次交易总对价为 1.1 亿欧元。Newchem 公司成立于 1989 年，主要从事原料药的研发、生产、销售，以及农业、食品业、环保业等行业的应用研究。Effechem 公司成立于 1975 年，主要从事相关医药行业活动。此次收购活动有助于仙琚制药加快推进其原料药业务国际化战略步伐。

志邦厨柜股份有限公司

志邦厨柜股份有限公司（以下简称“志邦股份”）创立于 1998 年，其主要营业范围包括产品研发、生产、销售，目前专注于全屋定制家具的研发、生产和销售工作。2018 年 7 月，志邦股份公报称，该公司旗下的全资孙公司 ZBOM Australia Pty Ltd（澳洲志邦）拟使用 667.4 万澳元（约合 3299.6 万元人民币），并以股权转让的方式获得 IJF Australia47% 的股权。被收购的 IFJ Australia 是澳大利亚具有 54 年专业管理经验的橱柜制造商，主要经营范围包括橱柜、卫浴、衣柜等木质类产品。此次股权转让后，志邦将成为 IFJ Australia 的第一大股东。志邦股份也希望通过此次并购可以提升自身工艺水平，学习先进经验。

中广核欧洲能源公司

中广核欧洲能源公司（以下简称“中广核”）隶属于中国广核集团，是母公司中国广核集团在2014年于法国巴黎成立的全资控股子公司，主要从事欧洲可再生能源项目投资并购、开发建设、运营维护以及资产管理等业务。2018年7月，中广核在巴黎宣布与麦格理集团和通用电气公司签署股权转让协议，完成了对瑞典北极风电项目75%的股权收购。该项目位于瑞典，是欧洲最大单体路上风电场，计划安装单机容量为3.63兆瓦的GE风机179台，预计在2019年投入使用。该项目预计可满足40万户家庭的用电需求，可以每年减少75万吨的二氧化碳排放量。中广核欧洲能源公司总裁陆玮表示，此次并购使中广核进入北欧市场具有深远意义。

淄博齐翔腾达化工股份有限公司

淄博齐翔腾达化工股份有限公司（以下简称“齐翔腾达”），是一家成立于2007年的公司，主营业务包括对石油加工副产品碳四进行深加工以转化形成高附加值精细化工产品业务，该公司已经于2010年5月在深圳证券交易所上市。2018年4月，齐翔腾达官网发布公告，其全资孙公司齐翔腾达供应链香港有限公司与Integra Holding Pte. Ltd. 签署股份购买协议，拟收购卖方持有Granite Capital SA的51%的股权，交易总价为3600万美元。被收购公司是一家成立于1989年、注册地为瑞士的石化类大宗商品贸易商，在化工行业细分产品市场中的贸易规模和市场占有率具有较高地位。据悉，齐翔腾达此次收购举动意在进一步开拓海外供应链业务。

中国南方电网有限责任公司

中国南方电网有限责任公司（以下简称“南方电网”），是一家成立于2002年的公司，主营投资、建设和经营管理南方区域电网以及相关输配电业务，其主要经营地区包括广东、广西、云南、贵州和海南等五省（区）。2018年7月，南方电网将收购欧洲公共事业企业Encevo少数股权，约为25.48%，股权收购具体金额双方均未披露。欧洲公共事业企业主要经营电力和燃气网的管理工作，并向卢森堡和德国多元化投资组合客户出售能源资源。

紫光集团有限公司

紫光集团有限公司（以下简称“紫光集团”）是清华大学旗下的高科技企业。紫光集团以集成电路为主导、形成了从“芯”到“云”的高科技产业生态链，不断在全球信息产业中强势崛起。是全球第三大手机芯片公司。2018 年 7 月，紫光集团以约 22 亿欧元（约合 26 亿美元）收购法国智能卡器件制造商 Linxens，但目前这次收购还需要得到法国和德国监管机构及该公司工会的同意。Linxens 设计和制造的芯片供应快速增长的安全和身份识别市场，其产品可用于智能手机、交通卡、身份证、护照接触和非接触式交易以及生物测定。这次交易将成为对于欧洲监管机构对中国在该地区投资的立场的关键测试。

2018年推介的中国企业全球化新锐50强特点

纵观 2017 年中国企业全球化的历程，以及从众多践行全球化的企业中脱颖而出的新锐 50 强，我们不难发现中国企业全球化在历经多年的快速发展后，开始迎来转型期。转型的过程必然伴随着阵痛，但海外市场一直是中国企业不断奋斗、努力耕耘的竞技场。2018 年中国企业全球化成果依旧显著，特别是在政府的“一带一路”倡议引导下，中国企业也在不断加快国际化步伐。从 2018 年推介的中国企业全球化新锐 50 强来看，投资主体向民营企业倾斜，但国有企业依旧发挥举足轻重的作用；投资行业专业化发展，跨行业、摊大饼的现象逐步减少，专业化投资彰显中国企业全球化质量转型；投资金额相较于前三年有所下降，整体也保持相对稳定态势，体现中国企业“走出去”步伐更加稳健。

2018 年评选出的中国企业全球化新锐 50 强呈现以下三个特点。

（一）投资主体：民营企业渐成企业全球化主力，国有企业实力依旧

2018 年，中国企业全球化在投资主体方面延续了 2017 年的发展态势，民营企业逐渐成为主力军，在 2018 年评选出的新锐 50 强中，民营企业占比

过半，尽管从投资金额和投资影响力角度看依旧不及国有企业，但民营企业的发展速度和海外扩展能力不容小觑。此外，随着国家对民营企业海外投资的行政手续的放宽，以及中国企业海外投资并购渠道的多元化，民营企业借助此类优势，全球化发展势头更为强劲，特别是中小型企业和互联网“独角兽”企业在2018年中国企业全球化中表现出色。

另外，实体制造业的中小企业同样表现抢眼。例如，浙江天成自控股份有限公司完成对英国 Arco Holdings Limited 100%的股权收购，天成自控自身已经处于国内工程机械座椅研发生产的领先位置，此次对 AHL 的收购更是其迈向全球行业前三的世界一流高附加值座椅供应商的关键一步。

（二）投资行业：中国企业全球化呈现专业态度，海外并购愈发理性

自20世纪90年代起，随着中国经济发展开始进入转型阶段，国内市场逐步进入结构性饱和，中国企业必须寻求海外市场的帮助，实现产能转移；此外，尽管中国经济快速发展，但生产方式和生产力水平依旧与国际先进水平存在差距，产品质量有待提升，急需从“中国制造”向“中国创造”转变。2015年11月10日，中央财经领导小组第十一次会议提出要重点研究供给侧结构性改革方案，把发展经济的着力点放在实体经济上，把必须提高供给体系质量作为主攻方向。中国企业响应国家号召，也为提升企业在国际市场上的核心竞争力，逐步开始了全球化进程。中国企业全球化的“初心”不应忘记，海外投资并购不应被视为拓展海外市场及实现产业转型升级的捷径。2017年中国企业全球化一改并购热潮时期的“摊大饼”心态，绝大多数企业都利用并购手段实现锦上添花，在自身所在行业中精心耕耘。

例如，志邦橱柜股份有限公司长期专注于全屋定制家具，成功收购澳大利亚 IFJ Australia 橱柜制造商，意在学习这家有54年专业管理经验的企业先进的橱柜制作工艺和先进的管理经验。在互联网企业方面，2017年7月，百度全资收购 KITT. AI 公司，计划将 KITT. AI 公司的语音能力和自然语言

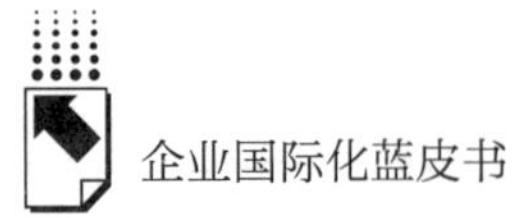

处理能力融入百度平台中。而百度作为一家互联网科技企业，其始终坚持技术创新理念，不断为客户提供“简单，可依赖”的互联网搜索产品和服务。此次百度对AI公司的收购，也是百度紧跟科技发展趋势，拓展其在AI领域发展前景的有力尝试。

（三）投资金额：多种因素导致新一年投资金额下滑，企业全球化发展探寻新机

经历了2016年中国企业海外并购投资高速发展期后，随着非理性投资带来的诸多问题的暴露，加上2017年开始国家对企业海外并购监管趋严态势，中国企业“走出去”逐渐归于理性。当前企业已经普遍意识到“走出去”并非砸钱这么简单，想要走得远走得成功，关键还是要转变思路和心态。相应地，2017年中国企业海外并购投资金额有所降低，但属于正常波动范围，整体保持稳定态势。

2017～2018年全球各主要经济体的央行陆续采取渐进的货币紧缩政策，美元开始重振，美联储逐步加息；特朗普政府喊着减少对华贸易逆差的口号，接连对中国企业发动贸易制裁。总体来说，中国企业全球化在2017年的挑战前所未有，想要保持稳定的发展态势，必须寻求新的发展契机。因此“一带一路”倡议在中国企业全球化进程中显得愈发重要。

2018年是“一带一路”倡议提出5周年，实践中“一带一路”不仅仅是一个地理概念，中国欢迎全球相关国家都参与其中，实现共商共建共享。当前，“一带一路”相关投资正逐渐拓宽至贸易、制造、互联网和金融行业，毫无疑问，“一带一路”将是中国企业在未来全球化发展进程中的关键突破口。例如，北方国际合作股份有限公司于2017年11月收购克罗地亚能源工程股份公司76%的股权，既为当地居民提供电力保障，也为企业增加效益。此外，京东无人超市的首次海外亮相，就选择了“21世纪海上丝绸之路”的沿线国家印度尼西亚，为当地居民带来物美价廉的中国产品，并体验无人超市的便捷生活，同样将中国品牌沿着“一带一路”布局走向海外市场。

三　2018年中国企业全球化分榜单推荐

（一）2018年“一带一路”十大先锋企业[①]

表3

企业	企业
阿里巴巴网络技术有限公司	万科企业股份有限公司
广州华多网络科技有限公司	招商局港口控股有限公司
河钢集团有限公司	浙江吉利控股集团有限公司
上海复星医药（集团）股份有限公司	中国石油天然气集团有限公司
上海汽车集团股份有限公司	中山达华智能科技股份有限公司

注：按企业名称拼音排列，排名不分先后。

阿里巴巴网络技术有限公司

阿里巴巴网络技术有限公司（以下简称“阿里巴巴”）成立于1999年，下设淘宝网、天猫、聚划算、全球速卖通、阿里巴巴国际交易市场、1688、阿里云、蚂蚁金服等。2017年6月，阿里巴巴斥资10亿美元增持东南亚领先电商平台Lazada，持股比例由之前的51%增至83%。该交易表明，阿里巴巴既看好Lazada持续开拓东南亚市场的能力，也看好新兴市场的高增长潜力。Lazada是一家市场主要面向东南亚市场的亚洲版本“亚马逊”，但当前东南亚市场的电商普及率并不高，占总销售额的比例仅为3%，而中国的这一数据为14%。尽管占比不多，但东南亚各国的总人口达6亿人，该地区是世界上增长最快的电商市场之一，此次阿里巴巴收购Lazada是为前者在全球市场布局中奠定关键基础。

① “一带一路”十大先锋企业榜单，是从走进“一带一路”沿线国家的中国企业中选出。根据企业对推进“一带一路”互联互通项目、加快“一带一路”基础设施建设等方面做出的贡献度，以及对“一带一路”投资带来的中国企业在亚洲的影响力提升度进行评选。它们不仅开辟了中国企业全球化的新版图，而且对中国企业“走出去”具有带动性和引导性，是走进“一带一路”的先锋力量。

广州华多网络科技有限公司（欢聚时代集团）

广州华多网络科技有限公司，又称欢聚时代集团（以下简称“欢聚时代”）成立于2005年，2012年在纽约纳斯达克上市。其旗下业务覆盖游戏、金融、教育、直播等多领域。2018年6月，欢聚时代宣布以2.7亿美元认购Bigo Inc. D轮优先股，此轮投资完成后将成为Bigo最大股东。Bigo是一家全球性的视频社交媒体平台，其总部位于新加坡，当前这家公司已经在东南亚、南亚和中东等新兴市场占据优势地位。此次欢聚时代对Bigo的收购，是前者完成在全球开展市场布局的关键一步。

河钢集团有限公司

河钢集团有限公司成立于2008年，是世界最大的钢铁材料制造和综合服务商之一。2017年7月河钢集团在“一带一路”框架下，与塞尔维亚政府签署共建中塞友好工业园区谅解议定书，这一综合性产业园的规模将在欧洲位居前列，预计创造2.5万个就业岗位，园区将为赴塞投资发展的中资企业提供全方位的服务和支持，协助赴塞投资发展企业向塞政府争取相关政策配套。同年11月河钢集团启动了河钢德高“丝路能源钢铁公司（BRESCO）”项目，BRESCO将引领各个中国和国际金融合作伙伴利用此平台对“一带一路”相关市场的可获利项目进行长期投资。

上海复星医药（集团）股份有限公司

上海复星医药（集团）股份有限公司（以下简称“复星医药”）成立于1994年，其业务覆盖医药健康全产业链，主要包括药品制造与研发、医疗服务、医疗器械与医学诊断、医药分销与零售。2017年10月，复星医药正式出资10.9亿美元收购印度药企Gland Pharma约74%的股权。此次收购案一波三折，但对复星医药未来发展而言具有重要意义。一方面与复星医药国内的注射剂及生物制药的研发、制造能力形成互补，另一方面有助于复星医药进一步向全球市场开拓。

上海汽车集团股份有限公司

上海汽车集团股份有限公司（以下简称“上汽集团”）是国内A股市场最大的汽车上市公司，主要经营范围涉及整车生产、零部件的研发生产销售汽车服务贸易业务、汽车金融业务。2017 年 6 月，上汽收购位于印度古吉特拉邦的通用汽车印度 Halol 工厂，并计划未来五年将对该工厂投资 200 亿卢比（约合 21 亿元人民币）。据悉，此次上汽集团进入印度市场将在当地雇用 1000 名左右的员工，并于 2019 年开始投产，年产量在 5 万 ~7 万辆。此次收购案例实现了上汽在印度的发展将由子公司独立运作，也使上汽集团在印度市场可以更为灵活。

万科企业股份有限公司

万科企业股份有限公司（以下简称“万科集团”）成立于 1984 年，总部位于中国深圳市福田区，主要经营范围为房地产开发。2017 年 7 月，亚洲最大的现代物流设施提供商普洛斯（GLP）发布公告称，由万科、厚朴资本以及高瓴资本等组成的中国财团将对其进行每股 3. 38 新加坡元的私有化交易，估值约 116 亿美元（约合 790 亿元人民币）。普洛斯（GLP）作为亚洲最大的物流设施提供商，其业务市场主要是中国、日本和巴西，目前拥有并管理价值达 400 亿美元的物流基础设施。此次在万科领头下的中国财团斥巨资对 GLP 进行的收购案也是在“一带一路”倡议下的有益实践，收购普洛斯这样的现代物流巨头，有助于“一带一路”互联互通的加速实现。

招商局港口控股有限公司

招商局港口控股有限公司（以下简称“招商局港口”）是世界领先的港口开发、投资和运营的国有企业，是招商集团的重要子公司之一，于 1992 年在香港联交所上市。2017 年 7 月，招商局港口与斯里兰卡港务局在科伦坡签署了汉班托塔特许经营协议，此次收购总投资额为 11. 2 亿美元。中国与斯里兰卡双方将分别成立两家合资公司。两家公司共同负责汉班托塔港口的商业和行政管理运营。招商局港口在这两家公司中分别占股 85% 和 49. 3%，协议有效期为 99 年。招商局港口自 2008 年起布局海外港口并于近年来不断践行“一带一路”的国家倡议，加快国际化步伐。此次收购汉班托塔港的 99 年运营权，是“21 世纪海上丝绸之路”框架下中斯互利合作的重点项目。

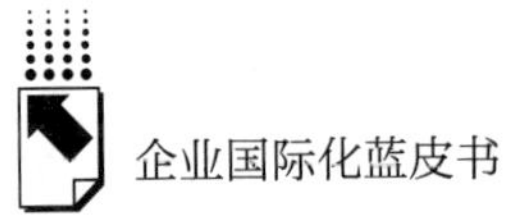

浙江吉利控股集团有限公司

浙江吉利控股集团有限公司（以下简称“吉利集团”）是中国国内汽车行业十强中唯一一家民营轿车生产经营企业，创建于1986年，主营业务范围为汽车摩托车生产、汽车发动机制造、变速器、汽车电子电气及汽车零部件生产等。2017年6月23日，吉利集团完成了对马来西亚DRB—HICOM集团两大品牌的收购，分别为宝腾汽车和豪华跑车品牌路斯特，并占股49.9%、51%。收购完成后，吉利集团成为宝腾汽车的独家外资战略合作伙伴。宝腾是马来西亚第一民族汽车品牌，拥有三十多年的历史。宝腾和路斯特的加盟，将进一步推进吉利集团的全球化布局，再次提升吉利汽车的国际竞争力。

中国石油天然气集团有限公司

中国石油天然气集团有限公司（以下简称“中石油”）是主营国内外石油天然气勘探开发、炼油化工、油气销售、管道运输、国际贸易、工程建设的特大型石油化工企业集团。2017年2月，中石油完成了对阿布扎比国家石油公司价值18亿美元的陆上石油公司8%的股权的收购，阿布扎比国家石油公司以授予中石油ADCO油田项目8%的收益作为回报，此项合同期为40年。此次收购案不仅是双方企业的洽谈结果，也是“一带一路”倡议成果，截至2017年底，中石油已经在“一带一路”沿线19个国家共执行91个油气合作项目，占中石油总投资的63%。

中山达华智能科技股份有限公司

中山达华智能科技股份有限公司（以下简称“达华智能”）是一家专注于物联网产业、OTT、创新型互联网金融的上市公司。2017年8月，达华智能以持有的ASEAN KYPROS SATELLITES LTD（星轨公司）100%股权作价增资到ASN Satellites sdn Bhd（以下简称“ASN”），另外公司还以现金形式认购星轨公司持有的ASN10%的股权，经过多方审计和评估后，最终确定达华智能持有ASN40%的股权，总交易金额为1.2亿美元。ASN公司于2016年成立于马来西亚，主营业务为卫星通信。并购项目进展至今，达华智能的卫星运营管理团队已经完成初期组建，团队成员来自中国和法国在内的多国专家组成。

（二）2018年全球化发展十大创新企业[①]

表4

企业	企业
阿里巴巴网络技术有限公司	联想控股股份有限公司
北京字节跳动科技有限公司	宁波均胜电子股份有限公司
福建七匹狼实业股份有限公司	青岛双星集团有限责任公司
华坚集团	深圳腾讯计算机系统有限公司
蓝帆医疗股份有限公司	新奥生态控股股份有限公司

注：按企业名称拼音排列，排名不分先后。

阿里巴巴网络技术有限公司

多领域创新模式。以中国的市场消费者为根基，从多元化领域通过技术、产品、模式、方式等方面的创新，不断开拓海外市场，走上世界舞台。阿里巴巴网络技术有限公司（以下简称“阿里巴巴”）于1999年由马云等18人创立于浙江杭州。2014年，阿里巴巴纽交所上市成为当时全球最大的IPO，此后阿里巴巴开启了“创于中国，为世界而生”的全球化发展步伐。2017年，阿里巴巴的天猫电商平台通过跨境国际业务，实现“全球买，全球卖”增长迅速；金融业务上蚂蚁金融、支付宝均实现海外应用；物流业务上阿里巴巴的菜鸟不断编织全球化网络服务，打造跨境一站式服务平台。除此之外，阿里巴巴的跨领域投资也十分抢眼。2017年6月，阿里影业斥资1.3亿元收购TicketNew，意在用于提升TicketNew运营能力以及扩张其在印度本土的服务体系。阿里巴巴也成为中国多领域创新型全球化发展企业。

① 2018年全球化发展十大创新企业榜单，是根据中国企业全球化发展在“走出去、走进去、可持续发展”的三个阶段中，从“走出去”模式、技术、产品、生产方式、组织管理方式、销售方式等方面出现的颠覆性创新中选出。2018年CCG推出全球化创新十强榜单，旨在鼓励更多的企业在海外发展中不断创新，促进创新给中国带来颠覆性转型。它们的创新在全球化发展的过程中，给予我们莫大的启示，具有影响力和带动性，其创新发展值得学习与借鉴。

北京字节跳动科技有限公司

整合资源模式，共同推广中国产品。北京字节跳动科技有限公司成立于2012年，是一家技术驱动的移动互联网公司，致力于提供基于移动设备的信息分发解决方案。其主要产品“今日头条”资讯客户端迅速成长，且长期占据苹果应用商店新闻类榜首。2017年11月今日头条全资收购北美知名短视频社交产品Musical. ly，后者的市场估值近10亿美元，此收购案例是短视频领域至今为止最重要的收购之一。交易完成后，今日头条旗下音乐短视频社区抖音将和Muscial. ly进行合并，双方将继续保持品牌独立，未来在技术、产品等多方面探索更深入的合作。在此之前，北京字节跳动多次进军海外市场，先后投资印度最大内容聚合平台Dailyhunt，全资收购美国短视频应用Flipagram。2017年8月，推出抖音音乐短视频平台，之后又推出火山小视频和抖音音乐短视频海外版。抖音和Musical. ly深受中外年轻人的欢迎，未来抖音与Musical. ly双方将发挥技术和内容优势，联手打造全球最大的短视频社交娱乐平台。

福建七匹狼实业股份有限公司

收购国际知名品牌，嫁接其已有市场渠道，促进国际化发展进程。福建七匹狼实业股份有限公司成立于1990年，主要从事服装开发、生产、销售行业，是中国男装行业开创性品牌。2017年8月，福建七匹狼实业股份有限公司公告，拟收购法国品牌Karl Lagerfeld大中华公司的部分股权，以此来获得Karl Lagerfeld在大中华区的品牌与销售渠道。此次收购总价为3.2亿元，七匹狼将获得KLSH在大中华地区的商标使用权。法国轻奢品牌KLSH是时尚界人称“Karl Lagerfeld”以其名字命名的轻奢品牌，其所有产品的设计创意依旧由Karl Lagerfeld本人管理和控制。此次收购完成后，七匹狼将继续着力向“打造七匹狼时尚集团”的长期战略发展目标迈进，完善和补充公司的品牌组合，拓展目标消费者群体，为广大消费者提供多样化、个性化的产品及服务。

华坚集团

海外建立工厂，实现研发、生产、销售等本土化发展。华坚集团成立于

1996 年，集团总部位于广东省东莞市，主营业务为高中档真皮女鞋，目前华坚集团在广东东莞和江西赣州拥有三大生产基地，以及分散全国各地的十多家分子公司，具备完整的设计、研发、生产、销售和配送的完整产业链体系。2018 年是中国提出“一带一路”倡议五周年，也是华坚集团与埃塞俄比亚政府签署“埃塞俄比亚华坚国际轻工业城”（以下简称“埃塞华坚”）项目正式协议的五周年。自 2013 年以来，华坚集团在埃塞尔比亚已累计投资 8000 万美元，完成建筑面积 18 万平方米，已在当地安置就业 8000 人，累计出口创汇 1.2 亿美元。华坚集团董事长张华荣也被埃塞俄比亚政府授予“埃塞俄比亚工业之父”荣誉称号。华坚集团五年来响应国家号召，在埃塞俄比亚的投资建厂成功经验已经成为中国企业践行“一带一路”的样本和标杆。

蓝帆医疗股份有限公司

多角化收购模式，拓宽业务领域。蓝帆医疗股份有限公司（以下简称“蓝帆医疗”）成立于 2002 年，隶属于蓝帆集团的下属医疗企业。公司的核心产品是健康防护 PVC 手套，占全球市场 22% 的份额。2018 年 7 月，蓝帆医疗以 58.95 亿元收购新加坡心脏支架制造商柏盛国际（Biosensors International Group，LTD.）93.37% 的股份。柏盛国际成立于 1990 年，总部位于新加坡，曾于 2005 年在新加坡上市，是世界领先的心脏支架研发、生产及销售企业，全球排名第四。此次收购完成后，蓝帆医疗将拥有来自心脏支架领域的近 17 亿元销售收入，支架业务收入全国排名第一。

联想控股股份有限公司

联想控股股份有限公司（以下简称“联想控股”）于 1984 年由中国科学院计算技术研究所投资，柳传志等 11 名科研人员创办。从 IT 行业起步，经过 30 多年的发展，现已成为中国领先的多元化投资控股公司，创造了“战略投资 + 财务投资”双轮驱动的独特业务模式，通过价值创造和价值发现，构建并管控优秀且有高潜力的投资组合，推动公司价值的持续增长。2018 年 7 月 2 日，联想控股完成与卢森堡 Precision Capital 签署的协议，其持有的卢森堡国际银行 89.936% 的股权已经交割完毕，总斥资超过 15 亿欧

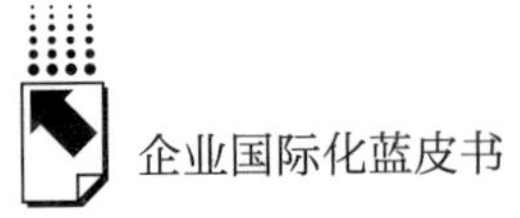

元。卢森堡国际银行是一家总部位于卢森堡的领先综合性银行，联想控股旨在通过此次收购进一步打造金融板块的战略布局。

宁波均胜电子股份有限公司

抄底收购海外破产技术型企业，快速提升企业技术发展。宁波均胜电子股份有限公司（以下简称“均胜电子”）成立于2004年，是一家主要进行汽车零部件研发、生产和销售的上市公司，是中国高速成长性汽车电子供应商之一。2017年6月26日，均胜电子旗下子公司KSS Holdings Inc. 与日本Takata Corporation（以下简称“日本高田”）签署《谅解备忘录》，以基础交易对价不高于15.88亿美元的价格收购日本高田公司因安全气囊召回事件而遇到困境的主要资产。日本高田作为世界著名的汽车配件生产商和日本制造业最大个体，因其生产的安全气囊在世界多国发生伤害性事件，从而导致高田公司最终申请破产。然而，此次收购案对于均胜电子而言是提升公司技术、促进其融入全球价值链中的难得机遇。

青岛双星集团有限责任公司

收购国际知名品牌，获得其技术，开展国际化经营，实现“借船出海”。青岛双星集团有限责任公司（以下简称“青岛双星”）是一家具有97年历史的国有企业，是山东省轮胎行业目前唯一一家国有主板上市公司，目前已经形成了轮胎、智能装备以及工业智能物流（含机器人）、废旧橡胶绿色生态循环利用四大产业体系。2018年7月，青岛双星与韩国产业银行在韩国首尔完成了锦湖轮胎股权的交割。青岛双星以约39亿元人民币持有锦湖轮胎45%的股权。韩国锦湖轮胎目前是全球大型轮胎制造企业之一，拥有完备生产线，其业务覆盖乘用车轮胎、商用车轮胎、高科技轮胎等多个类别。此次青岛双星对锦湖轮胎的部分股权收购，实现了青岛双星在规模上进入全球轮胎前十强。

深圳腾讯计算机系统有限公司

深圳腾讯计算机系统有限公司（以下简称“腾讯”）由马化腾等五人于1998年创立，目前是中国最大的互联网综合服务提供商之一，也是目前中国大陆市值最大的互联网公司。腾讯的明星产品微信在全球各大市场均有布局，在微信海外发展的前期，主要以聚焦亚洲市场为主，阶段性拓展欧美市场为辅的方式发展。目前，微信的全球用户已破 10 亿。在新文化领域的游戏开发上，腾讯选择自研出海，全球投资的新模式，既打破国际边界又为用户带来全新体验。2017 年是腾讯在海外投资并购上的收获年，纵观全年，腾讯海外部分股权并购案件数量达到 28 件，排名第一，其投资地主要分布为美国 13 起、印度 4 起、英国 3 起、印尼 2 起。腾讯大量的海外部分股权并购案，多利用自身的互联网连接优势，给专业电商平台与线下零售商增添发展力量。

新奥生态控股股份有限公司

新奥生态控股股份有限公司（以下简称“新奥股份”）是新奥集团清洁能源产业链重要的组成部分，以现有产业为基础，依托品牌、技术以及天然气市场巨大优势，致力成为创建美丽生态的清洁能源产品的供应和服务商。2018 年 8 月，新奥股份公告称，其参股公司 Santos 以 21.5 亿美元外加 Bedout 盆地相关的或有支付的价格收购 Quadrant 公司 100% 的股权。Quadrant 拥有 52000 平方公里的油气勘探和生产区块，大部分位于澳大利亚最大的海上油气产区 Carnarvon 盆地。截至 2017 年底，Quadrant 在该区域的份额产量为 1900 万桶油当量，2P 储量（概算储量）为 2.2 亿桶油当量新奥股份的全资子公司新能（香港）能源投资有限公司间接持有 Santos 公司 2.097 亿股股份，占其已发行流通股总股数的 10.07%。

B.3
中国企业全球化评价体系2018

CCG 企业全球化研究课题组*

摘　要： 全球化发展是企业提升技术、开拓市场、促进创新、不断与世界接轨甚至是引领行业发展的必经之路。CCG 历经 5 年对“走出去”的中国企业进行持续追踪，在学术理论研究及实证研究的基础上，设计出中国企业全球化发展评价体系。并且，课题组根据历年的全球经济、政治、环境变化对评价体系不断修正与完善。以“走出去、走进去、可持续发展”的发展路径为基石，以企业海外发展“共创、共赢、共发展”的视角为评价准则，甄选出五大评价要素。即从绩效、战略、人才、市场和 CSR 五个维度来进行测评与考核。通过德尔菲法及客观的合理赋值、核算，作为推介“2018 年度中国企业全球化发展 50 强”的研究基础。

关键词： 企业全球化　评价体系　共创共赢

2017 年在全球对外直接投资流量大幅回落，国内外投资监管相继收紧的背景下，中国企业海外投资也出现了十余年来的首次下滑。根据 CCG 的数据统计，2017 年中国企业海外并购出现大幅缩水，投资金额与案例宗数分别为 1445 亿美元、347 宗，同比下降 45% 和 55% 。此外，2017 年的中企

* CCG 企业全球化研究课题组根据 CCG 研究人员设计的评价体系，征求了相关官产学和媒体专家意见后根据 CCG 多年研究和调查，设计出不断更新的中国企业全球化评价体系。

海外投资从欧美向欧亚转移；投资主体呈多元化发展；投资领域集中在制造业，特别是高端制造业迅速发展。与 2016 年中国企业对外投资呈井喷式发展相比，2017 年的中国企业海外发展更趋谨慎和理性。

CCG 企业全球化研究课题组连续 5 年对中国企业海外发展进行追踪研究，从企业海外发展战略、全球市场拓展方式、人才国际化、经营本土化以及全球企业社会责任履行方面，对“走出去”的企业进行多维度评价。企业海外发展评价体系以与东道国的共创共赢为基本原则，鼓励企业在海外获取盈利的同时，促进东道国的社会与经济发展，践行中国企业与东道国社会协同发展的“命运共同体”的使命。课题组根据上年度中国企业海外发展的基本数据以及组织 CCG 专家进行评审等程序，综合推介出“2018 年度中国企业全球化 50 强”。

伴随着《中国企业全球化报告》蓝皮书的出版进入第 5 个年头，我们也收到了官产学及社会各界人士对评价体系的意见与反馈。在此基础上，我们对评价体系进行修正与完善，期待更加公正、全面、客观地对中国企业海外发展做出合理评价，真实反映出中国企业海外发展的实力。

一　评价体系及研究路径

在评价体系的研究与设计上，我们沿用 2017 年的理论研究框架，在数据来源方面，本年度开设并鼓励“走出去”的中国企业积极参与数据申报。评价体系主要由理论框架和数据来源两部分构成（见图 1）。在理论研究方面，2014 年的企业蓝皮书中对企业全球化战略、本土化经营、国际市场营销、国际人才战略及“走出去”的企业积极履行企业社会责任等理论进行了系统研究论述，① 我们基于此研究成果，选出影响中国企业全球化发展的五大指标。即从企业全球化的战略、绩效、市场、人才和企业社会责任的基

① 关于理论基础研究，参考王辉耀等编著《中国企业国际化报告（2014）》，王辉耀、曹佳洁：《中国企业全球化评价体系》，第 337 ~ 339 页。

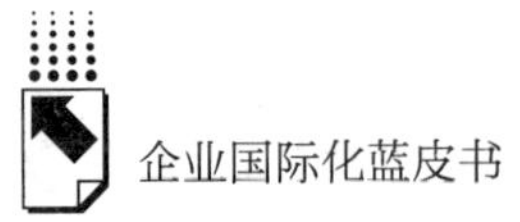

准出发，通过客观赋值以及专家评价，对“走出去”的中国企业进行综合评定。另外，从数据来源看，课题组做了一手资料收集以及二手资料的收集工作。通过走访调研、电话采访、论坛讨论、专家研讨以及鼓励企业自行申报等方式，收集企业信息；我们也参考了企业官网、年报、CSR 报告以及核心期刊或媒体发布的新闻等采集了二手资料。在赋值后添加了调整项，通过对 2017 ~2018 年上半年“走出去”的中国企业的并购事件、绿地投资事件、海外合资事件等新闻性、影响力的参考，综合评选推介出“2018 年中国企业全球化发展 50 强”榜单。

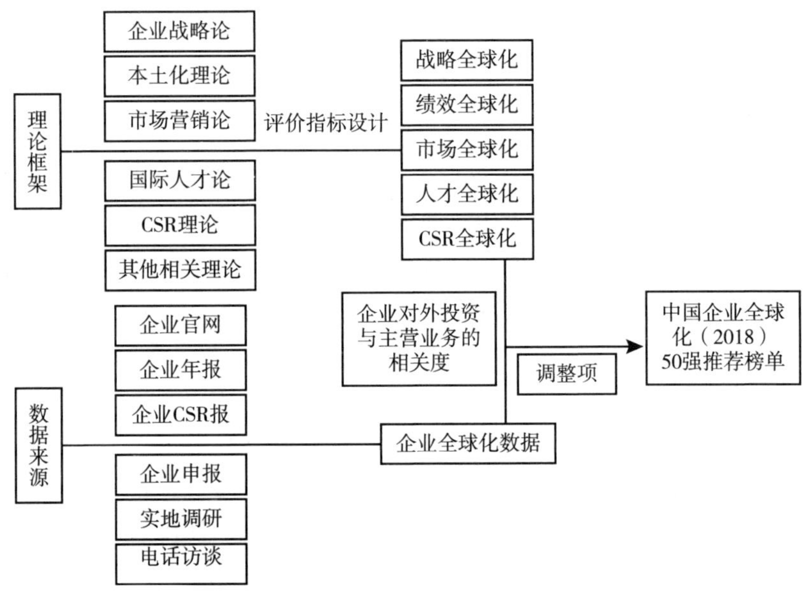

图 1　2018 年中国企业全球化评价体系

二　2018年中国企业全球化评价体系的研究方法与权重设置

我们将企业海外发展分为走出去、走进去、可持续发展三个阶段，以共创、共赢、共发展为基本理念，鼓励中国企业在海外实现健康、绿色、可持续经营。评价体系将综合评价企业经营的经济性与社会性的贡献（见图 2）。故在企业海外发展的过程中，我们提取了企业战略发展、海外绩效占比、海外市场占比、国际化人才占比以及海外企业社会责任的履行五大要素，对“走出去”的企业进行综合评价。

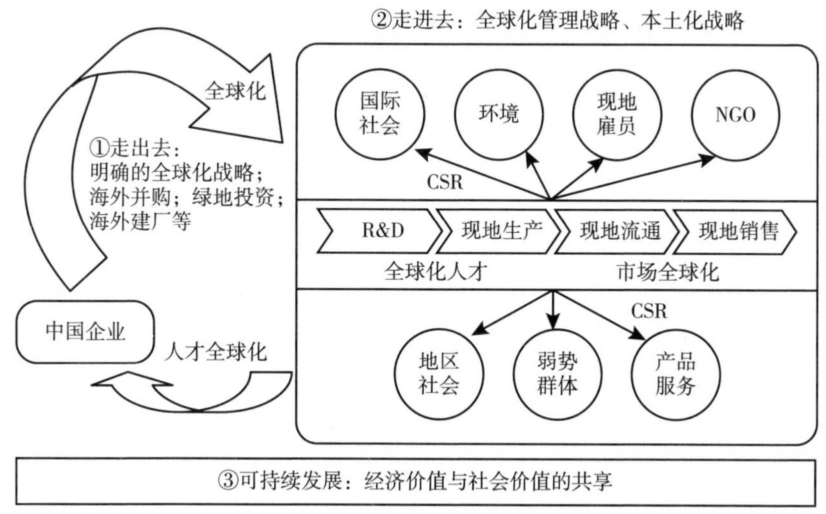

图 2　中国企业评价要素一览

1. 权重分配设计

在四年研究积累的基础上，我们沿用专家评价法（即德尔菲法）对提取的要素确定权重因子，赋予权重比例。权重分配如表 1 所示。

表 1　企业全球化五大评价要素权重分配

一级指标	二级指标	权重设置（%）
绩效全球化	资产国际化程度	35
	收入国际化程度	35
战略全球化	并购规模	5
	并购影响	
	并购扩张力	
市场全球化	海外市场销售额占比	10
	海外市场网点占比	

续表

一级指标	二级指标	权重设置(%)
人才全球化	员工全球化程度	10
	高层管理全球化程度	
	董事会成员全球化程度	
企业社会责任(CSR)全球化	伦理责任	5
	经济责任	
	社会责任	
	环境责任	
	慈善责任	

2. 分指标权重分配及计算方法

(1) 绩效的全球化

绩效的全球化采用公式计算法，如表 2 所示。

表 2　绩效全球化指标

指标	指标说明	
资产国际化程度	(海外资产/总资产)×100%	(海外资产/总资产+海外收入额/总收入额)÷2×100%
收入国际化程度	(海外收入额/总收入额)×100%	

(2) 战略的全球化

战略的全球化，主要考察中国企业海外并购活动。如表 3 所示，我们在一级指标中设定并购规模、并购影响力以及并购的扩张力。二级指标中，并购金额占比最多为 50%，其他占比均为 10%。

表 3　中国企业全球化并购权重

一级指标	二级指标	权重(%)
并购规模	并购金额	50
	并购笔数	10
并购影响	行业影响	10
	社会影响	10
并购扩张力	并购区域	10
	并购行业(产业链并购)	10

(3) 人才的全球化

人才的全球化采用公示计算法，如表4所示。

表4　人才全球化指标

<table>
<tr><th>指标</th><th>指标说明</th><td rowspan="4">(海外员工人数/总员工人数+国际化人才高管人数/管理层人数+外籍董事会人数/董事会人数)÷3×100%</td></tr>
<tr><td>员工全球化程度</td><td>(海外员工/总员工人数)×100%</td></tr>
<tr><td>高层管理全球化程度</td><td>(国内外籍高管+国外中籍高管)/管理层人数×100%</td></tr>
<tr><td>董事会成员全球化程度</td><td>(外籍董事会人数/董事会人数)×100%</td></tr>
</table>

(4) 市场的全球化

市场的全球化采用公示计算法，如表5所示。

表5　中国企业市场全球化指标

<table>
<tr><th>指标</th><th>指标说明</th><td rowspan="3">(海外市场销售额/总市场销售额+海外网点数/总网点数)÷2×100%</td></tr>
<tr><td>海外市场销售额占比</td><td>(海外市场销售额/总市场销售额)×100%</td></tr>
<tr><td>海外市场网点占比</td><td>(海外网点数/总网点数)×100%</td></tr>
</table>

(5) 企业社会责任的全球化

企业社会责任的全球化，是中国企业海外发展的软实力。企业能否扎根当地，能否得到当地消费者的信赖，是企业在海外发展的重要因素。在此，我们根据三重底线即对企业经济、社会、环境的责任进行评价，又对合规经营的伦理责任和慈善责任进行评价。指标与权重分配参见表6。

表6　中国企业社会责任全球化指标

<table>
<tr><th colspan="2">一级指标</th><th>二级指标</th><th>权重(%)</th></tr>
<tr><td colspan="2">伦理责任</td><td>诚实守信、合规经营、透明公开、履行法律义务等</td><td>20</td></tr>
<tr><td rowspan="3">三重底线</td><td>经济责任</td><td>经营效率、股东盈利、纳税义务、可持续发展</td><td>20</td></tr>
<tr><td>社会责任</td><td>对就业人员负责 SA8000、对消费者负责、对所在区域发展负责、对弱势群体负责(女性雇用,残疾人雇用等)</td><td>20</td></tr>
<tr><td>环境责任</td><td>ISO14001 认证、生态环保、公害防止、资源有效利用、废弃物回收状况</td><td>20</td></tr>
<tr><td colspan="2">慈善责任</td><td>救灾捐助、教育捐助、公益组织捐助、疾病防治捐助、贫弱捐助等</td><td>20</td></tr>
</table>

三　小结

CCG 企业全球化研究课题组在四年理论研究与实证探索的基础上，结合官产学及社会各界人士对评价体系给予的意见与反馈，设计了 2018 年中国企业全球化发展评价体系，其中甄选了 5 大评价要素。我们通过客观合理的科学赋值以及组织专家进行讨论与评审，最终推介出“2018 年中国企业全球化 50 强”榜单。我们的研究建立在大量数据与理论分析的基础上，通过多角度、全方位的评价，对“走出去”的中国企业进行评价，旨在鼓励更多的中国企业“走出去”，促进“走出去”的中国企业海外经营健康、绿色、可持续发展。

调 查 篇

Investigation Reports

B.4 2018年中国企业对外投资调查分析报告

CCG 企业全球化研究课题组

摘 要： 为调查中国企业海外发展的现状，深入探讨中国企业全球化发展的课题，CCG 企业全球化研究课题组策划设计了《中国企业全球化调查问卷》，我们结合线上与凤凰网合作调查以及线下对企业的调研，截至 2018 年 8 月 15 日共回收有效问卷 213 份。问卷由五大部分组成，对企业“走出去”的基本情况进行统计；探寻了影响企业“走出去”的关键因素；厘清中国企业“走出去”面临的主要问题；掌握政策环境变化对企业的影响；了解走进“一带一路”企业的现状与前景。旨在了解中国企业“走出去”的真实现状与存在的问题，为“走出去”的中国企业和即将进行海外投资的中国企业提供借鉴，为政策制定提供参考。

关键词： 中国企业　对外投资　投资风险　投资政策　“一带一路”

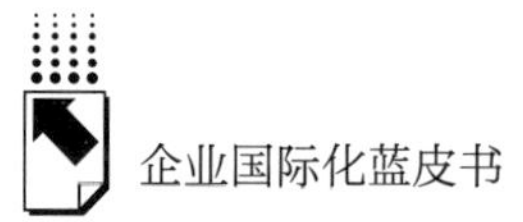

2017年，在逆全球化浪潮的背景下，全球对外直接投资出现大幅下滑。与此同时，伴随着我国监管层对中国企业“走出去”的管理日趋精细化、欧美等发达国家对中国投资者准入门槛的不断提升，2017年中国企业海外投资出现波动，迎来了十余年内的首次回落。为调查中国企业海外发展的现状，深入探讨中国企业全球化的发展课题，CCG企业全球化研究课题组策划设计了《中国企业全球化调查问卷》，结合线上与凤凰网合作调查以及线下对企业的调研，截至2018年8月15日共回收有效问卷213份。

2018年度的调查主要分五部分，一是了解企业对外投资的基本情况，包括投资区域、行业、投资方式、盈利与否等；二是探寻影响企业海外投资的关键要素；三是厘清企业“走出去”所面临的问题；四是掌握政策环境变化对企业的影响；五是了解企业走进“一带一路”的现状与前景。

一　中国企业对外投资基本情况

（一）企业主体对外投资额增长明显，中小规模企业对外投资发力迅猛

2018年度参与调查的企业中，民营企业占71%，国有企业占23%，混合所有制企业占6%（见图1）。CCG课题组在持续跟踪研究中发现，民营企业海外发展的步伐逐步加速，已成为中国企业海外投资发展的主力军。

从企业对外投资金额来看（见图2），截至2017年底，海外投资500万美元以下的企业占比最多，为45%，与2016年相比，下降了5个百分点。其次，投资额为1亿~10亿美元的企业占比为15%，同比增长了5个百分点。再次，投资额为500万~1000万美元和1000万~5000万美元的企业占比均等，为9%。投资额为10亿~30亿美元的企业同比小幅增长2个百分点。而2017年度，大额投资发生在30亿美元以上的企业出现明显下降，同比下滑了8个百分点。

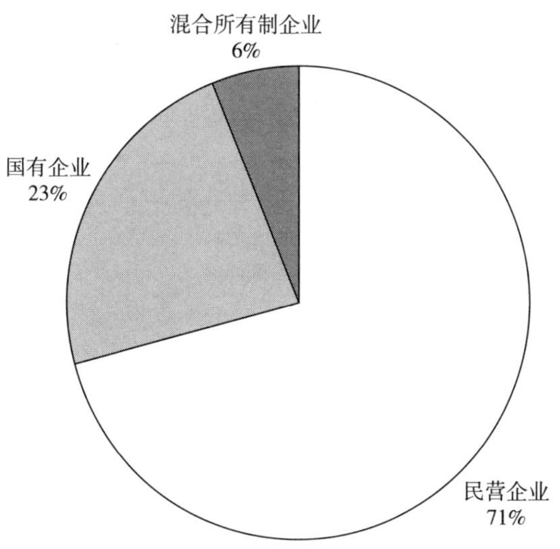

图1　受调查企业的主体占比

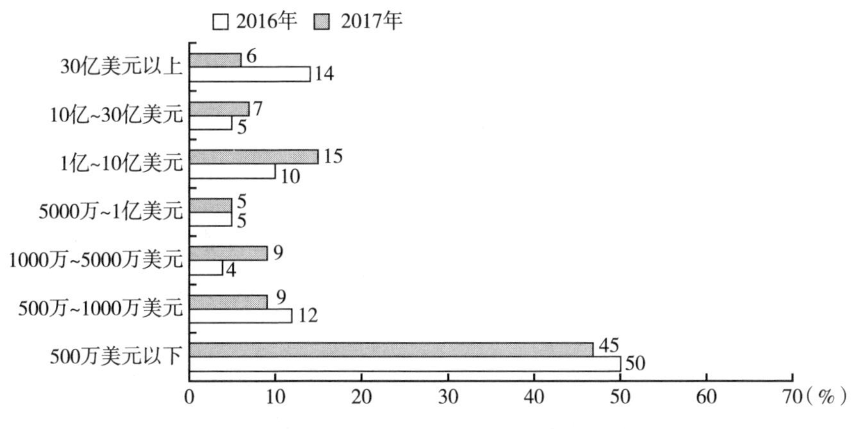

图2　受调查企业对外投资规模（2016～2017年）

（二）海外投资地主要集中在东南亚和北非，未来2～3年东南亚市场依然是热点区域

从对投资目的国（地区）的调查统计来看，投向东南亚的企业最多，

占 16%。投向北非的企业占 9%；投向欧盟和中亚的均占 8%；投向拉美、西亚、南亚、东欧及北非以外地区的均占 7%；投向澳大利亚与中欧的均占 4%；投向加拿大和开曼群岛等自由港的均占 3%（见图 3）。

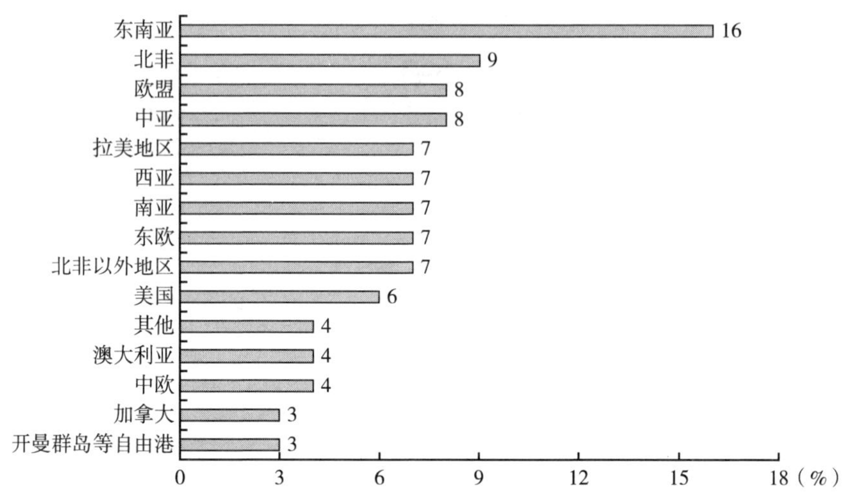

图 3　受调查企业对外投资目的国家（地区）分布

根据调查统计，企业在未来 2～3 年，走进东南亚国家的意向最强，占 10%。其次是美国、西亚、拉美、欧盟和北非，均为 7%。在“一带一路”倡议进入第五个年头，加之欧美等发达国家掀起的逆全球化浪潮不断，预计未来走进“一带一路”区域的中国企业将会增多。东南亚及非洲区域有望成为投资热点区域（见图 4）。

（三）抱团出海是中国企业“走出去”的新模式

在关于选择“走出去”的合作对象的调查中，超过一半的受访企业在制定“走出去”战略时，选择与中国企业“抱团出海”；而有 37% 的企业不选择与中国企业合作出海（见图 5）。

在选择当地合作对象的调查中，29% 的企业选择与“当地民营企业”合作；有 19% 的企业选择与“当地国有企业”进行合作；选择“中国籍

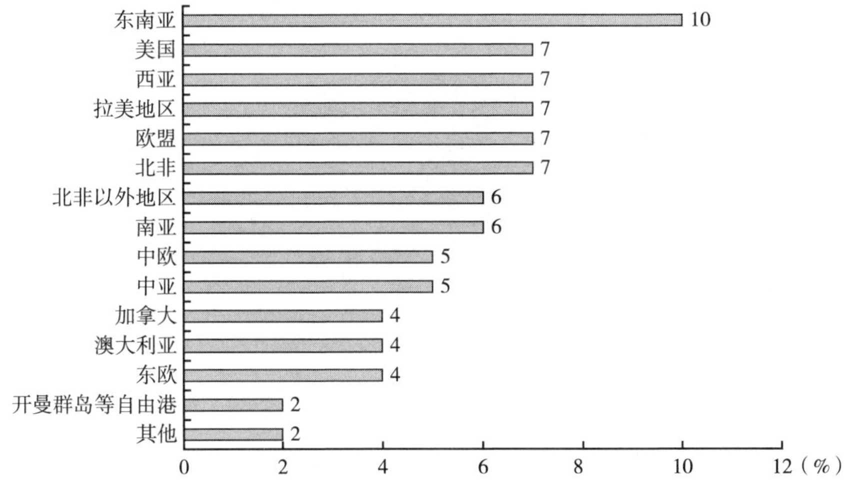

图4　受访企业未来2~3年计划投资地区

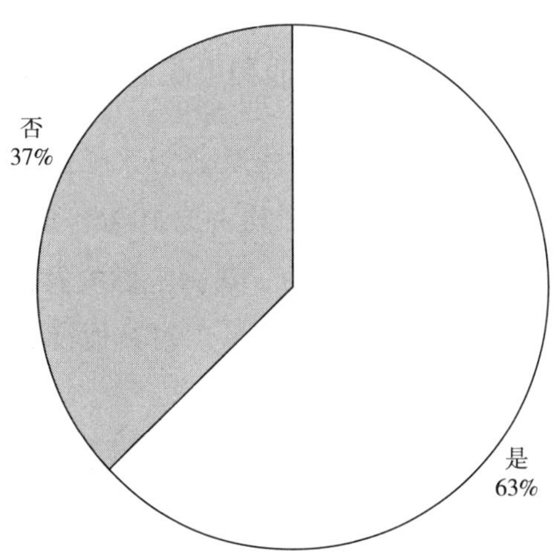

图5　受调查企业在制定“走出去”战略时与国内企业抱团合作意向

（含港澳台）民营企业”和“中国籍（含港澳台）国有企业”的紧随其后，分别占比12%、11%；有10%的受访企业与“在当地投资的外国独资企业”合作；此外，仅有8%的企业与当地合资企业保持合作关系（见图6）。

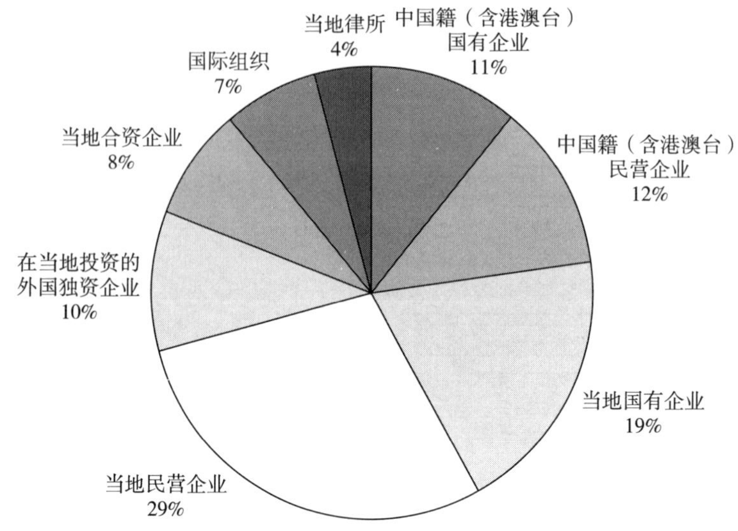

图6　受调查企业在目的国的主要合作伙伴构成

（四）投资行业多样化，建筑业和采矿业吸金力强

在投资行业的调查中，投资到建筑业与采矿业的企业最多，均占12%；其次是制造业、农林牧渔业，均占比10%；投向交通运输和基础设施建设产业的占比9%；投向电力、热力、燃气及给排水的占比7%；投向软件和信息技术服务产业的占比6%。对其他行业的投资较为分散，且占比都在5%及以下（见图7）。

（五）“走出去”的企业在海外建代表处的较多，与主营业务相关的理性投资占主流

从投资方式角度分析，47%的企业采用了建立代表处的方式进行投资；39%的企业以并购的形式进行对外投资；而只有14%的受访企业选择进行绿地投资（见图8）。

在以并购方式进行投资的企业中，采用横向并购、纵向并购和混合并购投资方式的企业数量均等，占比分别为33%、34%和33%（见图9）。

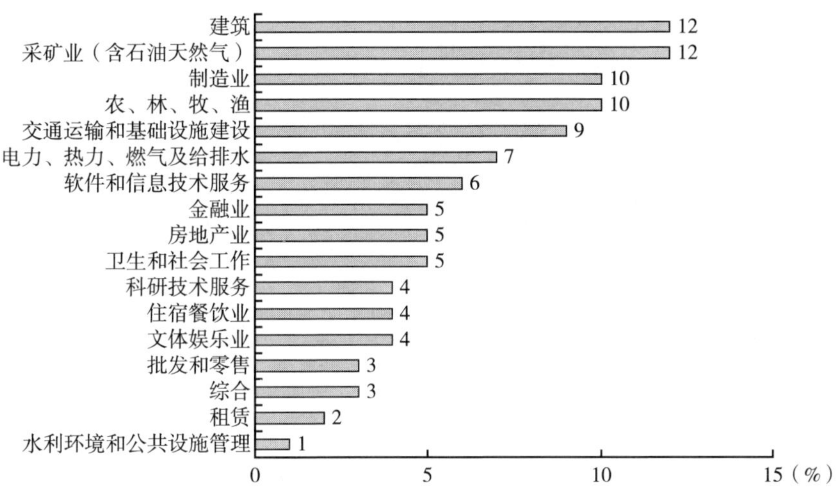

图 7　受调查企业对外投资产业比重

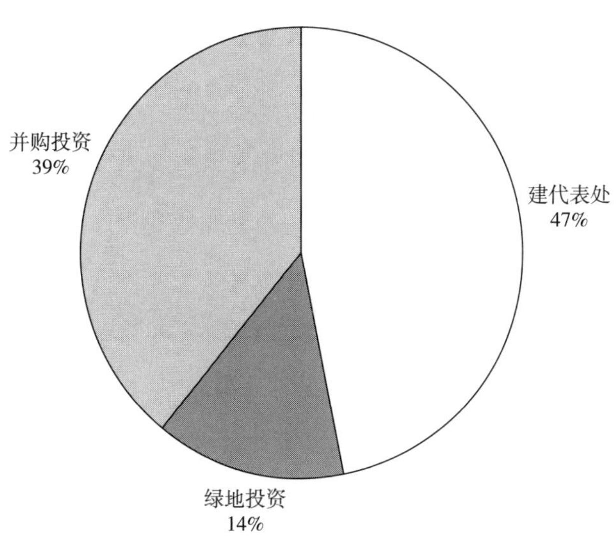

图 8　受调查企业对外投资的主要形式

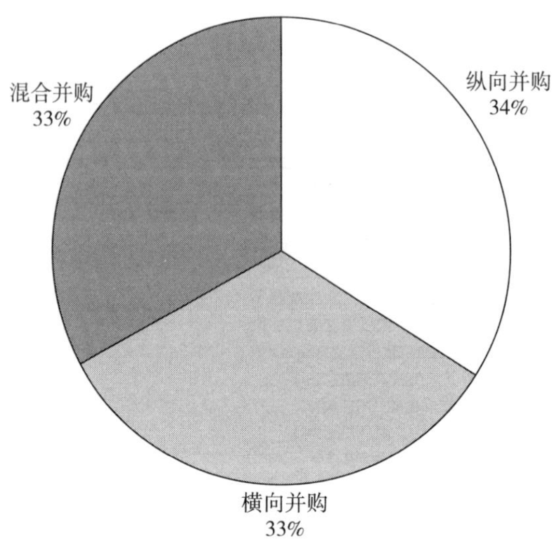

图 9　受调查企业开展并购的主要形式

经调查，在受访企业中有 83% 的企业对外投资项目与主营业务相关，而 17% 的受访企业投资项目与主营业务无关（见图 10）。

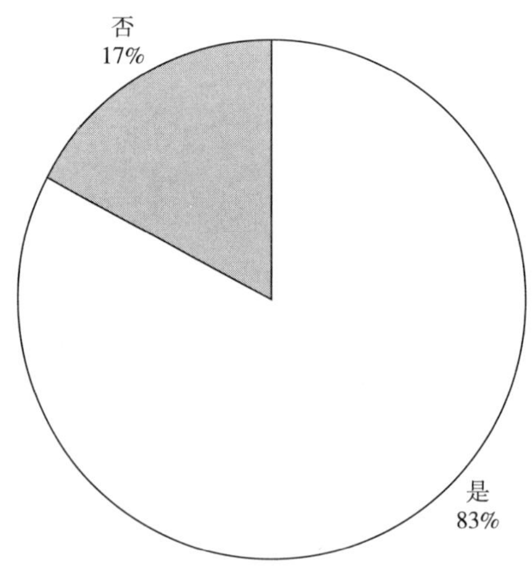

图 10　受调查企业对外投资项目与主营业务的关系

（六）融资渠道主要为企业利润累积、银行贷款和投资伙伴参股

从对企业融资方式的调查来看，企业凭借自身利润积累取得投资融资的占比为32%。银行贷款是第二大融资来源，占比25%；紧随其后的是“投资伙伴参股提供资金”和“民间非官方渠道融资”，分别占比12%、11%；而“资本市场融资”和“政府拨款补助”均占10%（见图11）。

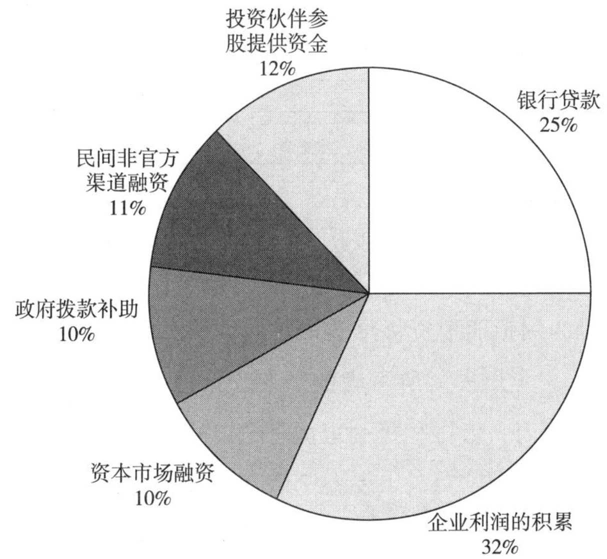

图11　受调查企业“走出去”的融资来源

二　影响企业对外投资的关键因素

（一）国内外政策支持、拓展上下游产业链、国内产能过剩和市场饱和依旧是主要推动力

在对影响中国企业对外投资主要因素的调查中，19%的企业认为“我国‘走出去’政策及相关优惠条件”，是投资海外的主要动力；18%的企业认为，为寻求海外市场和拓展上下游产业链必然要“走出去”；13%的企业

海外投资是为了拓展新市场，解决国内产能过剩和市场饱和问题（见图12）。

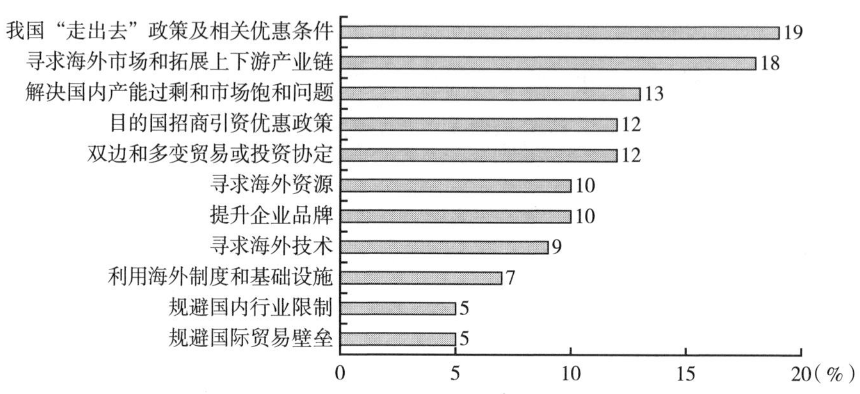

图12 影响受访企业“走出去”因素的重要性

此外，“目的国招商引资优惠政策”和“双边和多边贸易或投资协定”也成为中国企业“走出去”所考虑的重要因素之一。随着中国在国际上的经济影响力日益提升，各国积极制定优惠的招商引资政策来吸引中国企业入驻以带动当地经济发展。另外，受益于国际双边及多边贸易关系的影响，中国企业凭借较强的竞争力，在国际投资中不断脱颖而出。与此同时，寻求海外高端人力、低价劳动力、零部件以及原材料等资源占比10%、“提升企业品牌”占比10%，可以看出企业海外投资寻求软实力的提升，这也越来越成为“走出去”企业的考量因素。

（二）投资意愿更多受到目的国审批、资金流动自由度等因素的影响

在调查受访企业对目标国的法律与条款主要考量的因素时，16%的受访企业均对“法律审批环节”和“资金流动自由度”表示十分重视。其次，14%的企业对“税收减免政策”十分关注。紧随其后的是“当地融资环境”和“争端处理的公正性”，均引起12%的受访企业的重视（见图13）。

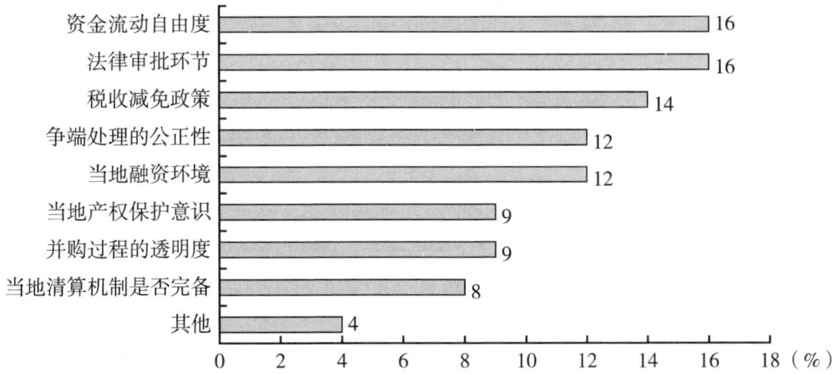

图 13　受访企业面对目标国投资法令与条款时主要考虑的问题

对“走出去”的中国企业来说，资金流动的自由度和东道国的法律审批这两点，是海外投资不可忽视的重要因素。东道国不良的资金流动自由度将在很大程度上影响生产经营的周转，不利于中国企业发展。与此同时，在逆全球化浪潮不断兴起、保护主义思想盛行的背景下，东道国对来自外商的投资监管力度不断加大，这也成为中国企业海外投资的新挑战。

此外，东道国的税收减免政策也成为受访企业的主要参考因素。税收减免与企业海外投资的盈利息息相关。优惠的税收政策也是吸引企业前去投资的重要因素之一。

（三）国际人才缺乏、同行恶性竞争成为最大制约因素

在对影响企业全球化经营与发展因素的调查中，国际经营人才的欠缺与面临的来自国内同行的竞争，成为中国企业海外经营的最大掣肘因素，占比均为 12%。其次，10% 的企业认为异文化冲击和自身国际竞争力不强影响其在当地开展经营活动。此外，“融资难”和“企业管理水平低”这两个方面在受访企业中均占有 9% 的比例。对当地劳保税收政策的不熟悉、缺乏高层次国际合作经验、受当地政治走势左右等因素各占比 8%。其他因素占比较为分散（见图 14）。

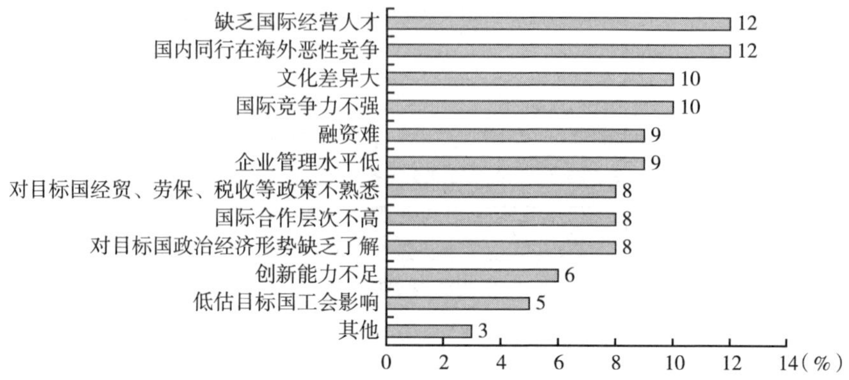

图 14　限制受访企业国际经营和发展的因素

三　中国企业对外投资遇到的问题

（一）当地投资环境不佳、运营成本过高、劳动力水平低成为难题

在对企业在东道国面临的主要问题的调查中，17%的受访企业表示“当地投资环境不佳”，15%的受访企业认为“当地基础设施不足”。同时，认为“当地工会势力庞大”的占受访企业的12%；除此之外，认为“当地运营成本过高”和“当地劳动力水平不佳”的比例均为11%。当地融资条件欠佳、与第三组织关系处理难和在当地面临合规经营审核占比较低，分别为9%、7%和5%（见图15）。

（二）企业“走出去”法律、政治动乱与战争和政策风险显著，主要应对风险措施为加强与中国使馆、驻外商业机构、华人组织等联系

在境外投资经营过程中，15%的企业认为“法律风险”是“走出去”企业在当地面临的主要风险；“政治动乱与战争”和“政策变动”带来的风险均以13%的比例位居第二；10%的企业认为当地“宏观经济

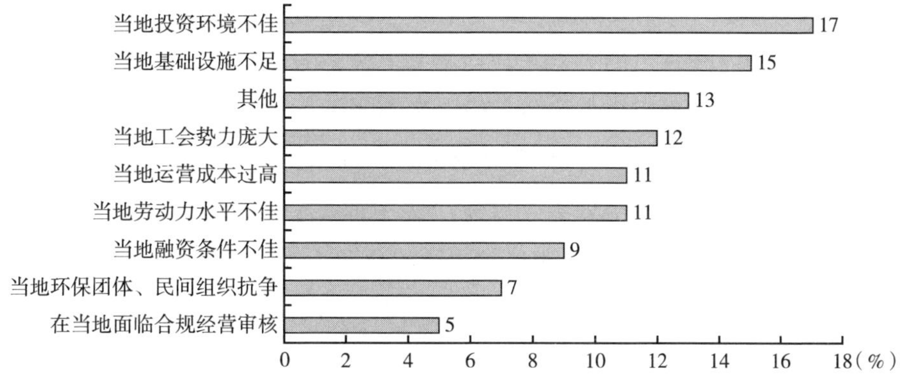

图 15　受访企业在目标国面临的主要问题

风险”阻碍其开展经营活动。由此可见，法律风险、政治风险成为中国企业“走出去”的最高风险诱因。除此之外“政府腐败”占比 10%；“文化风险”、“劳动力纠纷”、“安全审查或政治阻挠”均占比 8%（见图 16）。

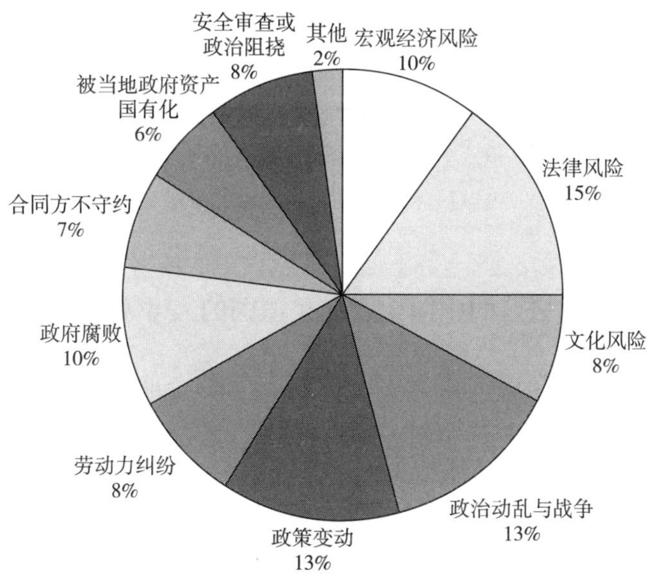

图 16　受访企业“走出去”遇到的主要风险

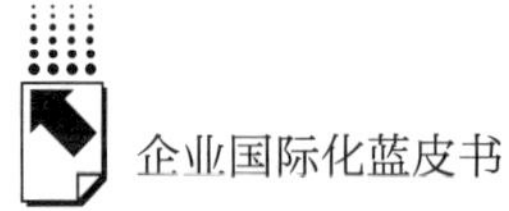

经调查显示，18%的受调查企业采取“加强与中国使馆、驻外商业机构、华人组织等联系”的方式来应对突如其来的投资风险。其次，10%的企业通过“在当地落实企业社会责任”来与当地社会、民众建立信赖关系规避潜在风险。此外，9%的企业表示通过“与东道国当地企业合资合作”能够起到降低投资风险的效果，另外，以“加强自卫能力及安保措施”和“购买海外投资保险”作为规避风险手段的受调查企业均占9%。雇用当地员工、获取当地政府支持和寻求当地的法律保护的企业，各占8%。有7%的企业选择聘用第三方专业公司为企业评估海外风险，6%的企业认为短期投资或是分阶段投资是规避风险的好办法（见图17）。

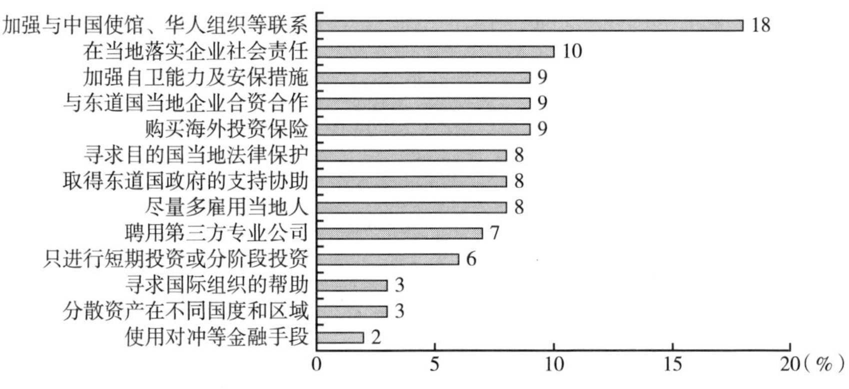

图17　受访企业应对风险的措施

（三）“走出去”的中国企业在东道国的人才本土化能力较低

在对当地雇用问题的调查中，仅有26%的企业雇用当地员工过半，其中有13%的受访企业所雇用当地员工占总员工比例在80%以上；13%的受访企业雇用当地员工比例在50%～80%。74%的受访企业雇用非当地员工过半，其中16%的企业仅雇用了30%～50%的当地员工，44%的受访企业雇用当地员工低于30%，此外，还有14%的企业未雇用当地员工（见图18）。

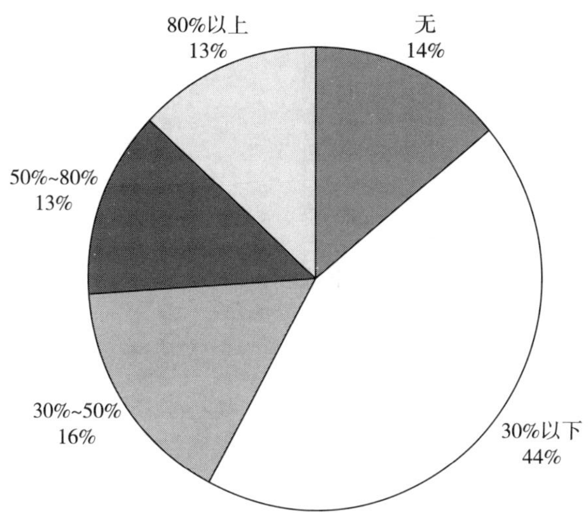

图18　受访企业“走出去”雇用当地员工情况

（四）“走出去”企业经济效益回收慢，仅三成企业达到预期，处于投资建设期且收益不明朗的企业占三成

在对投资收益的调查中，25%的受访企业已经基本达到预期的对外投资效应，有6%的企业盈利超出预期；调查中，未达到预期的企业占比22%，15%的企业面临项目亏损；与此同时，处于投资建设期，尚未产生经济效益的企业占比为32%（见图19）。

（五）企业海外社会责任意识逐步增强

在对企业海外社会责任履行情况的调查中发现，受访企业在对外投资过程中履行企业社会责任的意识较强，已有23%的企业与各个利益关系者建立了有效的沟通机制；另有20%的企业“有专门负责海外社会责任的部门及主管”；19%的企业“已制定海外社会责任目标和管理方案”；15%的企业“在海外发展战略中有对社会责任的描述”；12%的企业“已编写发布社会责任报告（或可持续发展报告）”；而只有12%的企业暂未在海外开展社会责任活动（见图20）。

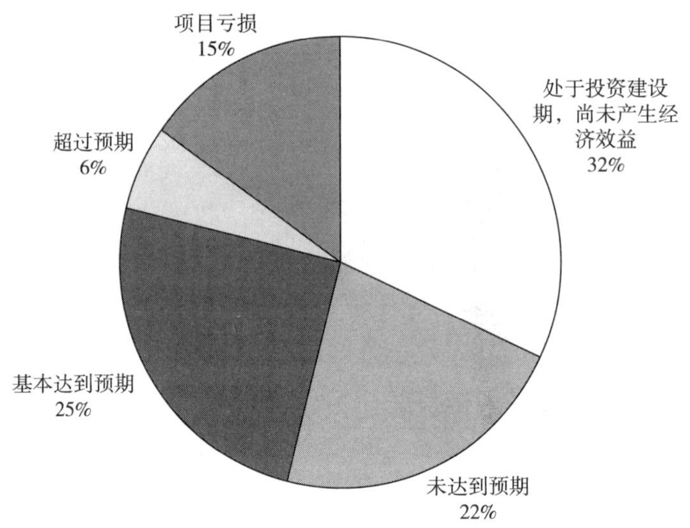

图19　受访企业对外投资经济效益情况

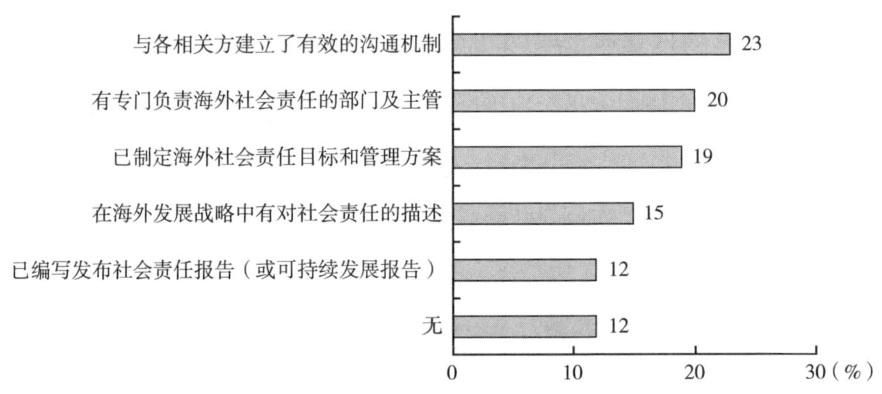

图20　受访企业海外社会责任的管理和实施情况

（六）海外投资信息来源以通过已“走出去”的企业获得信息为主，平台服务力度有待提升

对获得海外信息的渠道调查显示，54%的受访企业通过“已经‘走出去’的，在当地的中国企业”获得海外投资消息，48%的企业通过行业协

会、商会以及同行企业来获取海外投资信息。此外通过“国家颁布的投资指南或其他指导性文件”“朋友亲戚或其他个人网站”“相关国家部门（如商务部）”这三个渠道来获取投资信息的企业占比分别为37%、32%和29%（见图21）。

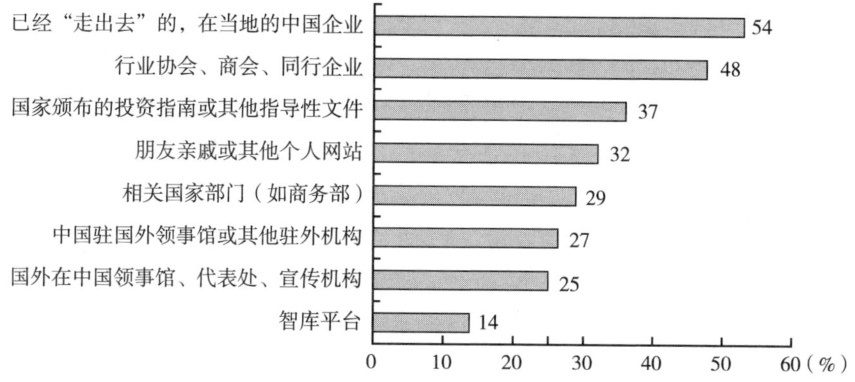

图21 受访企业获得海外投资信息渠道

通过平台渠道获得海外投资信息的企业较少。企业通过“中国驻国外领事馆或者其他驻外机构”和“国外在中国领事馆、代表处、宣传机构”获取信息的分别仅占27%和25%；而将“智库平台”作为信息窗口的企业仅有14%。

（七）国际市场信息服务、目的国法律法规服务需求较大

在企业“走出去”服务需求上，57%的企业选择“国际市场信息服务”，占比最多。此外，对于“目的国法律法规服务”的需求比重也高达56%。紧随其后的是“走出去”企业对“目的国行业信息服务”的需求，占比46%。对“客户资信调查服务”“追收账款服务”和“企业公关服务”的需求分别占31%、26%和25%（见图22）。

（八）政府对“走出去”企业的财政支持力度仍需提高

本次调查显示，28%的企业未曾获得国家财政支持；18%的企业获得低

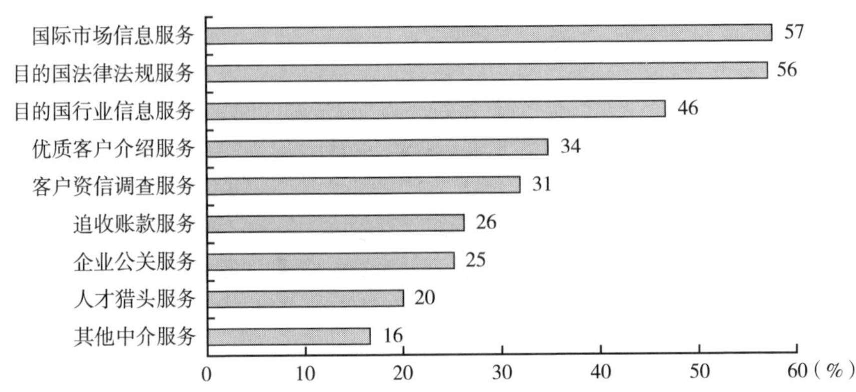

图 22　受访企业“走出去”的服务需求

息或无息贷款；17% 的企业获得低价或免费保险；16% 的企业曾经获得对固定成本或营业成本的补贴；14% 的企业优先获得外汇；7% 的企业优先获得返销配额（见图 23）。

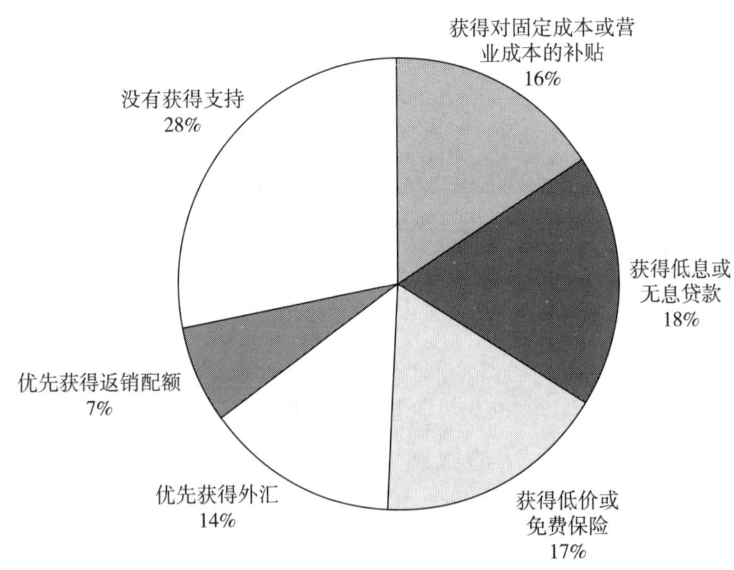

图 23　受访企业获得国家政策支持种类

（九）近半数企业对投资目标国经济看好

根据调查，受访企业对投资所在国的经济前景看好的比例为49%，其中23%的企业准备扩大投资，26%的企业选择继续观望；尚在评估中的企业占29%，看坏但不撤资的企业占9%，看坏且准备撤资的企业占7%（见图24）。

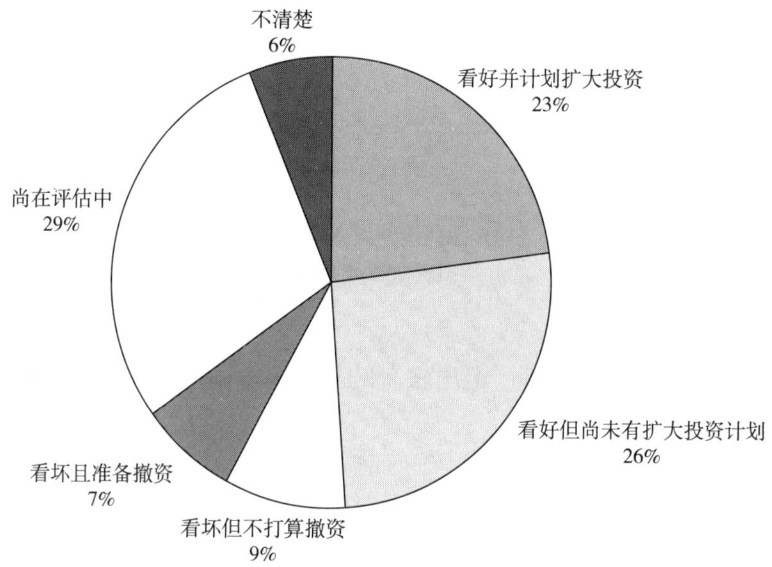

图24　受访企业对目标国经济展望

四　中国企业对“走出去”的政策评价

（一）近七成企业对境外投资项目核准备案等投资管理政策满意

根据调查，47%的受访企业对境外投资项目核准备案等投资管理政策基本满意，20%的企业对境外投资项目核准备案等投资管理政策满意，但仍有33%的受访企业对境外投资项目核准备案等投资管理政策不满意（见图25）。

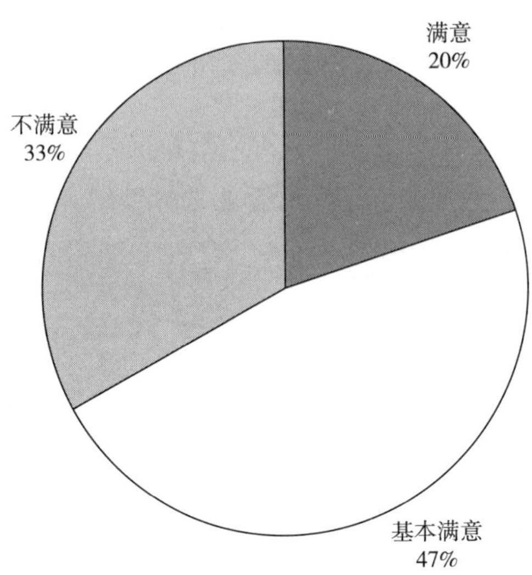

图 25　受访企业对境外投资项目核准备案等投资管理政策的评价

（二）近七成企业对“走出去”的外汇政策满意

根据调查，高达 47% 的企业对“走出去”的外汇政策基本满意，对“走出去”的外汇政策满意的占 21%，对“走出去”的外汇政策不满意的占 32%（见图 26）。

（三）近半数企业对“走出去”的金融政策不满意

44% 的受访企业对“走出去”的金融政策表达了不满，48% 的企业对“走出去”的金融政策基本满意，仅 8% 的企业对“走出去”的金融政策感到满意（见图 27）。

（四）过半数企业对“走出去”的保险政策与服务满意

调查显示，受访企业对“走出去”的保险政策与服务基本满意的比例为 54%；8% 的受访企业对“走出去”的保险政策与服务满意，38% 的受访企业对“走出去”的保险政策与服务不满意（见图 28）。

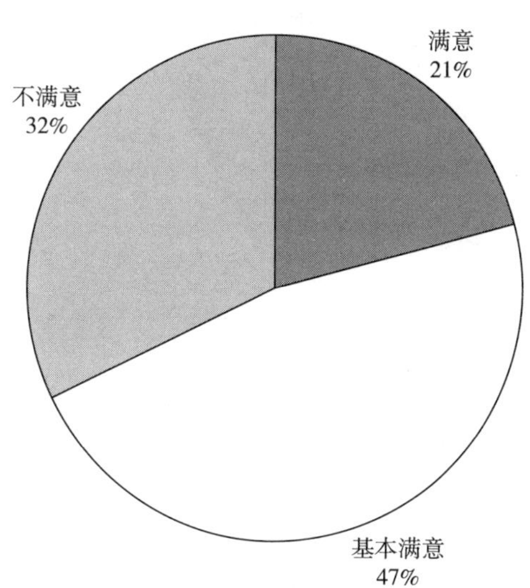

图 26　受访企业对“走出去”的外汇政策的评价

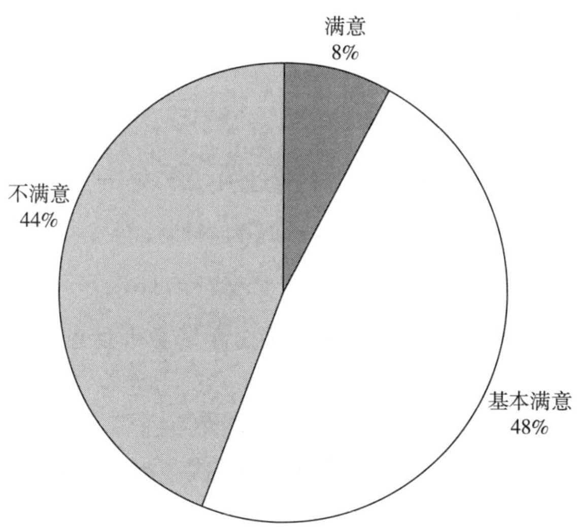

图 27　受访企业对“走出去”的金融政策的评价

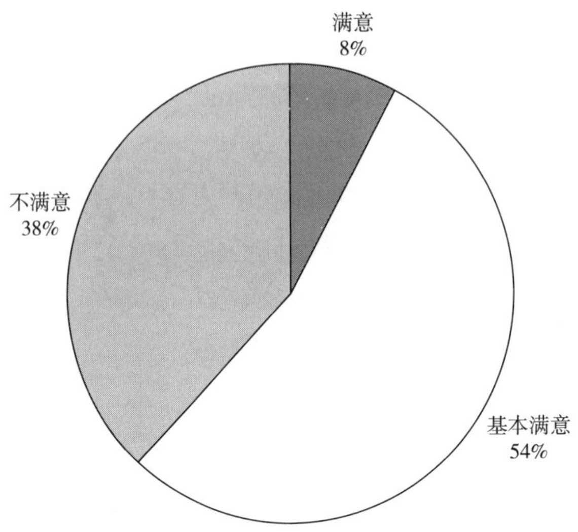

图 28　受访企业对“走出去”的保险政策与服务的评价

五　中国企业在“一带一路”的投资情况及影响因素

（一）政治风险成为“一带一路”投资环境的限制因素

根据调查，走进“一带一路”的企业中，32% 的企业认为政治风险是其面临的最高风险。其次，19% 的企业认为当地社会发展水平低是限制其发展的风险因素。认为法治化程度较低、政府治理水平较低的企业分别占 15%、10%。另外，还有 3% 的企业认为金融资源不足也是其投资“一带一路”的限制因素之一（见图 29）。

（二）参与“一带一路”投资经营模式多样，工程承包占大多数

参与“一带一路”建设的受访企业，在当地的投资经营模式呈多元化发展。工程承包占大多数，占比 19%；向当地出口产品的占 16%；在当地建立合资企业的占 15%；为当地提供金融、咨询及中介服务的企业占 9%；

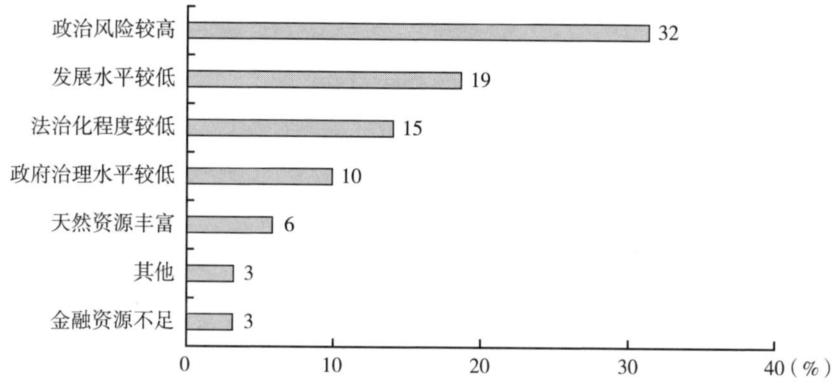

图 29　受访企业对“一带一路”沿线国家投资环境的评价

在当地建独资企业、产业园区的企业均占 8%；劳务合作、并购当地企业、授权海外商家连锁加盟等模式占比较小（见图 30）。

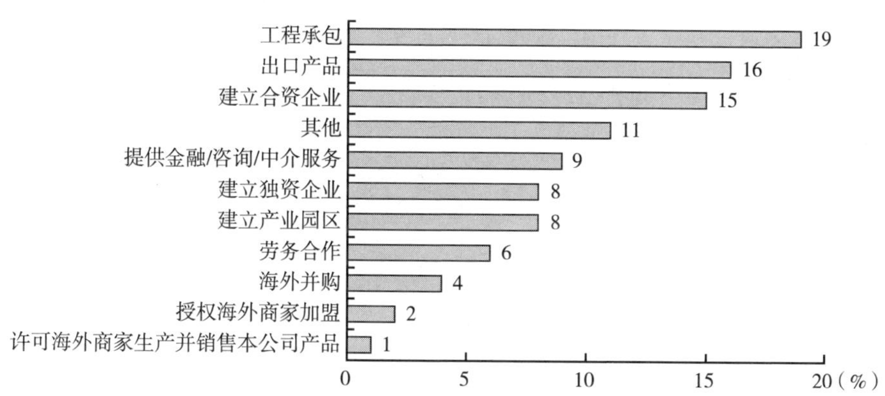

图 30　受访企业在“一带一路”建设中的经营模式

（三）企业对“一带一路”投资集中于东南亚

调查显示，受访企业中 59% 的企业选择对“一带一路”中的东南亚区域进行投资。投资“西亚北非”区域的企业占 38%；投资“中亚”区域的企业占 36%；有 33% 的企业选择对南亚进行投资；21% 的企业在“一带一路”沿线国中的中东欧国家投资；对东北亚投资的企业仅占 14%（见图 31）。

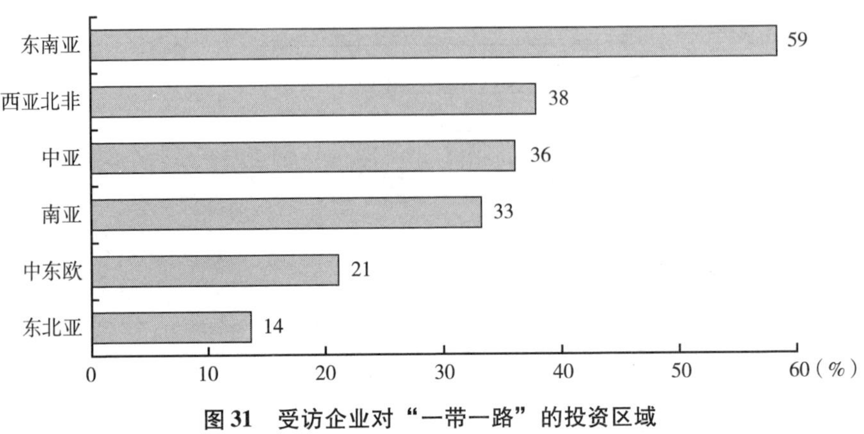

图 31　受访企业对“一带一路”的投资区域

（四）企业对“一带一路”投资集中在基础设施和交通运输领域

调查显示，41%的受调查企业走进“一带一路”主要投资基础设施建设。投资交通运输、信息技术产业、能源、金融的企业，分别占比 27%、21%，21%、13%（见图 32）。

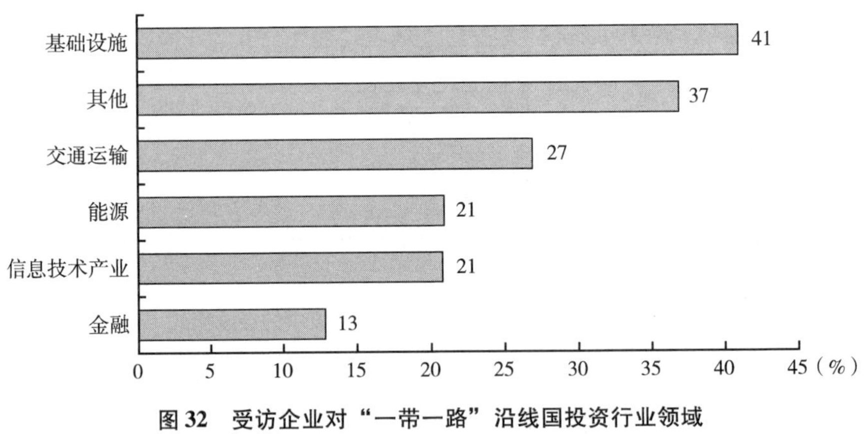

图 32　受访企业对“一带一路”沿线国投资行业领域

（五）企业在“一带一路”投资面临的主要风险为政局不稳的风险，政党轮替之后可能会取消与中国签订的合同

调查显示，“政局不稳的风险，政党轮替之后可能会取消与中国签订的

合同”是中国企业所面临最主要的风险，31%的受访企业对此表示十分重视。其次，26%的企业认为“法律风险，部分国家立法不够完备，在执行上对外国企业有所歧视”是其所面临的主要风险；紧随其后的是“金融风险，一些国家存在主权性等级低、财政状态欠佳、长期负债等问题”和“安全风险，极端主义、恐怖主义等问题”，分别占比18%、17%（见图33）。

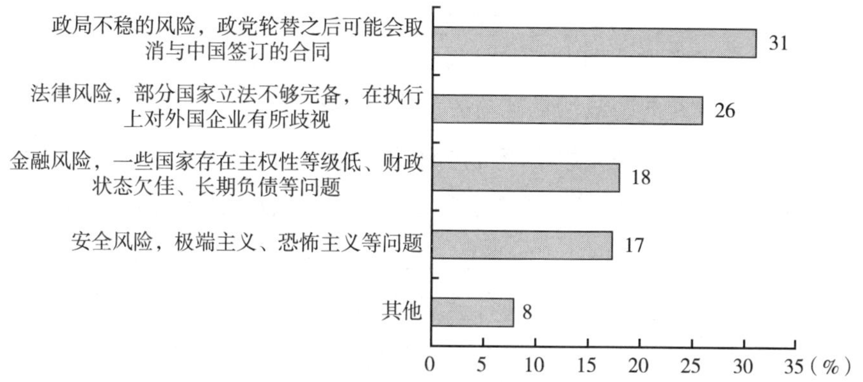

图33　受访企业在“一带一路”投资面临的主要风险

六　总结

通过对“走出去”企业进行问卷调查，我们总结了被访企业的以下几个特征。

第一，中国企业海外发展的主体多样。民营企业在“走出去”的过程中担任了主要角色。受2016～2017年中国监管层加强对企业海外投资风险的管控，加之海外投资环境的变化等因素的影响，2017年海外大额投资出现下滑，企业海外投资更趋理性与稳健。从企业投资区域来看，被访的中国企业更青睐对东南亚的投资，对其他区域的投资较为分散；从投资行业来看，整体呈多样化发展，其中建筑业和采矿业吸金力强；从“走出去”方式来看，选择在海外投资扩建代表处的企业较多；从投资资金来源来看，自有资金的使用占比大，银行贷款等政策性支持力度有待继续加强。

第二，推动企业“走出去”的要素主要是政策上的支持、企业自身有拓展上下游产业链，以及因国内市场饱和而开拓海外市场的需求。海外投资意愿更多受到资金流动的自由度和东道国的法律审批的影响。与此同时，缺乏国际经营人才和面临来自国内同行在海外的恶性竞争成为企业海外发展的最大制约因素。

第三，中国企业在海外依然面临严峻的挑战。当地投资环境欠佳、海外运营成本过高、当地劳动力水平偏低是企业直面的最大问题。从企业面临的风险来看，法律纠纷、政治动乱与战争和政策风险显著，建议加强与中国使馆、驻外商业机构、华人组织等机构的联系并寻求解决方案。另外，“走出去”的企业在当地的雇用率偏低，体现了我国企业本土化能力尚待提升。“走出去”的企业经济效益回收慢也是海外投资的问题之一。虽然企业社会责任意识逐步增强，但践行企业社会责任的活动依然有待增加。从获得海外投资的信息渠道看，平台的信息传递作用尚待提升。从融资政策看，政府对企业海外投资政策的支持仍需加强。

第四，从中国企业对我国政策的评价看，近七成的企业对现有的海外投资项目核准备案及投资管理政策满意，近七成的企业对外汇政策满意，超过半数的企业对保险政策和服务政策满意。说明我国在政策环境上对企业“走出去”活动的支持得当，但仍有提升和完善的空间。

第五，从对企业在“一带一路”沿线国的投资调查来看，当地的政治风险是制约企业进“一带一路”的主要因素。企业参与“一带一路”的模式呈多样化发展，工程承包、商品出口占大多数。投资区域主要集中在东南亚，投资领域以基础设施和交通运输为主。随着“一带一路”倡议进入第五个年头，我国对走进“一带一路”企业的政策支持增加、金融环境不断完善、企业意识不断提高，预计下一个五年内将会有更多的中国企业走进“一带一路”寻找商机。

B.5

中国企业全球化发展的新机遇、新挑战与新责任

CCG 企业全球化研究课题组

摘　要： 正如习近平主席在2018年博鳌论坛上以“开放共创繁荣，创新引领未来”的主题演讲中所提到的，“经济全球化是不可逆转的时代潮流”。中国支持全球化和自由贸易的立场鲜明、坚定，中国向世界表明了拥抱全球化的开放态度。然而，以民粹主义、保护主义等形式的“逆全球化”思潮不断，世界贸易壁垒不断增加。那么，在此背景下，中国海外投资将何去何从？“逆全球化”趋势是否会对中国企业的全球化发展有所阻碍？习近平主席提出的“一带一路”倡议对中国企业海外投资有何意义？新时代下中国企业全球化发展将迎来怎样的新机遇、面对怎样的新挑战、承担怎样的新责任？为此，全球化智库（CCG）课题组根据2017年第四届“中国企业全球化论坛”，整理汇编了各界专家学者与企业家的观点，供读者参考借鉴。

关键词： 企业全球化　“一带一路”　中国制造　企业责任

一　新时代下的“引进来”与“走出去”

（一）构建新型全球化

原国家外经贸部副部长、博鳌亚洲论坛原秘书长、CCG 主席龙永图：

过去几年全球化发展引起的利益分配不均引起了反全球化的浪潮。全球化是一把双刃剑，在带来机遇的同时也带来了挑战。世界可以借鉴中国发展的经验。中国实行改革开放后，东中西部呈现发展不平衡的态势，还伴随着产能过剩及失业、收入下降等问题。中国通过对外开放、参与全球化，逐步解决了这些问题。尤其是党的十八大以后，中国大力支持区域经济合作、精准扶贫，解决发展不平衡的问题，这些都是中国为构建人类命运共同体所做出的贡献，值得其他国家借鉴。中国的对外开放在十九大后进入了新时代，“一带一路”将成为全世界互利共赢合作的新平台，成为推动世界经济持续发展的新动力。

商务部美大司原司长、原驻美公使、CCG 高级研究员何宁：因全球化受益不均，在全球化过程中难免会出现很多反对的声音。据此，中国提出构建人类命运共同体的倡议，让大家都受益，推动世界经济发展。中国加入 WTO 后，与美国的贸易摩擦一直保持在可控范围内，这表明多边贸易体制可以让中国在推进全球化过程中有相对平稳的外部环境，这更有利于中国经济发展和世界经济发展。

智利驻华大使、CCG 特邀高级研究员 Jorge Heine（贺乔治）：主场外交对于构建命运共同体而言十分重要。从第 23 次 APEC 会议，到 G20 峰会、“一带一路”北京峰会、金砖国家峰会，中国都向世界展示中国为了构建命运共同体在外交部署中所做的努力。“一带一路”是非常切合实际的提议，“一带一路”把沿线国家的利益联系到了一起，展示了中国希望多个国家共同发展的美好愿望。而且“一带一路”不仅仅是狭义上的对外贸易，更可以延伸到许多合作层面，包括基础设施建设、高速公路铁路建设以及信息通信技术的合作。同时“一带一路”也延伸到南美地区，促进了中国与智利友好关系的发展。

商务部美大司原司长、CCG 高级研究员江山：在全球化过程中，中国是受益者，也是贡献者、建设者。通过改革开放，中国的综合国力不断壮大，中国企业也有了“走出去”的能力。中国的发展将带动双边乃至全球范围内的发展，因此我们欢迎其他国家搭上中国发展的顺风车，但是这一过程不是一帆风顺的，因为每个国家有不同的文化、宗教、文明。我们要在这个过程当中不断学习，这即是中国和而不同的理念。正如习主席在报告中所说，要实现人类命运共同体，就要取得共同繁荣稳定和发展。

北京师范大学学术委员会副主任、经济与资源管理研究院名誉院长、CCG 学术委员会专家李晓西：建设“一带一路”要和构建命运共同体对接起来，不仅要共享利益，还要共享环境，绿色“一带一路”非常重要。在“一带一路”建设的过程中要以共商原则为基础，把互动环保和自律环保结合起来。互动环保就要求中国企业尊重每个国家的文化传统，这也对国家和企业提出了更高的要求。自律环保则要求中国政府对绿色环保企业给予激励和表彰，同时也要向国外做得好的企业学习。绿色“走出去”非常重要，同时它也符合中国建设命运共同体的目标。

CCG 主任、商务部中国国际经济合作学会副会长王辉耀：中国坚定不移地扩大开放，凡是在中国注册的企业，中国一视同仁，这是一个非常明确的信号。十九大后政府立刻宣布在金融保险控股权领域放开外资，且未来三年还要进一步放开，这些都是巨大的进步。此外，中美签订了价值 2500 亿美元的双边经贸大单，这笔有史以来世界上最大的双边经贸大单也表明中国继续改革开放、加强国际合作的决心。

（二）迈向全面开放新时代

党的十九大报告强调要坚持“引进来”和“走出去”并重，形成东西双向互济的开放格局。这意味着在中国仍然应该将吸引外资作为中国开放式经济的重点。与改革开放初期相比，今天中国的经济对于跨国企业而言意味着怎样的变化、机遇和挑战？在华外资如何解读十九大中对中国经济的规划以及对跨国公司在中国未来发展的展望？外企参与“一带一路”建设的路径是什么？资本的双向流动如何对中国企业全球化产生积极意义？

原驻美总领馆经济商务参赞、CCG 高级研究员何伟文：最近几年世界跨境投资资本有两大趋势，一是发达国家吸引外资强劲反弹；二是并购再次

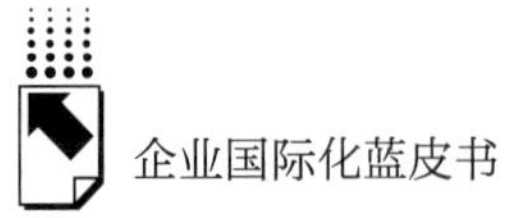

成为主要趋势。虽然过去几十年中，中国利用外资取得巨大成就，但我们需要认识到，因资本输出超过资本输入，中国已成为净资本输出国。中国发展离不开世界优秀的技术和智慧，要改变“我们很好，不需要利用外资”这样的想法。吸引外资就是两句话，第一，准入前国民待遇，在中国的企业一律平等；第二，负面清单规定。

戴姆勒大中华区投资有限公司执行副总裁冷炎：因中国市场规模巨大且是充分竞争、充满创新活力的市场，戴姆勒对中国市场尤其看好。而且戴姆勒对中国市场也很有信心，从改革开放到现在，对跨国公司而言经济环境变化最大的就是中国发展方式的转变、经济结构的优化以及增长动力的转换。

英商会主席、英中贸易委员会副主席 Nicholas Holt：中英之间的双向投资十分活跃，不仅投资数额巨大，而且涉及多种产业。英国脱欧后，英方希望通过双边贸易和多边贸易加强同中国和其他国家的联系。2015 年至 2016 年资本流动成功的背后可能有许多因素，例如英国优质的教育资源、其国际金融中心的地位等，这些因素都会吸引中国资本流入英国。对于英国的企业而言，应该考虑的是能否保护知识产权，能否有公平的商业环境。

商务部国际贸易经济合作研究院研究员、CCG 特邀高级研究员王志乐：中国亟须理论创新，重新认识跨国公司和外资企业。第一，中国社会应当认识到，如果中国企业希望在他国获得准入前国民待遇，那么中国也应当给予在华外资企业以同样的待遇。第二，中国应当支持并打造全球产业链，利用全球资源进行生产竞争，而不只是一味地保护民族产业。第三，中国应当采取一种新的安全观，过去国内要求对外资保持警惕，但现在中国应当接纳外资并同其合作以共同维系安全。总而言之，我认为在推进“一带一路”建设的同时，中国社会的观念理应协调更新。

（三）中国企业海外投资的机遇与挑战

从金融危机爆发迄今已有十年，推动经济全球化的重要任务就是维护全球金融稳定。中国作为世界第二大经济体和全球经济复苏的重要引擎，其经济重心应放在防范并化解系统性金融风险上。2017 年下半年开始为防止资本外流而采取的举措深刻影响了中国对外投资的流量和增速。面对“灰犀牛”风险，中国开出了哪些“药方”？国内哪些宏观经济因素影响着金融系统的稳定？哪些因素会对企业的海外投资布局产生决定性的影响？在金融去杠杆的背景下，什么样的投融资方式能为中国企业“走出去”，特别是渠道投资“一带一路”沿线国家提供支持？如何展望十九大以后下一个五年中国货币政策、资本管控以及国企改革等政策走向，为企业及投资者的全球资产配置提供线索？

原国家外经贸部副部长、博鳌亚洲论坛原秘书长、CCG 主席龙永图：中国经济和世界经济已深度融合，国际经济发展的走势和国际经济发展中出现的挑战和风险，会对中国企业“走出去”产生深刻的影响。自 2017 年以来，世界经济进入了复苏回暖的轨道，周期性因素和内增长性动力开始不断增强，金融环境有所改善。与此同时，市场需求也随之复苏，加快了主要经济体的增长速度。2018 年，世界经济环境有望继续改善，主要经济体发展向好，国际贸易持续增长。

美银美林中国区主席、CCG 副主席任克英：目前世界经济与中国企业的海外投资形势如下：第一，在国际层面，全球经济同步复苏，但地缘政治的风险也在不断上升。第二，新兴市场特别是中国的市场将会迎来新一轮大牛市。第三，投资中国的主方向仍聚焦于人力资本、绿色资本、社交资本和金融资本。第四，国企改革、政治需求、中产阶级消费的提升、可持续发展和高科技，五大因素助力中国企业“走出去”。

中国开发性金融促进会执行副会长、原国家开发银行副行长李吉平：首先，金融风险只是表象和结果，防范风险是手段而不是目标。其次，对于金融问题应保持良好心态。目前，利率波动、油价升降、人民币波动等问题都是正常的市场行为，要保持镇定。最后，要对金融、市场、项目有一定的容忍度，允许犯错，并发展纠错机制。同时，银行包括监管部门应重设指标，用以考核企业表现并为其提供金融服务。

法政集团董事长、CCG 资深副主席王广发：中国的优势主要来自：第一，“一带一路”的“走出去”，这是促进中国产业转型发展最有效的方式；第二，“走出去”“引进来”发生重大变化，从过去低层次的产业产品、境外投资发展到现在高端的、创新的产业高科技；第三，现在区域产业转型的优势也在不断发生变化，区域产业、环保等产业已经替代了过去不环保的产业，正能量经济发展的转型已经彰显了它的优势；第四，全球依法合规的游戏规则；第五，产业转型的创新发展；第六，内需拉动；第七，区域资源的整合；第八，实时调整金融政策、外汇政策也是满足内需、拉动内需政策的战略格局思维。

原中国证监会基金部主任、中国证券投资基金业协会会长、CCG 特邀高级研究员孙杰：文件《一行三会外汇局征求金融界的意见》着重针对过去的资产管理乱象，解决刚性兑付，层层嵌套，规避监管、监管套利等出现的问题。可以预见随着外资在中国的蓬勃发展，未来的外资企业更愿意诉诸法律，而非拉关系、套近乎，这能够倒逼监管部门把监管平台转移到法治平台上。对于如何防范“走出去”的风险有四点建议，一要注重人才，对外开放“走出去”人才是第一位；二要合乎法制；三要注意风险防范；四要进行公司治理。

金杜律师事务所中国管委会主席、CCG 常务理事张毅：中国企业在“走出去”的过程中应该“拥抱”监管来“规避”法律风险。中国经济向好势头明显，自从政府从原来从事审批制度转到从事事中和事后监管的工作中后，如何去监管这些市场行为就成了政府关心的一个问题。要把监管行为转变为市场的自律行为，这需要市场的各个主体，包括公司、专业服务机构、会计师、律师等经济参与主体共同推动。总之，中国的机会很多，尤其现在世界多元化格局逐渐形成，地缘政治复杂性逐渐增加，虽然对于中国来说增加了技术难度，但同时也创造了很多机会，在这个过程中我们能否适应当地的监管体系，是企业成熟度的体现，也是最终企业能否在复杂的环境中取得最后成功的关键。

普华永道中国资深经济学家赵广彬：“一带一路”走向新征程。第一，中国有实力把“一带一路”推进好，从经济总量看，中国一国之力可以和

“一带一路”沿线60多个国家的总量相媲美。第二，中国与“一带一路”国家之间有广阔的合作前景。第三，“一带一路”融资需求大，市场广。“一带一路”沿线国家未来的发展建设需要大量资金。若能在国内几个大的股票市场设立“一带一路”的板块，不仅可以使投资“一带一路”的企业在股票市场融资，而且也能把债券市场开放给“一带一路”的国家，让这些企业和政府都通过债券市场和股票市场进行融资。

东和昌集团董事长周华龙：如从企业的角度谈论海外投资，有三个方面。第一，商业模式创新。互联网兴起，使整个产业链区域发生了很大的变化，随着产业互联网兴起，产业链逐渐向国外渗透。第二，用户需求。金融风险不应该防范，而应该去控制。金融一定会有风险，因此，关键在于如何去控制和管理，控制和管理指的是要把风险识别出来，然后进行管理。第三，产业定位。现在的企业发展到了打造品牌甚至是金融管理的层面，所以应该大力发展产业互联网+金融，以产业龙头为引导、产业集成平台为支撑的模式开始逐渐兴起。

（四）资本管控背景下的海外并购与融资

2016年，中国对外非金融类直接投资累计实现金额再创新高。与此同时，为了控制风险，政府加大了对短期投机性资本流动的管控。2018年业界普遍关心的问题是中国对外投资如何落地？十九大以后的跨境并购政策法规的动向如何？中国企业如何有效进行理性、规范的海外投资？在海外并购、运营的中国企业如何规避法律、税务风险？在资本管控背景下海外并购融资有什么样的应对策略？

普华永道合伙人彭超：虽然2017年和2018年投资金额有所下降，但财务投资者数量却大幅上升。目前在投资领域呈现的态势是：第一，技术方面投资金额较大。第二，一些境外投资控股平台，如果目前公司没有资金注入，不仅难以受到国家的资助，还将会在全球的税务环境中遇到问题。因此，政府应当做一些规划，在监管和应对全球税务环境方面，帮助境外投资公司。

毕马威并购咨询合伙人王虹：对于海外并购而言，一大困扰是资金如何出境，这是因为资金出境的时间具有不确定性。可以使用并购融资内存外贷等手段，这在短期内相当于给企业提供了一个过桥贷款。除此之外，在欧洲市场，杠杆性收购非常流行：如果一家公司现金流比较健康，杠杆率较低，那么就可以和当地银行进行沟通，作为一个杠杆。此外就是与私募股权机构进行合作。未来，从政府监管角度来说并非要限制，而是要进行合规化，要让有交易实质资金出境。

金杜律师事务所中国管委会主席、CCG 常务理事张毅：2017 年 11 月初政府针对跨境投资征求的意见稿意义重大。意见稿中出现很多新的变革，例如准备取消小路条、取消 30 亿元以上由国务院审批等政策。从征求意见稿可以看到国家对投资的鼓励。这无论是对于中介机构来说，还是对于有志于做海外并购的企业来说，都是非常积极的信号。

东和昌集团董事长周华龙：国际并购有三点非常值得注意：第一，一定要对当地的政策、相关法律非常熟悉；第二，要看有没有突破点。虽然收购并购时一定要非常熟悉当地的政策和环境，但与此同时，也应该重视结构设计。很多企业在对外收购的过程中希望可以发挥资金的杠杆作用，境内境外的结构设计非常重要，所以一开始就要做好结构的顶层设计；第三，要重视资金的匹配。

二　“一带一路”与投资机遇

（一）“一带一路”倡议中的全球投资图谱

“一带一路”毫无疑问是 2017 年中国海外投资发出的最响亮的一个音符。中国政府表示，“一带一路”倡议是全球性的，是开放包容的，中国并没有限定国家范围，十分欢迎各大洲各个发展阶段的国家积极呼应，助力构建人类命运共同体。政府如何与企业共商、共享、共建“一带一路”？怎样才能把“一带一路”从一个战略愿景转化为具体的投资项目？经济相对发达的西北欧、拉美、北美等地区如何看待“一带一路”倡议中的经济发展机遇？不断增加的“一带一路”伙伴意味着中国企业更多的投资国别选择，如何对投资国别进行有效的评估？

商务部美大司原司长、原驻美公使、CCG 高级研究员何宁：企业在对外投资的过程中要因地制宜地发展自己的业务。目前“一带一路”还只是一个倡议，只有通过具体落实的措施，外国公司才能从中发现自己的发展机遇，做好准备应对可能会出现的问题。因此，可以说“一带一路”还需要进一步的探索。此外，企业不仅要关注经济方面的建设，还要从人道主义援助角度出发，通过红十字会等非营利性组织，帮助企业自身在国外拓展投资领域、改善投资环境，与当地建立良好的关系。

商务部原副部长、第十二届全国政协委员陈健：首先，“一带一路”展现了中国政府希望振兴全球经济、与全球建立合作、追求互利共赢的主张。它的价值不只局限于经济领域，还延伸至人文、社会等多个层面。其次，“一带一路”不受地理因素的局限，凡是愿意按照“一带一路”精神开展合作的项目，都是“一带一路”项目。最后，中国作为“一带一路”的倡导国，其政府和企业应从三方面进行努力：一是进行产业转移，为国内有发展前景的产业腾出发展空间；二是中国企业应把握技术的前沿，发展有革命性价值的产业；三是产业布局应基于全球视野，产业转型应与国内改革相结合，将传统优势产业做大做强。

红十字国际委员会（ICRC）东亚地区代表处主任 Pierre Dorbes：国际红十字会愿意与企业及媒体进行合作。我们既需要在企业的帮助下进行品牌创新、产品研发，也需要借助谷歌、微信等社交媒体平台进行项目推广。投资决策时，不应该仅从盈利的角度思考，而应该从更广的维度出发，例如国家稳定发展、当地民众的利益等。在一个国家进行投资时，仅仅了解当地的政治和法律是远远不够的，需要和相关利益方进行接洽，了解当地社会能否接纳该项目。

美国银行亚太区企业银行董事总经理陈日韵：对于中国和外国企业来说，“一带一路”建设中商业机会多。许多跨国企业可以参与“一带一路”

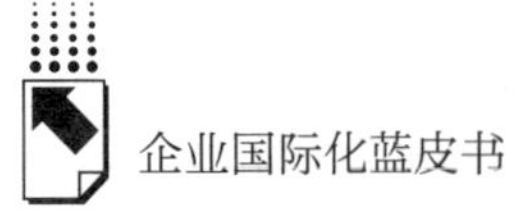

项目，拓展其国际规模；至于中国企业则可以通过国际并购更上一层楼，通过国际并购了解国际监管、国际规则、风险管理等，拓展其全球网络，使其真正一跃成为国际化企业。从“一带一路”沿线国投资来看，大部分资金都用于基础设施建设投资，因此与之相关的重型机械也有较大需求。中国西部的一些城市和地区例如西安和新疆，则因为“一带一路”建设有了更重要的战略意义，因此许多国家积极走进中国西部，以更好地对接“一带一路”沿线国家。

（二）“一带一路”和大欧亚伙伴关系

欧洲是中国最大的贸易伙伴，“一带一路”倡议的提出让很多对此感兴趣的国家，重新思考它们的战略投资，有望成为“一带一路”投资中的合作伙伴。2016 年中国对欧盟直接投资激增 76%，中国投资者在欧盟的并购金额是欧盟企业在华并购的 4 倍。如何评估中欧在“一带一路”倡议合作中的潜在威胁与双赢潜力？如何应对欧洲国家对中国在欧洲投资的关切和抵触？在基础设施项目中，中国对欧投资所面临的难题和障碍是什么？哪些领域和国别能将“一带一路”的政策带来的好处最大化？

中国工商银行总行专项融资部跨境营销总经理彭爽：2016 年，虽然中国对欧洲的投资额相当于欧洲对中国投资额的 4 倍，但在参与全球化投资过程当中仍然感受到欧洲国家的抵触与阻力。随着新时代的到来银行业发生了迅速的变化，我们只有通过不断创新，才能更好地支持中国企业融入市场，占领高端市场。因此我们希望未来工商银行和相关政府机构、商会、中国企业一起“走出去”，投身于全球化的大潮。

英商会主席 Nicholas Holt：在欧洲投资面临许多挑战。首先，欧洲国家多元化，导致语言文化历史也不尽相同，国家之间的关系错综复杂。其次，市场也包含着多元化特征，有人认为合作能带来双赢，有人则持反对意见。但总体而言，欧洲国家大多数人认为合作可以带来双赢。但民众对于“一带一路”了解不多，因此宣传工作仍要继续，让欧洲市场真正理解“一带一路”及其带来的双赢，帮助双方贸易、投资繁荣发展。

南京东屋电气有限公司董事长闵浩：中国企业进入欧洲市场要坚持两点：首先，不打价格战，价格上与欧洲同行业持平；其次，坚持品牌战略，做好产品和品牌。在海外发展的中国企业一定要融入当地社会，坚持只雇用本地人，同时积极参与本地商会行业的会议，积极参与当地市场规则和标准的制定。另外，从投资方面来说，面临人口老龄化的欧洲企业急需找到传承，在下一代年轻人不愿接受传统行业的情况下，规划好发展前景的中国企业更容易受到青睐，容易成功并购。总结来讲，企业“走出去”的过程，第一要打造好自身实力，第二要更好地融入当地，切实为当地经济发展做出贡献。

欧盟中国商会副会长 Sara Marchetta：目前欧盟的经济正在恢复，并十分看重同中国企业以及“一带一路”中第三方的合作。当中国成为开放市场后，欧盟商会也会开始考虑和中国进行合作，这里同样涉及互惠原则和平等市场准入原则。但欧盟作为一个组织，各成员国有自己的方案和标准，所以如何评价一个国家的投资成果还应当由这个国家自己去判断，欧盟本身无法过多干涉。

东和昌集团董事长周华龙：中国已经进入了开放第三产业的阶段。目前有待解决的是文化、身体健康、宗教、心灵以及货币、财富管理和银行投资等归属问题。第一，中国的文化教育市场特别大；第二，中国的金融管制放开后金融交流方面日趋频繁；第三，随着进入产业互联网时代，整个产业链扩展到全球，整合之后产业链会缩短，所以竞争会加剧。随着中国的产业互联网发展和对金融产业的深耕能力加强，中国第三产业的渗透力会更强，所以在“一带一路”建设过程中，第三产业、文化、艺术品以及金融等方面的交流已经处在风口上。

三　行业与企业

（一）中国制造业全球化动因与趋势

改革开放四十年，我国正在从“制造大国”向“制造强国”转型。中国企业“走出去”，从发达国家获取产业升级所需的技术、人才、市场、品牌和管理经验。通过海外投资，中国企业加强资源的全球配置，不断在产业链上下游布局，提升自身的全球竞争力。中国企业在获取国际核心技术的过程中遇到的壁垒和克服障碍的方案是什么？“一带一路”倡议下的国际产能合作有哪些特点和趋势？向发达国家转移制造能力如何推动中国制造业的产业升级？海外园区如何推动民营制造业“走出去”？

中国中小企业国际合作协会首席德国专家 Thilo Ketterer（柯泰乐）：跨国并购会遇到很多障碍，既会有内部的，也会有外部的。第一，中国企业“走出去”，要事先了解目标国家的法律体系，要遵循当地的法律，妥善处理法律问题；第二，重视当地社会的心理、文化等因素。有些人从心理上反对国外投资者，还有很多民粹主义者。因此，中国的投资者要通过媒体以合适的方式进行沟通；第三，中国企业在进行海外并购时，要基于对自己清楚的认识，了解自己的优势、劣势。中国的对外并购业务才刚起步，对此，企业并购前一定要了解并购程序，如何找到目标公司，如何减少风险、找到合适的定价，要找到较好的顾问公司进行调查，这样才能提高成功率。

河钢集团战略部总监、战略研究院院长李毅仁：河钢能够“走出去”，主要是因为抓住了双重战略机遇：一是我国“一带一路”倡议，即共商、共建、共享的平台化的理念；二是紧紧抓住了世界钢铁产业又一次资产重组的浪潮，从而建立了一个平台化的共享式的全球钢铁制造、钢铁研发和技术服务平台。至于中国的企业应该如何“走出去”？我认为，首先，要坚持战略管控下的本土化原则，提供网络化平台，把国内的技术优势、资源优势、网络优势和现有的海外公司进行对接，创造更好的发展空间和发展环境。其次，坚持三个本土化：第一，管理的本土化；第二，用人本土化，解决当地的就业问题；第三，利益本土化，实现同当地政府、本土企业的和谐共赢。

对外经济贸易大学国际经贸学院教授、CCG 特邀高级研究员卢进勇：第一，如果中国未来仍然想成为世界工厂，应首先发展多元立体的产业，这意味着不仅在技术层面上要多元立体，包括高中低三个层次的技术，还意味着在产业结构上实现多元立体，一些产业要走向高端，但同时也不能放弃中端和低端产业。第二，为了实现全球资源配置必须要扩大开放。第三，中国企业对外投资的动因多样。升级价值链和构建价值链是企业面临的两大任务。

Automobility 创始人、CEO Bill Russo：人们可以通过互联网得到产品和服务，而不用再通过传统制造业。目前，互联网企业对汽车行业进行了巨额投资，这意味着公司必须要改变自己的思维方式，同技术创新型企业进行合作来打造汽车行业的生态链。制造业应跟上智能化的转型，拉动自身的智能化发展，此外还需要和互联网相结合，实现“互联网＋”。

商务部国际贸易经济合作研究院研究员、CCG 特邀高级研究员王志乐：“引进来”基于全球公司这一概念。从传统的跨国公司变成现代的全球公司，有三大变化。其中最重要的一个变化就是全球战略，把研发、设计、制造、组装和营销服务这三大环节作为一个价值链在全球范围内进行布局，从而整合了全球最好的资源，并利用全球的资源增强自己的全球竞争力。

（二）全球基建热潮中的机遇和风险

受城镇化和人口增长驱动，《全球基础设施展望》预计在 2016～2040 年，全球基础设施投资需求将达到 94 万亿美元。“一带一路”倡议正是基于铁路、公路、航空、航海、油气管道、输电线路和通信网络等基础设施互联互通的愿景。从经济欠发达地区到世界第一大经济体，都把基础设施投资看作经济增长的希望，基建热潮为金融资本、大宗商品、工程设计、装备产能等行业带来巨大的发展机遇。水处理、能源、交通建设等基础设施类别里，有哪些领域最值得投资者关注？中国企业投资国际基础设施项目如何评估与管控风险？大型基建项目对中国企业与东道国政府和社会的交融互动是巨大的考验，中国企业如何获得当地民众的信任和认可？国际基础设施 PPP 项目的前景和挑战在哪里？

红十字国际委员会东亚地区代表处高级顾问 Andrew Gardiner：全球基建

热潮会给中国带来机遇和风险。机遇来自目前基础设施建设行业存在的巨大缺口。但同时必须兼顾风险。红十字国际委员会在“一带一路”沿线国家基本上都有展开项目，我们手上的第一手资料就是某一个项目存在的风险和问题。某些国家会有一些政治方面的紧张和局势的动荡，这些都是需要被考虑的因素。但政治的动荡并不是新问题，有些跨国企业都有多年的国外工作经验，它们的投资指南非常值得借鉴。

CCG 特邀高级研究员、英国爱丁堡大学中国研究中心主任、金融学教授，博士侯文轩：基础设施投资因为投资的时间长，成本高，因此对投资者的保护就显得格外重要，保护有两个渠道，一是通过法律手段，遵守、利用当地的法律；二是类似替代性的制度，例如社会资本等。例如企业投资“一带一路”沿线国家的基础设施建设。“一带一路”沿线国家法制建设比较弱，依法治国指数、腐败指数、投资者保护指数都比较弱，因此保护中国的企业权益需要更多方法。譬如采取符合当地文化、符合当地人民认知的方式发展，得到当地的信任植根当地。

中国建材集团副董事长李新华：建材集团在工程和投资方面既抓住过机遇也遇到过风险。基础设施建设是经济复苏的一个好引擎，也是国际合作一个很好的选择。“一带一路”倡议提出后建材集团拟建立十个迷你工业园，另外准备建四个海外物流仓储基地。而风险方面则是文化、法律、宗教的差异以及和当地的融合问题。目前建材集团投资讲究三个原则。第一，要促进当地经济增长和社会发展。第二，处理好与合作企业的关系。第三，要为当地民众谋福利。

全国工商联中国民营经济研究会常务副会长兼秘书长王忠明：现在基建市场依然存在一些问题，比如开放度对于民间资本来说依然不够。中央推出的 PPP 试图解决该问题，但基建在中国由政府主导，政府主导的国有资本通常在决策或在行进过程中效率偏低，导致 PPP 实际上名不副实。因此，要想在全球基建热潮中有更大作为，中国应深化改革，把国内市场开放到位，以解决自己的问题。

塔塔集团中国区总裁詹宏钰：软实力是中国企业投资海外基建的另一个

问题，中国企业在外国投标时绕不开欧美国家对目标国家施压的巨大影响，他们对中国不了解，因此中国方面应该增加软实力的输出。可喜的是，现在印度的年轻人已经在互联网高科技行业把中国企业当作对标，他们认为中国企业、中国技术和中国的模式对他们而言更为合适。

（三）打造中国企业国际化品牌

时至今日，品牌国际化发展已然成为一个企业乃至一个国家的重要战略选择。中国企业在国际市场建立世界品牌还需要适应差异化的政治、法律、经济和文化环境。在中国引领全球化的时代，品牌的国际化战略正在考验着中国企业“走出去”过程中高端公关、营销人才的引进和培养、跨国劳动力管理、国际媒体关系等方方面面的“软实力”。国际著名企业和品牌中的价值观给中国企业带来怎样的启示？公关如何协助中国企业在投资当地营造有利的政策与舆论环境？当前的国际化人才缺口给跨国人力资源管理和教育培训行业带来了怎样的挑战和机遇？中国企业在当今时代如何讲好中国故事？

华为全球政府关系及公共事务副总裁 David Harmon：华为已经进入了170 多个国家，华为为什么做得这么好呢？首先，我们在研发方面投入大，确保产品质量。其次，在全球广纳人才，吸引来自世界各地最优秀的人才。除此之外，华为进入世界不同地区时与当地社会融为一体，与当地各大协会保持良好的关系，也大量雇用当地人才。最后，华为除了满足客户的需求外，还在这些国家履行企业社会责任，支持当地的数字化进程及当地的信息通信技术发展。

三胞集团副总裁荆天：品牌包括内生和外延，企业如果缺乏企业文化、企业使命和企业价值观，就不可能打造强大的企业品牌。很多中国企业在“走出去”的过程中，往往只注重宣传品牌的外延，而忽视内在，导致宣传效果并不好。强大的品牌软实力更依赖于内生。中国企业“走出去”有三个阶段，一是去国外寻求资源的阶段；二是前往国外寻求技术类资产的阶段；三是收购强大的品牌或者强大的研发团队或是前往国外获得可持续性发展的动能，以期与中国市场相结合的阶段。目前中国企业已经到了第三个阶段，因此需要看得更加长远、更为全球化，在此过程中不断学习，不断吸取与试错，边走边摸索。

CCG副主任兼秘书长、中国企业全球化论坛秘书长苗绿：企业“走出去”成功的关键在于品牌、人才、公关等软实力。现在雇用国际化人才很容易，但困难的是如何留住人才，发挥人才的作用。CCG一直把人才视作重要的领域，强调中国企业“走出去”一定要用“国际化人才”，因为在跨国公司或国际机构工作的人才都是具有国际视野的。

法政集团董事长、CCG资深副主席王广发：产业的竞争和GDP的竞争，归根到底依然是人才的竞争。企业决策判断、调查研究必须充分关注产业结构调整、优化升级与人才知识结构调整优化升级之间的关系，人才核心价值的竞争是未来我们国家走向国际舞台必不可少的。而品牌归根到底展示的是人才，品牌需要有人去创造有人去创新。随着中国软实力、竞争力国际化的发展，人才的标准在不断转型，相应的人才对于教育多元多样的需求也在发生重大的变化。

四　新时代中国企业的担当

（一）中国企业共担时代责任

经济全球化目前仍然遭到一些冲击，并因此成为困扰世界经济的一大挑战。企业是经济全球化的主体，在新一轮经济全球化中，中国企业毫无疑问成为经济全球化中的一股强大驱动力。在经济全球化的大潮中，中国的外向型企业经历了怎样的转型和升级？有哪些经验和教训？中国企业对于党的十九大以后“发展更高层次的开放型经济”有怎样的分析与展望？十九大对于中国的企业家提出了怎样的期待？中国企业家如何定义他们在实现中华民族伟大复兴中的作用？

原国家外经贸部副部长、博鳌亚洲论坛原秘书长、CCG主席龙永图：

在对外开放新时代，“走出去”不仅是企业行为，还是一种历史的担当。首先，中国企业应该担当的责任就是代表中国，向国际友人、质疑中国的人讲好中国故事；其次，中国企业“走出去”要为当地创造更多的就业岗位、为当地政府创造更多税收，为当地民众带去更多福利；再次，努力让“一带一路”沿线国家迅速发展，赶上世界发展潮流；最后，应该推行新的企业家精神，使企业家们能在其经济合作、项目合作的过程中，把新一代合作理念、发展理念融会贯通，在更高层次上代表国家形象，代表国际合作的形象。

宝时得集团总裁、CCG 资深副主席高振东：企业责任的载体首先是产品，对于企业家来说，讲好中国故事首先要做好产品，讲好产品的故事。如何讲好产品故事？首先是中国价值的故事，中国企业“走出去”后，大家都说中国价格有优势，这就是中国价值。其次是质量故事，中国产品的质量如何能够真正赶上发达国家的产品质量？产品质量是企业最基本的东西。再次是在满足消费者的新需求方面超越对手，如果能够及时发现新的需求痛点，并成功找到更好的办法满足消费者的需求，这个产品故事就讲好了。最后就是社会责任，企业有很多社会责任，但最高境界是把社会责任和企业产品与企业战略相融合。

中建集团副董事长李新华：作为央企，中国建材不仅承担着经济责任，而且也承担着社会责任。在“走出去”的过程中，中国建材注重中国责任、中国品牌。中国建材在肯尼亚投资迷你工业园时，不仅修建了一所小学、一所医院，还与当地民众展开互动：请援非医疗队在附近做义诊，请云南民间艺术团体做交流；改进当地基础设施，恢复水质差的水井，并打深水井等。这些互动和基础设施建设援助都体现了中国责任，也表明央企并不完全是为了挣钱，还承载着中国企业“走出去”、构建人类命运共同体的责任。

力帆实业集团董事长牟刚：民营企业的第一个责任就是“走出去”，企业一开始可能会将“走出去”视作一个极其艰难的过程，但“走出去”才是企业发展该有的选择。第二个责任是创新，其中既包括技术创新也包括模式创新。第三个责任是在“走出去”的过程中，要总结各类经验、吸取各种教训，比如力帆集团可以与其他同行企业共同分享其对外输出产品和技术，同时不断扩展自身内涵的经验。第四，企业家本身应该有担当，企业家应当永不服输。

CCG 主任、商务部中国国际经济合作学会副会长王辉耀：随着改革开放迎来新时代，中国企业“走出去”时一定要强调合作精神。这种合作不仅仅是中国企业的发展，而是中国企业与国际企业一起，在“一带一路”的引导下，实现合作共赢。这是全新的合作共赢的方式，也呼应了新时代下企业“走出去”的特点。另外是人才的发展。企业不仅仅要从中国选人才，更应从全世界选拔人才，让全世界的人才为企业所用。只有在全世界招揽人才的企业才是真正的世界级企业，而那也才是“一带一路”的成功所在。

华坚集团董事局主席、CCG 副主席张华荣：开放学习的中国是经济发展的第一步，“走出去”的同时也要学习其他国家的文化。要把创新共赢担当的文化与“一带一路”沿线国家共同分享。所以，中国企业“走出去”就是应该把中国成熟的产业带到当地去，创造新兴的科技制造平台服务企业，同时还要跟当地国家、社会、企业、员工分享我们共同努力的成果。

（二）中国企业重塑全球高科技版图

曾经大家以为高科技只是欧美发达经济体的专属，如今，中国正在改变这种偏见。伴随着互联网科技的迅猛发展，中国企业在人工智能、自动驾驶、生物医药研发等高新技术领域已能够和美国共挑大梁。同时，资本在全球范围内的配置和整合，不断地满足创新创业者的资金需求，为中国科技企业全球化发展助力。那么，中国创新的驱动力到底是什么？未来企业全球扩张的途径是什么？科技领域出海企业都将面临哪些壁垒，应对之策是什么？本土资本应该如何与国际创新资源相结合，参与全球并购整合和资本运作？如何理性看待人工智能等领域的投资“风口”？

CCG 秘书长李卫锋：目前中国的科技水平非常高，虽然距离世界顶级水平有一点差距，但趋势很好，中国高科技金融占了世界近 50% 的版图。

投资者的真知灼见、对未来的期许和对行业本身的了解可能比紧盯着风口更加重要。人工智能领域主要依靠人才，有人才才能实现领先，这个行业不存在弯道超车，就看谁的后劲足、加速快。

叮叮短租创始人丁仕源：共享经济是传统企业到新型互联网企业的转型，但在重新定义的过程中也有一些隐形的政策风险。首先，要在可控和不可控的范围之内建立“法律壁垒”；其次，可以在保险金融方面防止政策壁垒。共享短租本质上是后房地产时代的内容运营，共享经济领域内的企业目前迅速的发展离不开资本的推动。中国的共享企业一定要在原来国际的企业模式上创新，因此我们创造了行业 C2B2C 模式。

宽资本执行董事 Edward Frumkes：互联网飞速发展，创新也随之变得火热，各行各业都在参与创新，技术跨越疆界，跨越不同人群。共同创新就是我们所说的众筹。品牌可以跨越疆界，互联网也可以。我们应该关注那些缺少相应资源的中小企业，帮助它们配对以成立中外合资企业，使中外双方都能得到它们需要的资源，也能实现技术的流通。同样的合作模式，也可以以相反的形式进行。例如中国企业去国外找合作伙伴。在国外企业的协助下，中国企业可以根据国外的市场、法律法规，以及人们的消费习惯调整产品。同时我们还发现，中外企业在新兴技术方面有大的合作潜力。随着技术呈指数发展，边界变得愈发模糊，各行各业的基础设施都需要最先进的技术，因此急需技术创新，例如中国人工智能研究已经非常领先。为了解决在这个过程中出现的问题，我们需要私募资金的参与，它能为创业者创新者提供更好的环境，使过程更加灵活。

子歌教育机器人（深圳）有限公司联合创始人、副总裁、CCG 理事黄博文：我们尝试从以下几点探索 AI 尤其是教育机器人在教育领域的应用：第一，通过机器人做到因材施教，机器人通过与儿童的互动不断理解儿童的性格，知道他喜欢什么，每天问了什么问题等，判断出儿童的需要，决定应该给他推荐什么样的知识。第二，通过教育机器人解决教育公平化的问题，在中国的三四线城市以及一些贫困地区，有六万多网点需要支教，但很难保证支教教师供应充足。而机器人可以将优质教育内容进行整合，并且通过

AI 进行因材施教，从而实现教育公平化，特别是对稀缺教育资源的快速推进。

驭势科技首席生态创新官邱巍：智能驾驶领域将是人工智能未来 15 年最大的应用领域。首先，人工智能使得我们整个交通体系变得高效，交通工具变得更加小型化，因此，整个城市可以以人为中心进行设计规划。其次，当汽车真正无人化以后，留出的车上时间该如何使用？据此许多人认为汽车将会是一件集各种功能于一体的商业载体。最后，汽车将与互联网社交相结合。因此，智能驾驶一定是一个长期的、非常乐观的风口。此外，我们也可以看到一些新晋者，例如芯片的发展，据此可估计汽车将会是一个极大的计算载体。我们可以通过它看到一个行业内部剧变前的体征。这个体征为什么在中国而非美国？美国强于技术，而中国则强于市场和氛围。第一，目前我们国家已经度过了投资驱动和外贸驱动阶段，转而走向创新驱动；第二，中国目前仍然处在大规模的城镇化进程中，因此需求巨大。总结来看，一些变化带来了巨大的机会，无人驾驶在这种场景下，可以找到很多的长缨，中国的巨大优势就是任何的一个小场景都有一个足够大的市场来支撑我们的创业者往前冲。

专 题 篇

Special Issue Reports

B.6 加快市场化企业投资，保障“一带一路”可持续发展

何伟文*

摘 要： “一带一路”项目并不是只有靠政府，靠国家资金才能实现。广大企业，特别是民营企业已取得了很大成果。在“一带一路”第一个五年取得巨大成就，第二个五年即将来临之际，大力推动企业对“一带一路”沿线国，以东道国社会发展实际需要为指向，以市场为基础，以企业为主体的实业投资，对这一伟大倡议的长远可持续发展，具有极为关键的意义。我们需要转变观念，不断丰富和更新对实施“一带一路”伟大倡议的认识，改变政府管理方式，实现政府、商协会、企业、金融的有效合作。

关键词： “一带一路” 可持续 企业投资

* 何伟文，全球化智库（CCG）高级研究员，前驻旧金山、纽约总领馆经济商务参赞。

习近平主席提出“一带一路”倡议五年来，这一伟大倡议不仅获得世界100多个国家和许多国际组织的广泛认同和积极参与，而且在沿线基础设施建设、贸易和投资便利化、产能合作、金融合作和人文合作等各方面都取得了巨大成就，为未来发展奠定了良好基础，并开辟了广阔的前景。

第一个五年的一个突出特点是政府主导作用非常明显。中巴经济走廊，中国在俄罗斯、哈萨克斯坦、土耳其、泰国、希腊、斯里兰卡、缅甸、印尼、沙特、肯尼亚、匈牙利、塞尔维亚等建设高速铁路、港口、输油管、电站等大型骨干项目成绩非常突出。蒙内铁路通车，中老铁路全线贯通，中泰铁路一期开工，匈塞铁路和卡拉奇公路进展顺利，巴基斯坦喀喇昆仑公路二期和马尔代夫中马友谊大桥加快推进，伊朗德马高铁和斯里兰卡汉班托塔港工程稳步实施。这些大项目，一般是由中国政府、政策性银行或国有商业银行提供大量贷款，国企（特别是央企）作为实施主力。这些努力，特别在起步阶段，不仅非常必要，而且作用巨大。今后一个时期还将发挥巨大的骨干作用。

但随着时间推移，进入第二个五年，需要更多推动市场化运作的民间投资，特别是民企投资。2015年三部委发出的《“一带一路”愿景和计划》指出，“一带一路”的推进，应以市场为基础，企业为主体。因此，认真总结第一个五年在这方面的经验和不足，努力在第二个五年开辟新的增长点，具有重要的现实意义。

一　我国对“一带一路”沿线国家直接投资滞后

中国企业对“一带一路”沿线国家的直接投资平稳增长，但不够有力。据商务部统计，截至2016年底，我国对“一带一路”沿线国家投资存量为1294.1亿美元，仅占我国对外投资总存量13573.9亿美元的9.5%。2016年和2017年，我国对“一带一路”沿线国家直接投资流量连续两年下降。2015年曾达到189.3亿美元，2016年降至153.4亿美元，下降19.0%；而同年我国对全球直接投资总量猛增40%以上。因此“一带一路”投资流量在我国对全球直接投资总量 1961.3 亿美元中的比重降至 7.8%。2017 年，由于我国对全球的直接投资总额较上年大幅下降 29.4%，为 1200.8 亿美元，因此“一带一路”投资流量在我国对外直接投资总额中所占比重从上年的 7.8% 上升到 12%。

2018 年前四个月，我国对外投资出现大幅反弹，总额达到 355.8 亿美元，同比增长 34.9%。而我国对“一带一路”沿线国投资只增长 17.3%，为 46.7 亿美元。据商务部统计，2016 年我国对“一带一路”沿线国家直接投资仅占对香港地区投资额 1142.3 亿美元的 13.4%。对“一带一路”沿线国家的直接投资中有 31.7 亿美元投入新加坡，18.4 亿美元投入以色列，18.3 亿美元投入马来西亚，这三个国家合计占总数的 44.6%。投资排第三位至第十位的依次是印尼 14.6 亿美元、俄罗斯 12.9 亿美元、越南 12.8 亿美元、泰国 11.2 亿美元、巴基斯坦和柬埔寨各 6.3 亿美元，以及哈萨克斯坦 4.9 亿美元。这十国合计占 137.4 亿美元。其余国家总共只得到 16.0 亿美元。

值得注意的是，习主席的“丝绸之路经济带”这一倡议是在哈萨克斯坦提出的，说明中亚和俄罗斯对丝路的重要性。但我国对丝路沿线国家的直接投资仍然滞后。对哈萨克斯坦投资额不抵对柬埔寨投资额，对俄罗斯投资额只及对以色列投资的四成。截至 2016 年底，我国对俄投资存量仅 129.8 亿美元，仅占对“一带一路”投资总存量的 10.0%，占对全球投资总存量的 0.96%。这与中俄两个大国地位，与两国全面战略合作伙伴关系极不相称。

习主席的“21 世纪海上丝绸之路”倡议是在印尼提出的，说明东盟对“海丝”的重要性。而且东盟内部正在积极推进一体化建设，东盟经济共同体已宣布成立。中国与东盟第二个黄金十年已经开启，东盟 10 +6（RCEP）谈判也在积极推进。但我国对东盟十国的直接投资也很滞后。据商务部统计，2016 年我国对东盟十国直接投资合计 102.8 亿美元，较上年大幅下降 29.6%。

近年来，特别是在 2015 年 12 月中非合作约堡峰会上，习主席提出中非合作十年计划，中非合作发展非常迅速。但骨干项目主要是政府主导的基础设施项目，我国对非直接投资近年来反呈下降趋势，2013 ~2016 年各

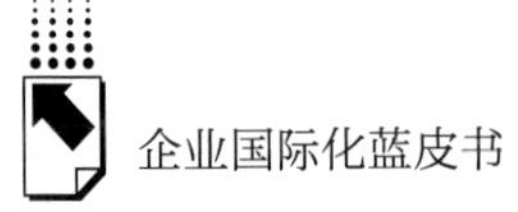

年依次是33.7亿、32.0亿、29.8亿和24.0亿美元。据联合国贸发会议统计，2016年非洲接受外资流入599亿美元，中国仅占4.0%。因此，对“一带一路”沿线国家及非洲直接投资的落后，是第二个五年亟待改变的重大问题。

二　新隆高铁叫停显示东道国债务不可持续

迄今为止“一带一路”沿线国大量基础设施投资，我国一般采取政府优惠贷款、国企承建的方式。这种方式无疑是必要的，但它的可持续性问题也逐渐显现。马来西亚政坛不老松马哈蒂尔再度当选总理后，立即终止“一带一路”重要组成部分的新加坡至吉隆坡的高铁。马哈蒂尔说明的理由是：“新隆高铁只是短程的建设，整个车程只有一小时。这个计划对马来西亚没有好处，马国必须支付庞大的费用，而这计划无法带来回酬。”他解释道，这个计划将耗资1110亿林吉特（约1870亿元），比纳吉布政府估计的高出460亿林吉特。马来西亚目前国债已经达到1万亿林吉特。马哈蒂尔指出，终止新隆高铁的原因是为了“避免国家破产”。他又指示重新检讨与中国合作（中交建承建）的大马东海岸铁路计划。该计划估价416亿林吉特，主要由中国进出口银行提供贷款，它必然使马国国家债务继续增加。

英国《金融时报》2018年6月4日报道，缅甸政府正在重新评估中国参与投资的、总投资额达到90亿美元的皎漂港项目。该项目由以中信集团为首的中国财团中标，占股70%，缅甸政府和企业占股30%，它是连接皎漂和重庆的中缅原油管道的起点。报道称，为缅甸政府提供经济政策建议的澳大利亚学者肖恩·特尼尔估计，缅甸政府在该项目中需承担的债务约20亿美元，相当于GDP的3%左右。缅甸政府担心如果项目运行不好，缅甸政府未能偿还债务，就有违约风险，港口就有可能被中国控制。这方面已有先例。2017年，斯里兰卡由于未能支付工程款，把汉班托塔港控制权以出租99年的方式交给了中方。

中国在非洲援建的一些重大工程，由于中国政府一再免除非洲国家债务，因此没有发生亚洲国家这些情况。但在非重大基础设施项目，仅仅靠免除债务，是否可持续？有待进一步研究。

5 月 30 日，国际货币基金组织结束对中国第四条款磋商，提请中国政府注意东道国政府债务的可持续性。

这种现象，又从另一个角度印证了大力增加对“一带一路”沿线国商业性投资的重要性和迫切性。

三　中国民营企业投资“一带一路”沿线国家不乏成功案例

国内媒体关于“一带一路”的报道，多侧重政府主导的重大基础设施工程。对企业，特别是民营企业基于市场需要进行的投资案例报道较少。实际上，我国企业特别是民营企业对“一带一路”沿线国家的直接投资做了非常可贵的探索，取得了令人鼓舞的成绩。据商务部统计，截至 2018 年 4 月底，我国共在“一带一路”沿线国家建立了 75 个境外经贸合作区，累计投资总额 255 亿美元。

埃塞俄比亚华坚轻纺城是个非常好的案例。2011 年 8 月深圳大运会期间，时任埃塞俄比亚总理梅莱斯在出席大运会之余，参观了东莞华坚鞋城。他提出希望中国企业积极对埃投资，以帮助缓解当地失业率达 40% 的社会问题。同年 9 月，华坚董事长张华荣即赴埃考察。2012 年华坚与埃方签署投资建厂加工 QUESS 品牌的高端女鞋的合同。当年 4 月投产，销往美国。到 2016 年底，累计出口创汇 8000 万美元，占当地皮革产品出口创汇的 57%，雇员 6000 人。2015 年 4 月 16 日，华坚国际工业园奠基，占地 137.4 公顷，预计投资 4 亿美元。到 2020 年估计将创造 3.5 万人就业，年出口女鞋 240 万双，创汇 70 亿美元。

在此之前，2007 年 1 月，江苏张家港永元集团中标商务部境外经贸合作园区，在埃塞俄比亚杜卡姆市建立工业园，成为埃塞政府“持续性发展及脱贫计划”（SDPRP）的一部分。规划面积 4 平方公里，已建成 2.33 平方公里，厂房 30 万平方米。产业包括水泥、制药、汽车组装、轧钢和纺织

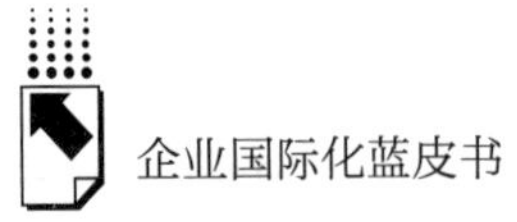

服装等。

海尔集团在巴基斯坦拉合尔附近建立的海尔－鲁巴经济区，占地面积2.33平方公里，生产内容不限于海尔产品系列，包括家电、汽车、纺织、建材和化工等。

红豆集团旗下江苏太湖柬埔寨国际经济合作区投资有限公司与柬埔寨国际投资开发集团共同开发的柬埔寨西哈努克港经济特区，是民企在“一带一路”沿线国家单独建立工业园的又一典范。特区总体开发面积11.13平方公里。到2017年底，首期5平方公里已完成五通一平，入驻企业118家，就业2万人。2016年10月，习主席出访柬埔寨期间，在署名文章中特别指出，蓬勃发展的西哈努克港经济特区是中柬务实合作的样板。特区前期以纺织服装、箱包皮具、五金机械、木业制品等产业为主，后期将发挥临港优势，重点引入机械、装备、建材等产业。全部建成后，将形成300家企业（机构）入驻，8万～10万产业工人就业，配套功能齐全的生态化样板园区，成为柬埔寨的“深圳”。①

与此同时，勇于闯荡海外市场的温州人，在“一带一路”沿线同样有出色表现。温州前江投资管理有限公司投资建立的越南龙江工业园，成立于2007年11月，总体规划5.4平方公里。园区包括十大产业：电子、机械装配（汽车、模具、马达、金属预铸）、木材制品（家具）、家居用品、橡胶制品、药物、农林加工、建材、纸张和玻璃丝。

温州金鹏贸易公司2009年9月开始在乌兹别克斯坦建设鹏盛工业园，主要产业为轻工业。2013年3月，中乌两国政府签署《关于开建乌－中工业园区项目的备忘录》，“吉扎克特别工业园”成立，鹏盛工业园区为其锡尔河分区。2016年8月，鹏盛工业园区被确认为中国国家境外经贸合作区。即先有民企投资，后有政府间协议；先有民企海外工业园，后有国家认可。温州华润公司和浙江康奈集团、康吉国际投资公司和黑龙江省信工集团联合

① 2016年10月13日，习近平主席在柬埔寨《柬埔寨之光》发表题为《做肝胆相照的好邻居、真朋友》的署名文章。

投资的俄罗斯乌苏里斯克康吉经贸合作区，规划面积2.28平方公里，规划总投资额20亿元人民币，主导产业有轻工、家电、电子、木业等。

温州外贸工业品公司投资的塞尔维亚贝尔麦克商贸物流园区，项目总投资9500万美元，这是全国首个境外物流园。截至2015年10月，入驻商户116家。

由中非莱基投资集团（国企）投资的尼日利亚莱基自贸区，距首都拉各斯50公里，占地40平方公里，预计总投资20亿美元。截至2017年12月，已有119家企业入驻，投资额14.1亿美元。主导产业包括加工装配（家具、建材、家电、通信、交通运输和工程机械）、商贸物流、房地产和城市服务。

同样在尼日利亚，民企唱主角的投资规模则大得多。北京中科集团与金风兰基金联合投资的尼日利亚系列项目，从矿山投资（32个矿）开始，包括收购钢厂、投资大型石化项目（Ogogoro）；进入参与投资莱基自贸区、投资世纪城自贸区（预计总投资180亿美元）和尼日利亚国际商贸城，预计总投资380亿美元。这些项目如能顺利完成，我国对非直接投资规模将上一个很大的台阶。

这些投资能够获得成功的基本经验，是完全针对东道国经济社会发展的切实需要，以市场为基础进行运作。

埃塞俄比亚政府从2010年起，连续两个五年计划“经济增长与转型计划”，重点是制造业、能源和交通。2003～2015年，GDP年增长10%，2016年增长8.0%。正在实施的第二个五年计划要求制造业占GDP比重从5%提高到10%，创造100万个就业岗位。重点产业有轻工（纺织、皮革、农产品加工）、重工（电子、钢铁、机械、化工）和新兴产业（能源、通信、医药、生物科技），争取2025年跻身中等收入国家。因此，华坚投资制鞋，完全符合该国切实需要和发展重点。

埃塞俄比亚政府又确定，工业发展的基本载体是工业园区。计划2015～2019年建设10个，2016～2025年累计开发1000平方公里。目前已建成4个，在建9个，招标4个，拟建8个。因此，江苏永元和广东华坚都是以建设工业园为载体，同东道国发展路径完全吻合。

乌兹别克斯坦也在励精图治，百业待兴，政府规划 2016 ~ 2020 年重点发展三个方面：第一，基础设施，包括交通、水利、能源、市政；第二，电子政务、平安城市；第三，工业本土化，实现跨越式发展。因此，温州金鹏贸易公司投资建设的鹏盛工业园，也完全吻合东道国发展需要和目标。

四　推动企业投资“一带一路”沿线国家的一些建议

事实证明，“一带一路”项目并不是只有靠政府，靠国家资金，广大企业，特别是民企已取得了很大成果。在“一带一路”第一个五年取得巨大成就、第二个五年即将来临之际，大力推动企业对“一带一路”沿线国的实业投资，对这一伟大倡议的长远可持续发展具有极为关键的意义。为此，各级政府和广大企业，在继续积极推动双边、诸边政府间协议和政府主导的重大项目的同时，把更多努力与机会交给企业、交给市场，积极推动在第二个五年期间，企业对“一带一路”沿线国的直接投资年流量达到 300 亿美元以上，五年后总存量将接近 2000 亿美元。为此建议如下。

第一，转变观念，面向市场，面向企业。不少地方政府竞相展示当地与“一带一路”沿线国的关系，常常沉溺于历史，努力说自己是节点。我们当然应当继承历史，但更重要的是创造新的历史。争夺历史说法，无非是为了争政策，争国家重点项目，争财政支持，但单靠政策和财政无法创造历史。我们应当从眼睛向上转为眼睛向外，彻底调查了解沿线国家的商业机会，创造一切可能的条件，推动企业“走出去”。

第二，调整考核指标。各级政府对实施“一带一路”建设成绩的考核，应大大提高直接投资数额、对象国、产业领域及实效的权重，作为对各级政府主要负责人的考核指标。

第三，在依据东道国社会经济发展和市场需求的基础上，需要有个大致地域分布、大致预期和努力重点。“一带一路”第二个五年期间，需要侧重在三个地域加紧推动企业投资。

一是上合组织成员国，包括俄罗斯、中亚四国和印巴。其中尤其需要尽快改变对俄经贸合作集中为进口俄石油天然气的低端结构，大力增加对俄轻工、汽车、纺织服装、电子、机械等工业投资。尽快把对俄投资流量增加到每年 50 亿美元。

二是东盟。充分利用中国 - 东盟第二个黄金十年和 RCEP 的有利条件，鼓励企业因地制宜，发展对东盟投资。努力到第二个五年末，对东盟年投资流量比现在 100 亿美元翻一番。

三是非洲。努力贯彻中央关于中非十大合作计划。并结合贯彻联合国 2030 年可持续发展目标，可与欧洲国家联合开发、联合投资。力争到“一带一路”第二个五年末，对非投资年流量超过 60 亿美元。

第四，国家政策适当调整。丝路基金、中非基金等政策性基金，安排一部分用于鼓励企业直接投资。

第五，各级政府和投资促进机构，配合“一带一路”沿线国家政府、投资促进机构，以及我国驻当地使领馆和中资机构，对“一带一路”沿线国家经济的社会发展重点、投资机会、各国对其投资动向、政策资源、风险评级等进行彻底调研，拟定切实可行的计划。

第六，建立政府、商协会和专业咨询服务机构的“一带一路”投资信息服务平台和促进中心，实行全面信息联网，为企业提供全面服务。可以与政府间自贸协定或贸易投资便利化结合，成立半官方的投资服务中心。政府提供一定经费补贴。

总之，我们需要转变观念，不断丰富和更新对实施“一带一路”伟大倡议的认识，改变政府管理方式，充分认识到市场导向的企业投资的极端重要性，促进政府、商协会、企业、金融有效合作。需要充分发挥市场导向的决定性作用，依靠企业自主决策、自担风险，同时国家给予必要的扶持。需要打开大门，与沿线国家广泛合作，与欧、美、日本及跨国公司广泛合作。这样，我国对“一带一路”沿线国家的企业投资一定会不断打开新的局面，实现较快发展。

B.7

“一带一路”经贸合作的现状和前景展望

霍建国*

摘　要：“一带一路”倡议提出5年来，取得了超出预期的效果。“一带一路”的成功，关系到互利共赢合作模式的生命力，关系到中国倡导的构建人类命运共同体的号召力和影响力。本文在分析成绩的基础上，进一步探讨了“一带一路”建设存在的问题和矛盾，并针对这些问题和矛盾提出了应选择的政策策略，以指导“一带一路”建设项目进一步有效地规避风险，积极稳妥地向前推进。本文对“一带一路”建设有积极的贡献，值得政策制定部门和“一带一路”的参与企业关注和了解。

关键词：“一带一路”　经贸合作　风险分析

一　与“一带一路”沿线国家经贸合作取得突出成效

（一）我国同“一带一路”沿线国家的经贸合作情况

我国对“一带一路”沿线国家贸易已突破1万亿美元，占我国对外贸易总额的1/3。2013年以来，我国对沿线国家贸易额保持平稳增长，对沿线

* 霍建国，研究员，现任中国世贸组织研究会副会长，曾担任过商务部研究院院长和商务部外贸司副司长，长期从事外贸政策的制定和管理工作，曾参与过中国入世谈判和APEC工作。

国家出口占我国总出口额的27%，进口占24%。我国对沿线国家贸易总体处于顺差状态，顺差额占我国对外贸易顺差总额的四成。受全球贸易不景气影响，2015年和2016年对沿线国家贸易额出现下滑，但表现仍好于我国对外贸易的总体情况。2017年全球经济出现明显复苏迹象，在中国主动扩大进口政策的影响下，中国对沿线国家的进口增长幅度明显超过出口增长幅度，对当地经济产业发展和外汇积累贡献了重要的力量（见图1）。

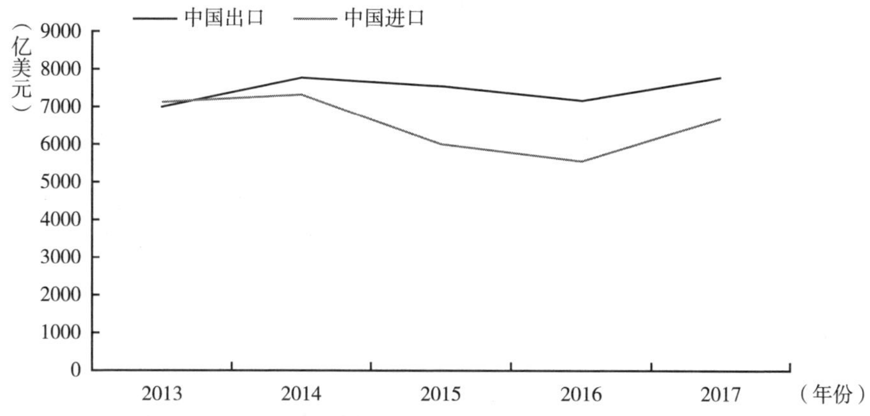

图1　中国与“一带一路”沿线国家贸易发展情况（2013～2017年）

资料来源：中国海关。

我国与沿线国家贸易的互补性强，对部分沿线国家出口快速增长。从国别分布情况来看，2017年中国与“一带一路”沿线国家贸易额排名前5位的国家分别是越南、马来西亚、印度、俄罗斯、泰国（见表1）。从产品结构看，我国对沿线国家出口额最高的产品为“电机、电气设备及其零件”，达1165.9亿美元，属于技术密集型产品。“锅炉、机器、机械器具及零件”“钢铁和塑料及其制品”分别排名第二和第三位。越南成为我国在沿线国家中最大的贸易伙伴。

加快推进自贸区建设，提升便利化水平。自贸区是我国与沿线国家合作的重要内容。近三年，我国先后完成与东盟的自贸区升级谈判、与格鲁吉亚的自贸谈判，同时我们还积极推进《区域全面经济伙伴关系协定》（RCEP）

表1　中国与“一带一路”沿线国家贸易额排名前5位的国家（2017年）

单位：亿美元

排名	国　家	贸易额	出口额	进口额
1	越　南	1218.7	714.1	504.7
2	马来西亚	962.4	420.2	542.2
3	印　度	847.2	683.8	163.4
4	俄罗斯	841.9	430.2	411.7
5	泰　国	806.0	388.1	417.9

资料来源：中国海关。

谈判，推进与马尔代夫自贸区谈判，启动与海合会、以色列等自贸区谈判，积极与沿线有关国家和地区探索发展新的自由贸易关系，努力构建高标准自由贸易区网络，推动区域经济一体化发展。在此基础上，我国还努力与沿线国家相互扩大市场开放程度，先后举办了一系列区域性展会，积极扩大进口，取得了良好的效果。

（二）我国同“一带一路”沿线国家的投资合作情况

2017年，中国对“一带一路”沿线国家非金融类对外直接投资143.6亿美元，占同期我国对外投资总额的12%，较上年同期增加3.5个百分点；承包工程项目是推动我国同沿线国家合作的重要领域，一批重大项目积极推进，埃塞亚吉铁路正式开通运营，中老铁路、斯里兰卡科伦坡港口城等建设有序实施，大项目示范效应不断增强。

投资增长迅猛，企业表现活跃。2013年“一带一路”倡议提出后，我国企业积极响应，2014年对沿线国家投资流量增长8.1%，2015年增幅达38.6%，截至2015年底投资存量达1156.8亿美元。据美国传统基金会统计数据，2005~2015年，我国对沿线国家直接投资近六成通过并购实现。随着“一带一路”倡议的深入推进，未来投资项目将发展更快、规模更大。

区域分布集中，大项目示范效应突出。根据商务部统计数据，四成投资流向新加坡、俄罗斯、印度尼西亚和哈萨克斯坦，主要集中在资源能源领

表 2　中国与"一带一路"沿线国家投资合作情况

单位：亿美元

国家/地区	流量	存量	国家/地区	流量	存量
合计	19614943	135739045	也门	-41315	3921
亚洲	13026769	90944547	伊拉克	-5287	55781
东北亚国家	流量	存量	伊朗	39037	333081
蒙古	7912	383859	以色列	184130	422988
东南亚国家	流量	存量	约旦	613	3949
文莱	14210	20377	地区合计	161749	1982487
柬埔寨	62567	436858	中亚国家	流量	存量
老挝	32758	550014	哈萨克斯坦	48770	543227
印度尼西亚	146088	954554	吉尔吉斯斯坦	15874	123782
马来西亚	182996	363396	塔吉克斯坦	27241	116703
缅甸	28769	462042	土库曼斯坦	-2376	24908
菲律宾	3221	71893	乌兹别克斯坦	17887	105771
新加坡	317186	3344564	地区合计	107396	914391
泰国	112169	453348	欧亚国家	流量	存量
越南	127904	498363	阿塞拜疆	-2466	2842
东帝汶	5533	14794	白俄罗斯	16094	49793
地区合计	1033401		俄罗斯	129307	1297951
南亚国家	流量	存量	格鲁吉亚	2077	55023
巴基斯坦	63294	475911	摩尔多瓦	—	387
不丹			乌克兰	192	6671
马尔代夫	3341	3578	亚美尼亚	—	751
孟加拉国	4080	22517	地区合计	145204	1413418
尼泊尔	-4882	24705	中东欧国家	流量	存量
斯里兰卡	-6023	72891	阿尔巴尼亚	1	727
印度	9293	310751	爱沙尼亚		350
地区合计	69103	910353	保加利亚	-1503	16607
西亚北非国家	流量	存量	波黑	85	860
阿富汗	221	44050	波兰	-2411	32132
阿联酋	-39138	488830	黑山	—	443
阿曼	462	8663	捷克	185	22777
埃及	11983	88891	克罗地亚	22	1199
巴勒斯坦	20	23	拉脱维亚	—	94
巴林	3646	3736	立陶宛	225	1529
卡塔尔	9613	102565	罗马尼亚	1588	39150
科威特	5055	57810	马其顿		210
黎巴嫩	无	301	塞尔维亚	3079	8268
沙特阿拉伯	2390	260729	斯洛伐克	—	8277
土耳其	-9612	106138	斯洛文尼亚	2186	2686
叙利亚	-69	1031	匈牙利	5746	31370

资料来源：商务部。

域。区域分布看，我国对东南亚、中亚和独联体相关国家投资排前三位，与我国和沿线国家贸易往来排名基本相符，投资与贸易显现出较强的互补性。中国移动收购巴基斯坦辛姆巴科公司，为当地通信产业注入中国技术、提升服务能力。中哈天然气管道项目满足哈国南部地区居民用气需求。招商局和中远集团联合收购土耳其第三大码头 Kumport，进一步提升与我国贸易往来便利水平。

沿线国家成为中国基础设施工程承包项目最大的海外区域市场。自 2004 年以来，非洲地区基础设施工程承包项目营业额长期稳居 40% 左右的比重，是中国相关企业最大且最重要的区域市场。其中阿尔及利亚东西公路项目和尼日利亚现代化铁路项目连续创造中国企业在海外工程单项规模最大的纪录。自“一带一路”倡议提出以来，“一带一路”沿线国家工程承包市场超过非洲成为中国基础设施企业工程项目的最大区域市场，项目营业额占比近五成。2016 年中国企业在沿线国家完成营业额 759.7 亿美元，占同期中国对外承包工程行业完成营业总额的 47.7%，同比增长 9.7%。

沿线国家工程项目新签合同额增速高于完成营业额增速近 30 个百分点，区域市场呈现扩张状态。基础设施工程承包项目周期在 1～5 年，当年新签合同额是未来 1～5 年完成营业额的先行指标。可预计未来几年海外基础设施承包项目营业额还将快速增长。作为基础设施工程承包的先行指标，2015 年企业新签合同额比当年完成营业额高出 33.8%，2016 年高出 65.9%；这表明随着中国“一带一路”倡议的不断推进，沿线国家的工程项目市场呈现扩张状态。

经贸合作区快速发展，在当地产生积极效应。“一带一路”沿线国家大多经济发展处于工业化进程初期，市场潜力较大，吸引外资意愿强烈。目前，我国在 20 个“一带一路”国家正在建设的合作区已达 56 个，占在建合作区总数的 72.72%，累计投资 185.5 亿美元，入区企业 1082 家，总产值 506.9 亿美元，占境外经贸合作区总产值的 57.9%，上缴东道国税费 10.7 亿美元，占境外纳税总额的 40%，为当地创造就业岗位约 17.7 万个，占境外创造就业总数的 83.5%。

表 3 “一带一路”沿线国家主要合作区名录

序号	名称	投资主体
1	柬埔寨西哈努克港经济特区	江苏太湖柬埔寨国际经济合作区投资有限公司
2	泰国泰中罗勇工业园	华立产业集团有限公司
3	越南龙江工业园	前江投资管理有限责任公司
4	巴基斯坦海尔—鲁巴经济区	海尔集团电器产业有限公司
5	埃及苏伊士经贸合作区	中非泰达投资股份有限公司
6	俄罗斯乌苏里斯克经贸合作区	康吉国际投资有限公司
7	俄罗斯中俄托木斯克木材工贸合作区	中航林业有限公司
8	中俄(滨海边疆区)农业产业合作区	黑龙江东宁华信经济贸易有限责任公司
9	俄罗斯龙跃林业经贸合作区	黑龙江省牡丹江龙跃经贸有限公司
10	匈牙利中欧商贸物流园	山东帝豪国际投资有限公司
11	吉尔吉斯斯坦亚洲之星农业产业合作区	商丘贵友食品有限公司
12	老挝万象赛色塔综合开发区	云南省海外投资有限公司
13	乌兹别克斯坦鹏盛工业园	温州市金盛贸易有限公司
14	中匈宝思德经贸合作区	烟台新益投资有限公司
15	中国・印尼经贸合作区	广西农垦集团有限责任公司
16	中国印尼综合产业园区青山园区	上海鼎信投资(集团)有限公司
17	中国・印度尼西亚聚龙农业产业合作区	天津聚龙集团

资料来源：商务部。

（三）我国与“一带一路”沿线国家的金融合作情况

我国对沿线国家基础设施投资的开发性基金总规模超 500 亿美元。2014 年以来，我国政府和相关机构先后成立丝路基金、中国—欧亚经济合作基金和中国—中东欧基金等开发性投资基金，主要针对沿线国家进行投资。加上中国—东盟基金（2009 年）、中国—东盟海上合作基金（2011 年），开发性基金总规模超过 500 亿美元。此外，2015 年成立的多边开发性金融机构亚洲基础设施投资银行，其可投资本规模达到 1000 亿美元；金砖五国组建的金砖银行已经成立，1000 亿美元的应急储备安排也已经签署文件。通过亚投行、丝路基金、人民币跨境支付系统的务实、高效运作，逐步引领国际资本支持“一带一路”重大项目建设，探索中国投资同国际资本合作的新路

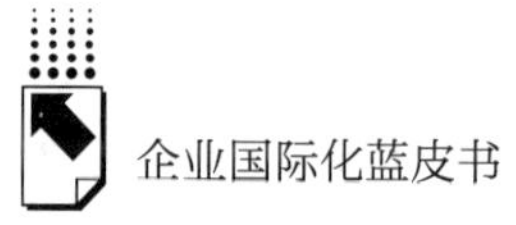

径、新模式，增加人民币的国际使用安排。

政府间金融安排保障我国与沿线国家资金结算便利。第一，与沿线国家开展双边本币互换。2014～2016年，中国人民银行先后与超过20个“一带一路”沿线国家签署货币互换协议（总金额超1.6万亿元人民币），促进国家间资本流动，便利双边贸易和投资，规避汇兑风险。第二，与沿线国家建立人民币清算安排。中国人民银行先后与匈牙利、阿联酋和泰国央行签署关于建立人民币清算安排的合作备忘录，促进离岸人民币业务的开展，满足沿线国家与我国企业贸易和投资结算的需求。第三，与沿线国家推进人民币直接交易。截至2016年，人民币与新加坡元、马来西亚林吉特、俄罗斯卢布、阿联酋迪拉姆和沙特里亚尔在银行间货币市场开展直接交易，大大降低市场主体的汇兑成本。

二 与“一带一路”沿线国家经贸合作面临的各类风险分析

政治风险、社会风险、法律风险和商业风险是当前我国与“一带一路”沿线国家开展经贸合作面临的主要风险。

（一）政治风险

“一带一路”沿线国家容易因政治动乱影响企业参与沿线经贸合作建设。长期以来，“一带一路”沿线国家的政治参与方众多，国内不同政见的党派团体、民族、宗教矛盾以及外国势力严重影响投资流入；与此同时，沿线国家政治制度化水平相对较低，政局动荡等因素给我国企业参与经贸合作建设带来了潜在的风险。

部分沿线国家内部政治势力间矛盾隔阂较深，政局较动荡。“三股势力”风险——恐怖主义、极端民族主义和分裂主义长期在沿线国家存在并时有肆虐。近年来沿线国家地缘政治矛盾冲突不断，特别是中东国家和地区的恐怖袭击等问题根源在于东道国内部不同部族、宗教派别之间的矛盾难以调和，而我国企业需要支付更高的成本应对各种突发问题。

沿线国家制度化水平有限，大型项目易受政权更迭冲击。部分沿线国家政府当局的一些决策并未受到国内各种派别的广泛认同，政治体制运行的稳定性较弱，政策的连贯性不强。新任政府对前任政府决策的否定，给持续周期较长的投资型经贸合作建设带来较大的不确定性和破坏性影响。2013 年至今，乌克兰政权更迭后该国的法律法规和经济政策不断进行大幅调整，经贸合作项目受到严重影响。泰国近年来由于政权更迭频繁，对外合作的稳定性和连续性不强，已达成的合作意向屡遭变故，一些重大合作项目受多重势力影响，决策和建设周期缓慢。斯里兰卡新政府上台，多个项目前景不明，我国投资者的合法权益受到威胁。

（二）社会风险

社会系统不稳定往往给经贸合作长期性建设造成一定压力，容易产生危机。沿线国家国情差异较大、宗教文化和社会习俗与国内存在较大不同，我国企业经营理念和行为模式受到误解、经济低迷造成的保护主义情绪上升等问题导致我国企业在当地投资、建设经贸合作项目遭遇了诸多挑战。我国企业与当地社会文化风俗的差异导致属地化经营困难，长期性经营面临诸多不确定性因素，常常被所在国的政府、投资者、雇员、媒体所怀疑。

文化习俗差异大，企业行为容易遭遇误解。我国企业开展海外经贸合作始终面临陷入“跨文化休克症”的风险。特别是沿线国家覆盖四大文明古国和世界四大宗教发源地，沿线许多国家与中国的宗教信仰、语言文化、风俗习惯、思维方式、价值观等诸多方面存在巨大差异。UNDP、国资委和商务部研究院联合发起的《中国企业海外可持续发展报告》指出，中国企业海外经营面临的劳资冲突中，近三成由文化差异造成；社区问题中，近半数也是因为与当地文化习俗融合不足导致。

信息披露不足，与利益相关方沟通不足。我国企业对于利益相关方的重视程度，主要还是取决于其与核心业务的关联程度。《中国企业海外可持续发展报告 2015》显示，我国企业在海外最为重视的前 5 位利益相关方分别为客户、股东（投资者）、投资国政府、中国政府当地常驻机构以及供应商。位于末5位的利益相关方分别为当地社区、行业协会、新闻媒体、国际组织（如联合国当地机构）以及非政府组织（NGO）（见图2）。我国企业参与沿线国家基建项目往往忽略与当地社会及民众进行沟通，造成民众对我国企业的误解、歪曲和夸大事实，有时企业尚未进入便受到抵制，根源就在于沟通不足。

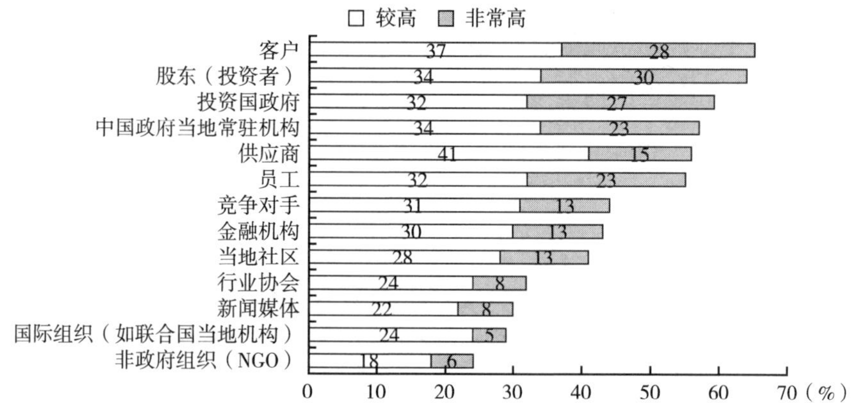

图2　我国企业海外经营对利益相关方重视情况调查

资料来源：UNDP、国资委和商务部研究院：《中国企业海外可持续发展报告2015》。

沿线国家生态环境系统脆弱，参与企业要提高可持续发展意识。陆上丝绸之路所经过的欧亚大陆，主要是内陆的亚洲地区，其地理特征是气候异常干燥、降雨量稀少、土地荒漠化严重。其中，哈萨克斯坦66%的土地（近1.8万亿公顷）逐步退化，面临沙漠化风险。而海上丝绸之路面临的是气候变暖风险，沿线岛国土地面积不断被大海侵蚀。一方面，企业参与沿线国家投资要遵守的环境标准严苛于国内的法律法规，如俄罗斯饮用水标准、大湄公河流域国家关于排放水体重金属的要求；另一方面，企业规划沿线国家基建项目要重视生态治理，保护当地生物多样性，在当地国家工业化、城镇化快速发展的进程中构建绿色经贸合作体系，提供绿色产品和服务。

（三）法律风险

沿线国家法律制度往往差异较大，中东国家法律规定与当地习俗密切相关；而中东欧国家制度和标准与欧盟相近，呈现准高端市场特征，法律制度复杂、风险较大。企业在承担项目、进行投资前，需做好预案，进行详细的尽职调查和充分的事前准备。

宗教色彩浓厚，法律上存在“双轨制”。22 个沿线国家以伊斯兰教作为国教，14 个国家属于伊斯兰法系国家，主要以伊斯兰教作为立法依据。传统伊斯兰法理不承认公法私法的分别，不存在宪法、刑法和民商法等部门。一些国家在人身和婚姻领域实施伊斯兰法，而在民商法领域采用西方法律制度，存在法律的“双轨制”。其中，阿联酋等国家并存有宗教法庭和现代法庭。而在沙特、伊朗等国，一旦合同条款违反古兰经教义，则该条款自然失效。

沿线国家营商环境排名分化，西亚北非国家排名普遍靠后。2016 年世界银行《营商环境报告》数据显示，“一带一路”沿线国家营商环境居全球前 50 位的有 22 个，多为中东欧区域国家；新加坡营商环境居全球第二位，波黑、乌克兰、土耳其、阿塞拜疆、阿尔巴尼亚和黑山排名在全球前 50 位之外。中亚地区及西亚北非国家营商环境排名普遍偏后，孟加拉国、也门和阿富汗营商环境排名位于最后三位（见表 4）。

表 4　“一带一路”沿线国家营商环境情况（2016 年）

单位：位

东北亚国家	营商便利度排名	竞争力指数排名
蒙古国	64	102
东南亚国家	营商便利化排名	竞争力指数排名
文莱	72	58
柬埔寨	131	89
印度尼西亚	91	41
老挝	139	93
马来西亚	23	25

续表

东南亚国家	营商便利化排名	竞争力指数排名
缅甸	170	
菲律宾	99	57
新加坡	2	2
泰国	46	34
越南	82	60
东帝汶	175	
南亚国家	营商便利度排名	竞争力指数排名
巴基斯坦	144	122
不丹	73	97
马尔代夫	135	未排名
孟加拉国	176	106
尼泊尔	107	98
斯里兰卡	110	71
印度	130	39
西亚北非国家	营商便利度排名	竞争力指数排名
阿富汗	183	未排名
阿联酋	26	16
阿曼	66	66
埃及	112	115
巴勒斯坦	未排名	未排名
巴林	63	48
卡塔尔	83	18
科威特	102	38
黎巴嫩	126	101
沙特阿拉伯	94	29
土耳其	69	55
叙利亚	173	
也门	179	138
伊拉克	165	
伊朗	120	76
以色列	52	24
约旦	118	63
中亚地区	营商便利度排名	竞争力指数排名
哈萨克斯坦	35	53
吉尔吉斯斯坦	75	111

续表

中亚地区	营商便利度排名	竞争力指数排名
塔吉克斯坦	128	77
土库曼斯坦	未排名	未排名
乌兹别克斯坦	87	未排名
欧亚地区	营商便利度排名	竞争力指数排名
俄罗斯	40	43
亚美尼亚	38	79
格鲁吉亚	16	59
阿塞拜疆	65	37
乌克兰	80	85
白俄罗斯	37	未排名
摩尔多瓦	135	100
中东欧国家	营商便利度排名	竞争力指数排名
阿尔巴尼亚	58	80
爱沙尼亚	12	30
保加利亚	39	50
波黑	81	107
波兰	24	36
黑山	51	82
捷克	27	31
克罗地亚	43	74
拉脱维亚	14	49
立陶宛	21	35
罗马尼亚	36	62
马其顿	10	68
塞尔维亚	47	90
斯洛伐克	33	65
斯洛文尼亚	30	56
匈牙利	41	69

资料来源：世界银行。

（四）商业风险

改革开放以来，随着经济的繁荣发展，中国人口快速增长、工业制造能力不断提高，早期我国企业参与国际经贸合作的核心竞争力主要来自国内廉价的土地成本、相对较低的劳动力成本和国内生产的低廉的材料、设备。随着当前国际经贸合作市场竞争不断加剧，我国企业原有的低成本竞争优势已不复存在，相反却暴露出在内部竞争、资源整合、经营模式以及环保等方面较国际巨头还有一定的差距。

内部竞争严重，缺乏合作意识。当前，我国企业在“一带一路”沿线国家开展经贸合作项目竞标的过程中，竞争对手主要是国内同行。内部恶性竞争导致的标价降低、质量风险是中企海外承包工程遇到的最大问题和挑战。根据商务部中国服务外包研究中心《2016 年中资海外工程企业调研报告》，在海外工程业务主要竞争对手方面，90.91% 的受访中资企业认为是国内同行；在针对有关海外经贸合作建设的 14 个问题和挑战的选项中，参与调查的中资企业将“来自同行的恶性竞争”视为最大的问题和挑战（见图 3）。

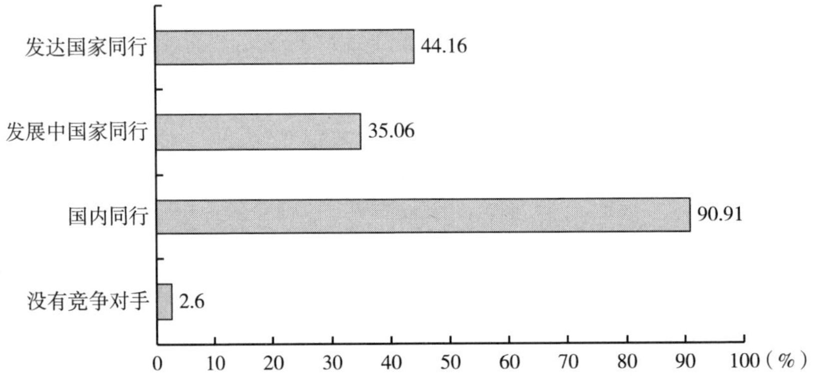

图 3　中资海外工程企业国际市场主要竞争对手（2016 年）

资料来源：《中国对外承包工程企业（经贸合作建设类）调查问卷》。

不熟悉仲裁条款，无法利用保障机制。一些企业不重视、不熟悉纠纷解决方式方法及法律程序，有时把国际仲裁条款当作谈判筹码从业主处获得短期实惠却丧失保障性机制。另外，还有一些中资企业对于特殊的市场环境了解不够，对以概念性设计招标为主的中东市场及其索赔要求不适应，从商务谈判、中标文件签署，到施工过程中细节性证据的积累等，都没有做好相应的准备，导致在工程索赔环节缺乏支持性文件和证据，造成严重亏损。

三 与“一带一路”沿线国家经贸合作的前景展望

（一）与“一带一路”沿线国家开展经贸合作前景广阔

沿线国家经济增长潜力对基础设施的引进建设需求巨大，处于外国资本净流入阶段。沿线国家经济发展大多处于起步阶段，工业增加值占 GDP 比重平均值仅为 32.2%，落后中国 8 个百分点，工业化水平不高。长期来看，对基础设施的需求与经济增长存在双向关系，经济增长会拉动对基础设施的需求，增加对基础设施的供给。鉴于“一带一路”沿线国家的经济总量及人均收入较低，按照邓宁外国直接投资的周期理论分析，这些国家正处于外国资本净流入阶段。总体来看，随着经济的发展和人均收入的提高，当地人民对高质量生活的追求，将进一步引发对基础设施建设的强烈需求，采取措施更加积极吸引外国投资者参与基础设施建设。

沿线国家外汇储备较为平稳，平均覆盖 6 个月的进口，有利于外国投资进入。总体而言，沿线国家外汇储备较为合理，根据世界银行最新数据，沿线国家 2015 年外汇储备占外债比重均值为 99.8%，中东欧较富裕国家和西亚北非国家的外汇储备比较丰富，占外债比重均值分别为 121.7% 和 125.5%；南亚、东南亚以及中亚地区国家的比重低于 100%，分别为 78.4%、60.7% 和 29.9%。从外汇储备覆盖进口月份数来看，“一带一路”沿线国家外汇储备平均可覆盖 6.2 个月的进口，西亚北非资源型国家覆盖值最高，达 10 个月；东南亚、南亚、中东欧和中亚地区覆盖值分别为 6.0 个月、5.9 个月、4.3 个月和 3.5 个月。总体来看，沿线国家外汇储备处于合理区间，短期内不会发生突然性国际支付风险。

沿线国家具备支持经济发展的人口红利，人口抚养比均值达 50%，过半数劳动力集中在农村地区。人口总数超过 40 亿，占全球总人口数的

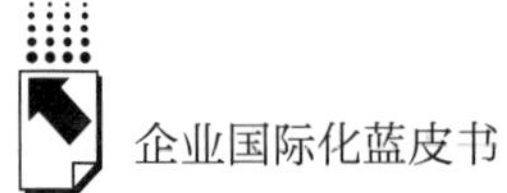

63%，人口增长率平均值达1.1%。其中，斯里兰卡（81.6%）、尼泊尔（81.4%）、柬埔寨（79.3%）等22个国家农村劳动力占人口比重超过50%。劳动力供给充足，社会负担相对较轻，有利于经济的快速发展，也有利于我国企业属地化开展运营，降低投资成本。

（二）与“一带一路”沿线国家开展经贸合作应注意的问题

严格按照五大理念积极发展与沿线国家的经贸合作。“一带一路”建设是中国倡导的一种新型的贸易投资合作模式，需要我们探讨前行，其间特别要注意体现大国责任和中国企业的社会责任，通过金融、财政、援外、税收等各项配套政策，引导我国企业参与“一带一路”经贸合作，积极践行“创新、协调、绿色、开放、共享”五大理念，始终站在国际道义的制高点上积极引领国际基础设施合作。要在以下几方面实现精耕细作，一是努力实现创新发展，按照东道国市场需求进行技术创新、模式创新、管理创新；二是高度重视协调发展，要兼顾好不同类型国家的需求，包容最不发达国家的发展，全方位参与并引领经贸合作；三是坚持绿色发展理念，在项目规划、设计、投资等各环节最大限度地减少对生态环境造成的负面影响；四是贯彻开放发展理念，倡导中资企业以开放的胸怀、开放的模式引领与沿线国家经贸合作，欢迎东道国和第三方企业加入由中国企业发起的经贸合作项目；五是努力实现共享发展，鼓励中资企业、东道国企业和第三方企业在国际经贸合作中相互整合资源，共享发展的成果。

妥善处理好与沿线国家的政府关系，高度关注大选和可能的政策变动。中国企业要关心所在国各级政府换届和议会选举，特别是对于一些政局动荡、政府更迭较为频繁的国家。要深入了解和掌握所在国政府部门和地方政府的政策动向。与所在国各级政府保持紧密联系，尤其是与对当地经济、产业和就业事务有影响力的官员保持沟通和良好的工作关系，宣传企业为当地经济社会所做的贡献，适时反映困难，请求当地政府协助解决。除此之外，对于一些特殊政体的国家，中国企业还需与其他利益相关方保持密切的联系。

企业要妥善处理好与工会的关系。除一些国家无工会组织外，工会在其他“一带一路”沿线国家具有一定的影响力，尤其是在欧盟国家，工会的作用更是举足轻重。妥善处理好与工会的关系，是企业应对劳资摩擦、控制工薪成本、维护正常经营的关键。因此，中国企业应全面了解所在国的《劳动（工）法》和《工会法》，依法与当地雇员订立合同，按时足额发放工资及补贴，按规定为员工缴纳养老金、社会保障基金等。企业投入运营后可依法建立自己的工会组织，通过工会及时与雇员沟通，了解雇员的诉求和思想动态，避免有些矛盾扩大化。

注重尊重当地风俗习惯，营造良好的企业形象。“一带一路”覆盖四大文明古国和世界四大宗教发源地，沿线各国在思维方式、价值观等诸多方面存在巨大差异。中国人较多受儒家文化影响，有集体主义倾向，喜欢定性分析；沿线许多国家受西方文化影响，注重独立自我，喜欢定量分析。这些差异使得中国企业在东道国开展投资合作时，不可避免地会产生摩擦、误解。中国企业应在求同存异的原则下，做到文明礼貌、不卑不亢、举止得体、落落大方。要关注有关媒体的宣传报道动向，主动做好对外宣传工作，不断树立并保持中国企业的良好形象。

B.8

历史视角破局“走出去”的本质与战略启示：对标日本企业“走出去”的发展路径探寻中国制造“走出去”现状

唐琪娃*

摘　要：　本文剖析“走出去”的本质，即“走出去”是世界经济史中的周期性现象，其中蕴含着偶然性与必然性。“世界工厂”花落一国并不代表其制造业和商业能实现成功的“走出去”。一国的成功“走出去”取决于其在制造业发展的过程中形成核心优势、实现产业升级。

为了进一步探究周期中的规律，本文选取日本第二次世界大战后的经济腾飞阶段作为对标，总结日本迅速崛起的3点原因——以成为美国的“特需”的历史机遇为原始动能、以共荣共生的财团结构为发展基础、以日本企业家的微创新与不断改善为持续的动力。本文总结了在这一经济崛起过程中，日本企业“走出去”的3点规律，并选取了SONY、7－11、Muji作为案例研究对象，通过研究企业何时、为什么能、如何“走出去”，总结可供中国企业借鉴的战略启示。最后本文从早期投资者的角度，总结了6条中国制造通过互联网走向世界的现状。

关键词：　“走出去”　世界工厂　日本经济史　出海电商

* 唐琪娃，现于大型互联网企业任高级战略投资经理。曾就职前沿科技VC、PwC全球架构咨询。持基金业从业资格，曾参与哈佛商学院教授主导的CSR领域研究。毕业于美国顶尖文理学院，以极优等荣誉（Magna Cum Laude）获历史学与经济学双学位。

“走出去”的本质是什么？是否有规律可循？日本为什么可以迅速“走出去”？日本是怎样“走出去”的，可以借鉴什么？中国“走出去”的现状如何？在创业和投资的过程中应该有什么样的策略？

不谋全局者不足以谋一隅，不谋万世者不足以谋一时。以史为镜，可以知兴替，只有知道过去才能把握当下，进而创造未来。用历史的视角破局“走出去”本质与战略启示时也应如此。

一 “走出去”的本质与周期性规律

首先关注一组关键词——“廉价商品代言词”[①]、“贸易摩擦”[②]、“崛起的世界工厂”、“经济快速腾飞”、“机器人产量暴增”及“货币升值压力”。这一组关键词或许会被认为是在描述中国经济及制造业现状，但实际上它摘自对日本第二次世界大战后 1950 ~ 1980 年经济的描述。事件的高度相似性提示我们将视角从微观拉升到宏观，关注某一经济现象的周期性并努力探索相似事件背后的动因。

“走出去”不是孤立的中国现象。拉长时间轴纵观历史会发现“走出去”是世界经济史中的一个周期现象——40 年前中国的“引进来”就是日本与德国的“走出去”。为了探究“走出去”的战略启示，我们需首先理解这个周期性现象的基础——“世界工厂”的转移。

世界工厂的本质，是世界经济要素流转过程当中的一个阶段性产出，它的转移意味着“国际分工体系的世界产业链不断被破坏、转移、重组”[③]。有学者将产业链重组的循环周期归结为半个世纪左右[④]——比如英国经过第一次工业革命，于 1820 ~ 1880 年高速增长；随后美国作为第二次科技革命

① 稻盛和夫：《日本制造》，周征文译，中信出版社，2016，第 87 页。

② 1989 年，美国以不公正贸易为由正式向日本提出了“超级 301 条款”，对日进行制裁。同时，美国认为，它的商品不能打入日本市场还与日本的经济结构（指财团体制）有关。

③ 周松兰：《中日韩制造业竞争力比较研究》，武汉大学，2005，第 39 页。

④ 可参考康德拉季耶夫经济周期理论。

的受益者，自 19 世纪末至 20 世纪初高速增长，成为新一代的世界中心；日本战败后从 1950 ~ 1980 年迅速腾飞。随后，“世界工厂”的称号花落中国（见图 1）。

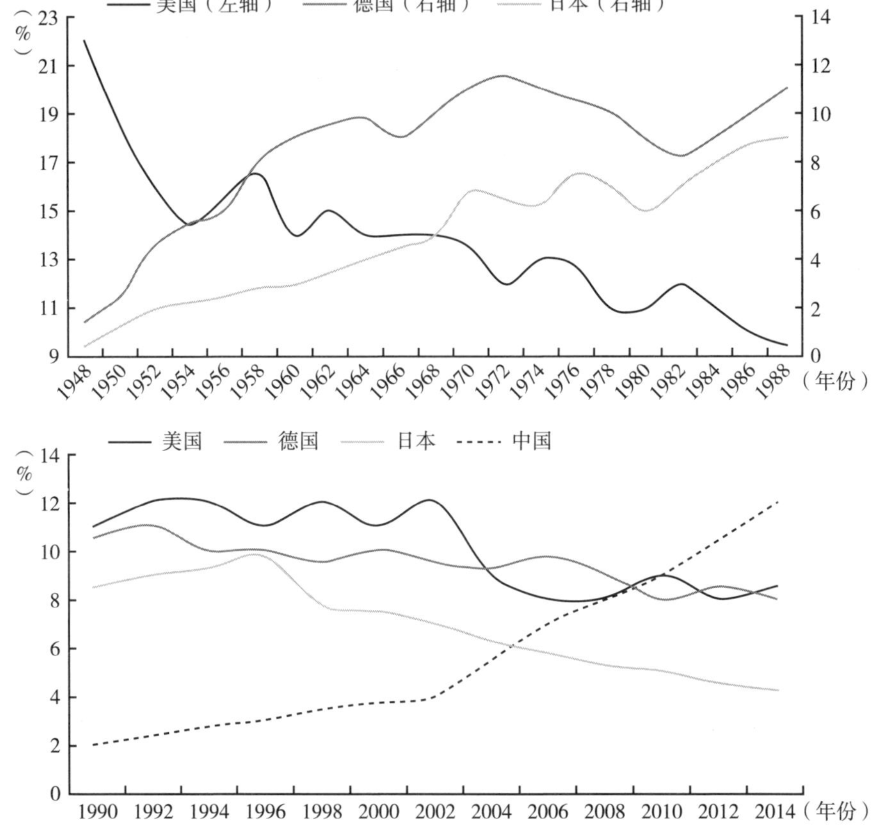

图 1　第二次世界大战后美国、德国、日本、中国出口份额占比变化

资料来源：Wind。

为何会有这样的循环？每一代世界工厂在当代世界工业革命或科技革命中扮演重要角色，这一优势逐渐体现为制造业实力增强、出口份额提升。但随着经济增长和劳动力成本的升高以及一国产业升级，该国的比较优势（一般最初为劳动力优势）将发生变化。一方面中低端制造业出口将被新兴经济体蚕食，另一方面该国传统支柱产业会被新兴产业替代。在这样的双重动力下，世界工厂中心将从一个国家转移到另一个国家或地区。

世界工厂的转移并不意味着一国经济的落寞。相反，英、美、日三国在其经济腾飞的周期后期孵化出一系列世界品牌——第一次世界大战前，英国涌现了立顿红茶和苏格兰威士忌；随后在第二次世界大战结束后，迪士尼、可口可乐、沃尔玛、麦当劳、肯德基和星巴克等品牌在美国相继诞生并实现快速发展；20 世纪 70 年代中期到 90 年代中期，无印良品、松下、索尼、优衣库等品牌在日本迅速扩张[①]。

世界工厂转移的循环蕴含着必然性与差异性。必然性是指每一个"走出去"强国必须经过完整的"世界工厂化"历程。而差异性体现为每一次世界工厂转移的历史背景、动因及结果各不相同。这里有一个更为重要的启示——虽然每一个"走出去"强国必须经过完整的世界工厂化历程，但反之并不是每一个世界工厂都能成为"走出去"强国。

从世界工厂到一个国家经济成功"走出去"之间的关键过渡是——看世界工厂转移走以后，留下来的优势产业和核心竞争力是什么，是否有可持续发展性。换言之，世界工厂的转移从历史经验上看是势不可当的，在这个循环中一国是否能从世界工厂转化为世界制造强国且不断地向世界其他国家输出自己的产品及服务，取决于在世界工厂转移的过程中，旧的世界工厂是否能实现产业和贸易的升级，将产业向"微笑曲线"的两端发展。

改革开放以来，中国工业化进程大大加快，中国制造的产品如潮水般涌向世界各地。然而"中国是名副其实的世界工厂，因此必将成功走出去"是一个先入为主的判断。事实是中国正处在世界工厂向出海强国的艰难过渡中。

---

① 李丰：《峰瑞资本：没解决产业链问题的企业多半会被淘汰》，http：//www. shoujigushi. com/shiqing/29927. html，2017 - 11 - 10。

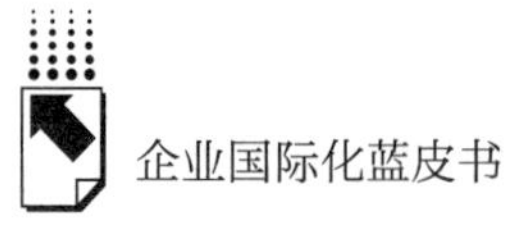

二　日本第二次世界大战后经济迅速腾飞的秘密

本文选择以日本的战后经济崛起阶段为研究对象，并不是要亦步亦趋，而是希望在其“走出去”的经验教训中挖掘背后逻辑，并为我国企业家寻找有益的战略启示。

选择日本作为研究对象有如下几点原因。首先，日本与美国全面取代英国成为世界制造中心不同，日本仅在部分产业上，如家用电子产品、汽车等具有领先于美国的优势。其次，日本制造业的技术绝大部分是通过对欧美国家的技术引进、模仿和改良而获得①。最后，日本和我国在消费升级和经济发展上有很强的相似度②。综上所述，中国与日本经济腾飞的起点具有一定的可比性。

日本战后的崛起速度非常惊人。第二次世界大战结束时日本经济几乎瘫痪，国内一片萧条，粮食严重短缺且国内通货膨胀③。可到了 1955 年，虽然“日本制造”仍是廉价的代名词④，但日本制造业已经恢复了战前水平，此后 20 年日本经济高速发展，年均经济增长率达到 9.7%⑤。1975 年后日本经济从高速降为中速发展，1980 年日本汽车年产量超过美国居世界第一，1983 年日本机械工业出口超过美国居世界第一，日本制造的船舶也达到世界总产量的一半以上。“日本第一”声名鹊起，日本成为当时名副其实的“世界工厂”（见图 2）。

是什么帮助日本迅速崛起呢？

---

① 张为付：《世界制造中心形成及变迁机理研究》，《世界经济与政治》2004 年第 12 期，第 67 ~ 73 页。

② 《读懂中国的消费升级，先看 40 年前的日本》，http：//www. sohu. com/a/236843895_355022。

③ 稻盛和夫这样描述：“战争结束后，东京满目疮痍，只有 10% 的电车在运行，能开的公交也就 60 辆，还有少数汽车和卡车。由于液体燃料匮乏，车辆都被改造成烧炭和烧柴。市内疾病蔓延，肺结核发病率飙升到 22% 。”

④ 稻盛和夫：《日本制造》，周征文译，中信出版社，2016，第 73 页。

⑤ 张文奎：《日本经济地理》，科学出版社，1984。

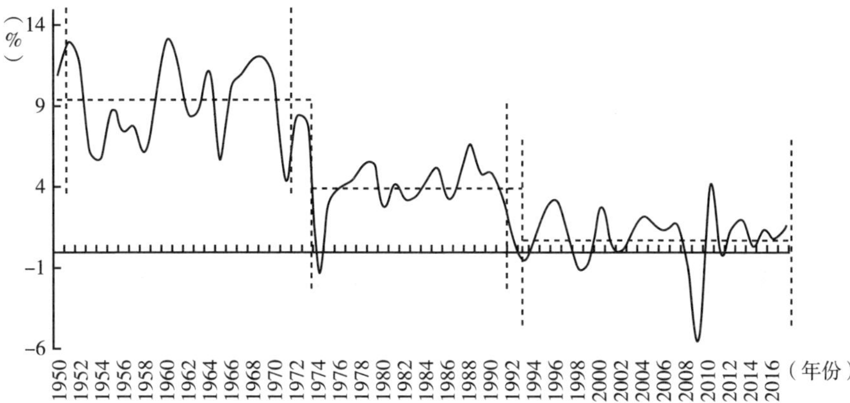

图 2　日本 1950～2016 年每年实际 GDP 增速变化

资料来源：日本统计局，Wind。

第一，机遇是一切的前提。日本二战时物质财富损失总额达 1057 亿日元，相当于 1944 年全国财富的 35%①。日本成为美国的特需是这一经济颓势的转折点。1950 年 6 月朝鲜战争爆发，出于冷战需要美国对日政策在此期间也发生了转变，日本成为美国入侵朝鲜的前进基地和兵站基地。美国在占领日本后，以日本国家预算中的战争处理费来筹措驻军物资。

宏观层面，“特需”及这个历史阶段的种种因素为日本经济带来了起步动能，包括直接经济资助②、大量的订单催生国内企业生产热情③、廉价的

① 《战后日本经济复苏背后的秘密》，http：//www. cj2p. com/licai/183273. html。

② 美国向日本特需订货总额为 23. 76 亿美元，其中 1950 年为 1. 5 亿美元，1951 年为 5. 92 亿美元，1952 年为 8. 24 亿美元，1953 年为 8. 1 亿美元。1949 年 12 月末外汇储备仅有 2. 3 亿美元，到 1951 年 12 月末又增至 9. 13 亿美元，1952 年 11 月底更是增加到 11. 4 亿美元，不到 3 年增加 5 倍。巨额稳定的军事订货对国内市场狭小、出口量减少的日本来说，无疑是雪中送炭，其作用是十分明显的。据统计，1952 年日本总出口额为 127 亿美元，外汇收入为 224 亿美元，国民生产总值为 174 亿美元；而同年的特需收入在上述数额中所占的比重分别为 64. 6%、36. 6% 和 4. 7%。

③ 柴垣和夫：《三井和三菱：日本资本主义与财阀》，上海译文出版社，1978，第 177 页。

石油成本[①]及宽松的技术引进环境[②]。微观层面，确有不少日本企业在这样的时代机遇中起家，比如日本的汽车制造业巨头——日产、丰田、五十铃发家于朝鲜战争时期（1950～1953年），这些制造业企业最开始的业务是为美军造车（美方提供设计，日本企业负责制造[③]）。

正所谓顺势而为，趁势而起。什么是“势”？孙子曰：“激水之急，至于漂石者，势也。”湍急的流水能冲走巨石，这就是势的力量。巨石是日本战后面临的窘境，而国际政治与经济的机遇就是这激水之急。

第二，制度与架构是腾飞的基础。然而经济与社会制度话题过于宏大，此文就阐述一个在讨论日本经济崛起时常被忽视的因素——日本的财团结构。

日本财团的前身是日本财阀，第二次世界大战前由家族控制的日本财阀是明治维新后政府扶植起来的、具有垄断性质的大型控股公司。三井、三菱、住友、安田是最具实力的4家[④]。战后发展为六大财团[⑤]。日本战后，以美国为主体的盟国占领军计划解散财阀，目的是分散其对产业的垄断和控制[⑥]。占领军认为日本财阀是日本发起侵略战争的根源之一，所以解散财阀可以降低日本资本主义的侵略性[⑦]。这一时期出现了短暂的产融分离格局[⑧]，但是随后对财团的整顿政策因国际政治因素微妙地转变了，此后财阀

---

① 日本的世界工厂建立在廉价石油基础上。美国通过民间贸易向日本供应石油、煤炭等工业原材料，为日本经济发展提供了能源动力。以石油为例，1955～1972年共进口原油10亿桶，每桶价格仅为提价后的1/6，按提价后的价格计算节约3950亿美元。日本将能源消费构成转变为以石油为主。

② 1955～1970年的15年间日本引进技术和专利费用50亿美元，但估算研究发明这些技术和专利需要花费1800亿～2000亿美元。

③ 克里斯托弗·戈托－琼斯、顾馨媛：《现代日本》，译林出版社，第155页。

④ 白益民：《日本企业财团模式解析》，《经济导刊》2015年第3期，第78～83页。

⑤ 六大财团为日本三菱、三井、住友、芙蓉（富士）、第一劝业、三和。

⑥ 柴垣和夫：《三井和三菱：日本资本主义与财阀》，上海译文出版社，1978，第161页。

⑦ 柴垣和夫：《三井和三菱：日本资本主义与财阀》，上海译文出版社，1978。

⑧ 昭和二十二年（1947年），盟军总司令部指定要解散三井物产和三菱商事两家公司。前者被拆分为二百家，后者被拆分为139家公司。被指定拆分的公司前后有83家左右。

的重新合并陆续发生①。

战后的财阀被称为“财团”。财代表“金融”、团代表“商帮”。在财团的重生中，发生了几个重要的变化。

首先，战前的日本财团由一家公司直接控股，层层控制，是典型的金字塔结构；战后转变为多家公司联合交叉持股，也就是环形持股结构，信息传递和交流速度更快②。

其次，战前的企业关系中心是财阀总公司，而战后环形结构的中心演变为银行和综合商社，也就是“本系统体系”③。比如，三菱银行在三菱财团的绝大部分企业中是大股东。住友、三井、第一劝业银行亦是如此。除三和财团外，金融机构的持股率在本财团中均占50%以上，有的高达70%④。

再次，涌现了新的经济力量。日本战后出现了以重化工为中心的日立、松下、东芝、丰田、日产、新日铁等“独立系企业集团”。虽然它们一般都与六大财团有一定的交集（前期联系较紧密，后期有分离趋势），但都具备浓厚的独立色彩，也给予了这个网络新的活力。

财团在日本战后的经济地位举足轻重。截至1974年8月，六大财团的174家经理会成员企业，在日本全国法人企业资本额中占21.9%，在总资产

---

① 1948年1月美国陆军部长罗亚尔发表了“日本是新的集权主义战争威胁的堤防”讲话，同年5月以纽约造船公司董事长路－斯－贝尔为首的五人排除集中审查委员会访日，同年9月建议压缩《经济力过度集中排除法》适用范围，在该建议下被指定解散的公司大量减少了。随后相继在1949年（昭和二十四年）、1953年（昭和二十八年），阻碍财阀复活的最后一个法令《禁止垄断法》被修订了，允许“合理化卡特尔”的组建。

② “据公正交易委员会调查，70年代日本垄断财团的平均持股率已达到21.2%，其中三菱财团最高达30.6%。相互持股率越高代表聚合力越强。”（金泰相：《战后日本垄断财团和“独立系企业集团”》，《现代日本经济》1983年第1期，第7～13页。）

③ 所谓主银行体制，按照青木昌彦的说法，主要是指“包括工商企业、各类银行、其他金融机构和管理当局间一系列非正式的惯例、制度安排和行为在内的公司融资和治理体制”（青木昌彦、休·帕特里克：《日本主银行体制及其与发展中国家经济转轨中的相关性研究》，中国金融出版社，1998，第3～4页。）

“本系统贷款体系是指财团银行对其财团企业以增进相互往来、加强联系为目的所进行的贷款。贷款时，往往对原料的采购和产品的销售指定以本集团企业为主要对手。”（稻盛和夫：《日本制造》，周征文译，中信出版社，2016，第180页。）

④ 《企业系列总览》，日本《东阳经济周刊》，1979，第35页。

中占21.7%。加上其持股率超过10%的旁系企业，六大财团所属企业数达到8475家，占全国法人企业资本总额的41%、资产总额的29.7%（见表1）。① 到20世纪70年代末，六大财团经济实力进一步增强②。

表1 日本六大财团情况概述

<table>
<tr><td colspan="2">金融集团</td><td colspan="2">三菱日联金融集团
（MUFG）</td><td colspan="2">瑞穗金融集团
（MFG）</td><td colspan="2">三井住友金融集团
（SMFG）</td></tr>
<tr><td colspan="2">组织财团</td><td>三菱财团</td><td>三和财团</td><td>富士财团</td><td>第一劝银</td><td>三井财团</td><td>住友财团</td></tr>
<tr><td colspan="2">经理会</td><td>金耀会</td><td>三水会</td><td>芙蓉会</td><td>三金会</td><td>二木会</td><td>白水会</td></tr>
<tr><td colspan="2">综合商社</td><td>三菱商事</td><td>双日商事</td><td>丸红商事</td><td>伊藤忠</td><td>三井物产</td><td>住友商事</td></tr>
<tr><td rowspan="2">主办银行</td><td>合并前</td><td>东京三菱银行</td><td>日联银行</td><td>富士银行</td><td>第一劝业银行</td><td>樱花银行</td><td>住友银行</td></tr>
<tr><td>合并后</td><td colspan="2">三菱东京日联银行</td><td colspan="2">瑞德银行</td><td colspan="2">三井住友银行</td></tr>
<tr><td colspan="2">代表企业</td><td>三菱重工
三菱电机
三菱汽车
麒麟啤酒</td><td>夏普
NTT
神户制纲
帝人公司</td><td>日产汽车
日立
佳能
日本精工</td><td>富士通
五十铃
JFE 钢铁
古河电器</td><td>东芝丰田
王子造纸
三越</td><td>NEC
马自达
三洋
朝日啤酒</td></tr>
<tr><td colspan="2">行业领域</td><td>汽车
重型机械
军火
成套设备
石油化学
核能等</td><td>钢铁制造
纺织纤维
石油橡胶
通信业
液化气
陶瓷等</td><td>金融业
城市住宅
海洋开发
石油开发
地热利用
煤炭等</td><td>化工纤维
金融
光通信
计算机
石油开发
食品等</td><td>化工
机械设备
综合电机汽车
制造
钢铁
核发电等</td><td>石油化工
钢铁
有色金属
海洋开发
核能等</td></tr>
</table>

资料来源：白益民：《日本企业财团模式解析》，《经济导刊》2015年第3期，第78~83页。

财团对日本的经济崛起起到了重要的作用。财团内部互相持股、财团之间通过成员企业互相持股，这样的商业组织架构的本质是“共生共荣”的利益共同体。

① 日本：《经济》1976年1月号，第12页。

② 截至1978年3月，六大财团在538家大企业有持股、贷款和人事关系。在这些企业中，六大财团所能动用的资产为980043亿日元，占调查对象总资本的75.72%；销售额达1248624亿日元，占调查对象企业销售总额的78.49%（日本：《经济》1976年1月号，第243~244页。）

另外，“1977年，资本额达10亿日元以上的大型私人企业（金融业除外）有1793家，仅占全国企业的0.13%。其总资产占总数的44.5%，营业利润占总数的44.4%。”（日本：《东阳经济周刊》，第85~86页。）

第三，日本的企业家精神充当了经济前进的动力。以 Sony 的发展为例，Sony 的前身东京通信工业于 1946 年 5 月 7 日正式成立。其最早的业务也是为美军制造具有混音装置的新型广播设备。当时的 CEO 井深先生在交付受美军广播部门和远东空军之托生产的货物时，发现了对方（NHK 总部）办公室内的新奇设备——美国 Wilcox - Gay 公司生产的磁带录音机，感受到自己设计制造的钢丝录音机与其的差距，便决心制造日本第一台磁带录音机。他向 NHK 总部申请借用那台磁带录音机，经过交涉，对方派人带着那台录音机前来，深井先生带领员工围着那台录音机参观学习。学习意愿虽然很强烈，但是技术基础相差甚远。磁带录音机的技术核心——录音磁带是日本企业完全没有接触过的，也没有进口途径，团队开始自行开发，经过试验摸索出磁带的原材料——草酸亚铁，虽然效果不尽如人意且日本国内并没有任何需求（导致产品滞销），但是磁带原型的出现，开创了日本的相关产业①。

随后 Sony 公司的重点是开发收音机业务。1948 年贝尔实验室发明出"晶体管"，其专利归西部电气公司所有。此后 Sony 一直关注这项新技术的应用，虽然并不确切该项专利如何应用于制造晶体管，但是 Sony 公司还是和西部电气公司签署了专利授权协议（首款是 2.5 万美元）。后者明确表示晶体管很难在大众消费品领域应用。与研发磁带录影机的历程类似，Sony 公司对购买来的技术进行了拆解与研究，寻找新的材料，力图提升晶体管的功率以使得其可以民用化。团队中一个成员坚持使用"磷掺杂"法，1955 年终于研制出高频晶体管。当时参与开发的工程师在 1973 年获得了诺贝尔物理学奖。

另外，著名的"丰田生产方式"（Toyota Production System）也是日本企业家不断优化改良技术及商业模式的印证。在"特需"的初期，军需订货虽然带来了繁荣，但日本汽车制造行业面临的基本上都为"多品种少批量"的生产状态，在这样的困境中日本企业引入了美国的质量管理（QC）及全面质

① 稻盛和夫：《日本制造》，周征文译，中信出版社，2016。

量管理（TQC）等先进管理技术，并且自己探索出“看板”等生产方式[①]。

日本制造业的底层技术来自欧美等发达国家，但日本企业家在此基础上所做的不懈的微创新值得学习。

三　日本经济“走出去”的规律

日本经济以美国的“特需”为原始动能、由共荣共生密切合作的政企结构作为基础，并由日本企业家的微创新与不断改善为持续的动力，在二战后迅速腾飞。在这样的时代背景下，本文归纳 3 点日本经济“走出去”的规律。

第一，日本战后经历了与中国相似的制造业产业升级与消费升级。从 20 世纪 50 年代纺织、化肥、煤炭、电力，转型到 60 年代的重化工业（钢、船、金属），转型到 70 年代的工业制成品（汽车、电视、收音机），再成功转型到 80 年代的精密机械，其中半导体行业成绩尤为突出（见图 3）。在以上产业转型升级的过程中，日本国内相继在 20 世纪 50 ~ 60 年代和 70 年代发生了两次消费革命，其间孕育了一个巨大的中产阶级群体。

第二，日本制造业崛起的成就与企业出海的成功并不是同步呈现的。日本很多产业早在 20 世纪 60 年代（造船）、70 年代（汽车）、80 年代（工业机器人）就取得世界第一的成绩，但是“走出去”的成就并不集中在这些年份。“走出去”的起步发生依据企业性质与行业的不同分布在经济高速成长期（1955 ~ 1973 年）及稳定增长期（1974 ~ 1989 年[②]），而日本“走出去”的收获期基本上集中在“世界工厂”转移到中国之后，即 1980 ~ 1990 年[③]。

① 大野耐一：《丰田生产方式》，中国铁道出版社，2016。

② 日本企业何时出海的？20 世纪 50 年代末 60 年代初，一批优秀品牌正式启动海外业务。索尼于 20 世纪 50 年代末正式启动海外业务、松下于 60 年代初启动海外业务、日美电视机于 1961 年通过出口方式进入美国市场、1957 年公司首次向美国出口丰田轿车 Crown，设立美国丰田汽车销售公司，1962 年进军欧洲、1981 年 7 - 11 在中国香港开店、1991 年 Muji 在伦敦开店、1999 年 Uniquo 在伦敦开店。

③ 日本出海企业大部分直到 1990 ~ 2010 年才取得绝对性优势。索尼，1979 年海外收入才超过日本国内（用时 30 年）；丰田，2010 年海外生产车辆反超日本国内生产车辆（50 年）；Uniquo，2014 年（15 年）；Muji，2016 年（26 年）；7 - 11，2011 年（30 年）。

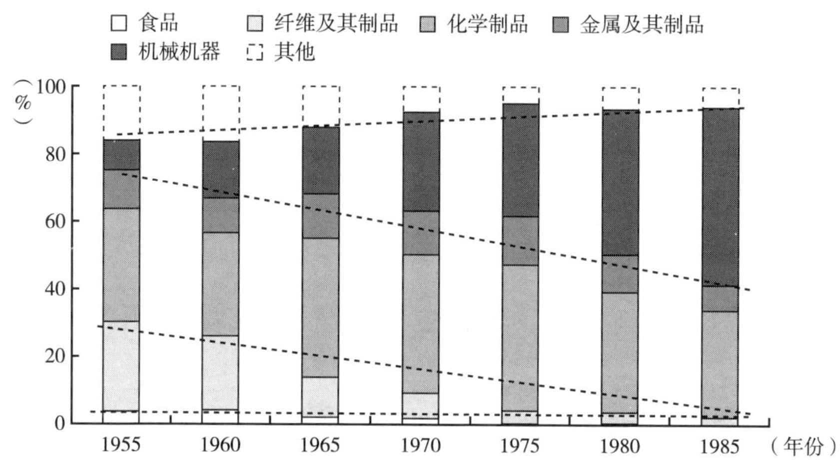

图 3　第二次世界大战后日本出口商品结构变化

资料来源：日本通商产业省：《通商产业政策史》第 16 卷，第 238 页。

第三，在不同的时间点上日本"走出去"了不同的商品。粗略归纳日本成功走出去的产业相继为：纺织业、重化工业、机械制造、精密仪器、模式、消费品 & 品牌出海。本文对其背后的原因做出如下推测。首先，这一顺序基本上与日本政府产业引导政策相一致①。另外，虽然各类企业同期开始复兴，但是 20 世纪 50 年代左右，日本国内不存在庞大的消费品市场②。其次，品牌和文化溢出需要时间积淀。以 Sony 为例，企业初期的产品虽然独具创新，但是欧美市场对日本制造的印象固化为"油纸伞""和服""玩具""杂货"等小商品。盛田昭夫谈到，"为了不让外国人误认为 Sony 的产品是粗

① 二战后日本政府第一个政策导向是"倾斜生产方式"，即集中力量重点恢复和发展煤炭、钢铁的生产，取得一定成果后再扩大到电力、化肥、运输等重要工业部门，以此带动整个工矿业生产的全面恢复。随后，在 1956 年开始实施《振兴机械工业临时措施法》（机械工业部门的 19 个行业，大部分是基础机械制造部门和通用零件制造部门）。20 世纪 70 年代，随着日美贸易摩擦的加剧和石油危机的冲击，曾经拉动日本经济高速增长的支柱产业的牵头作用逐渐消失，产业政策转以能源政策以及电脑、电子等知识密集型产业的振兴为重点。

② 20 世纪 50 年代日本国内虽然没有形成对汽车的需求（1956 年日本国内汽车消费仅十万辆），但几家汽车制造业巨头（日产、丰田、五十铃）已经起步，主营业务是为美军造车，至 1967 年日本已成为世界第二大汽车制造国。

劣产品，他们不去强调‘日本制造’的属性，还特意把出口产品的‘Made in Japan’字样引得很小，由于字体实在太小，有时美国海关会命令他们重新印刷[①]”。Sony 即使具备技术优势，但走入英国、美国、德国市场仍然遭遇了不同的难题，历经艰辛才解决本土化问题，其海外收入直到 1979 年才超过国内收入。

四 日本企业“走出去”的案例及战略启示

本部分从微观层面来追踪日本企业的“走出去”历程——技术型产品以 Sony 为例、日用型品牌产品以 Muji（即无印良品）为例、服务型产品以 7-11 为例，探索企业何时“走出去”、为什么能“走出去”、如何“走出去”。

Sony 于 1946 年设立、20 世纪 50 年代初开始考察海外市场、1960 年在美国成立公司、1970 年开拓欧洲市场、1979 年前后海外收入超过国内收入[②]。在颇多的启示中，有一条笔者认为对我国技术型企业尤为重要。在技术实力具备的前提下，企业的发展战略仍然尤为重要。电子领域的后起之秀 Sony 不可能全方面地从技术上领先欧美，但是选择到空白的细分市场，凭借坚实的技术实力切入进去，就可以立稳脚跟，有了战略根据地便等于有了与商业对手一较高下的本钱。

第二个案例是服务型企业 7-11。1973 年株式会社 York Seven 与美国南方公司签订区域服务与特许经营协议将 7-11 引入日本、1974 年 7-11 在都江东区一号店开业、1979 年东证二部上市、1980 年门店突破千家、1981 年 7-11 在中国香港开第一家店、2004 年在北京开设了第一家店铺、2011

---

① 稻盛和夫：《日本制造》，周征文译，中信出版社，2016，第 87 页。

② Sony 的“走出去”建立在海外技术收购、国内团队强大的自主研发实力基础上——Sony 1955 年发布世界第一台半导体收音机（从美国西部电气公司购买专利技术使用权）、1960 年发布世界第一台半导体电视、1968 年发布具备一定颠覆性技术的特丽珑（Trinitron）电视影像技术（从美国派拉蒙 Paramount 影视购买专利技术使用权）、1979 年发布革命性的产品 Walkman（世界第一台随身听）。

年海外店铺超过日本国内店铺数量。7－11 可以"走出去"的核心能力在于一套统一的、精细化运作的管理系统，包括选址战略、产品与供应链的基础体系、员工、加盟店与总公司的沟通体系。

第三个案例是日本元素浓郁的无印良品（Muji）。日本 20 世纪 70～80 年代消费领域增长最快的品类是家居杂货，十年间增长近 10 倍，Muji 与大创生活馆、东急手工店都诞生于日本的这一消费升级时期。Muji 的前身是 1980 年成立的西友株式会社 PB 品牌、1983 年于东京"青山"开设第一家独立旗舰店、1991 年开设第一家海外分店——伦敦、2016 年海外店铺数量超过日本国内。Muji 的原社长松井忠三总结 Muji 的出海分为三个阶段①。

低迷期：1991～2001 年，Muji 初次尝试海外扩张，连续经历 11 年赤字；

成长期：2002～2012 年，审视过去的失败，改变扩张战略，2002 年第一次达到海外店铺盈利，此后一个一个增设店铺；

飞跃期：2013 年至今，2013 年海外事业部营业额达到 285 亿日元左右，同比增长 19%，2014 年又同比增长 64.3%，"走出去"之路走上正轨。

Muji"以禅和茶道等为代表的日本美学意识"也与当时世界其他各国都找到了契合点②。出海欧洲并不顺利③，Muji 调整了策略，主力进军发展中国家。

帮助无印良品走向世界的是其传递的独特品牌内涵。产品品类在保持这一品牌内涵的前提下一再突破。当然，这样强大的品牌内涵得益于其 SPA

---

① 松井忠三：《无印良品世界观》，吕灵芝译，新星出版社，2017。

② 法国人具备"细心而专注地使用喜欢的物品"，而且法国对时尚和室内装饰更加敏感的人更深入地接受 Muji。意大利作为"慢餐运动"的发源地与无印良品"避免快餐一样的商品"理念一致。

③ Muji 的困境主要来源于盲目扩张——往往在一个国家最重要的城市的店铺是盈利的，但是扩展到第二、第三、第四个城市时，就产生了赤字。比如说英国 Muji 伦敦店盈利效果不错，但是在利物浦和格拉斯科的店就鲜有人问津。原因是欧洲市场消费活力较弱且各城市消费文化也截然不同。出海欧洲并不顺利，Muji 调整了策略，主力进军发展中国家。记录显示亚洲的开店历程较为顺利，亚洲分店的商品价格是日本的 3 倍，但是当地的消费者仍然被"质量优良的日本商品"吸引，形成了一批 Muji 粉丝。产生赤字的唯一原因还是运营方面的问题（主要是未能有效控制上涨的租金成本）。

（制造零售业）模式的支撑——企业独立设计、制造、销售的闭环业态。

综上所述，区别于 Sony 初期的“去日本化”出海，Muji 成功“走出去”是建立在“日本制造”被喜爱的基础之上[①]。日本企业的“走出去”过程给予我们两点战略启示：一是有一定技术壁垒的企业可以（甚至是必须由它们）在一国崛起的初期尝试“走出去”，通过不懈的产品创新切入细分市场，逐渐提升一国企业的制造业影响力；二是技术壁垒并不高但以品牌内涵为核心的消费类产品需要暂缓一步“走出去”，在一国制造业实力获得一定认可的情况下，进入新兴国家市场，甚至发达国家市场。

五　中国制造业“走出去”的现状

20 世纪 90 年代后，日本出口产品结构基本稳定，机械和耐用消费产品占比超过 70%，日本品牌已在国际上站稳脚跟，海外消费者对于日本品牌的创新和品质达成广泛共识。与此同时，2001 年日本转移到中国的生产据点数量第一次超过转移到美国的生产据点数量。改革开放以来，中国工业化进程大大加快，特别是进入 21 世纪，中国制造的产品如潮水般涌向世界各地。中国已成为“世界工厂”。

中国制造“走向世界”是有底气的。

第一，中国改革开放后的经济腾飞是举世瞩目的。1990 年我国制造业产值占全球的比重为 2.7%，居世界第九；到 2000 年上升到 6.0%，居世界第四；2007 年达到 13.2%，居世界第二；2010 年为 19.8%，跃居世界第一；2017 年我国的制造业产值占全球 33%，连续 7 年蝉联世界第一。

第二，中国制造业有全球任何一个国家无法匹敌且短时间内无法超越的

① Muji 出海到英国的第一站就入驻了当时伦敦最高端的百货商场之一——自由百货。自由百货于 1875 年落成，其创始人与设计师都参与了工艺美术运动和新艺术运动，是英国最具高端文化艺术气息的商场，可见 1991 年 Muji 的商品已经毫不费力地渗入了伦敦消费者生活。

核心优势——因大而全导致高度细分且高效供应链体系。

我国的制造业在绝对值上是首屈一指的，但与发达国家在水平上的差距仍然存在。中国出口产品的附加值并不够高，高端3C类产品附加值在5%左右①，纺织业也排在世界中游。

表2　iWatch产品价值链利润分配

部分	公司	区域	售价（美元）	占比（%）
直接元件成本：				
显示/触摸屏	ADI	美国	20.5	5.9
应用处理器	苹果公司	美国	10.2	2.9
储存器	东芝、镁光科技	日本、美国	7.2	2.1
BT/WLAN	博通	美国	3.0	0.9
用户界面	美信、NXP、ADI、AMS	美国、奥地利	5.5	1.6
传感器	ST Micro、AMS	意大利、法国、奥地利	3.0	0.9
电池组	德赛电池	中国	0.8	0.2
其他机电及电池管理			22.0	6.3
附带配件	立讯精密	中国等	9.0	2.6
组装测试：	广达电脑	中国	2.5	0.7
生产总计			83.7	24.0
研发、设计、销售：	苹果	美国	265.3	76.0
售价			349.0	100.0

资料来源：HIS isuppli。

从进出口的数据上看，中国主要出口中端与中低端产品，进口中高端产品。大规模进口的十个产业与世界领先产业存在2~60倍的收入或利润差距。核心零部件仍被欧美日卡住咽喉。简而言之，中国是劳动密集型产业（纺织、服装）和劳动、技术密集型产业（家电、产品配件）的世界工厂，而在资本密集型和技术密集型的制造业方面还不具备世界先进水平。

① 姜涛：《庞大出口背后，中国赚多少钱？——从iWatch的价值链说起》，2017年7月10日。

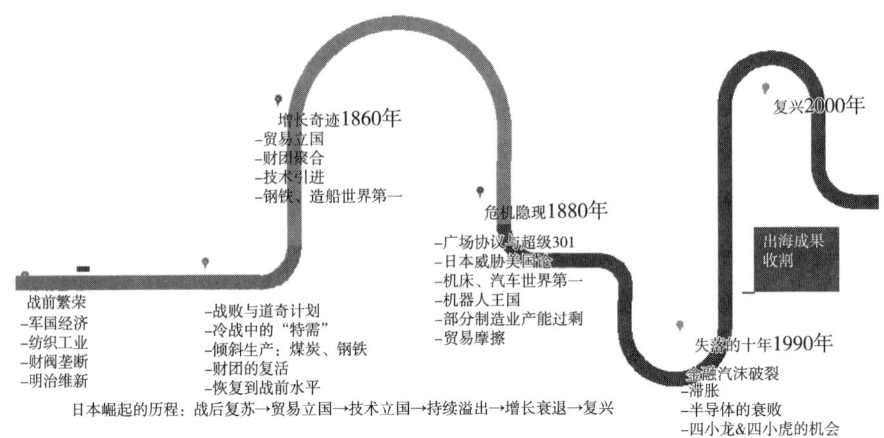

图4　日本第二次世界大战后经济发展及“走出去”阶段

资料来源：作者根据历史阶段整理。

那么中国的制造业在世界上到底处于什么样的水平[①]？如果对标日本，相当于日本经济出海的哪个时间段？笔者根据产业构成、世界地位、工业水平等几个因素推断中国目前制造业相当于日本20世纪70年代末、80年代初，正处于世界工厂产业链下游向新区域转移、国内产业亟待进一步升级、出海蹒跚起步的阶段。日本在1980年以后的十年“走出去”节奏加速，直到今天仍在不断溢出品牌与模式。

六　中国商品通过互联网“出海”的图景

在这样的背景下，中国制造“走出去”的现状如何呢？因多年从事早期投资，笔者从投资者角度总结B2C电商“走出去”的现状。

第一，中国制造通过线上B2C形式“走出去”的市场非常庞大且增长迅速。中国进出口贸易从1998年起一路高歌猛进，直到2009年全球遭

① 有专家认为我们处在日本的20世纪90年代，因为腾飞后面临经济软着陆的现象有一定相似性，也有专家认为2010年中国落后日本60年，落后欧美更久，即现在相当于日本的1960~1970年。

遇金融危机。中国传统贸易出口2010年以后虽有所回升，但受劳动力成本上升冲击，增速不断放缓，甚至在2014年以后有下滑倾向。在中国传统出口增速放缓的情况下，中国跨境出口B2C的电商交易额2013~2015年保持了60%的增长，2016~2020年的CAGR至少为34%~40%（见图5、图6）。

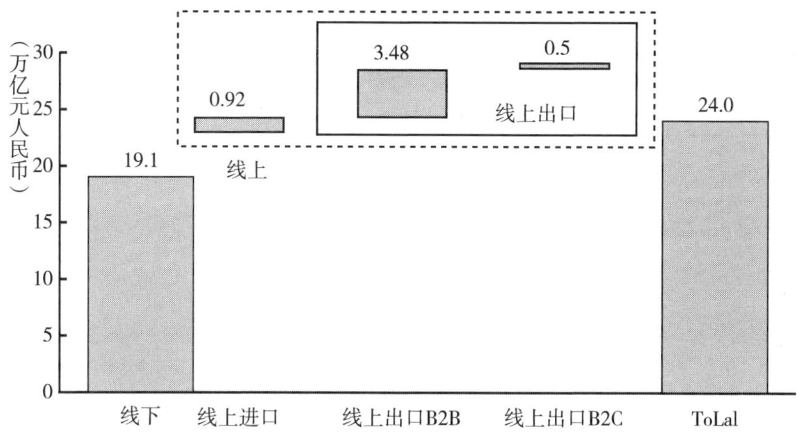

· 2015年 5032亿→2017年 9854亿
· 2017年 跨境物流市场规模1196亿，占商流规模的10.2%左右

图5 中国进出口市场规模及划分

资料来源：商务部数据中心、阿里研究院报告。

第二，"走出去"的电商20年的发展已经历了多个阶段。从1998年前后的阿里国际站、中国制造网，到2007年红极一时的兰亭集势，再到2016年小有热点的执御，更不用提通过线下"走出去"而成为隐形冠军的各类企业，目前正处于从粗放增长向精细化增长的过渡时期。"走出去"的电商已从最初的仅控制信息流的红利型粗放增长阶段，拓展到深耕整体交易链条的追求综合效率、品质与服务提升的精细化运营阶段（见图7）。

第三，出海电商的市场虽然经历了近20年的发展，但仍然充满活力、处于成长阶段，体现在两个方面——其一，目前B2C领域的市场仍然极其

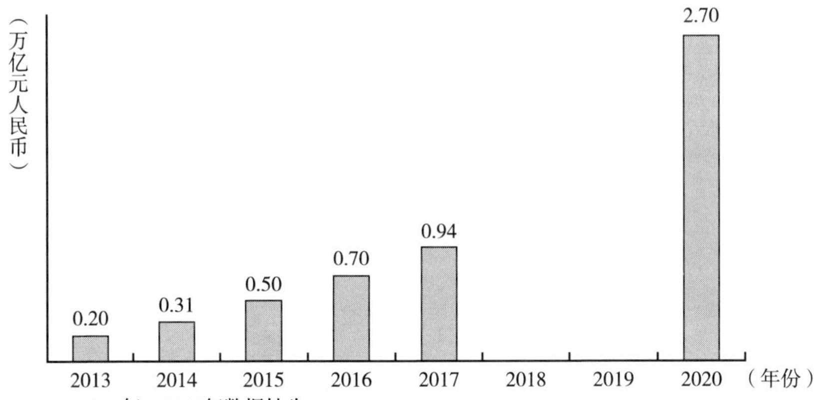

图 6　中国线上 B2C 出口市场规模成长预测

资料来源：商务部数据中心、阿里研究院报告。

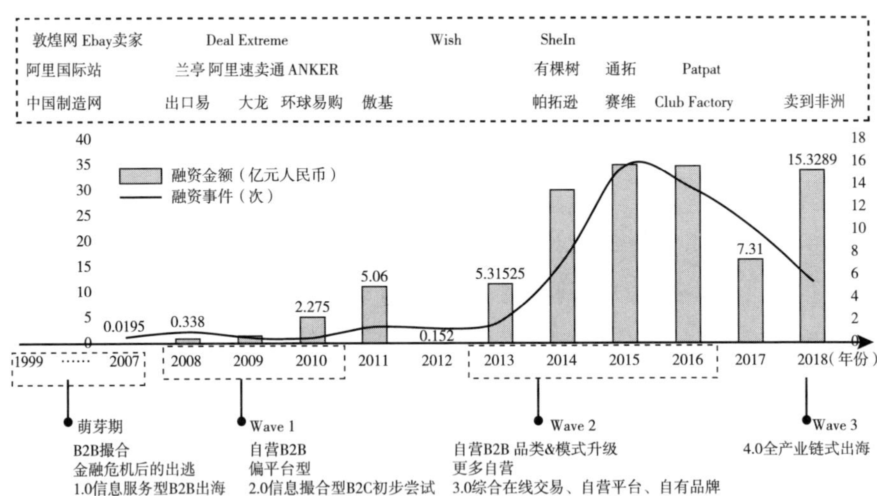

图 7　中国电商企业“走出去”融资金额及事件以及发展阶段划分

资料来源：作者根据 itjuzi 数据、访谈等信息整理。

分散①；其二，行业的配套设施并不完善但并未阻碍市场的迅速扩张②。

第四，出海电商“走出去”的商品品类较为集中。从出海商品的品类来说，高碑店箱包、金华永康百货、湖州童装、浦江宠物用品、义乌小饰品、汕头玩具、深圳数码、东莞女装、中山照明、苏州婚纱已经销售到全球各个角落。

出海市场一片火热，但综合来看，中国出海的商品非常集中：服装、3C、家具、母婴用品、玩具。有限的品类所体现的制造业水平或暗示着这个行业或成为隐形天花板。

第五，优衣库、无印良品、Sony 都属于上述这些品类，它们用实力证明单品类做到极致也有不可估量的爆发力和市场纵深空间。目前的情况是我国的商品虽然“走出去”了，但大部分品类中的“品牌”还没有大步流星地“走出去”。品牌实力与世界级品牌差距较大，反面来看也印证了这个领域的进步空间很大。

第六，日本的“走出去”基本属于成熟企业的国际化，但中国的“走出去”情况要更为复杂，不仅有在国内根基扎实的华为、联想、阿里巴巴，也有平地而起直接出海的电商公司 Jollychic。后者体量虽小（2017 年销售额

---

① B2C 领域到底有多少玩家呢？据白鲸出海平台显示，中国有 7000 多家出海的公司，电商 639 家。小卖家更是不计其数，据 1688 跨境平台称，截至 2018 年 3 月底，近五十万家优质的中小企业通过 1688 跨境专供为速卖通、亚马孙、Wish、eBay、lazada 平台提供服务遍布全球 220 个国家和地区。那么市场占有率如何呢？跨境出口 B2C 平台龙头阿里巴巴的速卖通 2016 年营业收入 55 亿元人民币，仅占跨境出口总额的 0.7%。另外自营型（拥有自有品牌）跨境出口电商环球易购、海翼股份、有棵树、Anker、通拓科技、赛维电商、帕拓逊及价之链的收入分别为 67.4 亿元、25.1 亿元、24.9 亿元、22.2 亿元、22.0 亿元、14.8 亿元、12.9 亿元、4.6 亿元人民币，合计 193.9 亿元，占跨境出口总额的 2.7%。其中有一定销售收入的公司（业内称“行业大卖家”，一天一万票货物、客单价 60 元、平均一个全年销售 1 亿 ~2 亿元的企业），据统计华南地区还活跃着 1000 家、华东活跃着 100 家。这意味着一个行业的前十名仅占总市场份额的5% ~7%，行业的前 1000 名（包括前十）仅占总市场份额的 30%。

② 行业的物流仓储服务、金融支付服务成熟度与我国国内的服务商成熟度相比差距甚大。据悉一个年销售额 1 亿 ~2 亿元的企业每日会根据商品的时效性或成本因素将物流服务分包给价格和效率不同的 10 家物流配送商，金融支付环节目前也有多种水平参差不齐的解决方案。但据访谈企业描述，对商品的需求并不因为配套服务的不完善而有所降低。

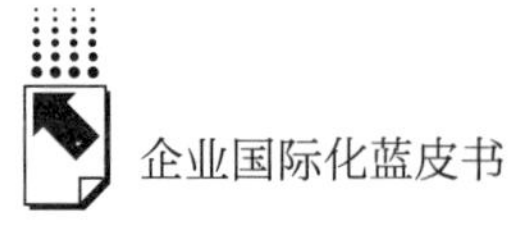

约50亿元人民币），但在中东地区也是首屈一指。

通过以上的分析，本文得出如下中国企业“走出去”的战略启示。

第一，对于“走出去”的进展既不要过于乐观也不要过于悲观。不要过于乐观的原因是“世界工厂”与成功地“走出去”之间没有必然联系，“走出去”的绝大部分成绩是否显现，取决于世界工厂转移到下一个国家以后，本国的产业格局是否有足够的竞争力。同时也不要过于悲观，因为一国的“走出去”不是一个孤立的事件而是过程，从经济起步发展到世界工厂实力体现再到消费品品牌享誉全球，日本用了将近60年的时间。英国、美国、德国亦是如此。

第二，通过分析日本的迅速崛起，我们也发现在一国经济与商业成功地“走出去”中，时代机遇是助推器，共生共荣的平台性的商业组织结构及政府的大力支持是发展基础，而企业家兢兢业业的技术创新、品牌建设与明确的战略思路是“走出去”这一过程背后源源不断的动力。

第三，在日本企业“走出去”的历程中，我们挖掘出规律和规律背后的逻辑，并不是要亦步亦趋，而是要理解历史总是以意想不到的方式重演。是顺势而为还是坚守自我并不矛盾，但有时又需要在理解历史阶段必然性的条件下做出正确的战略选择。

第四，中国“走出去”的现状可谓异彩纷呈，面临增长困境的传统出口与高速增长的出口电商战场不同但面临的问题相同——中国制造业实力如何突破、产品高度同质化如何解决、品牌如何建设、流量从哪里获取，而全球巨大的市场需求正在吸引中国的企业家逐个攻坚。笔者的建议是既要归纳总结历史规律与偶然性，又要关注未来5～10年的技术与消费领域的趋势，将自己的服务或产品从最简单的雏形或单品开始创造，单点切入、寻找并打磨核心价值，如果价值已然确认，就要勇敢地“走出去”，在国际市场中寻找自身具备比较优势的细分赛道，打开局面并不惜一切代价坚持将核心价值赋能于品牌。

中国的“走出去”，道阻且长、未来可期。

B.9
强化企业合规管理
促进“走出去”稳健发展

——中外企业合规经验与教训

丁继华*

摘　要： 国际国内合规发展趋势表明，增强合规经营意识，强化合规管理，是企业“走出去”实现稳健发展的前提条件。本文选择十多个中外企业合规经营的正面和负面案例，并从合规管理角度进行分析。所选案例的特点是，每个案例代表了企业合规管理某个重点领域，或者本身具有很强的借鉴意义。通过这些国际著名企业合规经营的典型案例，中国企业在“走出去”过程中可以从中获取经验与教训。

关键词： 合规意识　合规管理　“走出去”

近年来，全球推动企业强化合规管理趋势日益明显。从国际合规发展趋势来看，多个国家加大反腐执法力度打击商业腐败，强化企业合规管理。其中，英国在2010年出台新的反商业贿赂法和2016年法国出台的《萨宾法案II》最有代表性。此外，国际组织纷纷引导企业加强合规管理，比如，联合国全球契约组织在2004年加入了反腐败内容，倡导企业在开展国际业务时

---

* 丁继华，北京新世纪跨国公司研究所研究咨询部主任，中国贸易促进会全国合规委员会专家委员会成员。文中的案例得到了中国贸易促进会全国合规委员会专家委员会成员李近宇、胡国辉、郭楠、田鹏、闫跃忠、贾申等专家提供的宝贵意见。

遵守自愿性合规承诺；经济合作与发展组织在2010年通过了《内控、道德与合规最佳行为指南》，为企业提升了合规管理的最佳实践指导；国际标准化组织在2014年发布了《合规管理体系指南》，把合规管理体系上升到国际性标准层面在全球推广。

从国内合规发展趋势来看，强化企业合规经营也越来越受到我国政府的关注。2017年5月召开的中央全面深化改革领导小组第35次会议审议通过了《关于规范企业海外经营行为的若干意见》，该意见明确指出要“加强企业海外经营行为的合规制度建设”。同时，国际标准化组织发布的《合规管理体系指南》经国家标准委转化变成国家标准GB/T 35770－2017《合规管理体系指南》，于2018年7月1日起实施。该标准为我国各类企业建立并运行合规管理体系，识别、分析和评价合规风险，进而改进合规管理流程，应对和管控合规风险提供指导和建议。近日，国家发改委起草了《企业海外经营合规管理指引》征求意见稿，该指引是我国政府部门发布的首个关于企业海外经营建立合规管理体系的倡导性文件，从对外贸易、境外投资、海外运营以及海外工程建设四个方面引导和规范我国企业海外生产经营活动，防范经营风险，促进企业“走出去”健康有序发展。

面对国际国内企业合规管理发展新趋势，我国企业“走出去”的合规意识普遍不强，通过分析世界银行黑名单我们不难发现，我国企业自2009年开始出现在世界银行黑名单中，此后数量逐年增加。至今，我国被列入世界银行黑名单的38家企业及个人中，22家是国有企业。这表明，我国企业“走出去”面临着巨大的合规风险。因此，我国企业在“走出去”过程中，须增强合规意识，强化合规管理。本文选择了十多个中外企业合规经营的正面与负面案例，并对这些案例从合规角度进行了分析，供中国企业“走出去”时参考。

一 国际企业不合规被处罚的经典案例

国际企业在全球化发展过程中，一批企业因不合规经营而遭到各国执法当局的严厉处罚。比如，有的企业因商业腐败被罚；有的企业违反环境保护法律、反垄断法等不合规而被罚；有的企业因为内部安全生产、商业合作伙伴管理、劳工雇用等方面不合规而被罚。这里我们就合规管理涉及的重点领域，选取几个国际企业因不合规而被处罚的典型案例，进行剖析。

1. 西门子贿赂门事件开启全球企业强化合规经营新里程

因违反美国《反海外腐败法》（FCPA），2008 年 12 月，德国西门子公司与美国、德国两地主管机关达成庭外和解，了结困扰西门子公司两年多的贿赂调查案。从 20 世纪 90 年代到 2007 年，西门子在全球范围内行贿 14 亿美元，行贿 4283 次，涉及通信、工业、能源、交通等领域。西门子公司为此支付了 16 亿美元的罚金，其中向美国、德国当局分别支付了 8 亿美元。罚金总额创下历史纪录，并保持到 2016 年。同时，以西门子公司监事会主席（相当于我国企业董事长）为首的 20 余位高级管理人员被解除职务，有的还被追究刑事责任。

FCPA 规定，禁止以支付、提供、承诺支付或授权第三方支付或提供金钱或任何有价值的事物的方式，向外国政府官员行贿以取得或者保留某种业务。在西门子贿赂门事件中，西门子为了在全球获得业务通过授权第三方向政府官员行贿，从而触犯了美国 FCPA。西门子受罚后，由于事后持续实施有效的合规管控措施，从而成功摘去了“实质性内部控制缺陷”的标签，避免了其失去美国国内公共项目投标商的资格。西门子贿赂案成为全球企业界强化合规经营的标志性事件。在西门子贿赂门事件前后，一批欧洲跨国公司纷纷建立合规管理体系，任命首席合规官，强化合规经营，适应并引领着全球竞争规则向前发展。在贿赂案了结后，西门子建立并且实施了全面系统而且有效的合规体系，成为全球合规体系建设的样板。

2. BP 因墨西哥湾漏油事件受到巨额罚款

2010 年 4 月 20 日，位于墨西哥湾的“深水地平线”钻井平台发生爆炸并引发大火，大约 36 小时后沉入墨西哥湾，11 名工作人员死亡，漏油持续了近 3 个月。美国墨西哥湾原油泄漏事件引起国际社会的高度关注，时任美国总统奥巴马将此事件称为环保界的“9・11”事件。2015 年，英国石油公司（BP）与美国濒临墨西哥湾的五个州达成187亿美元的和解协议，以有效终结该事故引发的多年索赔诉讼。2011年1月11日由美国负责调查此事件的总统委员会公布了最终调查报告，明确指出引发事故的关键原因是英国石油公司管理不力和对突发事件缺乏有效反应。可以确认的是，在事故相关钻井平台的施工中，为了赶工程进度，采取了不当的操作程序，减少了一些安全管理措施，并压缩了安全控制设备的成本。

这是一起典型的安全生产合规失效导致的严重事件。事件发生后，英国石油公司一度被禁止从美国政府部门获得任何合同，直至该公司与美国国家环境保护局达成协议提高安全性、运营、道德和公司治理等方面。该公司建立起一套完整的合规管理体系，让高层的声音和中层的声音都体现在具体的业务决策中，让相互冲突的目标在透明的环境中被讨论，从而使公司的业务过程合规得到重视。

3. 大众汽车尾气门事件

2015年，美国环保局指控德国大众汽车集团2008年以来在美国销售的约48.2万辆柴油车内安装非法软件。该软件能识别出汽车是否在接受美国政府的尾气排放检测。如果发现汽车在接受检测，就会启动汽车的全部排放控制系统，使汽车尾气排放达标。但该系统在日常使用时不会启动，从而导致汽车日常的氮氧化物排放量最高可至法定标准的40倍，违反了美国《清洁空气法》。

2017年，大众汽车在底特律的联邦法庭正式认罪，承认在柴油车排放问题上造假。在当局产生怀疑时妨碍调查，误导了美国监管部门和消费者。美国司法部在汽车尾气门事件调查过程中指控大众集团犯有三项重罪，分别是“合谋诈骗、妨碍司法公正和虚假陈述”。大众集团将对美国国内针对公司的民事和刑事诉讼另行支付总额43亿美元的罚款（其中28亿美元刑事罚款，15亿美元民事罚款）。大众与美国当局达成理赔协议，针对违规柴油车总计需赔偿车主、经销商、美国各州逾175亿美元，大众在美国因尾气门事件直接导致的损失金额达218亿美元。

环境保护合规是企业合规管理的一个重要领域。大众汽车通过作弊的方式在美国销售达到美国环境保护标准的汽车，从而导致违规销售。同时，从该事件中，我们看到该公司的高级管理人员，包括时任大众美国监管合规部门负责人都知晓并参与排放造假，向美国执法当局隐瞒此事。这反映出该公司存在系统性的欺诈，使得大众汽车的合规管理体系无效。

4. 葛兰素史克在华行贿被中国警方处罚

2013 年 7 月，国家公安部对葛兰素史克（中国）投资有限公司（英文简称 GSK）部分高管涉嫌严重经济犯罪依法立案侦查。GSK 的企业运营总经理等部分高管通过旅行社，用虚增会议规模等手段进行套现。旅行社按照不成文的默契协议向部分高管通过支付现金等方式行贿。除了支付高管一定的费用外，销售人员还通过虚开和虚构会议的方式套现，用以行贿政府官员、专家和医生等。GSK 被判处罚金人民币 30 亿元，这是迄今为止中国因企业商业腐败开出的最大罚单，GSK 中国高管等被告人被判处有期徒刑 2 ~ 3 年。

GSK 商业腐败事件是因为该公司在国际化经营中没有遵守当地的法律法规而受到的处罚。该案件既涉及高管利用职务之便受贿，还涉及通过第三方进行行贿。对第三方的合规管理是合规管理的一个重要领域，从表面上看，该事件就是因该公司对商业合作伙伴合规管理不到位造成的。往深处追究，我们会发现，GSK 有较完整的合规管理体系，但是管理层为了追求业绩，没有制止甚至参与了商业腐败，导致该公司合规管理体系出现了系统性坍塌。公司合规管理体系要得到有效落实，最高管理层以身作则，支持合规管理，对腐败采取零容忍态度非常重要。

5. 高通公司滥用市场支配地位被罚

自 2005 年起至 2018 年，高通公司因对过期的标准必要专利收取许可费、将标准必要专利和非标准必要搭售许可、排他性交易等滥用市场支配地位行为遭到各国执法机构的反垄断诉讼和调查。其中，欧盟、中国、中国台湾和韩国执法机构分别对其罚款 9. 97 亿欧元、60. 88 亿元人民币、234 亿元新台币（约合人民币 51 亿元）和 2. 08 亿美元。

企业反垄断合规是合规管理的重点领域。高通公司遭各国执法机构的反垄断诉讼和调查是一起典型的反垄断合规案例。该类案例还有谷歌被欧盟反垄断调查，开出欧盟反垄断有史以来最高额罚款，24.2 亿欧元。因此，在开展全球化经营时，企业的生产经营活动面临来自全球反垄断机构的监管：针对同类型的垄断行为，企业将面临全球各个执法机构各自处罚的风险。同时，企业应注意避免违法行为：拥有自主知识产权的企业，尤其是掌握标准必要专利的企业，要注意公平、合理、非歧视地行使知识产权。避免在行使知识产权的过程中出现强制捆绑搭售、拒绝许可、附加不合理限制条件、歧视许可等行为。

6. 在华外资企业因违反 FCPA 被美国 SEC 处罚

2016 年，摩根大通与美国证券交易委员会（SEC）达成和解。摩根大通公司因违反美国 FCPA，同意支付总计 2.64 亿美元罚款，以和解与其亚洲“雇用门”事件相关的指控。亚洲“雇用门”事件具体是指，摩根大通亚洲子公司的投资银行建立了一套客户推荐雇用程序，绕开公司正常的雇用程序，为由高管客户和有影响力的政府官员推荐的应聘者提供高薪、有发展前景的职位。在长达 7 年的时间里，按照政府官员的授意，该公司雇用了约 100 名实习生和全职人员，让公司赢得、保持生意机会，带来了超过 1 亿美元的收入。

该事件是因企业劳工雇用不合规，违反了美国 FCPA，受到美国执法当局的处罚。事实上，中国是企业商业腐败的重灾区，这点我们从 FCPA 处罚的在华外资企业案例数可以看出。自 2002 年以来，美国 FCPA 处罚了 124 家公司，有 44 家在中国涉案，超过 1/3。2014 ~ 2017 年，被美国 FCPA 处罚的在华外资企业达到 20 家之多。

二　中国企业“走出去”不合规的负面案例

近年来，一批“走出去”的中国企业因为不合规，受到国外机构处罚，损失相当惨重，教训也相当深刻。

1. 中兴通讯违反美国出口管制被罚事件

中兴通讯因在2010年1月至2016年3月，向朝鲜和伊朗出口装有原产美国的通信装备，违反了《美国出口管理条例》和《伊朗交易与制裁条例》。2017年3月，中兴通讯向美国政府支付了约12亿美元的刑事和民事罚金，结束美国对中兴通讯的调查并达成和解。其中，美国商务部工业与安全局与中兴通讯达成协议，3亿美元罚款暂缓支付。是否支付将依据未来七年中兴公司对协议的遵守，并继续接受独立的合规监管和审计的结果而确定。中兴通讯成为因违反美国出口管制而被罚款金额最大的中国公司。

2018年4月16日，美国商务部又称，中兴通讯在给美国商务部2016年11月30日函件以及2017年7月20日函件中存在虚假陈述，指出中兴通讯没有完全执行和解时的承诺，对过去违规的整改措施执行不到位，尤其是没有对中兴通讯主动提出的35名涉事员工进行处罚，甚至还发放了全额奖金，进而美国商务部做出为期7年激活拒绝令的处罚。这意味着，中兴通讯将被禁止以任何形式从美国进口商品，对于严重依赖从美国进口芯片等元器件的中兴通讯来说，被美封杀将导致公司生存危机。

贸易合规是企业合规管理的重要领域。中兴通讯被美国处罚的事件发生在中美贸易摩擦大背景下，给中美贸易谈判带来了不利影响。就企业本身违反美国出口管制条例而言，中兴通讯最高管理层明明知道不能做，却执意而为。这说明中兴通讯最高管理层没有合规意识，整个公司没有合规文化，所有的合规管理制度形同虚设。中兴通讯用数十亿美元甚至企业的生存作为代价换来了深刻的教训，即我国企业国际化经营，要把合规作为公司国际化战略的基石。合规经营，应该是企业制定“走出去”战略的前提与硬性条件约束，值得我国“走出去”的企业铭记。

2. 中国银行涉及反洗钱在意大利被罚

中国银行于2017年2月17日同意支付60万欧元的罚金，就该行米兰分行的洗钱案达成庭外和解。意大利佛罗伦萨检方宣称，在2006年到2010年，住在佛罗伦萨和附近的普拉托的297名中国人洗钱超过45亿欧元（相当于47.8亿美元），这些非法所得款项来自逃税、卖淫、剥削非法劳工及处理假货。当中近一半资金是通过中国银行米兰分行汇出，中行米兰分行因此获得逾75.8万欧元汇款佣金。法庭还要求中国银行交还非法所得。同时，4名员工因没有将涉案的非法资金周转向上汇报，并掩盖了资金的来源和目的流向，涉洗钱罪获刑2年，缓期执行。

这是一起中国银行“走出去”因违反国外反洗钱规定被罚案例。近年来，“走出去”的中国银行中，包括中国工商银行、中国农业银行、中国建设银行等中资银行都因违反国外反洗钱规定而受到了处罚。事实上，中国银行业在海外发展过程中，面临反洗钱的合规风险非常严峻，需要不断完善反洗钱管理及防控制度，并履行法定的尽职调查、对可疑交易的监控和举报等反洗钱义务和责任，持续提升反洗钱风险管理能力。

3. 中国海外公司因被列入世界银行黑名单而被禁止参与承接该行的项目

世界银行规定，企业在参与世界银行项目时，如果违反世界银行的采购指南，参与投标的公司或者个人就会被该银行列入黑名单，禁止在一定的时间内参与该银行的项目。截至2018年5月17日，世行黑名单中的中国企业和个人，共计76个。

比如，正太集团及其20家附属公司因违反采购指南条款于2017年4月被列入世行黑名单，制裁期为15个月。世行的调查显示，正太集团在中国安徽基础设施工业安置建设项目中，为了满足投标要求，提交虚假合同(包含虚假工期、虚假合同金额)。世行在评标阶段取消了正太集团投标资格。

又比如，2015年5月29日，世行宣布禁止中国葛洲坝集团若干子公司参与世界银行拨款项目，禁令期限不等。上述公司在独立投标相关项目时，违反了世界银行关于禁止同一集团旗下多家实体重复投标同一项目的投标规定。根据世行与葛洲坝集团签订的协议，葛洲坝第1工程有限公司、葛洲坝第5工程有限公司和葛洲坝第6工程有限公司承诺与世界银行诚信团队合作，并按要求启用与世行诚信合规守则一致的公司合规计划。

近年来，世界银行等国际组织纷纷强化合规管理。企业参与世界银行的招标项目，若没有遵守其采购合规政策，就会被列入黑名单。这不仅对企业的当期经营业绩产生重要影响，还会给企业的信用、声誉带来不良影响，从而影响企业的长期绩效。企业被世界银行列入黑名单后，其他国际银行或者企业可以通过信息共享和检索查到企业的违规历史，导致企业在涉外信贷与合作中受到限制，影响企业国际化发展。

三 中国企业“走出去”重视合规的正面案例

目前已有一批走向世界的中国企业建立了企业合规管理体系。通过强化合规管理，完善企业的合规管理制度，可以防范海外经营的合规风险，促进海外业务持续稳健发展。

1. 吉利公司把合规作为基础设施

吉利公司通过一系列跨国并购迅速成长为源于中国的全球公司。吉利公司总裁李书福意识到，走向世界的吉利需要构建一种跨越国界、跨越宗教信仰、跨越语言、跨越肤色界限的完全自由的追求商业成功的全球型企业文化。2014 年吉利公司开始培育合规文化。公司从识别和评估企业存在的合规风险入手，建立了合规制度体系，完善了合规运行机制。强化合规文化为实现企业构建全球型企业文化的目标奠定了基础，也为吉利软实力提升创造了条件。2018 年，吉利集团斥资 90 亿美元入股德国企业戴姆勒。在入股之后，德国总理默克尔公开表示，中国企业吉利收购戴姆勒股份目前看来不存在违规行为。从德国总理的表态，我们看到企业国际化发展中合规的重要性。

吉利公司案例说明，中国企业也能做好合规工作。企业做好合规管理工作的秘诀在于公司第一把手重视合规并推动合规体系建设，这是企业做好合规工作、建设合规管理体系的必要条件。比如，吉利公司李书福董事长多次强调，合规承载着吉利的梦想，吉利搞合规是发自内心的，相当于在搞基础设施建设。

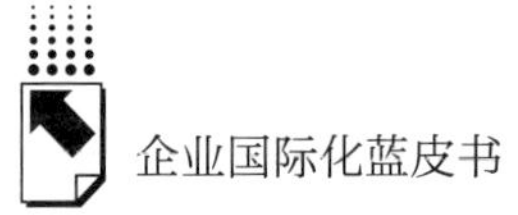

2. 中海油积极引导海外员工合规从业

中海油把安全合规运营作为海外立足之本，遵守业务所在国家和地区的法律法规，在深度融入全球化的进程中，尽力为利益相关方创造最大价值，带动当地经济发展，为海外客户提供更好的产品和服务。中海油制定了境外机构及员工行为准则，针对海外合规重点领域编制了《海外反贿赂合规工作指引》《海外资产管理办法》《利益冲突管理办法》等。

事实上，2013 年中海油因海外公司在从业过程中面临着合规风险，并向总公司提出了境外从业中对合规管理的需求。由总公司牵头，中海油制定了境外机构及员工行为准则，完善了部分合规管理制度。近年来，中海油不断落实合规管理制度，使得海外业务实现了合规运营。

3. 中国交建集团从“违规操作”到“合规经营”

塞尔维亚泽蒙大桥项目总造价 1.7 亿欧元，含跨多瑙河 1500 米大桥及其附属 21 公里连接线，由中交建集团旗下的中国路桥公司负责设计、施工。项目地处欧洲，而欧洲基建市场对合规要求极高，不坚持合规经营会给项目、企业带来极大的风险，甚至会影响国家的声誉。因此，中国路桥在项目开发、实施各个阶段都严格坚持合规经营。具体做法是：在当地采购环节，严格按照驻外机构当地采购招标限额、招标流程实施，保证了采购环节的透明、公正、公平。在合同合规管理环节，通过采用塞尔维亚当地英文版合同标准范本，有效规避了合同风险。在捐赠环节，按照捐赠与赞助合规管理规定，与受赠人签署了捐赠协议，严格履行了审批流程和审核手续，并按规定向受赠人收取了合法、有效的收款凭证。

中国路桥公司曾在 2009 年因违反世行欺诈和腐败政策被列入黑名单，制裁期长达 8 年之久。意识到海外合规经营的重要性，中国路桥的母公司，中交建 2011 年左右在对公司海外业务深入研究的同时，还研究国家相关法律法规、世界银行合规要求、国际合规惯例以及国际最佳实践。与采购、投标、合同、付款、捐赠与赞助、业务招待、员工行为和第三方管理八大高风险领域的管理现状与最佳实践进行对标，找出了合规管理的薄弱环节，参照最佳实践提出了改进方向。同时，公司制定了《海外业务合规管理办法》，将完善的组织机构和制度体系作为开展合规管理的重要前提和基础，形成全员参与、职责清晰、全程监督的合规管理格局，帮助企业增强合规风险管控能力。

四　小结

通过以上案例，我们可以比较全面地了解到中国企业“走出去”时在一些重点领域面临的合规风险，也看到了一些企业通过建立合规管理体系使合规风险得到有效的管控。因此，对于“走出去”的中国企业来说，在制定“走出去”战略、开展海外投资经营、退出的整个过程中，都要把合规的价值理念融入其中，做到人人、时时、处处合规。在全球商业领域强化合规趋势背景下，企业因不合规带来的红利终将消失，合规才能为企业持久地创造价值。事实上，企业建立有效的合规体系已经在很大程度上成为治理完善的标志之一，并且在并购交易、投资合作过程中成为商业合作伙伴考察的重要内容。如果企业建立并实施适宜的且有效的合规管理体系，将有利于在国际市场中与利益相关方建立起信任关系，成为其正面品牌形象和国际竞争力的重要组成部分。

B.10
欧美等国家外资安全审查的趋势、内容与应对策略

卢进勇　李小永　韦洪斌*

摘　要：随着中国对欧美地区对外直接投资规模的不断扩大，中国受到欧美等国家的外资安全审查也越来越多。欧美等国家外资安全审查在发展趋势和内容程序方面既存在共性，又存在异质性特征。本文从整体、行业、企业三个层面分析了欧美等国家外资审查的现状与趋势；在此基础上，分别阐述了美国、欧盟、德国等国家或联盟在外资安全审查内容程序方面的各自特征；最后，针对我国企业“走出去”过程中面临的欧美国家外资审查现象，提出相应的对策建议。

关键词：对外投资　外资安全审查　关键基础设施　关键技术

2014年我国首次成为资本净输出国，伴随着“一带一路”、亚投行、丝路基金、金砖银行等一系列新倡议、新措施、新机制的产生，我国企业“走出去”的步伐逐渐加快。但是，在近年来中国企业海外投资过程中，源自东道国的外资安全审查日益增多，特别是来自欧美等发达国家的外资安全审查越来越频繁，致使我国企业海外投资活动的开展频频受阻，外资安全审

* 卢进勇，对外经济贸易大学FDI研究中心主任，教授，博士生导师；李小永，对外经济贸易大学法经济学专业博士研究生；韦洪斌，对外经济贸易大学国际商务专业硕士研究生。

查已成为现阶段我国企业“走出去”面对的一个重大挑战。目前学术界对外资安全审查还没有特别明确的定义，一般来讲，就是指东道国基于各种目的，对外来投资进行的相关审查；具体而言，外资安全审查就是出于维护国家安全、防止垄断、防止技术泄露、保护劳工权利、保护环境各种原因，对于外来投资进行审查，并且采取措施影响外国投资，引导或者迫使其修正其投资行为的一系列的法律制度。对当今欧美等发达国家的外资安全审查现状、趋势、内容及程序等方面进行阐述及分析，有利于我国企业在进行海外投资决策时更精确地评估投资风险，主动应对欧美等国家的外资安全审查，优化投资策略，保障中国投资者利益。

一　欧美等国家外资安全审查的现状与趋势

（一）整体层面

近年来中国资本的不断海外扩展给全球资本格局带来了巨大冲击，特别是在最近几年，在全球贸易投资保护主义再次兴起的大背景下，欧美国家基于“国家安全”、担心技术竞争力丧失、增加与其他国家对外开放谈判筹码、扩大国际投资规则制定话语权等方面的考虑，欧美国家的外资安全审查力度和数量逐渐增加。以美国为例，2005～2016 年美国对外资审查数量总计 1410 宗，其中 2005 年仅有 64 宗外资审查事例，最近几年外资审查数量连续增加，2016 年已高达 172 宗，需要指出的是，在美国外资安全审查的对象国中，对来自中国的外资审查数量已经连续五年位居榜首。2018 年 8 月，美国总统特朗普正式签署了《外国投资风险评估现代化法案》，该法案的生效使美国外资安全审查机制进一步加强，并且，该法案新增了专门针对中国投资的部分，将来自中国的投资作为重点审查对象。自美国于 20 世纪 70 年代逐渐建立外资安全审查制度后，欧洲国家如德国、英国、法国等主要外资吸收国也开始探索外资安全审查制度的建设。相比于美国外资安全审查力度，欧洲国家的审查力度一直相对较松，其中，欧盟国家在外资审查方面更是长期呈现松散管理和低限管制的特征。但在最近两年内，欧洲国家的外资安全审查制度和法律不断建设和修订，逐渐加大了外资审查力度。2017年7月，德国联邦内阁会议通过了《对外经济法》实施条例的修订，成为欧洲首个收紧外资并购的国家；2017年9月，欧盟公布了“欧盟外资审查新框架”的提案，试图建立各成员国外资审查机制均应遵守的整体框架，预计该框架的立法草案也即将公布；英国也于2017年10月提出了加大外资并购英国企业的审查力度的相关建议。整体上看，欧美国家的外资安全审查力度在接下来一段时间内仍将进一步加大。

（二）行业层面

从外资审查行业来看，最近几年欧美国家突破了传统国家安全行业，外资审查行业不断扩大，逐渐将关键基础设施行业和高科技技术作为重点审查行业。美国指定的关键基础设施行业几乎涵盖了美国绝大多数行业，尽管美国外资审查只针对这些行业中的一些“特定交易”，但对这些“特定交易”进行判定时，缺乏明确的判定指标，比如“对美国国防工业基础设施影响较大的产品或核心技术”的交易被认定为“特定交易”，但美国没有说明如何衡量这种影响程度[①]；此外，在《外国投资风险评估现代化法案》中，美国还扩大了“关键技术”的界定范围，将美国具有领先优势的“新兴和基础技术”也归纳到审查范围。在欧盟外资审查新框架的提案中，欧盟特别强调了涉及核心基础设施和核心技术的行业的审查，包括能源、交通、电信、人工智能、机器人、半导体、航空、网络安全等行业。而在德国新修订的《对外经济法》和英国的加大外资安全审查力度的提议中，也都特别提到了基础设施领域和高科技技术行业的外资并购审查，如量子技术、多用途计算机技术、云计算服务等行业[②]。其中，新修订的《对外经济法》规定，

① 胡振虎、贾英姿、于晓：《美国外资国家安全审查机制对中国影响及应对策略分析》，《财政研究》2017年第5期，第89~99页。

② 王宇鹏：《欧美加严外资安全审查的趋势特点和分析建议》，《国际贸易》2018年第5期，第28~30、36页。

对涉及“关键基础设施”的外资并购交易实施强制申报制度，英国的提案中也建议对涉及英国关键技术领域且“具有至关重要功能”的交易实施强制申报制度。

（三）企业层面

从外资审查的重点目标企业来看，欧美国家对外国国有企业和国家控股企业的审查力度越来越大。美国一直都注重对外国国有企业和国有资本的审查，并明确规定海外国有资本投资者需提供相关信息，如国有企业高管在本国政府部门或军队的历史任职信息、本国与美国的外交政策等。加拿大对国有企业的审查标准明显高于非国有企业。无论在欧盟外资审查新框架的提案中还是在德国新修订的《对外经济法》及英国的加大外资安全审查的提案中，都对外国国有资本做了具体的针对条款，特别是针对中国国有企业的外资并购交易，这主要是因为它们认为中国国有企业往往具有较深的政府背景和较强的政治色彩，这些企业的并购交易可能是基于政府的一些政治意图，而非纯粹的经济活动，可能会威胁到东道国的国家安全。欧盟在新框架中提出将外资是否具有国有性质作为是否涉及国家安全利益的一个重要衡量因素。

二　欧美等国家外资安全审查的内容与程序

（一）美国的外资安全审查

近年来，我国企业在美投资频频遇到阻力。比如，2013 年，双汇国际控股有限公司计划用 47 亿美元收购美国史密斯菲尔德食品公司，但是根据美国中部艾奥瓦州、密苏里州和其他几个州的法律，外资禁止购买当地的土地，这条法律使得双汇国际收购史密斯菲尔德的计划宣告失败。2018 年，阿里巴巴旗下数字支付公司蚂蚁金服宣布放弃收购美国企业的速汇金国际，原因是美国政府相信该交易会对美国国家安全构成威胁。最终，这桩并购案以蚂蚁金服支付3000万美元的解约金收场[①]。表1罗列了我国近十几年来因美国外资审查而失败的并购案例[②]。

表1　因美国外资审查而失败的中国并购案例

年份	收购方	被收购方	标的行业
2005	中海油	优尼科	石油行业
2008	华为和贝恩资本	3COM	信息技术服务业
2009	中国西北矿业国际投资公司	FIRSTGOLD	金属矿藏挖掘业
2010	中国唐山曹妃甸公司	EMCORE	光通信业
2011	华为	3LEAF	电信业
2012	国家电网	AES风电资产	可再生能源
2015	金沙江创投	飞利浦旗下LED和汽车照明业务	半导体芯片行业
2016	清华紫光	美国西部数据	信息技术服务业
2016	华润	仙童半导体	半导体芯片行业
2017	TCL	INSEEGO集团旗下移动宽带业务	信息技术服务业

美国对外资的监管主要通过三种方式，一是对特定行业的外资准入进行限制，二是通过出台法案直接限制外来投资，三是以美国外资投资委员会（CFIUS）为代表的外资监管机构对外资进行安全审查[③]。相比于前两种方式对外资限制的明确规定，第三种方式，即CFIUS的外资完全审查，给外国投资者的投资决策选择和投资成败与否带来了明显的不确定性。作为外资安全审查的主管机构，CFIUS成立于20世纪70年代，于1988年通过《埃克森－弗罗里奥修正案》正式具有了外资安全审查的权利。根据2018年8月立法的《外国投资风险评估现代化法案》，CFIUS在外资安全审查程序、审查内容、审查权利等方面都有了进一步的强化或修改[④]。

---

① 石岩：《欧盟外资监管改革：动因、阻力及困局》，《欧洲研究》2018年第1期，第114～134、8页。

② 蒲红霞、葛顺奇：《美国的外资安全审查制度与我国企业跨国并购的对策》，《国际贸易》2018年第3期，第51～55页。

③ 林乐、胡婷：《从FIRRMA看美国外资安全审查的新趋势》，《国际经济合作》2018年第8期，第12～15页。

④ 冯纯纯：《美国外资国家安全审查的新动向及其应对——以美国〈外国投资风险评估现代化法案〉为例》，《河北法学》2018年第9期，第146～161页。

根据《外国投资风险评估现代化法案》，目前美国外资审查的程序如下：①外资审查申报。申报原则以自愿申报为主，强制申报为辅，其中，当外国政府持有国外投资者25%以上的股份，且该国外投资者计划收购美国企业25%以上的股份时，需实施强制申报。同时，该法案还提供了一种简易申报程序，即投资者可以通过陈述的方式进行申报，以代替以往的书面申报。②CIFUS在审查期内进行初步审查。该法案将初步审查期限由30天延长至45天。在这一期间，CIFUS或批准投资申请，或建议撤回投资申请，或将投资申请推入调查阶段。③CFIUS在调查期内进行调查。一般情况下调查期限为45天，但在特殊情况下，调查期限可在此基础上再延长30天。在这一期间，CIFUS或清案通过，或以“缓和协议”的形式通过，或将案件提交总统决策。④总统决策。总统在15天期限内最终决定是否通过投资申请。审查结束后，CFIUS将审查具体结果报告国会。当然，在外资审查申报之前，国外投资者还可以与CFIUS进行非正式磋商。

在审查内容方面，CFUIS主要通过关键行业、关键技术、敏感地域及与政府相关的资本四大切入点对“国家安全”范围进行界定。具体的审查内容见表2①。

表2　美国外资安全审查主要内容

编号	审查内容
1	并购削弱美国国防产品的国内生产情况
2	削弱美国涉及国家安全领域技术的全球领先地位
3	外国人控制国防产业或通过商业行为影响国防产业的产能
4	威胁美国关键基础设施和能源资产
5	威胁美国涉及国家安全的关键技术
6	对美国导弹、生化武器以及核武器不扩散行动和反恐行动构成威胁
7	威胁美国长期能源需求或重要资源材料的需求
8	军事产品和技术的交易对区域安全构成挑战
9	外国政府直接或间接控制美国的某一公司或产业

① 林乐、胡婷：《从FIRRMA看美国外资安全审查的新趋势》，《国际经济合作》2018年第8期，第12～15页。

在审查权利方面，CFIUS 加强了对外资的监管权。具体体现如下：①CFIUS对外资的重启审查权有所扩大，即已经通过安全审查的交易在后续投资经营中只要实质性违反了“缓和协议”或附加条件，CFIUS 就可以对该交易重启审查权。②提高了“缓和协议”减缓的要求，即与国外投资者协商签订“缓和协议”或附加条件时，CFIUS 必须考虑“缓和协议”或条件的有效性、可遵守性及可监督性。③CFIUS 的行动不受司法审查，投资者行使申诉权的空间变小。

从以上看，美国最新的外资审查机制在一定程度上收缩了外资开放空间，不利于国外投资者对美投资活动的开展，但就整体投资环境而言，美国近年来实施了诸多投资自由化和便利化措施，这或许可以抵消外资安全审查所带来的负面影响。不过需要指出的是，在《外国投资风险评估现代化法案》中，在对关键技术进行重新界定的同时，美国还列出了“特别关注国”名单，并要求 CFIUS 加强对“特别关注国”外资的审查力度。中国作为“特别关注国”名单中的国家之一，在今后对美国实施投资时，更应对其外资审查机制有充分了解。

（二）欧盟的外资安全审查

和美国不同，欧盟不是一个统一国家，而是一个地区性的国家联盟，欧盟成立的目的之一就是促进资本的自由流动，所以欧盟层面类似美国外资投资委员会的制度并不存在，但这并不意味着欧盟对于外资没有任何限制。欧盟对于外资的审查主要基于两个方面，一个是能源方面，另一个是对于主权财富基金的监控。

从能源方面来看，由于能源行业的重要性和敏感性，传统上能源供应的安全稳定主要是通过对外资的限制来实现。如欧盟法律中针对能源行业的“所有权分割的概念”，即拥有传输系统的企业不能同时拥有生产设施，即通过反垄断的形式来维护能源安全，对于中国企业尤其是能源企业，要了解所有权分割的概念，不要在全产业链并购，以避免遭受欧盟委员会和欧洲法院的审查。

从主权财富基金来看，因为主权财富基金具有较强的政治性，因此其在东道国的投资行为容易受到关注，2008 年，欧盟委员会通过了《欧盟关于主权财富基金的共同方式》，建议欧盟各国对于主权财富基金统一管制，但是该文件只是行动大纲，并不具有细节操作性，对于中国企业来说，重要的还是要增强透明度，以避免引起怀疑。

和美国不同，欧盟各国情况比较复杂，各个国家之间的经济发展差距较大，对于外资的欢迎程度也不同，因此很难形成统一并且具有可操作性的类似美国的针对外资的法律。

值得注意的是，2017 年 9 月，欧盟公布了欧盟框架下的外资审查建议，随即引起热烈讨论，但是由于欧盟各国大多不愿意将过多的国家权力让渡给欧盟，笔者对于欧盟层面在短时间内最终形成统一的，可以严格约束所有欧盟国家的外资安全审查机制并不看好。

（三）德国的外资安全审查

2012 年，我国潍柴动力斥资 7.38 亿欧元收购了德国叉车企业凯奥集团约 25% 的股份，该笔投资一时也创造了中资企业对德投资的纪录。德国作为欧盟第一大国，经济发展良好，对外资较友好，法律制度健全，和中国有着悠久的经贸关系，德国是中国对欧投资的第一大目的国，根据安永公司对 400 家中国企业的调查，在这些企业中，有近三分之二把对欧投资首选国设为德国，德国在欧洲的重要地位可见一斑。就德国的外资安全审查来说，可以从三个方面展开，分别是外资审查的主体，外资审查的法律和外资审查的程序。

从外资审查的主体来看，外资审查的主体是联邦经济与能源部（以下简称经能部），该部门有权对外资进行审查，必要时可以和德国财政部、德国联邦银行联合行动。

从外资审查的法律来看，在德国，对外资进行规制的主要是《对外贸易和支付法》（以下简称《支付法》），在 2009 年之前，这部法律并不针对外资，而是对内资外资一视同仁，共同管理，但是随着中国等新兴经济体的发展，大量外资进入德国，尤其是其中许多外来投资都带有国外政府的背景，这给德国的社会和政坛造成了不小的冲击，使德国心生警惕。2009年是一个转折点，该年，德国对支付法进行了修订，从此支付法变成德国专门对外资进行审查的法律。根据《支付法》规定，当外资占有德国企业超过25%的股份时，德国联邦经济与技术部有权对该外资进行审查，以判断该外资是否威胁德国安全。与美国相同的是，对于国家安全的定义，《支付法》并没有做出明确的规定，这样做主要是为了更好地维护国家安全。

从外资审查的程序来看，德国的外资审查采取自愿申报制。虽然是自愿申报，但是如果没有申报，则可能会被经能部叫停。全部的调查可以分成两个阶段，第一个阶段，经能部可以决定是否对外资进行审查，这种决定的时限是被调查企业签署并购合同起三个月，如果三个月内经能部没有发起审查，则视为自动放弃该权利。

第二个阶段，一旦发起审查，经能部会要求企业提交相关材料，在企业提供材料以后，如果一个月内经能部没有启动审查程序，可以自动视为通过。在启动审查之后，经能部会在两个月内进行审查，并给出审查结果。该审查也可能会联合其他部门共同开展。一旦审查不通过，经能部必须上报德国联邦政府，基于审查不通过的外资并购，经能部有两个可以选择的处置方式，第一，限制外资行使表决权；第二，直接终止该投资行为。

值得注意的一点是，美国的外资审查中，有非正式磋商环节，外资在决定进行投资前，可以和委员会先进行非正式接触，以提前消除安全隐患，而德国并没有类似的规定。

（四）其他国家的外资安全审查

澳大利亚有着得天独厚的气候条件和丰富肥沃的土地资源，早期大量外资进军澳大利亚的房地产行业和农业，在澳大利亚大肆买房圈地，引起澳大利亚的警觉，因而澳大利亚的外资审查主要针对房地产和土地资源。

法国外资政策一向保守，对于外来投资有着种种限制，并且其外资审查法律和制度有着较强的不透明性和不确定性。其国家安全考虑的视角不仅有传统的经济安全、能源安全，更有文化安全等。

根据英国法律，英国政府有权对危害其国家安全的投资进行监管，英国原先身处欧盟之中，其开放程度一直很高，英国脱欧后其外资审查法律制度又横生许多不确定性。

三　中国企业应对国外安全审查的对策建议

（一）了解主要投资目的国外资审查法规

根据前文我们可以了解，欧美国家和地区关于外资审查的法律不同，制度各异。美国有委员会制度，但是具体的操作有不确定性。欧盟国家发展阶段不同，对外政策尤其是对华政策也有些许差异，至今仍未形成类似美国系统的外资安全审查。德国对外资占有股权的25%十分敏感，强调主动申报。欧美国家作为我国企业对外投资重点地区，我国的对外投资企业应该加强法律意识教育，增强相关知识培训，增进对目标国家和地区法律制度的了解，以适应各个国家的外资安全审查，从容应对外资审查。

（二）选择合适时机进入外国市场

一直以来，欧美国家的外资审查制度都具有明显泛政治化特征，特别是在近两年来全球经济保护主义日趋显著的背景下，海外投资时机的把握和选择对投资的成败也有着十分重要的影响。以美国为例，自特朗普上台以来，美国的单边主义、保护主义等经济政策层出不穷，针对中国制定了一系列贸易限制政策，这不仅是出于经济方面的考虑，更是出于政治方面的限制。中国企业如果在此敏感期对美进行投资，会较大可能和较大程度上受到美国外资安全审查的不公平裁决。

（三）优化企业股权结构，提高企业治理透明度

西方国家普遍对我国企业存在偏见，认为，我国政府对于一些关键企业和敏感企业有着很大的影响力，我国的许多企业在国外的分支机构在东道国窃取情报，同时，许多西方大国仍然固守冷战思维，把我国企业视为敏感技术的主要扩散者。这些错误观念的产生有比较复杂的历史和现实因素，要彻底改变欧美国家在这些问题上对我国企业的偏见，就需要在互信互谅的基础上，对我国海外投资企业的股权结构进行优化，并提高企业治理透明度。具体来说，投资企业可以通过吸收外资、民间资本等方式组建合资公司，降低国有资本在投资企业中的股权比重，以淡化投资企业的政府背景，使资本运作更加科学化、透明化、市场化，提高外资审查通过的成功率。比如，2010年国有企业北京亦庄国际投资发展公司与民营企业天宝集团成立合资企业，通过合资企业成功收购了美国 Nexteer 汽车部门，并顺利通过 CFIUS 审查。

（四）必要时可以选择终止交易

从实际的外资安全审查结果看，当东道国对国外投资者进行审查并最终撤销交易时，国外投资者的损失不仅仅是该次交易的失败，而且对其企业声誉也有很大的负面影响，投资者今后的其他海外投资活动也有可能受到更为严格的审查。因此，对于我国企业来说，一旦受到外资审查并有很大可能会得到否定性结果时，可根据自身情况，终止投资行为，这在某种情况下不失为一种明智的选择。事实上，在美国的外资并购审查案件中，约有一半以上的审查交易最终都以被审查方的主动撤销而告终。

（五）增强对权力机构的游说

通过上文我们不难发现，不论是美国外资投资委员会，还是德国的经济能源部，在外资审查方面，欧美国家对外资进行审查的机构，往往集中在少数关键部门，我国在国外进行投资的企业，一旦遭受到外资审查，可以集中精力与资源，对关键部门、关键人物利用各种方式对其进行游说，消除疑

惑，增强信任，实现互谅互让和互利共赢，我国企业的驻外机构还应该“多多走动”，建立科学合理的定期交流机制，不要等到被查了才临时抱佛脚，要积极融入东道国文化，从根本上实现互信。此外，我国政府还需积极推进与欧美国家之间的BIT签订与升级谈判，为中国企业海外投资营造良好的政策法规环境。

B.11

警惕和防范“技术冷战”思维冲击和影响我国创新驱动战略

赵 刚*

摘 要： 进入2018年，欧美先后向中国释放出“技术冷战”的信号，试图构筑一道针对中国的技术封锁线。本文从经济、科技、创新等方面发掘根源，分析了“技术冷战”思维的全球背景和中国因素，提出要走自力更生道路、加强创新驱动发展、对外更加开放和引导国际舆论三方面积极应对，推动科技创新为中国乃至世界经济社会发展做出更大的贡献。

关键词： 技术冷战 创新驱动 自主创新 对外开放

近期，美国、西欧等国家对与中国的技术合作收紧、限制，出现了一种技术冷战的思维，对中国企业在机器人、半导体等领域的技术、企业收购进行审查和控制。美国一些智库在报告中将中国的崛起列为西方发达国家特别是美国的头号风险，认为美中将在人工智能、超级计算等热门领域开展“科技冷战”，尤其是最近中美贸易战进一步升级，针对一些高科技产品征收关税，遏制中国的崛起。预计西方国家对中国的技术封锁将会持续较长一段时间。

* 赵刚，全球化智库（CCG）高级研究员，中国科学技术发展战略研究院研究员。

一　美国西欧等国家对华“技术冷战”思维根深蒂固

欧美对华发起“技术冷战”，既与经济、科技、创新发展的全球趋势密切相关，也与中国快速崛起后相对实力的变化有关。

（一）全球背景

从全球视野来看，只要有发展上的南北之分、文化上的东西之分，世界就不会是个统一体，国家间就不会停止竞争。“热战”或“冷战”的可能性始终存在。当前欧美“技术冷战”思维作祟，实与全球经济切换新动力、科技面临新突破、创新中心加快转移密切相关。

1. 世界经济发展正处在新旧动能转换时期

目前，全球经济还没走出2008年国际金融危机的泥沼，原来老的经济增长模式已然行不通，全球各个国家已经达成共识，科技创新应该重新成为世界经济发展的主要动力，科学技术是第一生产力。创新技术与传统制造业、服务业的深度结合，给这些行业的发展注入新的动力。节能环保、新材料、智能制造、大数据等战略新兴产业加速崛起。世界各主要国家必然通过激烈的竞争赢得这轮发展的主动权。

2. 世界新一轮科技革命正在到来

世界科技发展迅猛，科技前沿领域呈群体突破之势，重大创新成果不断涌现，学科间相互交叉渗透，成果转化和产业化周期缩短。随着科技革命的迅猛发展，技术更新的速度加快，前沿技术创新与高端产业创业相互促进，呈现一体化态势。经济竞争已前移到原始性创新阶段，原始性创新能力已经成为国家间科技竞争成败的分水岭。

3. 世界科学中心正在向中国转移

17世纪后期，全球科技创新中心先后在英国、法国、德国、美国之间发生转移，总体上是集中在欧美等发达国家和地区，美国硅谷成为全球创新的圣地。随着世界传统的创新中心逐渐失去活力，以中日韩为代表的亚洲创新实力逐渐崛起，成为全球创新体系的重要组成部分。

（二）中国崛起

欧美对中国打“技术冷战”牌，与近年来甚嚣尘上的“中国科技威胁论”一脉相承。事实上，不仅欧美如此，日韩也包括在内，相关声音就一直没有停歇。中国在快速崛起，欧美、日韩等发达国家却并没有取得像以往一样的进步，甚至出现了停滞或倒退，这必然会产生心理的落差和抵抗。

1. 中西方科技差距缩小

中国科技在近代逐渐没落，尤其是明清时期与西方国家的差距变得越来越大。新中国成立后，中国开启了追赶之路。在1977年5月改革开放之前，邓小平同志尖锐地指出，“同发达国家相比，我们的科学技术和教育整整落后了20年”。但经过40年的改革开放，中国已经实现了全方位的崛起，在部分科技领域，如航天航空、人工智能、深海探测、生物医药等领域甚至达到世界领先水平，中国早已超越日本，成为世界第二大经济体，2017年中国经济增速对全球经济增长的贡献率为34.6%，因此，中国科技的崛起，也是建立在雄厚的经济实力基础之上。在人工智能领域，中国的专利数量、企业规模都已和美国不相上下，远超西欧发达国家。在高端制造领域，针对德国引领的工业4.0、美国推进的“工业互联网”，中国也提出《中国制造2025》。

2. 角色互换给对方造成的心理压力

自工业革命以来，西方主要国家科技实现了突飞猛进的发展，并因此拥有了十足的优越感。截至目前，西方国家在大部分科技前沿领域都处于领先地位，获得诺贝尔奖的科学家基本都来自欧美国家，中国只是缩小整体差距，在个别领域有所突破，但已引起西方国家的强烈不安。现在更是出现了消极的声音和对抗举措，这是这些国家在优越感逐渐丧失之后的应激反应。世界知识产权组织和康奈尔等机构发布的2018年全球创新指数报告显示，中国排名第17位，成为唯一进入前25名的中等收入国家。中国与西方国家的科技差距逐步缩小，使其原本拥有的优越感逐渐减弱，并转化为沮丧感。欧美国家虽没有中断与中国各方面的合作却很少对中国做出公平的评价，而是游走于两端，要么以“崩溃论”“怀疑论”唱衰中国，要么以“威胁论”孤立中国，充分反映了欧美这些国家对中国崛起的不适应而产生强烈的失落感和焦虑感。考虑到美国的全球霸权延续了几十年，西方的霸权地位更是历史悠久，这种想法不足为奇。

3. 中国崛起方式方法不被西方国家理解接受

由于东西方文化的差异，中国所采取的方式方法不易被西方接受。中国在经历一百多年的屈辱之后，重新迈入了正确的崛起之路，面对巨变的世界格局，中国需要以一种西方容易接受的方式融入全球体系，但是中国在此方面还缺乏经验，所采取的方式方法也比较简单，这是需要我们以后注意的。我们既无法学习美国当年的崛起之路，也无法走日韩的崛起之路，中国只能走出一条有中国特色的和平崛起之路。

二　面对西方国家的夹击中国该何去何从

面对欧美的“技术冷战”思维，中国必须增强战略定力，认真贯彻落实习近平新时代中国特色社会主义科技创新思想，创新驱动发展。一方面要坚定不移坚持中国特色自主创新道路，主要依靠自身力量把我国的科技发展强大；另一方面要坚定不移走对外开放道路，通过国际科技合作来共同应对全球性问题。

（一）加强自主创新

多年来，欧美国家对中国实施了异常严格的技术封锁，尤其在军事和高科技领域严防死守、用尽手段，力图将中国锁死在市场换技术的既定轨道上。但事与愿违，在国外重重阻碍下，中国非但没有被锁死，反而通过自强不息，激发了无尽的创新潜力，在航天航空、量子计算、超级雷达、北斗导航、大飞机、高铁、页岩气开发等一系列重要的领域硕果累累，实现了一个又一个弯道超车。面对欧美最新发起的“技术冷战”，中国应不惧封锁和遏制，仍然坚持自主创新，提升自身实力。

1. 改革科技体制，激发创新活力

习近平总书记在2016年的网络安全和信息化工作座谈会上明确指出，“可以探索搞揭榜挂帅，把需要的关键核心技术项目张出榜来，英雄不论出处，谁有本事谁就揭榜”。在很多科技领域，我国与欧美还存在较大差距，国家科技部门应该大胆打破现有体制，英雄不问出处，不问年龄，广聚天下英才，机会面前人人平等，让真正有能力的人登上舞台，发挥他们的能力，形成技术突破。

2. 科技创新要以企业为本

要以市场需求为导向，不仅要积极调动领军科技企业的积极性，更要让广大中小科技企业参与到创新中来。科技创新要以企业为本，调动一切可以调动的力量，推动官产学研金的深度合作，这其中最关键的是确立以企业为主导的合作机制，不能走以前以官员为主导的老路，不仅要让国家投入的有限的研发资金发挥作用，而且要引入社会资金和风险投资，形成全社会共同创新的氛围。同时要加强知识产权保护，捍卫企业的创新成果。

3. 新一代信息技术推动融合创新，重塑商业模式

当前，新一代信息技术的发展突飞猛进，日新月异，在为我们的生活带来便利的同时，新一代信息技术又带来很多新的变化，互联网技术正以它特有的优势，形成了新的平台化发展，也集聚了新的创新要素。创新的主体、创新的组织方式、创新的速度和创新的内容都在大量地发展演变。新一代信息技术与传统行业深度融合，不仅能为经济发展注入活力，还能让传统行业焕发新生。

（二）坚持对外开放不动摇

面对欧美的“技术冷战”思维，消极对抗只是不得已的下策，开放合作才是主旋律。党的十九大报告指出，“中国坚持对外开放的基本国策，坚持打开国门搞建设”。

1. 积极参与并组织国际大科学计划和大科学工程

党的十八届五中全会首次提出，我国应积极提出并牵头组织国际大科学计划和大科学工程，随后这一决策被写进《“十三五”国家科技创新规划》，国务院近期又正式发布了《积极牵头组织国际大科学计划和大科学工程方案》，国际大科学计划是人类开拓科技前沿、探索未知世界和解决重大全球性问题的重要手段，是一个国家综合国力和科技创新竞争力的重要体现。这是让中国整体科技实力迈上新台阶的重要手段。

2. 借助“一带一路”平台扩大对外科技交往

我国政府倡导的共建“丝绸之路经济带”和“21 世纪海上丝绸之路”得到沿线大多数国家的支持拥护，欧美虽整体科技实力强大，但在某些领域，巴西、印度、俄罗斯、南非、墨西哥、韩国等国家也有各自的优势，我们要加强和这些新兴经济体的科技交往和合作，对待欧美技术强国，我们也要采取广泛合作的策略，不要紧盯某一两个国家，只有这样才能进入健康良性循环。

3. 建立多层次的科技合作方式

中国崛起受到以美国为首的西方国家强烈的反弹，主要是中国崛起之迅速和一些急于求成的做法超出了欧美国家的心理接受范围，针对这种情况，我们要充分考虑对方的立场和需求，在以后的科技合作中，建立多层次的科技合作方式，尽量做到优势互补，利益互享，让中国的合作伙伴都能分享中国开放和发展带来的红利，真正促进人才与技术产业的深度融合。

（三）引导舆论走向

面对欧美的“技术冷战”，中国不仅要在技术上发力，打造自身的技术硬实力，同时还必须重视软实力建设。欧美“技术冷战”并不只限于政府和科技界，媒体、智库也在其中发挥着重要影响作用。部分媒体的立场并不能做到客观中立，甚至故意抹黑、造谣，使得“技术冷战”思维可能在普通民众之间也会扎根，对立的社会情绪持续进行发酵，这种潜移默化的影响会造成很多潜在的危害，对中国的大国形象造成无形的损伤。中国必须主动出击，争夺国际话语权。

1. 加强中国对世界科技贡献的宣传

通常来说，随着一个国家越来越富裕，其在科学研究方面也越来越见长。那么中国正在崛起为一个科学大国就是很正常的事情了。据南京大学的谢庆南和美国权威经济研究机构 NBER 的理查德·弗里曼（Richard Freeman）研究称，世界一直低估了中国对科学的贡献。全中国地址论文在全球论文引用量中所占的比例，从 2000 年的 7.4% 上升到 2013 年的 19.5%。中国科学的研究质量也可以通过它对世界顶级期刊《科学》和《自然》的贡献来衡量。在这两本期刊中，发表的全中国地址论文 2000～2016 年的增长都是惊人的。因此，中国需要努力宣传中国科技发展对世界的贡献，引导各国放弃偏见，坚持和平共同发展的道路，推动共建人类命运共同体。

2. 外交服务于科技

欧美“技术冷战”思维在经济发展的多个层面均发挥影响。近期特朗普政府发起的“贸易战”，就不仅仅是表面上的贸易问题，对中美科技交往亦具有深层次的影响。中国要打破这种封锁，就不能仅从科技出发，而要在外交、经贸、军事、科技、人文等不同领域共同作用。

三　结语

当前，世界经济呈现向好的势头，各国都在谋求更快地发展，这有利于促进国家间的合作，但同时也为国际社会拉开了激烈竞争的序幕，特别是美国特朗普政府掀起的贸易保护主义，为世界发展增加了很大的变数，“技术冷战”实际上不冷，表现在国际贸易领域已几乎“擦枪走火”。

中国进入 21 世纪后，走在“大国崛起”的快车道上，遭遇欧美“技术冷战”并不奇怪。中国与传统强国能否共同越过“修昔底德陷阱”，是对双方共同的考验。事实上，科技合作并非是只对中国一方有利，而是一个双赢的结果。欧美国家在生态失衡、环境污染、资源短缺、恐怖主义等诸多方面需要中国科技的鼎力支持，而且，任何技术封锁都是互相的，中国也可以对西方国家说不，2017 年 5 月 26 日，中国商务部发布 2017 年第 28 号公告，为维护国家安全，对指定标准的耙吸式挖泥船、绞吸式挖泥船、斗式挖泥船、吸沙船、自航自卸式泥驳等大型工程船舶实施出口管制，未经许可，任何单位和个人不得对外出口。

总之，中国不能决定欧美国家采取怎样的策略，这是一个互相博弈的过程，最终会得到一个大家都能接受的结果。从中国自身的角度，我们要坚定不移地坚持走创新驱动发展之路，扩大对外改革开放，与友好国家积极合作、共同发展、互利共赢。

对　策　篇

Strategy Recommendations

B.12
初探中小企业“走出去”的困境与解决方案

吴　赟*

摘　要： 本文针对处于产业成熟期的内需导向型中小企业如何“走出去”这个主题，以江苏联领智能科技股份有限公司为案例，探讨了“该不该”走出去，“何时”、“如何”以及走到“哪里”去的问题。笔者认为所处行业或主要产品如已进入成熟期，“走出去”是企业持续发展的有效途径，但首先要加强管理，在国内做强。其次要早做准备，积极布局，时机一到立即付诸行动。再次，鉴于中小企业势单力薄以及缺少海外经验等劣势，建议采取合资合作或者“抱团”的方式走出去。最后，投资地的选择应以当地产业发展前景为主要前提。

* 吴赟，京都大学经济学博士，日本德山大学经济学部经济学专任讲师。

关键词： 中小企业　成熟产业　对外直接投资

一　研究背景

近年来，随着改革开放的深入，在不断扩大的内需以及产业国际分工日益加强的大环境中，我国的中小企业数量迅速增加，已经成为国民经济的重要力量。据工信部中小企业发展促进中心主持编写的《中国中小企业发展年鉴》显示，截至2001年底，中小企业数量占全国企业总数量的95%，为我国贡献了53%的工业总产值，从业人员数占全国企业总从业人口的64%①。而现在中小企业的比例已经上升到99%，并完成了70%以上的发明专利，提供了80%以上的新增就业岗位②。中小企业对中国经济的重要支撑地位不言而喻。

从中小企业面向的市场来看，已有很多企业作为国际产业链的一部分，直接参与国际分工，属于出口导向型企业。但更多的企业，是以国内需求为导向，主要向国内市场提供产品和服务，属于内需导向型企业。这些内需导向型企业在经过了一番新生和成长之后，逐渐步入成熟期。然而，此时的国内市场同质竞争激烈，有些行业的产品供给难以在国内消化。例如服装产业，在近十几年的快速发展后出现了总体产能过剩问题，以致近几年频频出现服装纺织企业“倒闭潮”③。“走出去”无疑是绕过国内竞争，通过开拓海外新市场来维持生存和发展的有效方法，然而中小企业要如何“走出

① 《中国中小企业发展年鉴》编委会编《中小企业发展年鉴2003》，中国经济出版社，2004，百分比由笔者根据第234~235页的统计数据算出。

② 这是国家发改委秘书长李朴民在出席“2017中国中小企业发展大会暨第11届中小企业节”（2017年11月29日至30日，上海奉贤）时给出的数据。搜狐网：《2017中国中小企业发展大会在上海奉贤举办》，2017年11月30日，http://www.sohu.com/a/207528451_118392，Accessed August 20，2018。

③ 朱平平：《中国服装市场产能过剩，过半企业濒临淘汰》，《服装新闻》2016年4月21日发布，http://news.efu.com.cn/newsview-1156262-1.html，Accessed August 20，2018。

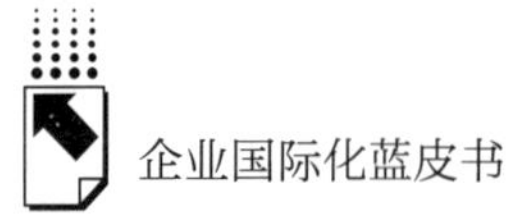

去”？这是困扰很多中小企业的一大难题。

目前对企业“走出去”的研究主要集中于大规模跨国公司。这种现象在我国学术界明显存在，不管是理论性探讨还是案例分析，大规模跨国公司都起着模范作用。而在数量上占绝大多数的中小企业，在企业国际化研究中并未得到充分讨论。不过，近来一些学者已经开始重视中小企业，并针对中小企业国际化过程中出现的诸多现象和问题进行考察。例如，全球化智库（CCG）在宏观政策方面探索了中小民营企业海外迅速发展的原因，在其研究编写的《中国企业全球化报告 2017》中指出，“政策支持是中小企业‘走出去’的主要推动力。在政策上，中国积极支持中小民营企业利用全球要素，优化资源配置，积极融入全球产业链和价值链”。并且，针对中小企业势单力薄、融资困难等问题，提出“抱团出海”、建立“政府 + 银行 + 担保 + 保险”多方参与、风险共担的融资模式等一系列政策建议①。一些制度经济学者也试图在制度理论的框架下理解政策制度如何影响中国中小企业的国际化。如 Deng 和 Zhang（2018）将中小企业国际化分为国际化决策阶段（decision-making phase，国际化的初始阶段）和国际化发展阶段（international development，已经跨出国门，寻求海外市场的扩大阶段），并考察了制度质量在这两个阶段中的作用。他们将制度质量（institutional quality）定义为较少的政府干预（limited government intervention）、公平的法制系统（fair court system）、健康的融资市场（robust financial markets）和宽容的制度法规（lack of onerous regulations），发现制度因素对中小企业决策是否“走出去”的影响为负，而对已经走出国门的中小企业在海外的发展有正向关系②。这也告诉我们，对于中小企业的“走出去”问题，需要具体问题具体分析。

先行研究也注意到了微观层面，对中小企业的组织形式、发展战略、统

① 王辉耀、苗绿主编《中国企业全球化报告 2017》，社会科学文献出版社，2017，第 18 ~ 19 页。

② Ping Deng, Shuo Zhang, “Institutional quality and internationalization of emerging market firms: Focusing on Chinese SMEs,” *Journal of Business Research* 92 (2018) 279 - 289.

治结构、对外关系等经营管理方面的特质进行观察，分析它们与“走出去”的关系。例如 Zhang et al.（2016）对影响我国中小企业国际化的因素从企业的结网（network ties）、国际化创业精神特质（international entrepreneurship characteristics），以及企业所有权（firm ownership）这三个方面进行了考察。通过对江苏省 117 家有外贸出口业务的中小企业的问卷调查发现，对非国有中小企业而言，政治结网（political ties）比商业结网（business ties）更能影响企业的国际化创业精神（具体指以下三个指标，即在国际化中的创新、积极性、风险承担），而对国有中小企业而言，商业结网的影响则比政治结网更有作用①。

这些先行研究让我们加深了对中小企业国际化行为的理解，同时也为我们在具体问题具体研究时提供了一些有用的分析框架。但笔者认为先行研究缺乏对中小企业所属产业性质的考虑，特别是笔者所关注的从事成熟产业并属于内需导向型的中小企业，学界尚未有详细的针对性研究。而这些企业是处在“走出去”边缘的巨大后备力量，因此有必要了解这些企业的现状，分析它们现阶段“走出去”的优势和障碍，找出相应对策。

二　研究目的和方法

基于上述背景，本文以处于成熟期的内需导向型中小企业②为研究对象，主要研究目的是厘清“走出去”对这些企业的战略性意义，分析它们面临的挑战和机遇，为它们如何判断是否应该“走出去”，何时以及如何“走出去”做一个初步探讨。

---

① Xiao Zhang, Xuefei Ma, Yue Wang, Xin li, Dong Huo, “What drives the internationalization of Chinese SMEs? The joint effects of international entrepreneurship Characteristics, network ties, and firm ownership,” *International Business Review* 25（2016）522 – 534.

② 本文采用的中小企业的定义参照 2011 年 6 月 18 日发布的“工信部联企业〔2011〕300 号”的规定。本文研究对象的工业中小企业为从业人员 1000 人以下或营业收入 40000 万元以下的企业。内需导向型指的是企业的产品和服务的绝大多数供应国内市场的需求。

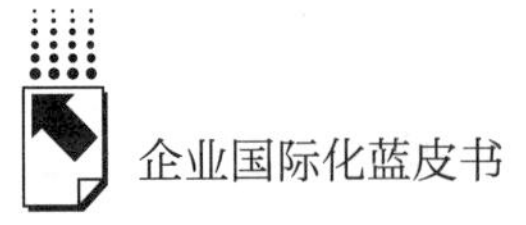

本文的研究方法，是在国际投资理论中的跨国经营发展阶段论和产品周期理论的认知下，进行案例分析。

跨国经营发展阶段论，指企业海外市场开拓的路径发展阶段理论。日本国际经营学者山崎清和竹田治郎把企业的跨国经营发展模式总结成由以下六个阶段构成的模型。

第一阶段，依赖国内出口公司阶段，也称为间接出口阶段。很多企业一开始的国外业务就是通过国内代理商、批发零售商、出口公司等把产品渗透到国外。但这种方法不利于获得目标国的市场信息，阻碍企业产品进一步渗入，这就促进企业向下一个阶段进展。

第二阶段，与外国采购商直接做生意的阶段，也叫作直接出口的初级阶段。这个阶段虽然与国外的中间商有了联系，有些企业也在目标国设立了代表处，但因为不直接从事进口业务，很难在当地进行积极的市场开拓，因此有必要投资建立海外销售子公司，进入第三阶段。

第三阶段，企业在海外目标国设立子公司，直接从事进口业务，通过目标国的销售商进行销售。这个阶段，企业把一部分经营资源延伸到目标国，只是市场营销和销售渠道都掌握在当地销售商手中，企业能掌握的市场状况仍然有限。于是，企业进一步向下一阶段迈进。

第四阶段，海外开拓自己的销售渠道和展开促销活动的阶段。这个阶段企业在目标国设立销售子公司，自己培养销售队伍，对产品的中间商、终端消费者直接进行销售。到此阶段，企业可以通过控制产品的零售价格，开展积极的促销活动，改善售后服务以及提高物流效率等措施，建立起一个能够掌握当地市场的强大系统。这也是直接出口的最终阶段。

第五阶段，实施海外生产、销售的阶段。随着海外销售规模的扩大和复杂化，在当地生产的优越性愈发明显，加上当地市场竞争、高关税和进口限制等因素，促使企业往这个阶段发展。

第六阶段，在当地研究开发自我完善的阶段。通常，企业在当地设立研发机构，将从本国引进当地的技术进行消化，面向当地市场进行微调；进行适合当地市场的研发；分担一部分全球性技术/产品的研发；与其他海外研究机构进行信息和人才的交流。通过这种研究所的设立，企业最终完成国际市场的渗透。①

这个模型让我们对企业国际化发展的大致趋势有个历史性、归纳性的理解。纵观当今许多发达国家的知名跨国公司，大多都顺次经历以上的发展阶段。当然这并不意味着所有企业要跨出国门，必须经历每一个阶段，有的企业可能一开始就是第三或者第四阶段，甚至是第五阶段。但在不同阶段，对企业提出的海外经营战略有所不同，因此，要讨论具体企业如何开展国际化活动，首先要明确企业当前所处的成长阶段。

本文展开分析的另一个理论前提是产品周期理论。这是美国经济学家雷蒙·弗农（Raymond Vernon）以产品生命周期理论为基础而创立的美国跨国公司的发展模型。他认为，一个产品具有特定的市场生命周期，即导入期、成长期、成熟期和衰退期。伴随着这四个时期，产品的技术发展大致经过三个阶段：产品创新阶段、成熟阶段和标准化阶段。

产品创新阶段，包括导入期和成长期前期，此时产品具有垄断优势，通过国内生产出口享受垄断利益。

成熟阶段，包括成长期后期和成熟期，在经过产品导入期和成长期后，产品逐渐被市场认知，国内外模仿者大量出现，竞争日趋激烈，并随着生产技术改进和经验累积效应的增加，企业的生产能力不断扩大，国内市场趋于饱和，出口成为主要生产目标。同时，原进口国或出现模仿生产者，或树立贸易壁垒限制进口，为了在原进口国市场上保持竞争优势，出口国开始向原进口国直接投资进行生产。

标准化阶段，即产品的衰退期。此时，产品在国内市场已经进入衰退期，而生产技术在国内外逐步得到普及，且生产工艺也已经规范化，与还处于产品成长期的国家相比，原产品生产国已经丧失了竞争优势，原产品进口国成为出口国。为了继续保持市场份额，原产品生产国向资源成本更低的第

---

① 山崎清、竹田志郎《テキストブック　国際経営［新版］》（有斐閣，1999 年），第 64 ~ 68 页。

三国投资转移生产。[①]

产品周期理论虽然是以美国为摹本于1966年提出的理论，但其内容对发展中国家技术集约型企业仍有指导意义，它告诉我们，延长产品生命周期是企业“走出去”的一个重要原因，并且，在不同的阶段，产品的比较优势和竞争要素各不相同，这些都决定着产品生产、出口以及对外直接投资的目的、决策和时机。

本文所选案例为江苏联领智能科技股份有限公司，通过该公司的发展历程来探讨内需导向型中小企业如何加强自身竞争力，在日益全球化的大背景下实现可持续发展。

三　案例分析

江苏联领智能科技股份有限公司[②]（Jiangsu Bealead Intelligent Technology Incorporated Company）

（一）公司简介

江苏联领智能科技股份有限公司是一家主营服装、家纺自动化生产系统以及电子商务发货包装自动化系统开发、集成和销售，为客户提供生产自动化控制系统解决方案及相关服务的综合企业。该公司于2007年9月14日在江苏常熟成立，从事计算软件相关的销售和服务。2011年全资子公司常熟市百联自动机械有限公司（以下简称百联机械）成立，开始研发服装生产自动化设备。2015年，成立苏州百联羽绒制品有限公司（出资55%），进军羽绒原材料市场。2016年3月23日，挂牌全国中小企业股份转让系统，公司更名为

---

① Raymond Vernon, “International Investment and International Trade in the Product Cycle,” *The Quarterly Journal of Economics*, vol. 80, issue 2 (may 1996), 190 – 207.

② 本文所使用数据和信息通过文献资料调查和公司相关人员访谈取得。除脚注注明之外，其余均出自访谈内容。在此特别感谢联领智能高管W女士，为本次调查提供了无私的帮助。对本文中如出现对联领智能的错误陈述，全部责任归于笔者。

江苏联领智能科技股份有限公司[①]（以下简称联领智能）。到2017年底，公司员工176人，实现营业收入1.3亿元，归属母公司所有者的净利润为568.99万元，子公司百联机械的营业收入额占公司营业收入的70.84%[②]。

（二）联领智能的发展和困境

1. 从企业生产流程优化业务中发现机遇

联领智能2007年创立之初为软件公司，主要代理百胜软件，通过向服装企业进行软件的销售、实施和服务，优化服装企业的生产流程。这使公司接触很多服装企业生产现场的问题，从服装生产工艺中了解到企业的管理需求，找到了自身发展的机遇。例如羽绒服生产中，通常的做法是先充绒，后缝制。将绒手工塞入羽绒服的前片、后片和袖子，然后再根据款式设计进行缝制。这种工艺方式所带来的弊端至少有三点：①缝制出现瑕疵。充好了绒的裁片在缝制阶段，下针的地方容易压到绒，造成跑绒，钻绒。②耗费大。充绒这道工序的操作必须是熟练工，而且绒的充入量也往往有10%的误差，造成质量不均。③工作环境恶劣。由于充绒需要手工操作，绒飘浮在空气中，通过呼吸进入人体，给健康带来隐患。这些问题联领智能看到了，但超出了生产管理软件所能解决的范围，这成为联领智能决定投资自动化设备的契机[③]。

2. 技术创新带来成长

2011年，联领智能成立全资子公司百联机械，成功研发了全国首台全自动称重充绒机。其核心技术为称重技术在家纺类充绒设备上的应用。机器可以根据目标设定克重实现多退少补，彻底解决了充绒工序费工费时费料等

---

① 《公司资料：联领智能（839117）》，证券之星，http：//stock.quote.stockstar.com/corp/brief_839117.shtml，Accessed August 23，2018。

② 江苏联领智能科技股份有限公司《联领智能2017年度报告》，2018年4月17日。全国中小企业股份转让系统，http：//www.neeq.com.cn/disclosure/2018/2018 - 04 - 19/1524126294_888379.pdf，Accessed August 23，2018。

③ 《“百联”充绒机 创新、独树一帜——访‘百联’公司总经理王晓峰》，中国缝制网，http：//www.cnsewing.cn/news.php？id =2185，Accessed August 20，2018。

问题。首先，非熟练工即可上岗操作，且充绒速度比人工快2～3倍。其次，裁片可以先缝制后充绒，避免跑绒钻绒，提高了羽绒制品的质量。再次，操作环境发生了根本性变化，绒封闭在机器里面与人完全隔离，很好地实现了充绒车间无尘环保改造。最后，充绒数据同步传输电脑，直接查询报表，实现了远程管理。全自动充绒机的研发，获得国家授权的专利16项，于2012年10月正式进入市场。

百联自动称重充绒机作为一个崭新的技术产品，很快就获得国内市场的认可。国内最大的羽绒服品牌波司登集团、艾莱依、优衣库、耐克、李宁、安踏和361°等国内知名品牌率先引进，2012年推出当年，就销售了超过200台（其中20台出口越南）①。同时，百联机械积极与客户互动，不断改进机器性能，丰富充绒机种类，以满足市场上的不同需要。从2012年到2015年，百联的充绒机销量持续上升，大约占据了中国全自动充绒机市场的90%（2016年开始由于仿制和替代品进入市场，比例有所下降，2018年约为80%），开辟了一个新的行业——全自动充绒机行业。2017年底，联领智能已成为拥有176名员工，年营业收入超过1亿元的实力企业。目前百联充绒机年销量在800～1000台。

3. 国际市场的开拓

联领智能在投资百联机械之初，就放眼世界，要“做世界上最好的充绒机”，积极向海外推广。推广形式主要通过招募产品代理和参展国内外相关行业的展览会。

产品代理商有一部分是联领智能自己培育发展的。例如青岛乐鼎工贸有限公司，只经营百联机器的出口业务。有一部分是通过展会和其他途径建立联系。目前，除国内代理商的出口业务外，海外代理商有数十家，分布在越南、孟加拉国、缅甸、印度尼西亚、法国、意大利等。

通过参展直接推广始于2012年。百联几乎每年都带着新产品奔走于国

---

① 《热烈祝贺百联充绒机远销海外》，百联机械官网，http://www.bealead.com/?news/9.html，Accessed August 20，2018。

内外各大专业展览会，至2017年底的6年里累计参加了100多场，“其参展足迹跨越4大洲、遍及全球20多个国家和地区的30余个城市”[①]。国内，百联参加的常规展有全球规模最大的缝制机械展览会——中国国际缝制设备展览会（CISMA）、中国国际服装服饰博览会（CHIC）、中国国际家用纺织品及辅料博览会、中国国际纺织制衣工业技术展等，加强了国内外潜在客户对百联的认知。例如，在2013年4月10日至13日的东莞国际纺织制衣工业技术展，百联3天就接待了500多组国内外客户[②]。

国外，百联充绒机在2014年开始巡展，先后参加了俄罗斯轻工纺织博览会、第25届越南纺织机械展览会、第12届印尼国际纺织机械展及服装机械展、第13届孟加拉国际服装、纺织工业机械及配件展、第23届越南国际工业展览会。百联把东南亚市场作为海外重点市场进行布局，把越南、印尼、孟加拉国、缅甸列为常规参展地，每年都前往参展。在此基础上，2015年，百联开始拓展欧美市场。由中国贸促会推荐，百联充绒机参加了在德国法兰克福举办的国际纺织品及柔性材料缝制加工展览会。展会上，百联接待了来自韩国、孟加拉国、罗马尼亚、保加利亚、突尼斯、立陶宛、土耳其、葡萄牙等新老客户，“阿迪达斯集团、路易威登集团、蒙克利尔集团等国际知名企业领导现场了解充绒机，自带面料，现场反复试充，给予百联充绒机高度认可”，展会结束后百联“前往阿迪达斯总部纽伦堡，安装充绒机，培训技术人员”[③]。2016年，国际纺织品及柔性材料加工展览会在美国举行，百联首次实现了北美展，并与北美地区的代理商建立起联系，取得了海外市场的新进展[④]。同年9月，百联为美国毛绒玩具连锁店 Build - A - Bear Workshop

① 《六年百场秀，百联充绒机凭实力“闯”世界》，百联机械官网，2018年1月15日，http：//www. bealead. com/？news/481. html，Accessed August 20，2018。

② 《百联充绒机强势登陆第十四届中国东莞国际纺织制衣工业技术展!》，百联机械官网，http：//www. bealead. com/？news/11. html，Accessed August 20，2018。

③ 《百联，法兰克福展会圆满归来》百联机械官网，2015年6月22日，http：//www. bealead. com/？news/51. html，Accessed August 20，2018。

④ 《参展美国试水北美市场　百联布局海外发展新方向》，百联官网，2016年5月10日，http：//www. bealead. com/？news/290. html，Accessed August 20，2018。

（BABW）定制50台玩偶充填机，分别应用在BABW位于美国、英国、德国、土耳其、泰国、阿联酋、卡塔尔的门店、部分国家的迪士尼店以及嘉年华邮轮项目中①。2017年，百联还把国际化的脚步跨入非洲，首次参加了在埃及开罗举办的第七届埃及国际纺织、编织、纺纱、缝纫、刺绣、针织、印染、整理机械及配件展（EGY STITCH&TEX）。

通过国内外的代理商和展会的推广，百联的业务范围已经覆盖全球20多个国家和地区，其中在越南的发展最为显著。百联充绒机的第一次走出国门，就是出口到越南的20台（2012年11月），在越南市场有了个良好的开端。2013年，百联与越南当地颇具实力的商贸企业越进东成（VTS）合作②，在胡志明和西贡分别设立代理机构，开发了一批越南客户。为了推进高效的本地化服务，百联在越南组织了越南的经销商和用户的骨干技术人员进行技术培训③。从《联领智能2017年度报告》分析，该公司海外业务大约占到公司总营业收入的30%（主营业务海外销售比例为7.68%，经销商销售占29.8%），而越南是海外业务中业绩最好的。

4. 面临的挑战

2018年，对联领智能来说将是挑战性的一年。公司的年度销售目标1.6亿元，在2017年业绩的基础上增加了3000万元。其中充绒机的目标为8000万~1亿元。但上半年公司的业绩非但没有增长，反而出现了大幅度下滑。据2018年8月24日发表的《联领智能半年度报告2018》显示，报告期内公司总营业总收入为50355093.65元，比上年同期下降9.38%，净利润比上年同期下降69.45④。营业收入的减少主要是主干产品充绒机，失去了往日的增长势头。百联的充

① 《Congratulations 全球500强BUILD - A - BEAR牵手百联》，百联机械官网，2016年9月22日，http://www.bealead.com/? news/351.html，Accessed August 20，2018。

② 《百联4月参展预告：年度新品“出征”越南》，百联机械官网，2017年4月1日，http://www.bealead.com/? news/414.html，Accessed August 20，2018。

③ 《百联首次大规模海外技术培训在越举行》，百联机械官网，2018年5月28日，http://www.bealead.com/? news/511.html，Accessed August 20，2018。

④ 江苏联领智能科技股份有限公司：《联领智能半年度报告2018》，2018年8月22日，http://www.neeq.com.cn/disclosure/2018/2018-08-24/1535098228_946952.pdf，Accessed August 24，2018。

绒机在2015年的巅峰之后，就停滞不前。公司忙于开发新产品，2015年开发自动发货包装机，2016年开发全自动裁片编号机、全自动羽绒分拣线等，对充绒机的研发力量涣散，机器的性能不稳定等质量问题没能得到很好解决，零部件更换频繁，客户的退货也增多。内部的研发问题、生产质量问题，外部的竞争对手产品性能赶超问题和代理商的信心问题层出不穷，联领智能为内忧外患所困，发展遇到瓶颈。在全球经济一体化飞速发展的今天，联领智能所面临的竞争，不仅仅是国内市场的竞争，战场已经延伸到国际市场。正在建设的年产6000台（套）智能自动化机械设备的工厂，能为联领智能摆脱以上困境，在国内外充绒机市场上保住领导者地位吗?

（三）对联领智能的分析——以“走出去”的视角

联领智能立足国内，放眼全世界，以“做世界认可的企业”，“做世界上最好的充绒机”为目标，其产品已经进入世界20多个国家，已经切实地在向着国际化迈进。今后，要如何布局国际市场，提高其国际竞争力，是关系到联领智能可持续发展的重大问题。以下，笔者从产业前景和企业自身国际化程度两个方面来对联领智能的形势做一个分析评估，为其下一步战略提供参考。

从产业前景来看，联领智能所处行业在国内已经是成熟产业。首先，行业中企业间的竞争激烈程度是一个判断标准。联领智能的核心业务是自动化成套设备，最主要的是充绒机。它是全自动称重充绒机的发明者，也是行业的领导者。但国内企业的同质竞争激烈，且从2016年开始，竞争对手的产品性能实现赶超，对百联构成很大威胁。其次，下游产业的成熟度也是一个重要参照。联领智能的主要客户是服装、家纺企业。正如笔者在研究背景中提到的，服装产业产能过剩，发展前景有限，这必然影响到上游产业的发展。

那么置身成熟产业的领导企业，该如何取得或者保持竞争优势呢？从战略论的观点讲，企业要预防自己的市场份额被瓜分，或者尽可能从竞争对手那里争夺市场份额，注意自己的品牌声誉，培养现有客户的忠诚度，增加利润，培育新的增长点。对联领智能而言，培育新的增长点和扩大海外需求是当务之急。培育新的增长点指的是多元化经营。据悉，联领智能的新产品研发将集中在新零售行业，如智能机器人、智能货架、分衣架、水果架、无人收银等。新产品的研发是否能成功，新产品是否能打开销路成为新的增长点，现在还是未知数，因此在短期内，充绒机仍然是最主要的营业收入来源。而百联充绒机原先的技术优势已经不明显，很难享受差异化带来的利益，所以进一步扩大海外市场是必须的。

从企业国际化程度来看，联领智能还处在跨国经营发展阶段论的第二阶段，即直接出口的初级阶段。产品虽已走出去，但还没有在海外直接投资销售和生产。要进一步扩大海外市场，联领智能是否应该跨入下一个阶段？答案是肯定的，充绒机技术已经成熟，国内市场已经出现了强大对手，订单数量也在减少，且进口国也随时有可能出现仿制企业。但问题是何时，通过什么方式？

首先，企业需要解决内忧外患，加强自身的体质，拿出过硬的产品来参与竞争。联领智能需要从管理入手，建立一个健全的管理体系来化解困境并加强竞争能力，稳定其行业的领导者地位。其次，从产品出口企业到海外直接投资（建立海外销售子公司、生产基地、跨国企业）需要资金的支持。联领智能目前资金十分紧张，银行贷款达到3000万元，在新三板上筹得的资金都用于新工厂项目，因此无论从资金还是从能力上，现在都不是海外直接投资的时机。可以让新工厂运营一段时间，作为预备阶段。这段时间可以用来准备“走出去”所需要的各种人力物力资源。一旦企业在国内的形势稳定了，资金有了回笼，就应该马上行动，越早越好。最后，对于“走出去”的形式，鉴于联领智能比较年轻，海外经验还不够丰富，与当地企业合资合作，或者并购当地企业，是降低当地市场的不确定性，尽快适应当地市场的有效方法。联领智能在越南的市场开发得比较好，并且越南的纺织服装产业正处在成长期，有较大的开发潜力，可以考虑首先在越南投资。

四　总结

通过以上案例，本文探讨了以下三个问题。

1. 如何判断是不是该“走出去”的问题

联领智能的发展经历告诉我们，一旦国内市场发展到一定水平后，如获得了保持竞争优势的市场份额或遇到强大的竞争对手时，国内的成长空间就有限了，企业要继续寻求成长，必须开辟新的战场，向海外扩张是不可替代的途径。

2. 何时“走出去”的问题

联领智能虽然已经有了一定的产品出口基础，却忙于应付国内竞争，难以跨出关键一步。笔者认为，既然认识到“走出去”的必要性，海外投资战略应早早布局，在努力做好国内业务的同时，注意收集“走出去”的相关信息、关注资本市场的融资成本和可能性、寻找合作伙伴等。当资金问题有着落的时候，就应付诸行动。

3. 如何“走出去”和走到哪里去的问题

“走出去”的方式，对于中小企业来说，由于资金实力弱，也缺少国际经营管理的经验，因此投资规模要求相对低，要克服对当地不够熟悉的困难，与当地企业合资合作，或者并购当地企业的方式比较合适。CCG 提出的“抱团出海”也是很好的方法。至于走到哪里去，本文讨论的是技术型企业，因此根据产品周期理论，要去产品的技术还处于产品创新阶段的国家和地区。

本文虽然只讨论了一个案例，但联领智能是一个正处在产业成熟期的技术型制造业中小企业的缩影。对处于相似处境的中小企业具有一定的参考意义。期待本文能抛砖引玉，引起各界对身处成熟产业的中小企业发展问题的重视。

B.13
中国上市公司跨境并购交易合同主要条款法律分析

张诗伟*

摘　要： 近年来，随着国内外政策环境的收紧，中国上市公司跨境并购于活跃中更趋理性。并购协议是双方当事人意志的固化，反映了并购交易的基本过程和主要面貌。文章结合近年来A股上市公司跨境并购典型案例，全面检视了中国上市公司跨境并购交易合同的核心条款及其权利、义务和责任的不同配置内涵，以期为上市公司等相关方在进行跨境并购时了解、把握相关责任和风险点所在，避开种种“坑”，最大程度保护好自身合法权益并最终实现并购目标。

关键词： 上市公司　跨境并购　交易条款　法律责任风险

2017～2018年是中国资本市场和对外投资并购极为不平凡的一年。国内而言，境内资本市场整体估值重心的下移、再融资新政、资管新规、去杠杆，外汇政策从紧；国际而言，中美贸易战、境外对中资并购政府审查进一步缩紧。双重因素叠加基本重塑了中国上市公司①跨境并购所处的政经法律

---

* 张诗伟，中伦律师事务所合伙人律师，主要业务领域为（境内外）上市及相关投资并购。
本文在写作过程中得到高天、陈文超的协助。

① 本文中中国上市公司或上市公司仅指在中国上海证券交易所和深圳证券交易所上市的公司，即A股上市公司。

环境，使得中国上市公司跨境并购也处于前所未有的境内外强监管态势，其风险和压力大大增加。[①] 但毫无疑问，境内外监管政策整体的收紧在未来将相当程度上继续影响中国上市公司的跨境并购，并使得其在进行跨境并购时更加谨慎、理性，同时为满足相关境内外监管要求以增加通过监管的成功率，相关交易架构方案设计也将更为复杂、精密。

所有的风险最终都是法律风险。在整个上市公司跨境并购的过程中，并购协议的起草和设计无疑是最为关键和核心的环节。并购协议通过交易条款配置交易各方权利义务以实现合理分配各方交易风险和满足各方交易诉求。本文梳理了近年中国上市公司跨境并购实务中的主要交易条款并逐次进行法律分析以期为相关市场主体及业者提供相关指引。[②]

1. 并购标的条款

上市公司跨境并购中的标的可以是标的公司的股权，也可以是标的公司的非股权资产，还可以是标的公司的股权和非股权资产的结合。通常股权并购更为常见，在股权并购协议中，并购目标企业的股份除了常见的普通股以外，可能还存在优先股、股份期权、认股权证和可转债等证券，需要加以明确并购交易对象的范围。如果中国企业计划获得目标企业所有的股份和权益，则应将上述证券统筹考虑。

对于并购标的条款，需要关注拟收购标的是否存在权利负担，是否存在除外资产约定和保留债务约定。除外资产是指并购协议明确约定特定部分的资产不纳入交易范围，常见的除外资产包括：知识产权、商誉、与目标资产相关的税务优惠。保留债务是指并购协议约定并购标的相关的部分或全部债务由卖方承担，比如可以约定并购标的的税务责任、诉讼索赔等为专属于卖方的债务。通过除外资产约定和保留债务约定可以有效地帮助买方或卖方更

---

① 尽管从某些角度，管制是在放松的，比如 2017 年国家发展改革委发布的《企业境外投资管理办法》在相当程度上放松了对外投资管制而构成中国企业境外投资并购的利好。同时，根据汤姆逊路透相关数据显示，2017 年度是中国企业跨境并购的又一高峰年份。2018 年上半年跨境并购达 766 亿美元，同比上年增长 46%。

② 其中难免挂一漏万，敬请谅解。尤其根据跨境并购标的公司所在国家地区和所在行业不同，无疑也必须有针对性的法律安排，限于篇幅，在此不赘。

精准地达到自身交易的目的和效果，降低交易风险。

2. 交易价格条款

关于交易价格的确定主要有两种模式，即“基准价模式”和“基准价 + 价格调整模式”。“基准价模式”是指双方共同确定一个时点作为评估基准日，交易价格即参考该时点的评估价格加以明确约定，因此该模式下交易价格是一次性确定的，也即一口价安排。而“基准价 + 价格调整模式”则并非固定的一口价，而是设有灵活的价格调整机制的分期支付条款，通常就是所谓的 Earn-out 条款，该条款一般约定在交割日收购方仅支付一笔固定的首期款，而后续对价的支付及其金额都是不确定的，完全取决于目标公司在交割日之后一段约定时期内的财务盈利表现是否达到相应指标。由于并购标的或其相关的经营实体一直保持运营，评估基准日到实际交割日之间存在时间上的延迟，因此必然存在并购标的价值变动的风险，根据基准日至交割日延迟时长、并购标的相关运营业务的性质以及行业前景等因素的不同，风险大小也不尽相同。对于买卖双方而言，如果对上述风险没有十足的把握，在交易价格方面采用“基准价 + 价格调整模式”显然是更为稳妥的做法。在中海油收购西班牙瑞普索公司油气资产案中，为了解决估价上的争议，交易双方在并购协议中加入了价格调整机制条款，最终价格需根据一个基准、石油期货价格等因素决定，从而推动了交易的顺利进行。

实践中，交易价格是一个十分复杂的问题，卖方在判断最优价格时会综合考量多种因素，例如交易确定性、交易时间等，最高报价不一定是最优价格。近年来，一些中国企业在澳大利亚的并购实践中，由于卖方对交易是否能获得监管当局审批存在担忧，导致中国企业即使具有报价优势，也难逃败北厄运。例如在澳大利亚迈高公司的竞购案中，伊利和蒙牛虽然出价高于其他竞争对手，但迈高最终还是卖给了加拿大企业萨普托。

3. 支付方式条款

交易价款的支付可以分为“现金支付”“股权支付”“现金支付 + 股权支付”三种方式。目前 A 股上市公司境外并购实践中，大部分交易采用的是现金支付的方式。对于股权支付的情形即买方向卖方定向发行一定数量的股份作为购买标的股权或资产的对价，要明确约定发行股份的对象、股份性质以及发行股份的数量和价格，发行价格可以参考购买标的定价基准日前一定期限内上市公司股票交易均价，在定价基准日至发行日期间，上市公司如实施派息、送股、资本公积金转增股本等除权除息事项而调整发行价格的，发行数量也应作相应调整。并购协议一般还对上述股份约定有锁定期条款，即卖方通过并购交易取得的上市公司的股份自发行结束之日起一定期限内不得转让或者委托他人管理。此外，根据价款是否一次支付完毕，交易价款的支付可分为一次性支付和分期支付两种方式。

4. 陈述与保证条款

并购交易中买卖双方均需作出陈述和保证，买方的陈述和保证相对简单，重点集中在卖方的陈述和保证。陈述与保证条款之所以重要，其逻辑在于：买方在对并购标的收购之前必须对并购标的有充足的了解，买方作出的任何并购决策都需要基于卖方的陈述和保证是真实准确、及时全面的，只有在这种情况下买方并购交易的风险才是可控的，预设效果才是可期实现的。陈述与保证条款最重要的价值即在于最大限度地缓解和减少交易双方的信息不对称。由于违反陈述与保证条款需要承担相应的赔偿责任，因此卖方一般希望陈述和披露的范围越小越好，而对于买方而言越详尽的陈述和保证越有利于降低并购风险。通常卖方需要做出陈述和保证的内容有：组织架构、资本结构、集团结构、授权、合规、信息披露、没有重大不利变化、税务事项、诉讼、重大合同、财产、负债、关联交易、雇员事项、环境、保险等。在具体的交易中，买方往往会根据法律尽职调查和审计中发现的重大风险点要求卖方作出承诺保证。

5. 分手费条款

分手费条款与下述诚意金条款相对应，是指双方当事人约定在并购协议生效后，如果因为卖方的原因（例如卖方股东会未批准交易）或者卖方与其他第三方达成竞争性收购方案等原因导致并购交易失败的，卖方需要在并购协议终止之日起一定期限内向买方支付一定款项作为分手费。因此，分手费条款是主要为保护买方利益而设置的条款，以违约金或者解约金的方式对卖方的行为进行约束和限制。

值得注意的是，前述诚意金和分手费数额的确定，均需符合市场习惯或商业惯例，如果约定金额过高，可能会被认定为惩罚性赔偿条款而不可执行。另外，分手费作为分散买方沉没成本风险、提高交易成功率的重要条款，其数额设置亦不能过低。例如，在中铝竞购力拓失败案中，力拓向中铝支付仅占交易金额1%的分手费，遭到国内的质疑之声：分手费如此之低是否足以弥补前期巨额融资费用和其他费用。中国企业进行跨境并购尤其应注意分手费等交易保护措施，因为中国企业尤其是国有企业进行跨境并购可能面临更大的政治风险，妥善的分手费安排对于交易不成功时合理止损有着重要意义。按照交易惯例，分手费数额一般约定为交易对价的3%～7%。

6. 反向分手费条款

反向分手费，是指在签署有法律约束力的交易文件后，由于买卖双方共同约定的特定事件（“触发条件”）的发生（例如买方未获得融资）导致不能完成拟议交易时，买方应向卖方支付约定金额的费用以补偿卖方因此遭受的损失的条款，可见反向分手费本质上是为保障卖方利益而设的违约金条款，因此也被称为买方的诚意金条款。

近年来，中国企业所参与的海外并购交易中，反向分手费案例呈现增多而且反向分手费比例也明显高于正向分手费的趋势。比如在中国化工收购瑞士先年达中，正向分手费仅为交易金额的2%，而反向分手费则为交易金额的6.7%。又如在青岛海尔收购GE家电业务中，双方未约定正向分手费，而反向分手费则定为两档，分别约为交易金额的3.7%和7.4%。实践中，中国A股上市公司需注意尽可能以境外主体境外融资（亦需注意尽量避免境内主体提供担保）的方式避免相关境内审批要求从而避免被卖方要求过高的反向分手费安排。

7. 交割条款

（1）先决条件。买卖双方履行交割义务的先决条件具有很大程度上的对称性（或称相似性），这些先决条件基本都包含以下内容：①陈述和保证都是真实和准确的；②有关等待期已期满或终止；③有关政府和监管部门的审批已获通过；④不存在禁止或严重限制并购交易的任何法律或政府命令；⑤对方已签署并向己方送达了并购协议；⑥交易已取得对方股东大会的批准。此外，双方也有为降低自身风险，保护己方利益而设定的特殊条件，例如，卖方会在先决条件中约定“买方筹措的付款资金已全部到位”，买方会在先决条件中约定“并购协议签署后没有发生重大不利变更的情况”。

（2）交割前义务。交割前义务主要是指买方对卖方所施加的保证并购标的质量、削减并购标的权利负担的义务，例如，卖方应使公司取消股票期权计划、从股票期权持有人处回购并注销股票期权等。在科冕木业与 Avazu Inc.、上海麦橙股东签署的《发行股份及支付现金购买资产协议》中，双方约定 Avazu Inc. 和上海麦橙的股东确保标的资产不存在影响交割的限制，如交割日前标的资产出现质押、查封、冻结等限制措施，上海麦橙的股东负责解除标的资产的各种资产转让限制。

（3）交割。并购协议应约定清楚交割地点、交割条件、交割日期等事项。交割地点选择要考虑税负征收、地理便利性。交割日一般会定在先决条件全部满足之后的某一天，理想的交割是一次性、尽短时间内完成以避免不确定，并尽量避免多次交接。交割日前，双方需要协商准备好交割事项清单并完成清单事项。交割日当天，双方要签署该交割事项清单。有些交接事项，比如巨额交易价款跨境支付，银行系统转账耗时较长，因此需要提前做好资金支付计划，必要时可以采取“托管安排”。并购协议也应关注并购标的的风险转移等事项，并购协议一般会约定自交割日起，标的的风险、受益与负担自卖方移至买方。

（4）交割后的保障责任。并购双方互负交割后的保障义务，首先，自交割日起，卖方应对买方受保障方（包括买方、买方关联公司，及其董事、管理人员、雇员、继承人和受让人）因卖方违反并购协议的陈述和保证及其他约定，或者因标的未披露的负债和诉讼造成的损失承担赔偿责任。同理，自交割日起，买方按照协议的约定对卖方受保障方（同上）承担相应对等的保障责任。

8. MAE/MAC 重大不利变化条款

重大不利变化事件（MAE/MAC）是跨境并购交易中常见的概念，重大不利变化事件一般包括股价变化、经济形势的变化、法律法规政策的重大改变、公司的运营结果不及预期、战争、恐怖主义或者是未决诉讼，等等。MAE/MAC 条款通常约定，在过渡期内，如果标的资产或标的公司发生或预期发生变化以致达到对标的本身造成重大不利影响的程度时，买方即享有退出交易或要求重新谈判的权利，因此 MAE/MAC 条款对买卖双方后期相关权利义务影响甚大，某种程度上直接决定交易是否达成。交易双方往往会在前期花费大量精力就上述条款的最终落地方案进行博弈和谈判，但其最终是否能够达成不仅取决于各方达成交易的决心，也取决于双方对何为重大不利事项的认知，最终通常需要妥协的智慧和艺术。

比如，重大不利变化的主体是否包括目标公司或其下属重要子公司、重大不利变化是否纳入预期事项（Prospects）等都是双方关注的焦点。MAE/MAC 条款实质上是为了应对未来情势变更对交易稳定性的冲击，预防和缓解将来可能出现的双方利益失衡的局面。对买方而言，买方实施并购交易是为了达到自身预期之商业目标，如果协议订立以后，并购标的发生了重大不利变化以致与最初的预期相背而行，MAE/MAC 条款的设置有助于买方及时止损，从而有效地控制上述风险。而对卖方而言，重大不利事件的范围越宽泛对卖方产生的义务负担和风险压力就越重，因此卖方往往尽可能地对重大不利事件的内容加以限制。

技术角度而言，重大不利变化存在以下三种描述方式。一是概括性描述（也称定性描述），即概括地描述对标的产生的重大不利影响。二是定量描述，即将重大不利变化描述为标的出现了一定比例的变化，如约定当标的发生 20% 的变化即视为重大不利变化。据我们的观察，目前中国企业的跨境并购交易主要采用的系定量描述 MAC/MAE 条款。卖方之所以普遍拒绝定量描述是因为定量的描述方式增大了买方利用 MAC/MAE 条款退出交易的可能性。三是混合描述，即定量和定性结合起来的描述方式。在混合描述下，如果定量的标准约定过高，则涉及定性和定量的比较问题，该 MAC/

MAE 条款可能成为一把双刃剑。

9. 过渡期卖方行为限制条款

过渡期间，由于并购标的尚未交割给买方，卖方仍然实际控制并购标的，因此必须对卖方的行为施加必要限制以保障买方将来的可期利益。一般可以通过以下条款实现上述目的：①卖方在过渡期需对标的资产尽善良管理之义务，并保证标的资产正常经营；②在过渡期间，未经买方同意，卖方不得就标的资产设置抵押、质押等第三方权利，也不得就标的资产进行资产处置、对外担保、增加债务或放弃债权等导致标的资产对应资产价值减损的行为；③卖方承诺并保证标的资产在过渡期间完整，不会发生重大不利变化。

10. 过渡期滚存未分配利润和损益安排条款

在并购交易中，以评估基准日和交割日为时间节点，并购交易可分为三个阶段，每个阶段的损益分配均有各自的方式和特点，具体而言如下。

（1）关于标的公司滚存未分配利润

滚存未分配利润是指评估基准日以前公司累计未分配的利润，实践中，对于标的公司滚存利润的分配一般有以下两种方式，一是约定标的公司滚存利润不得向原股东分配，滚存利润按交割日后标的公司的股东持股比例享有，这种分配方式明显倾向于买方。二是约定将标的公司滚存利润一部分先划分给原股东，剩余部分由交易后的新股东享有。

（2）过渡期损益安排

从评估基准日到交割日为过渡期。关于过渡期并购标的所产生的损益如何分配，实践中有的协议约定，过渡期间并购标的产生的利润归买方所有，过渡期间并购标的产生的亏损由卖方承担，这显然是一种极其有利于买方的约定。也有协议会约定过渡期的损益（利润和亏损）均由买方承担，这种约定相对更加利益均衡。在当代明诚收购新英开曼案中，交易双方关于过渡期损益安排即约定在过渡期间新英开曼产生的任何利润，均归买方所有；如果在过渡期间标的公司遭受任何亏损，该亏损由卖方根据其各自在标的公司的持股按比例承担，对于该等亏损卖方需以现金补偿买方。

此外，在交割日之后，标的公司的利润由买方享有，标的公司利润分配的数额和时间，当然由标的公司股东决定。但在存在对赌协议的并购交易中，双方还可以约定在业绩承诺期内，标的公司每年分配的利润不能超过当年实现净利润的一定比例。这主要是考虑到标的公司每年分配过多利润可能会有碍于业绩承诺的达成。

11. 上市公司收购两步走安排的特殊条款

“两步走”收购模式是上市公司境外并购中一种常见的交易策略，在该类交易模式下，一般先由大股东或并购基金收购境外标的公司或资产，后期再由上市公司通过向大股东或并购基金发行股份的方式将境外标的公司或资产注入上市公司。由于目前我国存在严格的上市公司停牌规则，如果采用上市公司直接收购境外标的的模式，可能在时间上无法满足境外出售方要求的期限条件，而采用大股东或并购基金先期收购的方式可以有效避免上述难题。同时，“两步走”的交易模式也可以巧妙利用资金杠杆效用，缓解上市公司并购的资金压力。在汤臣倍健收购 Life-Space 案中，汤臣倍健即采用了“两步走”的交易方案。具体而言，第一步，汤臣倍健与中平资本和广发信德联合成立并购基金汤臣佰盛，汤臣佰盛境外设立的孙公司澳洲佰盛作为标的 LSG 的收购主体，与澳大利亚交易对手方签订《股份出售协议》。第二步，汤臣倍健通过发行股份购买资产方式实现并购基金汤臣佰盛外部股东换股退出，从而通过控制汤臣佰盛来实现对 LSG 的 100% 并购。

12. 利润预测补偿协议

（1）一般条款。利润预测补偿协议，也称对赌协议，是指卖方（标的公司原股东）向买方承诺标的公司在未来若干年内每年可实现的净利润分别不低于一定金额，如果标的公司实现净利润低于承诺净利润的，则实际净利润与承诺净利润之间的差额按照约定由卖方（标的公司原股东）向买方进行补偿。协议中应对补偿时间、利润补偿金额的计算、利润补偿方式等事项作出明确规定。

（2）超额业绩估值调增机制。对赌协议中还可以约定超额业绩估值调增机制条款，超额业绩估值调增机制是指如果标的公司业绩承诺期实际实现的净利润总和高于承诺净利润的总和，则可以从超出部分中提取一定比例

（可以约定一个最高限额）作为本次估值调增部分向卖方支付，作为交易总估值的调整；相关的纳税义务由实际受益人自行承担，但买方有权代扣代缴个人所得税。

（3）先决条件。当对赌协议作为单独的主并购协议的附属协议存在时，可以约定对赌协议生效的先决条件。这些先决条件包括但不限于：一方或双方董事会、股东会的批准，取得有关政府和主管机关的批准、备案、登记或核准，主并购协议的生效并得以实施等。

13. 协议的生效条款

在并购协议的生效条款中，买卖双方会约定协议生效的先决条件，除双方就具体交易约定的特别事项外，先决条件一般包括内部批准和外部批准两部分，内部批准例如买方董事会、股东大会的批准，外部批准主要指获得相关政府和监管部门的审批。例如，在科冕木业收购 Avazu Inc. 和上海麦橙案中，双方约定《发行股份及支付现金购买资产协议》的生效条件有：①各方签章。②科冕木业董事会和股东会的审批。③商务部门的审批。④发改委的备案。⑤证监会的审批。

14. 协议的终止条款

并购协议签署后，当事人双方通过行使协议终止权也是控制交易风险的有效手段。并购协议的终止条款对维护各方当事人的利益发挥着重要的作用。常见的触发终止权的情形包括：①协议终止。双方协商一致终止协议；②严重违约终止权。一方严重违反协议中的保证、承诺或约定，并经通知拒不纠正；③期限届满终止权。协议约定期限届满尚未完成交割，则任一方可以终止协议，但因任一方的违约导致未能如期交割，则该方无权终止协议；④法律性阻碍终止权。法律性阻碍主要包括未取得相关政府和监管部门的审批、依据政府命令或法律法规交易被禁止等。在一些具体交易中，还需要考虑适用于该具体交易的特殊情形，如在中石化子公司 SIPC 收购加拿大 Daylight 案中，由于并购方式为安排计划，故协议特别考虑了该适用安排计划而赋予了 SIPC 单方解除权。

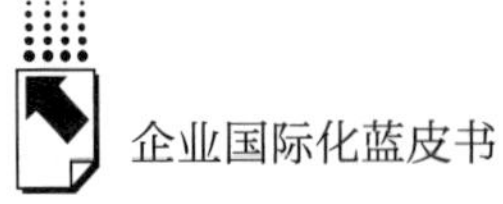

15. 违约责任条款

（1）违约情形。双方约定的违约情形至少包括以下两个方面：①在协议中作出的任何声明或保证不真实或不准确；②违反或未能履行协议项下的约定。买卖双方有上述违约情形的，另一方有权要求对方赔偿经济损失或者要求对方支付违约金。

（2）赔偿责任的限制。并购协议可以通过约定“最低金额”“免赔额”“赔偿上限”的方式对买卖双方的赔偿责任进行限制。“最低金额”是指只有当一方遭受的损害超过特定金额时，违约方才进行赔偿。“免赔额”是指违约方为自己设置的一个免赔额度，即违约方只赔偿受损方超过特定金额部分的损失。“赔偿上限”是指一方对另一方的累计赔偿义务不得超过特定金额。

16. 交易后对卖方的限制条款

交易完成后对卖方的一些特定行为加以限制，主要是为了维护买方的利益。常见的限制条款包括：①竞业禁止义务。交割后一定期限内，卖方不得在限制性领域从事与标的公司相竞争的业务；②限制客户接触义务。交割后一定期限内，卖方不得为了向其提供商品或服务的目的游说或联系交割日前一定期限内的客户；③限制供应商接触义务。交割后一定期限内，卖方不得干预标的公司交割日前一定期限内的供应商；④禁止恶意挖人义务。交割后一定期限内，卖方不得故意诱使在过去一定期限内曾受雇于标的公司为其提供过管理、技术、销售等顾问服务的人员为其提供服务；⑤保密义务。卖方在并购协议签署后不得向任何人披露关于标的公司的商业秘密等信息；⑥商标禁用限制。卖方不得以令人混淆的方式使用标的公司有关的商标、设计或图形。

17. 适用法律及管辖、税费等杂项条款

在设定适用法律及管辖条款之前，首先要考虑的是采用法院管辖还是仲裁管辖的方式解决争端，管辖方式的选择需要交易双方综合考虑两种纠纷解决途径的优势和弊端，仲裁的优势集中体现在高效快捷、一裁终局、尊重双方意思自治、保密性等方面，协议中订立仲裁条款务必注意清晰明确具体以确保其有效性和可执行性。诉讼的优势集中体现在对生效判决的救济手段更多样、无须单独订立管辖条款、单次诉讼费用相对低廉、获取部分证据更方便等方面，但由于管辖地通常在并购目的地（东道国），法院的上述优势便显得并不突出。就独立性而言，仲裁作为中国企业跨境并购交易的优先争议解决方式当无疑义，但最终各方仍需根据交易的具体情况和实际需求确定合适的争议解决方式，有时甚至需要提前进行相关的国籍策划而通过第三地进行投资并购以确保得到足够的保证。①

其次是适用法律的选择，在选择管辖法律方面交易双方需要重点考察可选择国家和地区的法治环境和法律体系的完善和成熟程度，以及上述国家和地区对跨境并购交易相关条款和事项管制的宽严程度。一般而言，为了最大限度地促进并购协议的生效和履行，交易双方应选择对跨境并购交易相关条款和事项的监管态度更加宽松的国家和地区之法律。

对于税费的承担，协议一般会约定标的交割以前的税务风险由卖方承担，标的交割以后的税务风险由买方承担。同时，除非并购协议另有约定，否则各方应按国家法律法规各自承担由并购交易所产生的依法应缴纳的税费。并购交易中聘请的中介机构产生的中介费一般是谁聘请谁承担，不过独立财务顾问费用可以约定由一方承担。

从国内角度而言，尽管在2017年上半年国家对境外投资并购和上市公司并购重组进行更加严格的监管以及近期资本市场走低的行情给上市公司海外并购带来一定的不利影响，但更为严格的监管无疑在相当程度上也遏制了中国上市公司的非理性对外投资并购而使得相关并购回归理性。而且还必须看到，对于符合政策导向的海外并购更是支持的。而对于目前境内资本市场的估值水平而言，上市公司跨境并购尤其是以发行股份方式进行境外收购仍

① 任清：《海外投资须重视“国籍筹划”——中企诉蒙古政府败诉的警示》，对外投资与合作（2017-07-13）（https://mp.weixin.qq.com/s?src=11×tamp=1532526462&ver=1020&signature=x7evS1GwVusA7-cjomEpt3QFaAwz11TjZLyXI9GmN2h1U28Guv15rqVw9hkxXr3i5WhwGnr*pDpULPD*SRNSx8eny3bbVmzR*yRHMNZMyKE*Xg49dGUtnyM*2HL7ua3V&new=1，2018年7月25日访问。）

然是相对合宜的。但中国上市公司境外并购毕竟是高风险的行为。并购无疑是一场博弈，而其最终是否成功终归乎理性。并购理性的终极产物就是并购交易合同，所谓“成也合同，败也合同”。在面临如此复杂的境内外监管环境下，最终落实到白纸黑字的境外并购协议文本上需要慎之又慎。而“收购协议的所有条款都是为了保护买方的利益”①，在这个意义上，并购协议越全面越好、越具体越好。而只有建立在对目标公司和其所在国相关政策法律监管环境充分尽调基础上并完全知悉、理解、把握相关并购协议交易条款及相关义务、责任和风险点，方可签署最终并购协议，也才能最大程度保护好买方利益，也才能避免在跨境并购竞技场中陷入被动，更最大程度减少和消除并购带来的风险和不确定性，更避免落入不可测的法律责任风险的无底洞中却竟然一无所知。知己知彼更知合同，境外并购方百战不殆。

① 〔美〕吕立山：《国际并购游戏规则》，机械工业出版社，2017，第53页。

B.14

中国、美国、欧盟近期法律法规对中国境外投资的影响及相应对策

邬国华　雷宇京*

摘　要： 本文旨在通过分析2017年以来中国关于境外投资法律法规的变化以及美国和欧盟关于外资审查的法律法规变化，提示中国企业在境外投资时可能面临的风险，并为中国企业提供应对前述风险的对策建议。概括而言，中国企业面临的境外投资法律环境趋于复杂，这与中国积极推进对外投资管理体制改革和外国投资保护主义倾向增强两方面密切相关。一方面，中国政府强调建立开放型经济体，要求推动“更深层次、更高水平的对外开放”，对中国企业“走出去”提出更高、更全面的要求。另一方面，美国和欧盟的投资保护主义倾向有所增强，通过制定或修订法律的形式确立或修订外资审查制度，为政府审查外资并购交易提供法律依据。境内外不断变化的监管环境给中国企业的境外投资提出了更高的合规要求和政府审批的要求，我们建议中国企业了解监管现状并提前做好准备，以应对当前形势下的境外投资风险。

关键词： 境外投资　外资审查　政府审批

* 邬国华，北京金诚同达律师事务所高级合伙人，业界公认的从事跨境并购及私募基金业务的法律专家；雷宇京，北京金诚同达律师事务所律师，主要业务领域为跨境投资和争议纠纷解决。

一　概述

本文旨在通过分析2017年以来中国关于境外投资法律法规的变化以及美国和欧盟关于外资审查的法律法规变化，提示中国企业在境外投资时可能面临的风险，并为中国企业提供应对前述风险的对策建议。

概括而言，中国企业面临的境外投资法律环境趋于复杂，这与中国积极推进对外投资管理体制改革和外国投资保护主义倾向增强两方面密切相关。

一方面，中国政府强调建立开放型经济体，要求推动“更深层次、更高水平的对外开放”①，对中国企业“走出去”提出更高、更全面的要求。此前，中国的对外投资监管环境相对宽松，中国境外投资连续十年保持增长，2016年对外投资增长速度达到一个峰值。2016年中国企业在住宿、餐饮业、文化、体育和娱乐业以及房地产业的投资高速增长②，与中国的外汇储备下降幅度较大、人民币面临贬值压力等情况③形成对比，此外中国企业也在境外投资的质量和效益上遇到了一些问题④，这些现象均引起国家监管部门的关注和重视。2017年国家外汇政策收紧，境外投资监管部门陆续发布新规，在简政放权的指导原则下开始形成多层次、多方位的境外投资监管体系⑤，这些制度变化可以概括为：第一，以“鼓励发展+负面清单”模式监管境外投资；第二，优化事前审批程序，强化事中事后监管；第三，强化对投资真实情况的审查。

---

① 2017年政府工作报告。

② 2016年全球外商直接投资下降了2%，而中国对外直接投资却整体同比增长了34.7%，非金融类对外直接投资更是增长了49.3%，住宿和餐饮业对外直接投资同比增长了124.8%、文化、体育和娱乐业增长了121.4%、房地产业增长了95.8%。资料来自商务部《2016年度中国对外直接投资统计公报》，第13页。

③ 2015年12月31日至2016年12月30日，人民币兑美元汇率中间价由6.4936下降至6.9370，全年贬值约6.8%；2016年外汇储备从2015年12月的33303.62亿美元缩水至2016年12月的30105.17亿美元，缩水近3200亿美元。资料来自中国人民银行人民币汇率中间价对美元图表和国家外汇管理局国家外汇储备规模统计表。

④ 唐功远、谭洁：《2017～2018中国企业“走出去”调研报告》，第7页。

⑤ 唐功远、谭洁：《2017～2018中国企业“走出去”调研报告》，第7页。

另一方面，美国和欧盟的投资保护主义倾向有所增强，通过制定或修订法律的形式确立或修订外资审查制度，为政府审查外资并购交易提供法律依据。美国外资审查的制度和实践有较长的历史，近年来对于外资收购自然资源、高新技术、基础设施的交易表现出较为严格的审查倾向，并在最新的立法活动中尝试对这些审查倾向制度化。欧盟 2017 年以前未曾有统一的外资审查制度，欧盟各成员国对于外资审查的立法程度不一；2017 年开始，欧盟制定外资审查框架以供各成员国参考，部分国家也在本国内进行外资审查的法律制定或修订工作。以英国为例，英国将在 2018 年 6 月 11 日以后提高外资审查的门槛，将对军用、军民两用 CPU、量子技术相关的交易实施国家审查①。

境内外不断变化的监管环境给中国企业的境外投资提出了更高的合规要求和政府审批的要求，我们建议中国企业了解监管现状并提前做好准备，以应对当前形势下的境外投资风险：第一，完善公司治理模式，提高投资合规水平，以符合中国和东道国的合规要求；第二，关注境内外立法动向，评估政治、经济和法律风险，充分了解和调研收购交易潜在的政治和经济风险；第三，建立投资规划和投资时间表，合理安排时间以给资金出境、通过国家安全审查预留时间；第四，重视合同谈判，提前安排好责任分配和风险分摊，避免因各种政府审批、法律监管要求等原因导致交易无法进行时中国企业承担全部或大部分不利后果。

二 中国境外投资监管制度变化对境外投资的影响

（一）概述

迄今为止，为推进中国对外投资管理体制改革，国务院国有资产监督管

① 高伟绅律师事务所：《英国对并购交易适用新的国家安全审查门槛》，https：//mp. weixin. qq. com/s? _ _ biz = MzI0OTUxNTEyOA = = &mid = 2247485742&idx = 1&sn = 6218b671d39e8c841136edc729db62d2&chksm = e9911439dee69d2f4aaab0c73eb7b3bf273e8db0727e14151127528816c9b95417846230740&mpshare = 1&scene = 1&srcid = 0628j3EFnET3EqjFGMezXv3s#rd，访问日期：2018 年 7 月 9 日。

理委员会（“国资委”）、国家外汇管理局（“外汇局”）、中国人民银行、国家发展和改革委员会（“国家发改委”）、商务部等部门相继单独或联合发布了一些新规，具体如表1所示。

表1 监管部门2016年底至今主要发布的监管文件

发布时间	发布部门	文件名称
2016年12月6日	国家发改委、商务部、人民银行、外汇局	四部门答记者问明确表示要密切关注在房地产、酒店、影城、娱乐业、体育俱乐部等领域出现的非理性海外投资
2017年1月7日	国资委	《中央企业境外投资监督管理办法》[①]（以下简称《央企管理办法》）
2017年1月26日	外汇局	《关于进一步推进外汇管理改革完善真实合规性审核的通知》[②]（以下简称《通知》）
2017年8月4日	国务院办公厅	《关于进一步引导和规范境外投资方向的指导意见》[③]（以下简称《指导意见》）
2017年12月6日	国家发改委、商务部、人民银行、外交部、全国工商联	《民营企业境外投资经营行为规范》[④]（以下简称《民企行为规范》）
2017年12月26日	国家发改委	《企业境外投资管理办法》[⑤]（11号令）
2018年1月18日	商务部、人民银行、国资委、银监会、证监会、保监会、外汇局	《对外投资备案（核准）报告暂行办法》[⑥]（以下简称《暂行办法》）

注：①《中央企业境外投资监督管理办法》（国务院国有资产监督管理委员会令第35号）由国资委于2017年1月7日公布并施行，2012年公布的《中央企业境外投资监督管理暂行办法》（国资委令第28号）同时废止。

②《关于进一步推进外汇管理改革完善真实合规性审核的通知》（汇发〔2017〕3号）由国家外汇管理局2017年1月26日发布并生效。

③《关于进一步引导和规范境外投资方向的指导意见》（国办发〔2017〕74号）由国家发展改革委、商务部、人民银行、外交部，经国务院同意，于2017年8月4日起施行。

④《民营企业境外投资经营行为规范》（发改外资〔2017〕2050号）由国家发展改革委、商务部、人民银行、外交部、全国工商联联合制定，于2017年12月6日发布并施行。

⑤《企业境外投资管理办法》（中华人民共和国国家发展和改革委员会令第11号）由国家发改委于2017年12月26日公布，自2018年3月1日起施行。

⑥《对外投资备案（核准）报告暂行办法》（商合发〔2018〕24号）由商务部、人民银行、国务院国资委、银监会、证监会、保监会、国家外汇局联合制定，于2018年1月18日发布并施行。

这些新规可以概括为从境外投资的投资范围（“鼓励发展+负面清单”）、境外投资的审查程序（事前审批程序以及事中事后监管程序）、境外投资的真实性三方面对中国企业“走出去”提出多层次和多方面的要求。而在政策方面，国家外汇政策的收紧给中国企业资金出境带来不确定性。

在多项举措影响下，2017 年全年，中国境内投资者共对全球 174 个国家和地区的 6236 家境外企业新增非金融类直接投资，累计实现投资 1200.8 亿美元，同比下降29.4%①。但是，至 2017 年后期，中国企业境外投资已开始好转，降幅逐步收窄。11 月、12 月、当月中国非金融类对外直接投资同比分别增长 34.9% 和 49%②。2017 年我国外汇储备逐渐稳定，2017 年 12 月我国外汇储备恢复到 31399.49 亿美元，全年累计增长 1294 亿美元③。

以下具体分析和讨论中国境外投资监管制度变化及对中国企业境外投资的影响。

（二）以“鼓励发展 + 负面清单”模式监管境外投资

各监管部门在制定监管规定时提出以“鼓励发展 + 负面清单”的模式监管境外投资，具体而言又包括以下几个层面的措施。

第一，明确负面清单的范围。根据《指导意见》，负面清单应包括限制类④

① 商务部：“2017 年我国对外非金融类直接投资简明统计”，http：//hzs. mofcom. gov. cn/article/date/201801/20180102699454. shtml，访问日期：2018 年 7 月 9 日。

② 商务部：“商务部合作司负责人谈 2017 年全年对外投资合作情况”，http：//www. mofcom. gov. cn/article/zhengcejd/bq/201801/20180102699398. shtml，访问日期：2018 年 7 月 9 日。

③ 资料来自国家外汇管理局国家外汇储备规模统计表。

④《关于进一步引导和规范境外投资方向指导意见的通知》四、限制开展的境外投资限制境内企业开展与国家和平发展外交方针、互利共赢开放战略以及宏观调控政策不符的境外投资，包括：

（一）赴与我国未建交、发生战乱或者我国缔结的双多边条约或协议规定需要限制的敏感国家和地区开展境外投资。

（二）房地产、酒店、影城、娱乐业、体育俱乐部等境外投资。

（三）在境外设立无具体实业项目的股权投资基金或投资平台。

（四）使用不符合投资目的国技术标准要求的落后生产设备开展境外投资。

（五）不符合投资目的国环保、能耗、安全标准的境外投资。

其中，前三类须经境外投资主管部门核准。

和禁止类[1]项目，并对房地产、酒店、影城、娱乐业、体育俱乐部等境外投资重点提出进行限制。国家发改委的11号令已经按照《指导意见》的要求修改了负面清单，按照指导意见的规定更新了敏感国家和地区以及敏感行业的定义，并发布了《境外投资敏感行业目录（2018年版）》[2]。

第二，明确各主管部门按“鼓励发展+负面清单”模式建立相应的对外投资备案（核准）办法。截至本文书就之日，除国家发改委外其他部门尚未制定或更新负面清单[3]。

第三，国有企业适用更严格的负面清单制度。根据《央企管理办法》，其一，央企的境外投资必须聚焦主业，原则上不得在境外从事非主业投资。其二，国资委提出将建立央企投资项目负面清单，将投资项目划分为禁止类和特别监管类项目，特别监管类项目应报送国资委履行出资人审核把关程序。其三，央企应在国资委负面清单基础上结合本企业实际制定更严格、具体的负面清单。

第四，各监管部门还需根据相应情况明确鼓励发展的行业。截至本文书就之日，河南、浙江、山西、江苏、安徽、黑龙江、福建、天津等8省市已

---

① 《关于进一步引导和规范境外投资方向指导意见的通知》五、禁止开展的境外投资禁止境内企业参与危害或可能危害国家利益和国家安全等的境外投资，包括：

（一）涉及未经国家批准的军事工业核心技术和产品输出的境外投资。

（二）运用我国禁止出口的技术、工艺、产品的境外投资。

（三）赌博业、色情业等境外投资。

（四）我国缔结或参加的国际条约规定禁止的境外投资。

（五）其他危害或可能危害国家利益和国家安全的境外投资。

② 具体来说，11号令关于敏感国家和地区的定义相比《境外投资项目核准和备案管理办法》（9号令）的定义删除了“受国际制裁的国家”，而新增了一类“根据我国缔结或参加的国际条约、协定等，需要限制企业对其投资的国家和地区”。11号令关于敏感行业的定义相比9号令删除了“基础电信运营”，“大规模土地开发”和“输电干线、电网”，新增了“武器装备的研制生产维修”以及在2018年敏感行业目录中新增了“房地产、酒店、影城、娱乐业、体育俱乐部”以及“在境外设立无具体实业项目的股权投资基金或投资平台”。

③ 部分地方已经发布了新的监管细则，但主要是按照《指导意见》的负面清单进行规定，例如河南、浙江、山西、江苏、安徽、黑龙江、福建、天津等8省市各自发布的境外投资的通知、实施意见等监管性文件。

经陆续发布境外投资的监管性文件。例如，河南省拟重点支持电力装备、矿山装备、现代农机、食品加工等领域①。浙江省提出重点支持钢铁、建材、石化、汽车、电力与能源、轻纺、航空航天、船舶和海洋工程、机械工程等②。

（三）优化事前审批程序，强化事中事后监管

就事前审批而言，商务部已经在2014年《境外投资管理办法》即明确“备案为主、核准为辅”的管理方式；国家发改委则在最新的11号令中对事前核准和备案手续进行了如下优化：将投资主体履行核准、备案手续的最晚时间要求从签约前（或协议生效前）放宽至实施前；取消了开展实质性工作前的信息报告制度；取消了省级发改委转报手续；延长了非建设类项目核准和备案文件的有效期限；进一步细化了需要变更核准或备案申请的情形，大大增强了可操作性。

就事中和事后监管而言，监管部门的立法动向可概括为强化事后报告和事后审查制度、推进多部门协同监管模式及联合惩戒制度以及将境外合规情况纳入境内合规考核中。具体而言如下。

第一，强化事后报告和事后审查制度。

就事后报告制度而言，国家发改委在11号令中新增了重大不利情况报告、项目完成后情况报告、重大事项问询和报告等制度。而在《暂行办法》中，商务部等七部委确立了“凡备案（核准）必报”原则，要求向主管部门定期报送对外投资关键环节信息；如果对外投资出现重大不利事件或突发安全事件时，按“一事一报”原则及时向相关主管部门报送。根据《暂行办法》，各部委应分别规定信息报送的具体内容、途径、频率，中国企业还需注意不同部委的信息报送要求。

就事后审查制度而言，《暂行办法》要求重点督查和随机抽查相结合：

① 河南省《关于进一步做好引导和规范境外投资工作的通知》第二条第（一）项。

② 浙江省《关于进一步引导和规范境外投资方向的实施意见》第一条。

其一，各主管部门对具备特定投资情形[①]的项目进行重点督查；其二，采取“双随机、一公开”抽查工作，定期进行对外投资备案（核准）报告的真实性、完整性、及时性的事中事后监管工作。

第二，推进多部门协同监管模式及联合惩戒制度。

就协同监管模式而言，《暂行办法》要求各部门协同合作，建立“管理分级分类、信息统一归口、违规联合惩戒”的境外投资管理模式，商务部牵头报告信息统一汇总，其他主管部门各在监管范围内开展信息报告工作并将信息报送商务部，各部门“横向协作、纵向联动”[②]。通过建立多部门协同监管机制，建立信息共享的平台，提高了各部门对其他部门所获取的中国企业投资信息的掌握程度，形成监管合力。

就联合惩戒制度而言，国家发改委将公布并更新企业违反11号令规定的行为及相应的处罚措施，将有关信息纳入全国信息信用共享平台、国家企业信用信息公示系统、信用中国网站等进行公示，会同有关部门和单位实施联合惩戒[③]。商务部则会同相关主管部门将对未履行报告义务的投资主体采取提醒、约谈、通报等措施，必要时还会采取与国家发改委类似的“黑名单”制度，将违规信息予以公示，情节严重时还会暂停办理对外投资备案

① 《对外投资备案（核准）报告暂行办法》第十八条中相关主管部门应对所负责的对外投资进行监督管理，对以下对外投资情形进行重点督查：（一）中方投资额等值3亿美元（含3亿美元）以上的对外投资；（二）敏感国别（地区）、敏感行业的对外投资；（三）出现重大经营亏损的对外投资；（四）出现重大安全事故及群体性事件的对外投资；（五）存在严重违规行为的对外投资；（六）其他情形的重大对外投资。

② 《对外投资备案（核准）报告暂行办法》第四条中对外投资备案（核准）报告工作由各部门分工协作，实行管理分级分类、信息统一归口、违规联合惩戒的管理模式。商务部牵头对外投资备案（核准）报告信息统一汇总。

商务、金融、国资等主管部门依各自职能依法开展境内投资主体对外投资备案（核准）报告等工作，按照“横向协作、纵向联动”的原则，形成监管合力。

③ 《企业境外投资管理办法》第四十九条中，有关部门和单位、驻外使领馆等发现企业违反本办法规定的，可以告知核准、备案机关。公民、法人或其他组织发现企业违反本办法规定的，可以据实向核准、备案机关举报。

国家发展改革委建立境外投资违法违规行为记录，公布并更新企业违反本办法规定的行为及相应的处罚措施，将有关信息纳入全国信用信息共享平台、国家企业信用信息公示系统、“信用中国”网站等进行公示，会同有关部门和单位实施联合惩戒。

（核准）手续。

第三，无论是中央企业还是民营企业，监管部门都强调应将境外合规情况纳入境内合规考核中。

就中央企业而言，《央企管理办法》强调央企应重视境外投资风险防范以及在投资所在国（地区）的合规情况，遵守投资所在国（地区）法律法规、商业规则和文化习俗，合规经营，有序发展。

就民营企业而言，《民企行为规范》提出监管部门将重点关注民营企业在投资地履行社会责任和保护资源环境的活动，从劳动、宗教、社会沟通、公益、技术、信息披露、环评、环保许可、环境事故应急预案、清洁生产、生态修复等方面对民营企业在投资地的投资经营活动提出合规要求。民企行为规范通过明确民营企业需遵守的投资地的法律、商业习惯和文化，将民营企业的境外合规转换成民营企业境内规则的一部分①。

（四）强化对投资真实情况的审查

各监管部门从不同角度强化对投资实际情况进行审查，国家发改委强化了投资主体和投资活动的审查范围，商务部则提出最终目的地穿透式管理原则，外汇局则要求关注投资和资金使用的真实性。具体而言如下。

国家发改委扩大了对投资主体和投资活动的审查范围，降低了中国企业通过不同架构绕开境外投资监管的可能性。就投资主体而言，11 号令明确用境内企业而非法人作为投资主体的概念②，并且将自然人通过其境外企业进行境外投资的情形纳入监管范围。就投资范围而言，11 号令明确将“VIE”等协议控制的境外投资形式，以及通过内保外贷等形式向既有境外企业增加投资，也都纳入监管范围。

① 周成曜：“如何优雅的‘走出去’——简评《民营企业境外投资经营行为规范》”，http：//www.sohu.com/a/212669420_617138，访问日期，2018 年 7 月 9 日。

② 此前 9 号令仅对中国境内各类法人以及投资主体在境外投资参股或设立股权投资基金进行监管，11 号令则对中国境内企业（包括金融企业和非金融企业）、非企业组织以及前述企业、非企业组织所控制的境外企业都纳入监管范围。

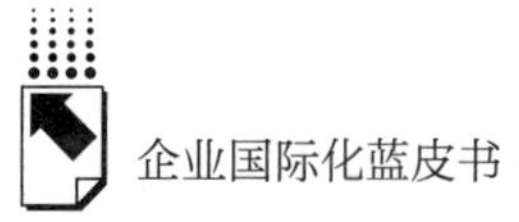

商务部明确提出最终目的地的定义，最终目的地是指境内投资主体投资最终用于项目建设或持续生产经营的所在地，设立（包括兼并、收购及其他方式）最终目的地的企业即需要核准或备案。最终目的地管理原则使得监管部门有权穿透式核查资金的真实投资方向。

外汇局则在《通知》中要求境内机构办理境外直接投资登记和资金汇出手续时，除应按规定提交相关审核材料外，还应向银行说明投资资金来源与资金用途（使用计划）情况，提供董事会决议（或合伙人决议）、合同或其他真实性证明材料，反映出国家加强监管境外资金使用监督的监管要求。

三　美国外资审查制度的变化和影响

（一）概述

美国外国投资委员会（CFIUS）的“国家安全审查”是中国企业赴美投资时需要重点关注的风险。如果中国企业被CFIUS认定为影响美国国家安全，则中国企业可能会被要求签署缓解协议（Mitigation Agreement）、遵守CFIUS设定的交易限制，甚至可能会被CFIUS否决交易。一旦交易被CFIUS否决，中国企业不仅无法回收前期因CFIUS审查增加的交易成本，甚至可能继续向被收购的美国企业支付一笔高昂的“分手费”。

目前美国法律未明确CFIUS的审查范围和审查标准，而是给CFIUS留下相当大的审查权力和不透明的审查过程，中国企业赴美投资是否受CFIUS审查以及是否能通过CFIUS审查都难以事先预测或规避。

2017年国会提交美国两院审查《外国投资风险审查现代化法案》（FIRRMA），FIRRMA一旦通过将进一步扩大CFIUS的审查范围和审查标准，并将新增审查程序、延长审查周期，将对中国企业赴美投资产生更多负面的影响。2018年6月18日，参议院已经批准FIRRMA。此前，美国政府多次公开表达对FIRRMA的支持，众议院在数次听证会表明了支持的态度①。根据业界观点，2018 年通过 FIRRMA 的可能性较高。

从表 2 可以看出②，过去 12 个月中 CFIUS 否定或交易方主动撤回的案例中金融、新能源、新材料等行业的收购占比较大，以上行业不能通过国家安全审查的可能性较高，中国企业投资时需特别注意。

表 2　被美国外国投资委员会否定或主动撤回的中国投资案例

收购方	被收购方	行业	交易金额	交易对价	终止时间
新纶科技	阿克伦公司（Akron Polymer Systems, Inc.）	新材料	990 万美元	45% 股权	2018 年 5 月
海航集团	天桥资本（Skybridge Capital）	金融	200 万美元	100% 股权	2018 年 5 月
中国重型汽车集团有限公司	科罗拉多公司（UQM Technologies Inc.）	汽车	2830 万美元	34% 股权	2018 年 3 月
北京大北农科技集团	Waldo Farms, Inc.	食品加工	1650 万美元	100% 股权	2018 年 3 月
蓝色光标	Cogint	娱乐、数字营销	1 亿美元及蓝色光标两家子公司股权	63% 股权	2018 年 2 月
湖北鑫炎	Xcerra	半导体	5.8 亿美元	100% 股权	2018 年 2 月
中国重庆财信企业集团为首的财团	芝加哥证券交易所	金融	1 亿美元	49.5% 股权	2018 年 2 月
蚂蚁金服	速汇金（MoneyGram）	金融	12 亿美元	合并	2018 年 1 月
华信能源	考恩集团	金融	1 亿美元	19.9% 股权	2017 年 11 月
忠旺集团	美国爱励铝业	新能源	23.3 亿美元	100% 股权	2017 年 11 月
峡谷桥资本公司	莱迪斯	芯片、半导体	13 亿美元	100% 股权	2017 年 9 月
海航集团	美国全球鹰娱乐有限公司	航空、娱乐	4.46 亿美元	24.9% 股权	2017 年 7 月

① Latham & Watkins. "Status of CFIUS Reform Legislation", https://www.lw.com/thoughtLeadership/status－CFIUS－reform－legislation, visited on July 9, 2018.

② 笔者根据公开资料整理。

（二）CFIUS现行审查依据

目前CFIUS开展国家安全审查所依据的法律是《艾克森—佛罗里奥修正案》、2007年的《外国投资与国家安全法案》（FINSA）以及2008年的《关于外国投资者并购、兼并和接管的条例》。根据以上法规，CFIUS对将导致外国投资者“控制”（Control）“美国企业”（U. S. Business）的交易——即“被涵盖的交易”（Covered Transactions）——进行审查。

CFIUS审查的特点如下：第一，CFIUS是多部门组成的机构。第二，相关法规未对“国家安全”、“关键基础设施”等概念进行明确定义，CFIUS在审查标准上有宽泛而自由的审查权力。第三，CFIUS有权采用多种灵活审查程序，一方面可以同时采用正式审查程序和非正式磋商程序，导致实际的审批流程时间可能大于规定的审查时间；另一方面，除事前审查外，CFIUS还可以对已经完成的交易进行追溯审查，以及推翻之前已经批准的交易①。

就成员组成而言，CFIUS由8个行政部门和7个白宫机构组成②，不同机构具有不同的团队设置、知识结构、考虑因素和决策机制等，这意味着CFIUS审查本身就是广泛、综合、复杂且不可预测的。此外，各组成机构既有权在自身权限内对交易进行调查，也有权参与CFIUS集体审查交易。

就审查标准而言，根据CFIUS于2008年公布了《关于外国投资委员会实施的国家安全审查的指南》，CFIUS会从外国投资者和目标美国企业两方面审查交易是否包含影响国家安全因素，不仅考虑外国投资者本身的活动记录和管理层的背景、交易对美国政府和安全的直接和间接影响，还会穿透关注收购方所属国、所属国的国家行动以及与美国的关系，是从政治、经济、

---

① 张伟民，吴宗楠：“CFIUS审查制度概述及应对措施”，http：//www. jtnfa. com/CN/booksdetail. aspx? type = 06001&keyid = 00000000000000001625&PageUrl = majorbook&Lan = CN，访问日期：2018年7月9日。

② 行政部门为财政部、商务部、国防部、国土安全部、司法部、国务院、能源部、劳工部，财政部担任主席单位；白宫机构为美国贸易代表办公室、科技办公室、管理和预算办公室、经济顾问委员会、国家经济委员会、国家安全委员会。

外交等角度对交易的多重审查[①]。

就审查程序而言，CFIUS 设置了外国投资者的自愿申报程序和 CFIUS 或任一成员的主动审查程序，对自愿申报程序又设置了非正式磋商程序。首先，如果 CFIUS 对一项交易采取主动审查程序，该交易被否决的可能性通常比自愿申报的要高。其次，对于自愿申报的疑似涉及国家安全问题的交易，最长可能经历为期 90 天左右的审查流程[②]。最后，CFIUS 鼓励交易各方在自愿申报前提交申报草稿或其他合适文件以帮助 CFIUS 理解交易内容，而提交申报草稿的时间是不受限制的。实践中 CFIUS 希望在所有交易中获得申报草稿，而且会对申报草稿内容提出广泛的问询，只有在申报草稿符合 CFIUS 充分和完整的要求时 CFIUS 才会开始自愿申报的审查流程[③]。

（三）关于 CFIUS 的立法更新

如果 FIRRMA 通过，可能从审查范围、审查标准和审查程序等方面扩大 CFIUS 的审查权力，提高审查的不确定性。

从审查范围的角度，FIRRMA 提议被涵盖的交易应新增如下类型，突破了原有定义中“控制”、“美国企业”等概念的范围以及地域范围，扩大了

---

① 从外国投资者角度，CFIUS 会考虑：（1）收购方的身份、合规情况，收购方所属国家在防止核不扩散、反恐怖主义事务、商业谍报或国家谍报方面的记录等；（2）收购方本身是否受“外国政府控制”，管理层是否曾经或现在与情报机构或军事机构有关系，投资经营决策是否独立，是否可能增加与美国利益违背的国家的军事或情报能力等；（3）特定的公司重组是否导致存在国家安全威胁的外国投资者控制美国企业。从美国目标企业角度，CFIUS 会考虑：（1）该企业是否为美国国防部门、情报部门等涉及国家安全的政府机构提供产品或服务；（2）该企业虽不为美国政府机构提供产品或服务，但其产品或服务可能间接或潜在地影响国家安全；（3）交易是否涉及关键基础设施；（4）交易是否涉及先进技术、敏感技术等；（5）该企业是否从事受出口管制产品或服务的研发、生产、销售等。参见石晨：《FINSA 后 CFIUS 国家安全审查的新发展及对中国企业的启示》，载《经济研究导刊》2014 年第 30 期；David N. Fagan，“The U. S. Regulatory and Institutional Framework for FDI”，*Chapters*，2009。

② 具体包括 30 天初步审查、45 天对疑似影响国家安全进行调查、调查后向总统递交正式报告、总统收到报告后 15 天作出最终决定。

③ 石晨：《FINSA 后 CFIUS 国家安全审查的新发展及对中国企业的启示》，载《经济研究导刊》2014 年第 30 期。

管辖权[①]：第一，外国投资者对邻近美国军事设施或与国家安全相关的政府机构的房产的购买或租赁将受到审查，无论该房产是否与“美国企业”相关；第二，任何向关键技术企业或关键基础设施企业非被动投资[②]将受到审查，无论该投资是否达到“控制”标准；第三，任何外国投资者与美国企业相关的权利变化，如果该权利变化将导致外国投资者控制美国企业或者对关键技术企业或关键基础设施企业的非被动投资，该权利变化将受到审查；第四，美国关键技术企业以知识产权及相关支持服务向外国出口（例如以知识产权及相关支持服务向外国合资企业出资或进行许可等）将受到规制，而无论地域范围。

从审查标准的角度，FIRRMA 特别提议了“特别关注国家”作为审查标准。所谓特别关注国家，是指对美国国家安全利益有显著威胁的国家。但是，FIRRMA 并未列举特别关注国家或明确表示将制定公开可查的特别关注国家清单[③]。

从审查程序的角度，FIRRMA 新增强制性声明程序、新增中止交易权、延长审查周期、修改重启审查交易权，给外国投资者通过 CFIUS 审查程序增加了更多交易成本。第一，在特定交易类型下，交易双方必须在交易完成前 45 天向 CFIUS 发出声明，CFIUS 根据声明情况加速审批或要求交易双方进行完整申报。具体交易类型包括外国政府持有 25% 或以上投票权的外国投资者收购美国企业 25% 或以上投票权的交易，或者 CFIUS 为实施 FIRRMA 而制定的法规中明确约定的交易；第二，FIRRMA 赋予 CFIUS 在审查或调查期间以及提请美国总统决定期间中止交易的权利；第三，初始审查

① Farhad Jalinous, Karalyn Mildorf, Keith Schomig. “FIRRMA: Proposed CFIUS Legislation Would Bring Significant Changes”, https://www.whitecase.com/publications/alert/firrma-proposed-cfius-legislation-would-bring-significant-changes, visited on July 9, 2018.

② 被动投资是指投资人不取得以下权利的投资活动，具体包括接触非公开技术信息和非技术信息的权利、参与或旁听董事会或其他类似管理组织的权利以及任命具有前述权利的人员的权利以及除投票权以外实质性参与美国企业决策过程的权利。

③ Stewart A. Baker, Brian Egan, Alan Cohn. “CFIUS Reform: A Primer on the Key Changes Under Consideration”, https://www.steptoe.com/en/news-publications/cfius-reform-a-primer-on-the-key-changes-under-consideration.html, visited on July 9, 2018.

期由30天延长为45天，并且赋予CFIUS延长30天审限的权利。因此，CFIUS的审查周期由75天增加到120天，总审查周期由90天增加到135天；第四，FIRRMA规定CFIUS只要发现交易方有实质性违反缓解协议或交易批准条件将有权重启审查程序，此前规定要求交易方有违反的故意①。

四　欧盟外资审查制度的变化和影响

（一）概述

与美国不同，欧盟此前未制定统一的外资审查制度，也无专门机构负责审查。即使是欧盟各成员国内，也仅有12个国家单独制定了外资审查制度，且各国审查范围、审查标准等各不相同②。

中国企业赴欧洲投资在2016年呈爆发性增长③，欧盟各国政府、研究机构、智库、商界等对外资并购的增长持复杂态度，中国企业遭遇的阻力逐渐变强④，欧盟也开始考虑建立欧盟层面外资审查制度。2017年2月，德国、法国及意大利向欧盟提交信函，表达了担心，称缺乏互惠性将导致欧盟专业技术销售殆尽，而目前的规制手段却不够有效；2017年9月，欧盟委

① Fagan，David. “The US Regulatory and Institutional Framework for FDI.” *Investing in the United States：Is the US Ready for FDI from China* 2.1（2010）：45－84.

② 12个国家分别是奥地利、丹麦、德国、芬兰、法国、拉脱维亚、立陶宛、意大利、波兰、葡萄牙、西班牙以及英国。See European Parliament Research Service，“Foreign direct investment screening－a debate in light of China－EU FDI flows”，http：//www.europarl.europa.eu/RegData/etudes/BRIE/2017/603941/EPRS_ BRI（2017）603941_ EN.pdf，visited on July 9，2018.

③ 2016年中国对欧盟直接投资达99.94亿美元，同比增长82.4%。参见中华人民共和国商务部：《2016年度中国对外直接投资统计公报》，第15～16页，http：//fec.mofcom.gov.cn/article/tjsj/tjgb/201709/20170902653690.shtml，访问日期：2018年7月9日。

④ 例如对欧洲高科技产业和高端制造业的优势受损的担心，受美国“并购威胁论”影响而对中国并购的警惕，以及对竞争不公平、中国企业容易收购欧洲企业而欧洲企业在华没有同等收购权利的抱怨。参见石岩：《欧盟外资监管改革：动因、阻力及困局》，载《欧洲研究》2018年第1期。

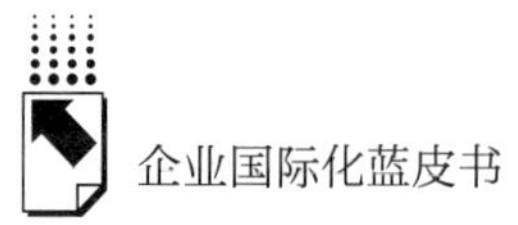

员会提出设立审查外国对欧盟的直接投资的框架条例的草案（以下简称“条例草案”），拟为欧盟各国实施外资审查提供参考。

目前，条例草案正在进行正式立法程序，一旦通过则欧盟各国在制定外资审查法律时将有参考依据，可能会对中国企业在赴欧投资时的投资领域以及投资周期产生更多影响。

以下是对欧盟外资审查立法变化的具体分析。

（二）欧盟条例草案及外资审查框架

总体而言，欧盟条例草案与美国 CFIUS 审查制度类似，采取了较为开放的立法模式，通过定义审查范围和列举考量因素确定了审查的基础。与美国 CFIUS 多部门参与存在一定相似性，条例草案要求欧盟各成员国建立合作机制和信息共享。与美国 CFIUS 单一组织审查不同之处在于，条例草案并非旨在建立欧盟统一的审查制度，而是为各成员国提出审查的基础框架和可参考的因素，此外条例草案也另行约定了欧盟委员会审查机制。具体来说如下。

与美国“国家安全”措辞相对应，草案条例将审查范围定义为可能引起“安全或公共秩序忧虑”（security or public order concern）的非欧盟投资者在欧盟成员国所进行的投资。其中，投资并不限于直接投资，而且包括实质性地参与对欧盟成员国企业的管理或控制①。条例草案同样未具体解释“安全”或“公共秩序”的定义和范围。

就审查标准而言，条例草案列举了如下考量因素：①关键基础设施，包括能源、交通、通信、数据存储、空间或金融基础设施及敏感设施；②关键技术，包括人工智能、机器人技术、半导体、可能构成军民两用的技术、网络安全、空间或核技术；③关键投入要素供应的安全性；④获取敏感信息或控制敏感信息的能力的途径。此外，还需要考虑投资者是否受非欧盟国家政府控

① Proposal for a REGULATION OF THE EUROPEAN PARLIAMENT AND OF THE COUNCIL establishing a framework for screening of foreign direct investments into the European Union, Article 2.

制（包括重要资金支持），以判断对安全和公共秩序的影响情况①。考量因素对具体行业和具体技术的列举，特别是人工智能、机器人技术等也被纳入安全或公共秩序的考量因素，突破了《欧洲联盟运行条约》以及欧洲联邦法院的判例法的限制。鉴于中国赴欧投资的重点是收购高新技术企业，条例草案指向性明显②。

就合作机制而言，条例草案提出欧盟成员国自审查程序启动5个工作日内告知欧盟委员会及其他成员国。如果一成员国认为本国内的外商投资可能影响其他成员国的安全或公共秩序，或认为其他成员国内的外商投资可能影响本国的安全或公共秩序，该成员国可以向成员国提供或要求其他成员国提供意见或必要信息③。

就审查主体而言，条例草案提供了各成员国自己审查和欧盟委员会审查两套机制。其中，欧盟委员会仅在可能影响欧盟整体的安全或公共秩序时有权进行审查，其具体的审查方式是向该外商投资的目标成员国要求信息并向该成员国发表意见，如果该成员国未遵守欧盟委员会的意见则还需另行解释④。欧盟委员会的审查看似非强制性，但在“安全”和“公共秩序”未明确定义的情况下，该条款进一步突破一国的地域范围而扩展到整个欧盟，给中国企业应对审查造成更多不确定性。

五 应对措施

如前分析，当前情势下中国企业境外投资所面临的境内和境外环境十分复杂，政治风险、经济风险和法律风险都十分突出。为应对和减轻这些风

① Proposal for a REGULATION OF THE EUROPEAN PARLIAMENT AND OF THE COUNCIL establishing a framework for screening of foreign direct investments into the European Union, Article 4.

② 石岩：《欧盟外资监管改革：动因、阻力及困局》，载《欧洲研究》2018年第1期。

③ Proposal for a REGULATION OF THE EUROPEAN PARLIAMENT AND OF THE COUNCIL establishing a framework for screening of foreign direct investments into the European Union, Article 8.

④ Proposal for a REGULATION OF THE EUROPEAN PARLIAMENT AND OF THE COUNCIL establishing a framework for screening of foreign direct investments into the European Union, Article 9.

险，笔者建议中国企业在境外投资时应做好充分准备，在完善公司治理、调研投资风险、设计投资规划、加强合同谈判等方面采取应对措施。具体而言如下。

第一，建议中国企业高度重视完善公司治理，提升公司在投资、劳动、环保、信息安全等方面的合规水平。就境内环境而言，中国监管部门高度重视中国企业（无论是国有企业还是民营企业）的事中和事后的合规，特别把中国企业在海外合规情况纳入境内合规考察的事项中。提高合规水平不仅有利于当前项目的顺利开展，而且有利于在监管部门前建立和维持良好的企业形象，为进一步开展境外投资打下基础。就境外环境而言，公司治理水平和合规水平是东道国实施国家安全审查以及其他合规审查时会考虑的因素之一，完善公司治理和提高合规水平有利于提升东道国的信任，增加通过审查的可能性。

第二，建议中国企业关注境内外立法动向，全方位评估境外投资潜在的政治、经济和法律风险。就境内环境而言，中国企业在准备投资时需考虑避开中国监管部门的负面清单。鉴于不同监管部门可能陆续出台负面清单，中国企业在“走出去”前需要重点关注其主管部门的立法动向，避开可能被负面清单涵盖的项目。就境外环境而言，建议中国企业事前评估东道国外资审查的风险，可以考虑采取以下措施：①提前咨询东道国律师哪些行业有较高被否决交易的风险[①]；②关注东道国持续更新的外资审查制度，了解外资审查程序；③赴美投资时，中国企业还需注意避免与受美国经济制裁的国家（如伊朗、苏丹、朝鲜和古巴）等进行交易或投资；④在赴欧盟投资时，中国企业可能还需要额外评估投资对其他欧盟成员国乃至整个欧盟的影响。

第三，建议中国企业合理设计投资规划和时间安排，充分考虑境内外审

① 例如，对美国的国防、航空、信息科技、金融等敏感行业的收购，无论收购的比例如何，CFIUS 都有较高可能性否决交易。See Fagan，David. “The US Regulatory and Institutional Framework for FDI.” *Investing in the United States：Is the US Ready for FDI from China* 2.1 (2010)：45 - 84.

批对投资时间的影响。就境内环境而言，中国监管部门可能在事前审批上进行了优化，有利于中国企业完成境内审批流程，但对于资金出境问题可能受国家宏观政策影响较大。建议中国企业在处理资金出境问题时，重点考虑：(1) 事前与银行和外汇局做好沟通工作，尽快准备需要提交的材料；(2) 明确资金出境的时间，制定资金出境日程表，预留一定资金出境的时间，防止交割时资金不能到位；(3) 准备境内资金出境的替代方案，例如在境外进行过桥贷款，待资金出境后偿还；(4) 根据项目的特殊情况以及当地法律情况可以考虑采用一些特殊安排①。就境外环境而言，中国企业需要注意外资审查及其他合规审查对投资时间表的影响，做好长期的投资发展规划②的打算。此外，中国企业还可以考虑分步骤境外投资，通过初期投资和收购在东道国建立良好信用，为下一步的投资和收购减少风险和阻力。

第四，建议中国企业重视协议的谈判和对风险的管理，具体来说：(1) 把东道国的外资审查风险作为重点谈判内容与目标公司磋商，明确哪一方有负责审查通过的义务；(2) 把中国境内审查、资金出境以及东道国外资审查作为交割前提条件，避免无法取得审查时中国企业可能面临的违约风险；(3) 重视“分手费”的谈判，以避免交易无法进行后还需额外承担高昂的“分手费”。

---

① 在笔者牵头的一项中国上市公司海外收购英国公司持股的公司交易中，英国法律允许部分支付股本即可有条件地享有完整股权，因此笔者与英国律师共同设计了先发股、后付款的机制，如果后期股本金未缴清，可将部分已发行股份转换成劣后股，由公司以 1 英镑回购并注销。

② Fagan, David. “The US Regulatory and Institutional Framework for FDI.” *Investing in the United States: Is the US Ready for FDI from China* 2.1 (2010): 45 - 84.

B.15
中美贸易关系和挑战：过去、现在、将来与政策选项

CCG 课题研究组

摘　要：　作为世界上两个最大的经济体，中美关系正处于十字路口，遭受不断升级的贸易问题的困扰，持续的贸易战已经使中国和美国的就业和经济遭到了破坏。本文回顾了中美贸易四十年的历史，分析了中美贸易争端的现状与未来，并提出了对策建议。

关键词：　中美贸易　贸易争端　投资

一　中美经贸40年

20 世纪 70 年代，中美关系正常化后，根据《中美贸易关系协定》，美国给予中国最惠国待遇（MFN）。2000 年，克林顿政府签署了对华永久正常贸易关系法案，根据这项法案，中国加入世界贸易组织（WTO）后，美国将终止按《1974 年贸易法》中有关条款对中国“最惠国待遇”实行年度审议，与中国建立永久正常贸易关系。自中国加入 WTO 以来，美国对中国的出口增长了 500%，远远超过同期美国对世界其他地区的出口增长。[①] 在过去十年中，美国对中国的商品出口增长了 86%，而美国对世界其他地区的

① Research Report on China – US Economic and Trade Relations, Ministry of Commerce of China, May 25, 2017.

出口仅增长了21%。与此同时，美国对中国的服务出口同期增长超过300%，对世界其他地区的服务出口增长只有约50%。到2016年，美对华服务出口总额超过520亿美元。[①]

美国企业在中国的投资为两国带来了巨大的收益。据中华人民共和国商务部统计，美国累计对外直接投资（FDI）达到825亿美元，在华设立了68000家公司。这种对内投资给中国带来了资金、技术、专业知识和税收，推动了中国经济发展。与此同时，中国成为美国跨国公司的重要生产基地和利润增长来源。美国公司每年在中国的销售额近5000亿美元。[②] 截至2016年7月，中国大陆已有2.43亿IPhone用户，占当时全球7.28亿用户的33%。[③] 在汽车行业领域，2017年，通用汽车在中国销售的汽车数量比美国多70%，中国成为凯迪拉克最大的市场。[④] 航空行业，中国曾在当年总数为41000架的新型波音飞机里购买了7000架。[⑤]

在目前的全球价值链体系下，美国和中国的生产是相互紧密关联的，中国制造商经常使用从美国进口的零部件，而许多美国出口产品需在中国组装。据商务部统计，2017年，中国59%的贸易顺差来自出口加工贸易，其中57%来自外企。在快速全球化的今天，中美经济合作是国际分工和资源配置的必然结果。随着产业价值链的纵向一体化和供应链的跨境发展，美国经济走向高附加值的研究和设计产业，而中国则倾向于低成本生产。根据2011年经济合作与发展组织（OECD）的研究项目，中国在电子和光学设备制造业上，国内增长值仅占出口总额比例的46%。2016年，77%的高科技

---

① State Export Report, US – China Business Council, April 2018.

② Arthur Kroeber, "An Irresistible Trade Policy Meets Immovable Interests," Gavekal Dragonomics, September 12, 2018.

③ Bien Perez, "Apple's China sales grow for second straight quarter on strong iPhone demand', South China Morning Post, February 02, 2018.

④ "GM China Sales Top 4 Million Vehicles for the First Time in 2017," GM Corporate Newsroom, January 04, 2018.

⑤ Research Report on China – US Economic and Trade Relations, Ministry of Commerce of China, May 25, 2017.

出口产品都是由外商投资企业生产。①

以苹果公司（Apple）为例，在中国组装一支 IPhone X 仅占制造成本 370 美元的 3% ~6%，其中大部分增值都归于美国科技巨头。② 美国和中国在货物贸易之外，也分享着更多的双边商业利益。据摩根士丹利（Morgan Stanley）估计，2017 年美国公司在华的收入约为 4000 亿美元，约为对中国出口总值的 3 倍。由此可见，比起出口，美国公司在中国生产以及销售产品会受益更多③（见图 1）。

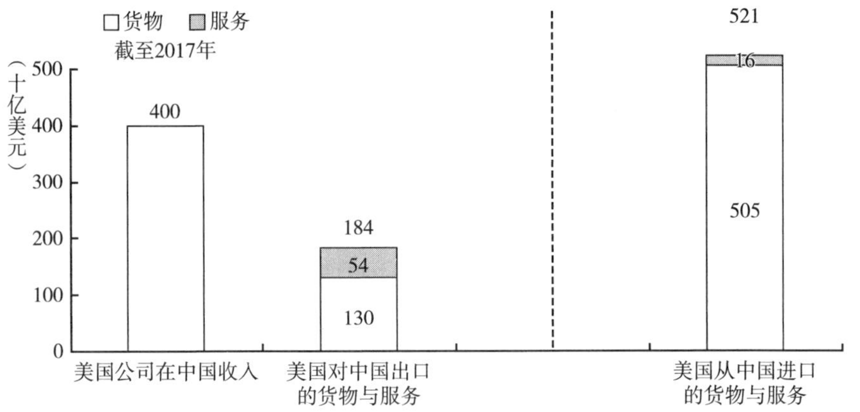

图 1 美国对中国的商业利益分布（截至 2017 年）

资料来源：摩根士丹利。

两国公民都受益于中美双边合作的发展。1963 年到 1989 年间，美国的通货膨胀率平均为 5.4%，1989 年到 2015 年降至 2.5%，这在很大程度上是由于对中国消费品的进口增加。据美中贸易全国委员会（USCBC）估计，

① Mary E. Lovely and Zixuan Huang, "Foreign Direct Investment in China's High - Technology Manufacturing Industries," In US - China Economic Relations: From Conflict to Solutions, CF40 - PIIE Joint Report, June 2018.

② Philippe Legrain, "Why China will Win the Trade War," Foreign Policy, April 13, 2018.

③ "Trade Tensions: Lingering for Longer," Morgan Stanley, July 11, 2018.

中国的商品每年为美国家庭平均节省850美元。[①] 此前USCBC的一项研究显示，2015年，美国对中国的出口以及中美双向投资为美国的GDP贡献了2160亿美元，造福了260万美国工人。虽然1972年只有少数美国人从事与中国业务相关的工作，但据Rhodium集团报告称，如今，中国企业在美国46个州投资累计超过1400亿美元，创造了超过14万个就业岗位。多年来，中国企业对美国的投资为当地经济、就业和税收做出了贡献。例如，万向集团已在美国投资了近30家工厂，创造了12500个工作岗位。中国的福耀集团宣布，准备增加对美国生产设施达10亿美元的投资，并为当地居民提供数千个就业机会。

历史上中美贸易摩擦并不是什么新鲜事。早在1979年，美国就单方面对七类中国纺织品出口实行配额制。1983年，为响应美国对中国纺织品进口的限制，中国宣布将通过停止购买美国棉花、化学纤维和大豆来进行报复。中国加入WTO前，每年美国国会对中国最惠国待遇的更新也反复刺激了两国关系。随着与中国的贸易逆差继续扩大，美国对中国实施了贸易制裁，包括启用“301条款”对中国知识产权保护进行调查，此外还有在汽车零部件、稀土和信用卡支付等行业的中美在WTO的争端。总而言之，在过去的四十年中，中美之间出现了定期的贸易争端，但双方一直设法找出解决分歧的方法，以实现共同利益。

许多人担心目前的贸易紧张局势可能会造成两个经济体“脱钩”，美国政府对贸易战的鼓吹更是加剧了这种担忧。然而，民间的广泛交流正在使两国关系变得密切。以旅游业为例，2016年，约有300万中国游客去美国，为美国GDP贡献了330亿美元。连续八年，美国一直是中国学子出国留学的首选地。2017年，超过35万名中国学生就读于美国的大学，教育花费近160亿美元。[②] 截至2011年，在2006年获得理工科学士学位的人中，中国

① “Understanding the US - China Trade Relationship,” US - China Business Council by Oxford Economics, January 2017.

② 2018 Annual Bluebook on Development of Chinese Students Studying Abroad, Center for China and Globalization.

人数排名第一。[①] 中美人才流通将继续为两国提供“人才红利”。

综上所述，美国和中国在推动两国经济发展方面发挥了积极作用，两国在贸易和投资方面的合作建立在各自的比较优势之上。尽管两国关系起伏不定，但在过去 40 年，中美之间相互依存、互利互惠的关系持续增长，每次重大危机都有助于推动两国经济关系再上新的台阶。中美经贸关系 40 年间的变迁可以投射出处于不同发展阶段和独特社会制度的国家是如何合作，最大限度地提高经济效率，实现共同利益的。这种贸易和投资关系有助于两国渡过中美关系的瓶颈时期，成为维系世界上最重要的双边关系的基石。

二 中美贸易争端的发展

“美国第一”一直是特朗普政府外交政策的基本原则。根据美国商务部的数据，2017 年美国贸易逆差达到九年来的最高纪录 5660 亿美元，与中国的货物贸易逆差为 3752.3 亿美元。因此，特朗普总统已将重新制定对华贸易政策作为其最重要的外交政策之一。2017 年 8 月，他授权美国贸易代表（USTR）对中国发起源自美国《1974 年贸易法》的“301 调查”，就中国政府在技术转让、知识产权、创新等领域的实践、政策和做法是否不合理或具歧视性，以及是否对美国商业造成负担或限制做出调查。2018 年 3 月调查结果公布后，价值 500 亿美元的 1333 件中国高科技产品受到了 25% 的惩罚性关税。紧接着，中国对从美国进口的价值 500 亿美元的 106 种产品进行了关税报复。

自 8 月 23 日中美双方开始对价值 500 亿美元的商品征税以来，第一轮关税交火已全面启动。此外，特朗普总统要求 USTR 在 6 月 18 日对价值 2000 亿美元的中国商品征收 10% 的额外关税，产品清单于 7 月 10 日公布。对此，中国商务部发布了反驳意见并将美国单边主义行为诉诸世贸组织争端解决机制。8 月下旬，为应对特朗普增加关税，中国商务部提出对价值 600

① Oak Ridge Institute for Science and Education 2012.

亿美元的美国出口到中国的一系列产品加收 5% 至 25% 的关税。贸易战在 9 月份愈演愈烈，当时白宫已经确认对价值 2000 亿美元的中国商品征收 10% 的关税，到了 2019 年税率将增至 25% 。特朗普还威胁要对 2670 亿美元的中国进口商品进行征税，这相当于所有出口到美国的中国商品都将被征收关税。(见图 2)

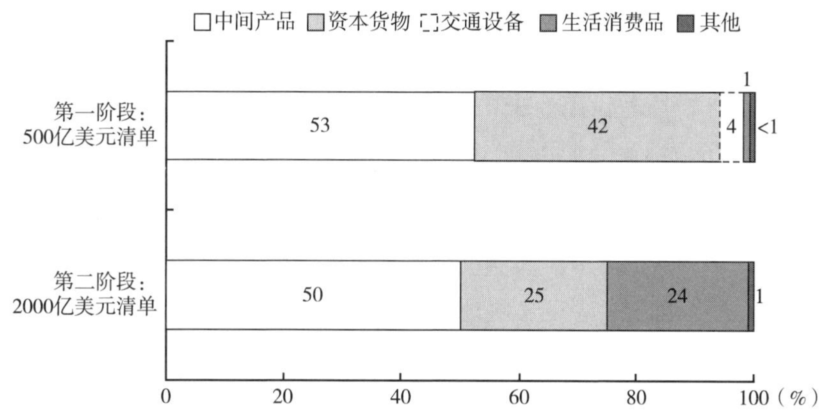

图 2　美国对从中国进口的产品征收关税：两次清单产品构成对比

资料来源：彼得森国际经济研究所。

许多经济学家和相关专家纷纷警告美国，持续的贸易战将使美国的经济和就业遭受重大损失。据报道，包括 14 位诺贝尔奖获得者在内的一千多名美国经济学家于 2018 年 5 月签署了一份致总统的联名信，敦促他不要重复导致美国在 20 世纪 30 年代陷入大萧条的错误。[①] 同时，多家机构也预测贸易战会造成重大损失。例如，美国税务基金会声称，贸易战已经将美国工人的工资水平降低了 0.3 个百分点，同时减少了 365000 个就业机会，7 月宣布的这一轮关税措施曾被估计会对“2017 年减税与就业法案”产生 40% 的影响。[②]

① “More Than 1, 000 economists Warn Trump His Trade Views Echo 1930s Errors,” The Guardian, May 03, 2018.

② “Tracking the Economic Impact of U. S. Tariffs and Retaliatory Actions,” Tax Foundation, June 22, 2018.

美国商会估计，特朗普政府的贸易政策可能会威胁多达 260 万个就业岗位。① Axios 分析声称，中国的报复性关税也将影响 1100 万美国工人，这些工人集中在农村和已经陷入困境的美国地区。② 彼得森国际经济研究所（PIIE）预测，如果贸易战全面爆发，就业率将大幅度下降。即使短期流产的贸易战也可能导致私营部门就业人数减少 130 万。③

由于可能对在美国、中国和世界各地的美国公司产生负面影响，美国企业也在阻止贸易战中发挥着积极的作用。在美国贸易代表办公室 8 月举行的一次听证会上，参与讨论的 350 家企业中有 90% 的企业反对美国对中国出口价值 2000 亿美元的商品征收 25% 的关税。④ 早前，在 7 月关于对价值 160 亿美元的中国产品征收关税的听证会上，在 82 位发言者中，只有 6 位支持这些措施。诸如大豆的农产品以及汽车和波音飞机等是首批被加征惩罚性税收的行业，中西部等农业受影响地区的国会议员也迅速反对美国对华加收关税。⑤

美国汽车业在 2017 年向中国出口了价值 159 亿美元的汽车产品，其中包括 131 亿美元的成品汽车，皆因 7 月 6 日中国发布的 25% 的反制关税而遭受重创。随着商品名单的发布，特斯拉汽车表示，他们的价格将从 14 万上升到 25 万，并宣布将在上海建立一个生产基地。⑥ 美国通用汽车也对贸易战的加剧表示强烈担忧，称这可能损害美国的竞争力并威胁美国的大好前

---

① "Trump Trade Policies Threaten 2.6 Million Jobs, Chamber of Commerce Says," CNN Money Report, May 31, 2018.

② Lazaro Gamio, "11 Million U. S. Workers are in the Trade War's Crosshairs", Axios, September 9, 2018.

③ Marcus Noland, Gary Clyde Hufbauer, Serman Robinson, and Tyler Moran, "Assessing Trade Agendas in the US Presidential Campaign", Peterson Institute for International Economics, September 2016.

④ "US Companies Oppose Tariffs on 1st day of 301 Hearings," CGTN, August 21, 2018.

⑤ "No One Wins in a Trade War.' Ag Advocates Urge Trump to End Tariffs Standoff', The Fresno Bee, August 15, 2018.

⑥ "German Cars and American Steak: The Early Trade War Victims Emerge," Bloomberg, July 9, 2018.

景。飞机制造商波音公司的高级管理人员则正忙着说服政府避免贸易战升级。①

此外，来自中国的商品也将变得更加昂贵，从而增加了企业和消费者的成本。苹果公司曾致函美国贸易代表办公室，强调即将对2000亿美元的中国商品征收关税将“增加美国业务的成本，转移我们的资源，并使苹果相较于国外竞争对手处于劣势地位。”② 英特尔、戴尔（Dell）、惠普（Hewlett-Packard）等均表达了类似的担忧。③

值得注意的是，根据中国商务部的数据，第一个关税清单的产品中约有59%是由外国公司生产的。④ 其中，70%以上是在中国从事加工的美国贸易公司。中国美国商会和上海美国商会最近对成员公司进行了联合调查，以衡量中美双方政府对关税的影响。调查发现，超过60%的在华美国公司均表示，中美最初的500亿美元关税清单对其业务产生了负面影响。如果实施第二轮关税，超过两倍的公司预计将会产生“强烈的负面影响”。⑤

国会对贸易保护主义政策产生的负面影响的担忧一直在加剧。7月11日，美国参议院以88票对11票通过了一项议案，国会将有权决定出于国家安全考虑下的关税征收。⑥ 后来，超过140位众议员致函美国商务部部长，建议不要对进口汽车和汽车零部件征收关税，理由是这样有可能对美国汽车业造成损害。⑦很多跨国公司总部主要各州批评了特朗普的保护主义贸易政策，如通用汽车、福特和克莱斯勒（密歇根州）、宝洁公司和美国电力公司

---

① Manufacturer Boeing were busy working to persuade the government to avert trade war escalation.

② “America, China and the Route to a Trade War,” Financial Times, September 12, 2018.

③ “US Tech Groups Seek Key Product Protections from China Tariffs,” Financial Times, September 7, 2018.

④ MOFCOM, P. R. C., “Regular Press Conference of the Ministry of Commerce”, http://english.mofcom.gov.cn/article/newsrelease/press/201807/20180702766291.shtml, July 6, 2018.

⑤ Amcham China and Amcham Shanghai, *Impact of U. S. and Chinese Tariffs on American Companies in China*, September 13, 2018.

⑥ “Senate Overwhelmingly Rebukes Trump on Tariffs - But the Measure Won't Limit His Powers,” CNBC, July 11, 2018.

⑦ “Representatives oppose tariffs on automotive industry,” Transportation Today, July 24, 2018.

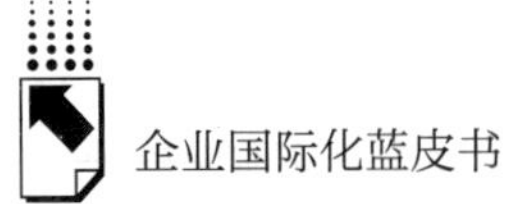

(俄亥俄州)，以及 Apple 和迪斯尼（加利福尼亚州）。此外，继 2018 年 7 月芝加哥市长与中国签署“五年合作计划”后[①]，加州议会于 8 月通过决议，积极支持加强与中国的合作。[②]

三　中美贸易战的未来

在上述分析的基础上，本文将提出中美贸易战未来可能出现的三种情形。

第一种可能性——协议达成，贸易战中止。

这一情形下，中美之间达成协议，贸易战结束。尽管就目前看难度比较大，但双方仍有合作的可能。第一，中美关系史上比 301 调查更为严重的事件均以协商的形式得以解决，而双方也都表示协商的意愿。特朗普总统曾说：“贸易状况能由我和习主席一道解决，我个人非常尊敬和喜爱他。”[③] 即便这一结果的出现需要特朗普总统改变其立场，但这并不是不可能的：此前他曾与墨西哥达成协议，即使墨西哥并没有完全退让。

如果贸易战真的是为中期选举准备，很有可能特朗普将在 11 月 6 日投票后调整政策。无论结果如何，特朗普都将重新关注基础设施建设、朝鲜问题等国内和国际问题，而中国对美国而言很可能是极佳的合作伙伴。中期选举后特朗普总统很可能为需要获得更多的支持而减轻对中国的贸易压力。有预测显示美国商业将在 2019 年呈放缓的态势，关税也可能使这一状况进一步恶化。基于农民对失去市场份额的抱怨，2019 年特朗普总统极有可能会结束贸易战以避免动摇能在政治上支持他的跨国公司的反对。2018 年 11 月，特朗普总统将与习近平主席在阿根廷召开的 G20 峰会上会面，为取得协议铺路。

---

① “Mayor Emanuel Announces Success of Trip to China To Secure Upcoming Chicago Rail Factory And Hundreds Of Jobs,” Office of the Mayor, City of Chicago, July 07, 2018.

② “California Seeks Strong Ties Despite Tensions,” China Daily, August 02, 2018.

③ “Statement from the President,” White House, September 17, 2018.

第二，中国的态度一向是反对但并不畏惧贸易战。特朗普并没有指明贸易战的目的。从先前的协商看来，美国主要在乎4个方面——贸易赤字、市场准入、强制技术转移和知识产权保护以及诸如“中国制造2025”此类的产业政策。尽管中国表明绝不屈服，但中国已经表示出协商的意愿。

一是在六月的贸易谈判中，刘鹤副总理提出将购买价值700亿美元美国的农产品和能源产品。贸易赤字并不是不能解决，2017年11月特朗普访华期间也签下了2500亿美元的大单。同时，美国限制科技产品出口中国也是造成贸易不平衡的一大因素。根据卡内基国际和平研究院的研究，如果美国对中国的出口限制降低至法国的水平，贸易赤字将削减1/3。[①]

二是自习近平主席博鳌论坛讲话以来，中国已采取一系列举措来进行改革。4月，中国人民银行推出了11项金融开放事项的落实时间。6月，在国务院下达促进外来投资的指示后，发改委及商务部也公布了最新的负面清单，并将削减22个部门限制性措施中的四分之一。7月1日起，削减汽车产品及1700件美国产品的关税的决定正式生效。随后上海也发布了一百条促进外资进入中国市场的举措。纯外资而非合资的特斯拉的中国工厂即是一个典范。

三是中国政府表示绝不忍受强制技术转移的行为。李克强总理已表示将制裁任何此类行为。[②] 据中国一位美中贸易专家表示，此前，美中贸易全国委员会（USCBC）一项调查显示，仅有19%的会员公司抱怨过存在这种行为，而剩下的81%则未遭遇此类事件。而在19%的公司中，有2/3表明是中国的商业伙伴要求技术转移，而非政府。[③]

知识产权保护对中国经济发展极为重要。在这一问题上，中美双方并不是完全不可调和的。事实上，中国政府在过去很多年已做出了大量努力。仅

---

① Li Bin and Yang Xiao, “Political Barriers in U. S. Exports to China and U. S. – China Trade Deficits,” Carnegie Endowment for International Peace, April 10, 2017.

② https: //cn. reuters. com/article/china – likeqiang – ip – protection – 0828 – idCNKCS1LD11N.

③ “2017 Annual Member Survey,” US – China Business Council, Dec. 6, 2017. This point has been repeatedly made by Mr. He Weiwen, a retired senior trade diplomat and a senior fellow of CCG.

2017 年一年，中国在外国财产权维护上的支出便达 2860 亿美元，是 2001 年加入 WTO 时承诺数量的 15 倍。[①] 知识产权司法体系也得到了进一步改革，并在北京、上海和广州三地成立了专门的法庭，国家层面的上诉机制也在完善[②]。

据《外交官杂志》，外国公司在知识产权方面受到同中国私有企业一样的保护。现在，外国公司在专利侵犯诉讼上的胜算率平均达 80%，强制执行率平均达 98%。而在政策方面，2017 年 12 月，中国完成长达四个月全国范围的倡议，并协调 12 家政府机构保护外国公司的知识产权。[③] 国务院还成立国家领导小组应对知识产权侵犯及造假问题，并由一位副总理带领发展一个长期执行机制。[④] 李克强总理近日表示："我们将继续强化立法执法，完善知识产权侵犯的惩罚和补偿机制以推进创新。"[⑤]

第三，中国仍将继续实现产业升级，不能以冷战的眼光看待"中国制造 2025"。"中国制造 2025"是一种规划而非关系行政和预算分配的五年计划。从中国的角度看，中国国内对"中国制造 2025"的重视度并不高，这一规划并不是中国寻求科技领先也不提供一种创新模型，而中国政府也欢迎外国企业的参与。

中国对美国进口商品巨大的市场需求意味着中美始终有取得协议的机会。2017 年，中国消费者购买美国进口车达 121 万辆，占美国当年生产的十分之一。清华大学的研究团队估算，中国增加 300 万辆美国汽车进口，美国贸易赤字将削减 1000 亿美元，并将复兴美国汽车产业，创造大量就业。[⑥]

---

① "China's MOC issues statement on US Section 301 investigation," MOFCOM, PRC, July 13, 2018.

② Shen Liu, "Latest Progress in China's Intellectual Property Protection," Lexology, May 16, 2018.

③ William Weightman, "China's Progress on Intellectual Property Rights (Yes, Really)," The Diplomat, January 20, 2018.

④ "Guangdong Launches Campaign against Infringements and Counterfeits", The State Council Information Office of the People's Republic of China, November 12, 2015.

⑤ "Chinese Premier Li Keqiang's speech from #AMNC18," World Economic Forum, September 20, 2018.

⑥ Report on Strategies for the Sino - US Trade and Economic Relations, Center for China and World Economy of Tsinghua University, July 2017.

五月，中国对汽车关税从25%削减至15%。随着中国进一步改革，极有可能将进一步降低关税。

中国对能源需求的增加也能限制贸易战进一步升级。随着开采提炼技术的升级，美国石油出口正超过OPEC国家。2018年第一季度，中国是美国天然气第三大购买者，并很有可能将继续增加购买量。特朗普政府七月的一个报告显示天然气出口量越大，美国发展越快。中国对美国天然气征收25%的关税将抑制天然气出口中国并将使美国经济遭受重大损失。[①] 此前特朗普签订的2500亿美元的协议也包含650亿美元阿拉斯加的天然气项目及837亿美元西弗吉尼州的页岩气及化学工程制造投资项目。能源方面蕴含的机遇也将缓和双方贸易冲突。

若中国继续为外资改进营商环境，扩大开放，增加进口，投资美国制造业并帮助美国改进基础设施，那么双方达成协议的结果极有可能实现。这一结果对双方而言都是最有利的。

第二种可能性——贸易战间歇性升级，间歇性缓和。

贸易战另一个可能的结果是双方既未达成协议，贸易战也没有全面升级。这一情形下，两国的贸易冲突很可能长时间持续，并变成一种“新常态”。贸易战将经历间歇性升级与缓和。这一情形出现的原因在于两方面。一是美国对中国的贸易赤字是由宏观经济和结构性因素导致。短时间内达成贸易平衡既不合理也不可行。如果特朗普总统试图彻底消灭赤字，这一愿望是不可能实现的。他也已经表示他对结束贸易战并没有时间上的指示。二是中国已被美国政府视为战略竞争对手。美国对中国科技崛起的担忧会影响目前的贸易争端，使贸易战成为持久战。

随着贸易战持续，陷入升级与缓和循环的状态，中国可能将采取关税以外的报复性措施，如停止向美国出口对美国公司供应链而言极为重要的零部件[②]。在中国生产计算机和电子出口零部件的美国跨国公司已是第一轮关税

---

① “Trade war with China threatens US gas ambitions,” Wall Street Journal, September 18, 2018.

② “Trump Hits China with Tariffs on ＄200 billion in Goods, Escalating Trade War,” New York Times, September 17, 2018.

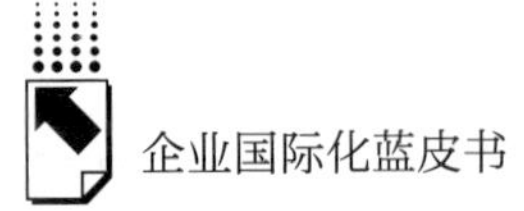

的受害者，而他们也将陷入一个更不利的环境。

对这些公司而言，将生产撤离中国将花费数年的时间，并造成利润和市场份额上的大量损失。美中关系委员会的研究表明，2017 年美国对华投资达 140 亿美元[①]，而这些公司在中国的年度销量接近 5000 亿美元。中国对很多公司都是潜力巨大或最重要的市场。对于越来越多的行业部门来说，避开中国市场并不是明智之举。[②] 美国公司巨大的利益联系也说明他们能成为防止贸易战恶化的重要因素。

中国自身的改革开放是另一个促使贸易战缓和的因素。中国国内对贸易战的论调显示中国的决策层一直认为应对贸易战的最好方式是进行国内改革，增强私人部门的活力并以此调整结构上的不平衡。比如李克强总理在天津世界经济论坛上谈到，中国政府将“进一步放宽市场准入，提高政策透明度，践行公平公正的管理以为各种所有权的公司营造更有利的市场。无论是中国公司还是外国公司都将被平等对待。”[③]

第三种可能性——贸易战全面升级。

在 2000 亿美元和 500 亿美元的物品外，特朗普总统已威胁将对 2670 亿美元中国进口商品征税。此举一旦生效意味着美国向所有中国进口的商品征收关税，而中国也会进一步采取报复性举措。作为世界最大的两大经济体，中美的 GDP 总和接近全球 GDP 的 40%，对全球增长的贡献超过 40%。全面升级的贸易战不仅将带来严重的后果也将破坏全球价值链，阻碍全球经济增长。

摩根士丹利的分析预测到，如果美国向中国产品征收 15%、30% 或 45% 的关税，中国对美出口将分别下降 21%、46% 和 72%，中国的出口总量也将下降 4%、8% 和 13%。工业债券估算到 30% 的关税会使中国

① “American companies in China have much at stake in the trade dispute,” CNBC, April 10, 2018.

② Arthur Kroeber, “An Irresistible Trade Policy Meets Immovable Interests,” Gavekal Dragonomics, September 12, 2018.

③ “Chinese Preimer Li Keqiang's speech from #AMNC18,” World Economic Forum, September 20, 2018.

GDP 减少 0.64%。而全面贸易战也会使中国经济增长放缓至 5%。[①] 而摩根士丹利的分析结果显示贸易战将使美国经济增长放缓 0.3% ~0.4%，严重性不亚于中国。7 月，经济学家普遍认为为 2019 年美国经济将经历自 2016 年 11 月以来最为严重的衰退。69% 的经济学家还认为贸易战加剧了经济下滑。[②]

美国消费者也将成为贸易战的受害者。2670 亿美元的商品中包含更多如家具、行李箱、自行车零部件和闹钟等消费品。关税一旦生效，这些关税对美国消费者的影响将超过此前的关税。

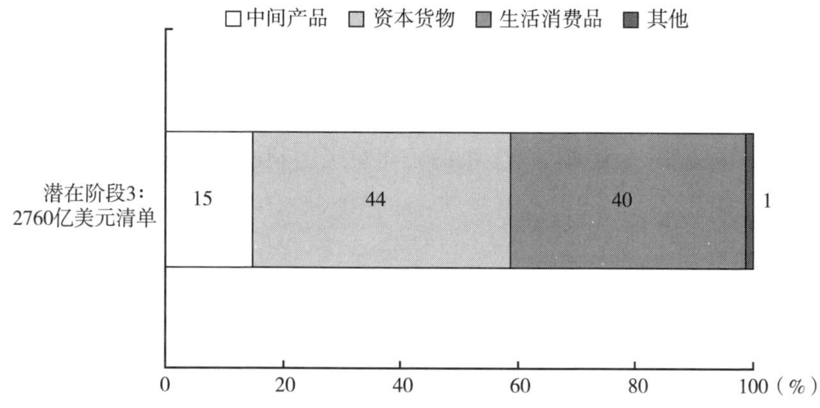

图 3　美国对中国进口商品征收关税：2670 美元中国商品构成

资料来源：彼得森国际经济研究学会。

商业投资的减少和借贷成本的增加也会使贸易战带来更严重的后果。美国银行的 Merrill Lynch 警告到，贸易战将破坏供应链、削弱信心、增加恐慌并导致全球衰退。一些分析师也指出贸易战对美国资产市场的影响将强于中国。在 2008 年金融危机后，美国的股票市场经历了大幅上涨。比起依赖美

① "Rising Risk of Protectionism: Measuring the Impact," Morgan Stanley, January 2017; "Trade Tensions: Lingering for Long," Morgan Stanley, July 2018.

② "Economists Worry a Trade War Could Derail US Growth," The Wall Street Journal, March 15, 2018.

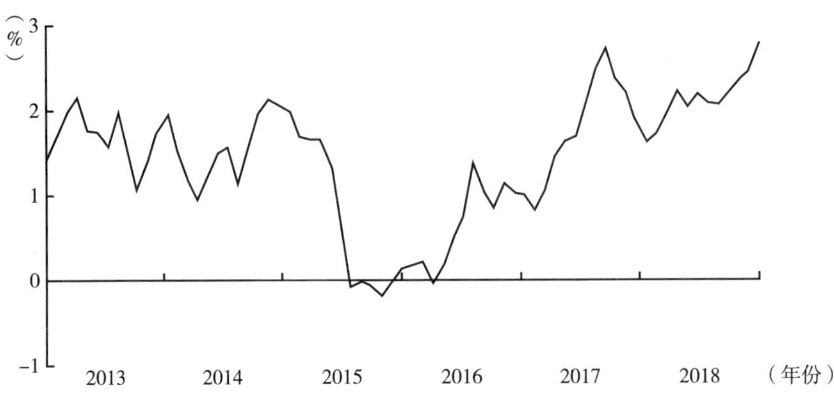

图4　消费者价格变化趋势

资料来源：劳动力数据局。

国收入的中国公司，美国公开上市的公司对中国利润的依赖度更高。而根据Capital Economics 的估算，全面贸易战将使美国 GDP 下降 1%，美国跨国公司的损失则会更大。①

美国经济的脆弱性从 2018 年对钢铝征收关税后，3 月 1 日和 4 月 6 日间超 1 万亿美元市值的蒸发即可看出。自 2017 年第二季度起，美国的个人消费支出指数一直在上升。如果美国对 2000 亿美元中国商品征收关税，2019 年美国通货膨胀率将上升 0.1%。而如果美国对 2670 亿美元中国商品征收关税，通货膨胀率将上升 0.25%。② 关税上升导致的通货膨胀会使美国联邦储备所在 2019 年将利率增加至 3.5%，并影响美国的资本市场。目前美国的牛市是第二次世界大战后持续时间最长的。数据显示美国家庭对金融资产的依赖度远超过中国家庭，这也意味着美国受股票影响会比中国更为严重。③

① "It's Time for Republicans to End Trade War" The Week, July 12, 2018.

② "US port weighs cost of Donald Trump's trade war," Financial Times, September 20, 2018.

③ Ha Jiming and Deng Yangmei, "China – US Trade Conflict and Its Impact on the Two Economies," in US – China Economic Relations: From Conflict to Solutions, CF40 – PIIE Joint Report, June 2018.

单纯从国家经济的角度衡量贸易战是不充分的，我们还需要以全球视野考虑贸易战现在和未来的影响。中国处于众多全球价值链的末端，接收大量来自美国、日本、韩国和中国台湾等国家（地区）的产品。这也意味着对中国征收关税将影响价值链上位于中国上游的国家。例如，中国是韩国零部件出口的主要目的地，如果中国对美国出口降低 10%，韩国对中国的出口也将相应地减少 280 亿美元。中国欧盟商会近期的一项调查也反映出中美贸易正破坏全球价值链，并严重地影响了中美以外国家的企业[①]（见图 5）。

9 月份，国际货币基金组织总裁克里斯蒂娜·拉加德警告说，除了导致中国的亚洲邻国们变得脆弱之外，美中贸易战还可能通过对全球价值链产生多米诺骨牌效应以及对全球风险偏好造成影响，对已经陷入困境的土耳其、阿根廷和俄罗斯等新兴市场产生冲击。[②]

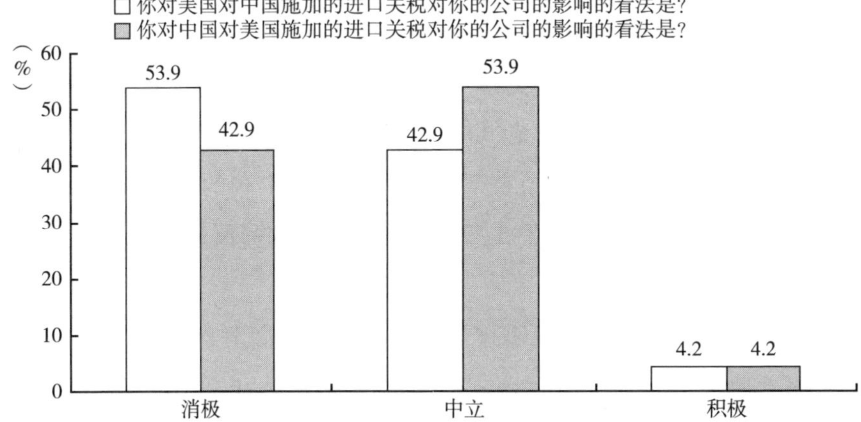

图 5　欧洲企业对中美贸易战的看法

资料来源：中国欧盟商会。

① "European Union Chamber Survey and Analysis on US - China Tariff Effects," The European Union Chamber of Commerce in China, September 13, 2018.

② "US - China Stand - off Poses Risk to Developing World, Warns Lagarde," Financial Times, September 12, 2018.

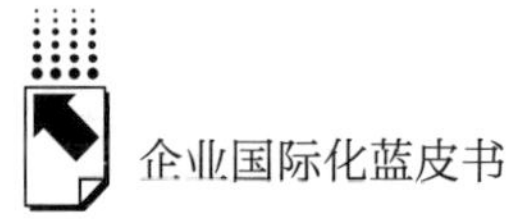

四　解决中美贸易争端的十大建议

（一）维护已有的中美谈判成果并在此基础上进行谈判

在2018年6月初的第三轮中美谈判中，中方已做出承诺，在协议开始执行的第一年里进口美方约700亿美元的农产品、能源和制造业产品。中美为解决贸易逆差做出切实努力，中国增加对美进口，而美方放宽对中国一些商品的进口。中美应遵循六月协定中达成的共识。中国维持700亿美元的承诺不变，增加对美国产品的进口，美方也应回归到正常的谈判过程。美中贸易逆差并非朝夕之间就可以解决。只有中国增加对美国的进口，美国也放宽对中国一些产品的出口，才能逐渐缓解贸易逆差。

随着中国中产阶级消费能力的增长，美国在服务业方面的优势很有可能带来美国服务贸易顺差的大幅上涨。旅游业方面，每年前往美国旅游的中国游客数量大概为300万人，为美国GDP创造了330亿美元。增加美国旅游的数量将拉动美国旅游业的繁荣。[①] 而留学美国的中国学生据估计也为美国带来了400亿美元的收入。[②] 在教育领域，中美有广阔的合作空间。例如，中国公司VIPKID在美国雇用了6万名美国老师，投资值达5亿美元，并同时增强了中美的文化纽带。[③]

中国拥有全球最大的在线零售市场，根据中国商务部数据，2017年中国网络零售额为7.18万亿人民币，同比增长了32%。[④] 2016年囊括消费者和公司购买的跨境电子商务总值占到了全部贸易量的26%，同年中国从海

---

① “China Claims Its Citizens are ‘Reluctant’ to Travel to US Given Trade War, Safety Concerns,” CNBC, July 12, 2018.

② “China Embraces WTO Rules with More Balanced Foreign Trade,” China Today, August 21, 2018.

③ VIPKid Company Profile, https://www.vipkid.com.cn/beimeishizi.

④ “Online retail sales in China soar past $1 trillion in 2017”, Digital Commerce 360, February 8, 2018.

外购买物品在线消费者数量达4200万人。[1] 4亿中国消费者对进口商品的需求将加速中美跨境电子商务贸易的增长、削减贸易赤字，并为物流、运营行业创造就业机会。此前阿里巴巴集团创始人马云承诺将为美国创造一百万个就业岗位，但近期因贸易战而取消。[2] 中美可以借双边 CBEC 协议抓住这一机遇并解决清关、物流、质量标准的问题。

（二）鉴于中美政府都重视知识产权保护，中美可就知识产权达成新的协议

中美贸易争端中的重要一点就在于知识产权的保护。但在这一问题上，中美双方并没有本质上、原则上的冲突：中美双方都要求保护知识产权、不允许强制技术转让。习近平主席在博鳌论坛中指出要加强知识产权保护，并提出重新组建国家知识产权局，完善加大执法力度。中美应在知识产权保护方面达成新的协议，建立知识产权方面的长效双边合作机制。同时，中美均为 WTO 的成员国，两国应在《与贸易有关的知识产权协定》的框架下进行双边协商，在知识产权保护上进一步合作。

（三）"中国制造2025"也欢迎美方参与

包括美国在内的外界对"中国制造 2025"表现得很担忧，但"中国制造 2025"是由中国工信部提出，与十三五规划等国家战略规划不一样，也不同于美国等国家经常施行的提升产业的产业政策。事实上，中国推动产业升级、发展先进制造业也为美国公司带来大量机会。例如，数家美国公司为中国第一架喷气客机 COMAC C919 提供零部件。中国可以在帮助外国投资者参与挖掘机会的同时，推行市场经济以确保"中国制造 2025"与国际规范相吻合。美国政府应重新调整对中国的高科技产品出口限制及针对中国收购美国公司的投资审查委员会的改革。

---

① "Online retail sales in China soar past \$1 trillion in 2017", Digital Commerce 360, February 8, 2018.

② "Alibaba Founder Jack Ma Just Backed Down From His Promise of 1 Million New U. S. Jobs. Here's Why," Fortune, September 19, 2018.

（四）中美两国应继续 BIT 谈判，推动新的中美自由贸易协议谈判

中美两国的贸易关系紧密，互相降低关税符合中美两国经济发展的需要，也为解决两国贸易逆差提供了方法。为实现这一目标，中美应当效仿美国和欧盟寻求建立自由贸易协定的途径。这既能推动两国经济的自由化，也能通过削减双边贸易赤字解决中美贸易争端。

目前中美 BIT 谈判已完成了 34 轮磋商，并交换了 3 次负面清单。在 BIT 的框架下，非关税壁垒可以在不影响中美双边投资的前提下被消除。中国政府也可以设立相当于美国外资投资审查委员会（CFIUS）的机构以确保公正对待美国投资。

（五）中美需加快经济结构调整和改革，在做大增量基础上改善贸易不平衡

一位中国前外交部副部长曾说道："美国公司提出的一些要求，恰好与中国领导提出的一些建议相接轨。中国的改革者应将外部压力转化为优势，冲破国内压力带来必要的转变。"① 中国实际可将贸易战作为契机加速经济自由化，改革国有企业并削减国家行政成本。与此同时，中国应继续开放市场，实现习近平主席在 2018 年博鳌论坛上做出的承诺：进一步放宽市场准入，为投资者营造更有利的投资环境，增强知识产权保护并增加进口。

美国也要进行结构性调整，增加储蓄、减少国债等。过去 20 年美国家庭的储蓄率一直在下降。经济全球化使得美国部分人获利，部分人利益受损，但收入分配模式的总体影响造就了美国的精英阶层和平民阶层，这一分化也一并滋生了民粹主义和保护主义。从某种程度上看，特朗普总统发起的贸易战是美国民众不满的一种表现。美国的政策制定者应当关注在美国国内改进政策，进行再分配或提升工人能力等。

---

① Fu Ying, "How should China respond to a changing U. S. ?" Bloomberg, September 10, 2018.

（六）创新中美贸易统计方法，公平公正显示两国所获价值，包括服务贸易、旅游、留学等

目前官方采用的数据统计方法适用于全球化开始前的世界。21 世纪全球价值链下的中美贸易应该用最新的统计方法来反映真正的贸易价值。美国与中国的贸易逆差数据会因运算方式的不同而存在差异。中国已成为全球制造业供应链不可或缺的一部分，中国出口的货物主要是外国生产并运往中国组装的零部件。按附加值计算，美国对中国的贸易赤字将下降 30% ~ 40%。[①] 根据牛津经济学会的研究表明，如果将这些进口零部件的价值从中国的出口量中除去，美国对中国的贸易逆差将减少一半，相当于美国 GDP 的 1%，也相当于美国对欧盟的贸易逆差。[②] 未来，中美间的贸易要以全球价值链的方式来计算，这样不仅更加精准地显示两国所获得的真正价值，而且更加公正公平。[③]

（七）探讨成立中美基础设施投资基金，扩大基建合作

中美两国在基础设施领域有广阔的合作空间：美国有对美国基础设施改造的大战略，而中国在基础设施建设方面有巨大的投资和丰富的经验。中美可以推动扩大基础设施投资基金，促进中美企业开展基建领域的合作，在美

① Global Value Chain Development Report 2017, World Bank Group, IDE – JETRO, OECD, UIBE, WTO.

② "Understanding the US – China Trade Relationship," US – China Business Council by Oxford Economics, January 2017.

③ According to a Deutsche Bank report, the aggregate sales of Chinese companies to the US (defined as Chinese exports to the US plus sales in the US by subsidiaries of Chinese companies) in 2015 amounted to US $ 402 billion (US $ 393 billion in exports and US $ 10 billion in subsidiary sales). In contrast, the aggregate sales of US companies to China in the same year were US $ 372 billion (including US $ 150 billion in exports and US $ 220 billion in sales by US subsidiaries in China). In other words, the US deficit with China in 2015 amounted to only US $ 30 billion in terms of aggregate sales. Ha Jiming and Deng Yangmei, "China – US Trade Conflict and Its Impact on the Two Economies," in US – China Economic Relations: From Conflict to Solutions, CF40 – PIIE Joint Report, June 2018.

国和第三国进行合作。中美可借鉴欧洲引进外资和外国企业建设基础设施的成功经验，优化美国国内的 PPP 项目操作环境，以重点项目、标志性项目为突破口，支持中美合作。中美还可通过投资美国地方政府债券，一同建立用于改进美国公路桥梁的基础设施基金。

（八）中美协商合作，共同促进 WTO 的改革进程

中美两国都是世贸组织（WTO）的成员国。中美两国应在 WTO 的框架下商讨、申诉、谈判和合作。如果美国单独退出 WTO 体系，放弃多边贸易谈判并转向双边谈判，那么短时间内美国将失去世界上 100 多个贸易成员国给予的最惠国待遇。目前与美国有双边自由贸易协议（FTA）的只有 14 个国家，其中还不包括美国一些重要的贸易伙伴，比如欧盟、日本和中国。美国应当留在 WTO 的多边体系，并同中国一道通过双边协商解决尚未纳入 WTO 管辖的事务。中国可以邀请美国加入中欧 WTO 改革联合工作小组并承诺加入《政府采购协议》。

（九）加强中美两国省/州在多领域的合作，加大中美州省之间双向投资

美国各州、市对自身经济事务拥有高度的决策权，并且与中国经济往来密切，可以作为中美两国良性互动强有力的支持者和双边关系的稳固器。中美两国应加强省/州、市政府合作，举办中美省/州长年度峰会、中美市长年度峰会，建立合作平台和机制，成立中美州政府合作基础设施建设资金。

（十）发挥智库“二轨外交”的作用，促进双方沟通和共识

中美双方均应重视二轨外交在两国交流中的重要价值。智库、贸易协会、NGO 等组织之间的交流能帮助中美两国形成有效而灵活的沟通途径和对话机制，传递两方的声音，积极协助两国消除误解、弥合分歧并最终提出解决方案。中美两国智库的重要性尤为突出。因此，中美两国智库应积极展开对话，推动双方各领域专业人士的沟通、交流，为消除经济和政治壁垒发

挥作用，并为中美两国政府的政策制定提供有力的支持。

习近平主席曾提道：“世界上本无‘修昔底德陷阱’，但大国之间一再发生战略误判，就可能自己给自己造成‘修昔底德陷阱’。”由大国战略上的相互不信赖引发的贸易战必将对全人类的福祉造成威胁。美国方面不应该忽视中国并没有在对抗美国。相反，中国正寻求符合双方利益的双赢合作。基于四十年中美关系的巨大收获，目前的贸易争端应当通过创造提高绝对利益来实现。中美之间更像是夫妻——矛盾争吵实属争吵，但结束关系对双方都有重大损失。这或许是未来最可能出现的结局。

案　例　篇

Enterprise Case Studies

B.16

从工具出海到技术出海，AI成中国互联网出海主引擎

张亚勤*

摘　要： 从早期的技术引进到商业模式微创新，再到局部技术领先与产品出海，中国互联网企业的出海路已成为中国经济“引进来”与“走出去”的标志性研究样本。目前，中国互联网企业的国际化历经工具型应用出海、商业模式出海与技术出海三个阶段，并呈现“由近及远”“散点成面”的两大特征。

* 张亚勤，博士，于2014年加入百度公司，现任百度公司总裁。百度是一家领先的全球化互联网公司，专注于移动、搜索，及人工智能，在全球20个国家有超过4.5万名员工。加入百度之前，张亚勤曾供职于微软16年，其间历任微软全球资深副总裁、微软中国董事长、微软亚太研发集团主席等要职。其职业发展过程中拥有60多项美国专利，发表500多篇学术论文，出版11本专著，以及牵头开发在数字视频、网络、操作系统和云计算领域的多个核心产品，为互联网与软件产业做出了杰出贡献。张亚勤被十余所知名高校授予名誉教授或客座教授头衔，并担任多个政府机构顾问；与此同时，他还是澳大利亚国家工程院（ATSE）外籍院士及美国电气电子工程协会（IEEE）院士。

百度作为国内首家人工智能企业，在技术、产品、人才、生态建设与全球化等领域均达到业内佼佼者的水平。当前，百度正积极在工具型应用与商业模式之外探索出海新路径，试图在全球范围内打造 AI 时代的技术范式，加速全球化人才交流共建，进而为中国互联网的出海开辟新航向，做出新探索。

关键词： 百度　AI　互联网　技术范式　全球化

改革开放四十年来，中国企业作为经济行为的主体之一和商业网络的重要节点，始终在推动、影响着中国经济的整体走向。在互联网经济版图中，中国在短短二十几年中快速崛起，已成为全球第一大互联网市场。以百度、阿里、腾讯为代表的互联网“国家队”纷纷跨出国门，积极参与全球互联网经济格局的变迁，并试图在其中发挥重要作用，为全球互联网经济发展贡献中国智慧与中国力量。

可以看到，在过去的四十年中，一系列招商引资政策向境外企业打开了国门，先进的技术、理念与企业管理文化在多维度刷新着中国市场的认知，也为中国本土企业窥见全球化格局下的经济运作方式打开窗口。从初期的技术与管理模式引进的草创阶段，到商业模式微创新，再到局部技术领先与产品出海，中国企业在与国外企业的交锋中逐渐成熟，并在东南亚及“一带一路”沿线等文化近缘地区及新兴国际市场形成影响力。

近年来，中国互联网经济日益勃兴，移动支付、电子商务模式创新层出不穷，在不断的市场实践中发展出互联网的“中国经验”，并实现从“Copy to China”到“Copy from China”的跨越。可以说，中国互联网企业的出海，正是中国经济从“引进来”到“走出去”的一个标志性样本。

一　“舶来品”互联网的本土化

中国互联网企业的出海，与中国制造的出海遵循相似的历史发展规律，

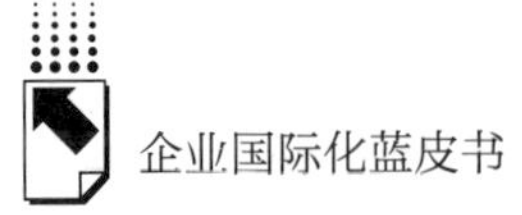

同样经历了从“引进来”到“走出去”的历程。自1994年开始，互联网在中国的发展主要经历了三波浪潮。从早期的四大门户网站到搜索，互联网以PC设备终端为节点，构建起人与信息、企业与用户之间的网络连接。这一时期，可以看到互联网通过“超级链接”的技术和形式，完成了本土用户与信息的初步连接。电子邮箱的普及，第一单网络支付的完成，聊天软件的出现，以及搜索服务的诞生，一起描绘了中国互联网产品形态与商业形态的雏形。

自2000年起，中国互联网进入一个新的阶段。百度的成立为中国互联网提供了信息的全新服务形式，“搜索引擎”成为彼时中国互联网的关键词。以百度为代表的搜索引擎为全国的网民提供更优质、更有效率的信息服务。同时，个人门户兴起，互联网门户进入2.0时代，用户与信息构建起双向连接。用户既可以通过搜索引擎主动获取信息，也可以通过个人门户生产信息，人与网络世界的互动更加紧密。这一时期，网络与用户的双向交互直接催生了大量的新型服务形式，网络游戏、电子商务、个人博客等平台兴起，直接推动了中国互联网的发展。2007年，电商服务业被列为国家重要新兴产业，2008年，中国网民规模首次超越美国，意味着互联网在中国从技术应用到产品雏形，再从产品创生到商业模式的演变。

伴随移动终端设备的普及，中国互联网网民规模进一步得到拓展。广阔的市场空间和丰富多元的需求层次为中国互联网的发展提供了理想的试验场。如果说门户网站和搜索引擎完成了人与信息的连接，那么各种各样的移动APP应用则完成了人与服务的连接。也是在这一时期，中国互联网在技术引进与产品模式借鉴的基础上，通过微创新、模式创新等形成区隔于海外产品及模式的差异化竞争优势，从而为中国互联网企业的出海摸索出一条道路。

技术的引进是第一推动，但对于技术的组合与使用方式则需要适配不同的文化、市场以及用户个体的差异化需求。中国互联网在过去24年的发展中大致经历了人与信息、人与服务的阶段，并在本土化的过程中形成了中国特色与中国经验。这也为中国互联网企业依靠产品差异化走向国际市场奠定了技术与实践基础。

二　中国互联网出海的三个阶段与两个特征

在吸收海外技术与管理经验的同时，中国互联网企业在本土市场的不断试错和快速迭代中形成自己的方法论与经验。纵观中国互联网的出海历程，第一阶段主要以工具化应用出海为主，以猎豹、UC、美图等为代表的工具型公司，经过本土市场不同类型用户需求的适配，打造更高效、更多功能的网络应用，迅速在国际市场打开局面。第二阶段则是以基于移动互联网的商业模式出海为主，例如共享单车、团购、移动支付等，线上获取与线下推广联动，并且将互联网与实体资产捆绑，依托强大的运营能力与组织协调能力渗透海外市场。第三阶段，则是通过技术差异化切入海外市场，并依托当地用户习惯提供相应的产品与服务。以百度为例，通过 AI、云计算等新兴技术打造新生态、新产品与新服务，例如今年出海日本的全球首款无人驾驶小巴“阿波龙”、智能语音输入法等。

从路径选择来看，中国互联网企业的出海呈现由近及远，散点成面的特征。由于地理位置和文化近缘等因素，中国互联网企业出海的路径主要是先涉足港澳台、东南亚等“近海”区域，再拓展欧美、拉美等“远海”市场。近年来，随着产品的迭代与经验的积累，中国互联网企业的出海遍地开花，不但依托技术和产品优势，在东南亚等新兴市场找“增量”，也在技术成熟度和认知层次更高的欧美地区落地，捕捉差异化的市场需求，或者以新的服务模式扎根海外市场。

在中国互联网企业的出海选择中，工具化应用具有通用性强、最大程度规避文化背景差异性的特征。通过工具类应用形成单点突破，迅速积累用户和流量，是中国互联网企业出海的首选。以百度为例，作为国内顶级的互联网企业，百度经历了工具型产品出海的蓬勃发展。百度也开始选择新兴市场入手找“增量”，开始拓展产品矩阵，在越南、泰国、印尼、马来西亚、巴西等国家，推广 Hao123、百度知道、工具型产品 Baidu Browser、DU Speed Booster、DU Battery Saver、移动应用商店 Mobomarket 等一系列工具类产品。

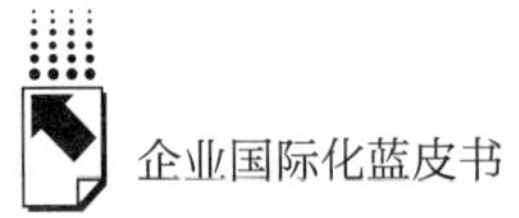

在中国互联网企业出海的1.0时代，大量开发者依托工具型APP产品，在海外获得流量，并形成了非常成熟的流量变现商业模式。百度国际化团队经过数年积累，形成了DAU过亿的APP产品矩阵，并推出自营广告平台DAP（Du App Platform），与国内众多合作伙伴一起开拓海外市场，分享移动互联网发展的红利。DAP已经发展成为全球最大的移动广告平台，目前已经拥有20亿全球用户，3.6亿月活用户。如今随着百度AI的大力投入，基于AI智能引擎打造的百度DAP变现效率达到国际领先水平。目前已经有1800多家优秀开发者接入，平台日广告请求量突破17亿。

在工具应用形成产品矩阵，完成海外流量与用户的原始积累后，百度也从内容、O2O等重运营的领域着手，“因地制宜”，推出符合当地用户习惯与文化背景的产品及服务，打造有用户黏性的产品。在印尼，百度自2014年底上线了直播类产品Cliponyu，目前已经是当地最大的秀场类产品，月活用户超过400万人。百度也在试图通过那些具备原生增长潜力的产品拓展海外，在巴西做团购，在韩国以及东南亚市场推广百度魔图等。

三　百度出海新模式　AI成为全球化主引擎

中国互联网企业的出海离不开工具应用与商业模式的循环。从互联网在本土市场的发展中可以看出，技术作为互联网经济的第一驱动力直接影响着互联网的产品创新、服务模式与上层的商业模式。同样，在国际市场，本土互联网企业的出海路径也势必遵循技术驱动的第一原则，通过技术创新打造核心竞争力，再通过产品、商业模式的输出建构全球影响力。

以百度为例，自全面向人工智能转型后，百度以AI为核心技术，驱动各业务线的智能化转型升级，以搜索与信息流双引擎拉动增长，同时在云计算、自动驾驶、智能语音交互等领域挖掘长期市场潜力。在全球化方面，百度分拆部分国际业务，在海外移动互联网生态布局的基础上，以AI技术驱动海外业务升级，打造新的智能产品矩阵，以工具化应用为载体向海外输出百度的人工智能能力。同时，百度也通过打造全球最大的自动驾驶平台 Apollo 与下一代智能语音交互平台 DuerOS，在全球范围内吸引产业链上下游伙伴加入，以新生态拉动新业态，在全球范围内构建中国 AI 的影响力。

此前，百度已成功打造多款 AI 技术产品的本地化落地。2016 年，百度海外版 AI 输入法在美国发布 Facemoji，用户只需说话就可以查询所需的信息和服务。作为最受年轻人欢迎的输入法，目前 Facemoji 用户覆盖欧美、拉美，东南亚等地区；另一款海外版 AI 输入法 Simeji 则是日本最大颜文字、绘文字内容提供者，Simeji 还有诸多日文输入法领域的创新功能，比如云输入、特色贴纸表情包皮肤，以及按键音录制等，深受日本用户喜爱；此外，高质量的原生广告推荐平台 popIn 也已在日韩新三国覆盖大部分主流媒体。2016 年，《日经新闻》一项针对日本 15 ~ 19 岁年轻人的最受欢迎商品调研中，Simeji 位列 TOP3，成为唯一入选榜单的中国品牌。

百度开拓海外市场多年，在日本、韩国、中国台湾及北美地区均有良好的本地化运营与商务拓展能力。就在 2017 年底，百度日本公司被日本经济界最高峰团体——日本经济团体联合会（简称经团联）所认可，成为第一家也是唯一的中资互联网会员企业，公司品牌在日本的影响力上升至新高度。正是百度日本团队在当地多年的努力，才赢得了今天打破国界与文化壁垒的认可。就在 2018 年 1 月 Las Vegas 的 CES 展览中，一款名为 Aladdin（阿拉丁）的智能吸顶灯产品亮相百度展台，这就是百度新国际化团队根据日本市场的特点，开发的一款集成 DuerOS 的智能硬件。人均居住面积小是日本的国情，而这款吸顶灯集成了投影与语音交互功能，不占用房屋面积就能提供智能交互与音视频内容展现。如此人性化的设计，让这款新颖的智能硬件在众筹阶段便受到众多粉丝追捧。

四　技术出海新航向　打造底层操作系统与新业态

很长时间以来，中国互联网企业的全球化都是产品和商业模式的出海，但鲜见技术范式的创新与全球化。就互联网产业而言，底层操作系统是催生

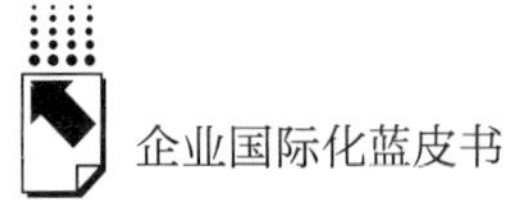

上层多样化产品及服务的基础架构。目前，百度已经在海外形成了较为完整的产品矩阵，并通过 AI 技术驱动，以产品为载体输出技术。同时，百度也试图依托业内完整的 AI 技术架构，在全球范围内建立面向 AI 时代的操作系统—DuerOS 和 Apollo，从而探索中国互联网产业技术范式国际化的新路径。

2018 年 5 月 21 日，百度宣布成立新的国际事业部，聚焦 AI 技术及产品全球布局，深耕北美、日韩、东南亚等市场，推动百度 DuerOS、Apollo 等核心人工智能技术产品出海落地。特别是 2018 年全球首款 L4 级自动驾驶巴士“阿波龙”出海日本，意味着百度以 AI 作为出海新航道和主引擎的策略得到市场认可，也意味着中国出口海外的产品已经升级到最核心、最先进的人工智能和自动驾驶领域。“阿波龙”首站出海汽车强国日本，为中国产品出海开辟了新航向，用 AI 技术为中国制造向中国智造的转型赋予新内涵。目前，“阿波龙”已经进入量产阶段，未来，随着百度在国际范围的不断拓展，将进一步拉动中国汽车产业出口的升级，成为中国制造出海的新增长点。

2018 年 7 月，百度、SB Drive（日本软银集团旗下自动驾驶技术研发公司）、金龙客车（厦门金龙联合汽车工业有限公司）达成战略合作，三方将合力开发日本版“Apolong”（阿波龙），并计划 2019 年初期，将从中国进口包含测试用车在内的 10 台“Apolong”（阿波龙）。百度国际事业部将全力推动搭载百度自动驾驶系统平台 Apollo 的自动驾驶巴士出口日本，并推进以日本国内公共道路行驶为目的相关业务落地。同时，三方将争取在 2018 年底或 2019 年初之前实现阿波龙（无人驾驶电动汽车）小批量供应日本运营，并探索在日本构建以阿波龙为核心产品的无人驾驶运营平台。

在合作中，百度日本公司负责自动驾驶系统的开发和维护（“阿波罗平台”），包括各种项目和云平台；培训和技术支持，允许 SBD 执行在日本阿波龙的运行培训，设置地图绘制和路线布置；在 SBD 的支持下，与金龙沟通车辆制造过程中需要满足的日本道路法规。

当前，百度的战略级业务 Apollo 与 DuerOS 等技术产品，正在借助百度多年开拓海外市场成功经验，以及良好的本地化运营与商务拓展的能力，推动全球化的布局。目前，百度 Apollo 在全球率先开启开源创新模式，打造自动驾驶底层操作系统。目前，Apollo 生态合作伙伴规模已达 119 家，既包括戴姆勒、宝马、福特、捷豹路虎等一众国际高端厂商，也包括英伟达、英特尔、微软、博世和大陆等供应链巨头，目前已辐射 OEM、Tier1、核心供应商、出行服务商、新兴公司、基金投资机构、相关政府及研究机构等“全产业链”玩家，而且，在 Apollo 生态合作伙伴中，海外企业及机构占比近 30%。百度 Apollo 已经建成全球涵盖产业最全面的自动驾驶生态。

2018 年，DuerOS 3.0 发布，标志着百度下一代语音交互操作系统完全成型。目前，百度 DuerOS 已经实现了设备激活量 1 亿台，广泛应用于智能手机、电视、冰箱、洗衣机等 100 余类终端设备。目前，通过收购 KITT. AI，百度 DuerOS 将更好地服务海外企业客户，让全球的硬件生产商都可以利用 DuerOS 为自己的产品增加语音助手功能，从而推动 DuerOS 成为世界上使用最广泛的对话式 AI 平台之一。同时，百度 DuerOS 也发布全球合作伙伴计划，与国际知名音箱厂商哈曼卡顿合作，未来在数字助手、自动驾驶等方面展开深度合作，而 DuerOS 也会运用于哈曼的车云连接平台。

五　人才国际化　为百度出海注入原动力

产品、技术与生态的国际化离不开多元化人才队伍的建设。人才的国际化从一开始就为企业注入了开放的文化基因，从而为企业的全球化进程注入原动力。早在 2011 年，百度就已经在美国设立研发中心，目前在硅谷已经拥有两个研发中心，超过 1000 名研发人员，致力于互联网安全及自动驾驶等领域的研发，并于 2017 年 10 月在西雅图设立新的研发中心，主攻人工智能与云技术的研发。

百度把人工智能看作公司未来的主航道，每年都将 15% 的收入投入研发中。这意味着，百度将在人才引入上投入更多资源和精力，在全球范围内寻找人才资源，尤其是在人工智能和自动驾驶方面，包括机器学习、大数据、计算机视觉、自然语言处理、语音技术等。未来百度美国研究院将继续承载着百度技术改变世界的梦想，吸引更多、更优秀的全球精英，为百度技术的国际化贡献力量。

六　小结

历经 20 多年的发展，互联网在中国历经本土化的引进与吸收后，在商业实践中形成中国特色与中国经验。作为中国互联网经济的主体，中国互联网的建设者们也在积极寻求参与全球互联网经济的进程。从工具型应用的出海到商业模式的出海，百度作为中国互联网企业的代表，正以 AI 技术作为国际化的主引擎，通过 AI 驱动打造智能产品矩阵，并在工具应用与商业模式之外寻找新的全球化路径，试图在全球范围内打造 AI 时代的技术范式，加速全球化人才交流共建，进而为中国互联网的出海开辟新航向，做出新探索。

B.17

借道并购整合全球资源，解读复星的全球化产业布局

苗 绿*

摘 要： 作为中国企业全球化的代表，复星借道跨境投资和并购走出了一条独特的产业发展之路。近年来，复星全球化战略已从“中国动力嫁接全球资源”升级为“中国－全球双向驱动”的全球化2.0版本，但无论是借力中国消费市场的崛起，把海外优质的品牌和产品“引回来”，帮助其发展中国市场，利用中国市场的高速增长带动全球业绩的增长，进而提升其市场价值的1.0版，还是随着中国产业的不断进步升级，向全球尤其是非洲、印度等新兴市场输出产品、技术和模式的全球化2.0版本，其逻辑始终如一，就是通过全球整合资源，以投资推动产业、补强产业、实现融合发展，价值创造。复星始终以Glocal战略为核心，在实现全球布局的同时加强本土化能力，同时聚焦产品，打造精品。复星的全球化多年来保持稳健，既源于步步为营、行稳致远的产业发展理念，更基于其开放互信、互惠共赢的处世理念。

关键词： 复星 全球化战略 产业运营 资源整合 Glocal

* 苗绿，博士，全球化智库（CCG）秘书长，研究员。

在经济全球化的背景下，任何国家都无法独善其身。而国家的背后就是这个国家的企业。今天，一家企业即使没有跨国业务，也往往不得不面对与外来企业的竞争，而因贸易战等国际事件引发的经济动荡更是从深层次影响着每家企业的经营。同时，比起不确定性与风险，全球化带来的更多是机遇。40 年来，中国成为全球化最大的受益者之一，巨额的对外贸易顺差和外汇储备是中国经济繁荣的直接体现，中国在成为“世界工厂”的同时也成为全球最大的消费市场，吸引了全球的企业来此竞得一席之地。因而，全球化思维和运营正成为中国企业必备的能力。能真正实现全球化经营的中国企业并不多，中国大多数企业尚处于全球产业链“微笑曲线”的底端。但复星作为一家具有投资基因的产业集团，借道跨境投资和并购开辟出一条与众不同的产业发展之路，它全球化的历程、方法和样本值得广大企业进行研究和参考。

一 复星全球化布局概览

相比联想、TCL 等最早一批“出海”的中国企业，复星走向国际化的时间相对较晚，但在之后逐步加速，目前已在全球多个国家实现深度经营，拥有本地的经营团队，这之中既有发达国家，也有新兴国家。复星 2017 年全年营收超过 880 亿元人民币，其中有超过一半来自海外。

出海前期，复星全球化的核心战略是“中国动力嫁接全球资源”，即复星基于其对中国经济发展周期的深刻理解和多元化产业资源上的丰富积累，希望借力中国消费市场的崛起，把海外优质的品牌和产品“引回来”，帮助其发展中国市场，利用中国市场的高速增长带动全球业绩的增长，进而提升其市场价值。这样做一方面迎合了中国消费者不断提升的品质需求，另一方面实现了产业“弯道超车”，使复星最快速度拥有了具备世界竞争力的品牌和产品。

近年来，复星进一步将全球化战略升级为“中国 - 全球双向驱动”。原因是随着中国产业的不断进步升级，复星已经在不少领域有能力向全球输出产品、技术和模式，尤其是在非洲、印度等新兴市场。因此，其全球化战略自然升级到“中国—全球双向驱动”的2.0版，但内在逻辑一以贯之。如今，复星在全球已经控股或参股了超过30个国际品牌，其中包括：法国度假连锁集团——地中海俱乐部、葡萄牙领先的保险公司Fidelidade、葡萄牙最大的上市银行——BCP、拥有129年历史的法国高级时装品牌LANVIN、以色列护肤品牌AHAVA、英国皇室婴儿车品牌Silver Cross、印度仿制药企业Gland Pharma，等等。这些品牌分别落于复星旗下的三大产业板块——健康、快乐、富足之中，智造全球家庭客户的一站式体验服务。

二　复星全球化的起步

海外市场环境充满了风险和不确定性，一家中国企业要实现全球化绝非一蹴而就。复星亦是如此，通过不断地探索和学习才一步步走到了今天。

复星国际于2007年在香港上市，是复星全球化的开端。港交所作为一个对接全球资本市场的平台为复星开启了多元化的海外融资渠道。同时，在港交所的上市规则下，复星国际严格采纳香港财务报告准则，将自己完全呈现在全球投资者的眼前。这种开放的心态为之后的海外拓展打下了基础。

复星当时全球化的动机主要有两点。第一，复星判断中国的经济增长即将进入一个新的阶段，重化工业高速发展的红利正在消退，与中国内需消费升级相关的产业将迎来高速增长。第二，复星长期看好中国成为全球最大的消费市场，水大鱼大，中国的第一未来很可能成为世界第一。海外有大量的优质品牌和产品尚未进入中国市场，复星可以通过投资这些品牌帮助它们进入中国市场，这些品牌就有望成为世界最大的品牌，创造比原来大得多的价值，即“中国动力嫁接全球资源”。

2007年复兴提出全球化发展战略，但同年美国爆发了次贷危机。这场危机迅速蔓延至全球，美国金融危机和欧债危机紧随而至。这场持续了数年的危机导致美国和欧洲大量资产估值的回调，由此产生了大量价值错配的投资机会，这对有意向海外发展的复星来说，无疑是天赐良机。

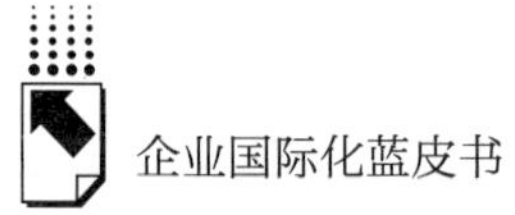

然而，尽管彼时的海外投资机会不少，复星作为海外市场的“新学生”，却面临着找标的难，给标的估值更难的境地。它急需一些海外的合作伙伴把自己引进门。2010 年初，美国前财长约翰·斯诺担任复星顾问，分享他在世界 500 强企业和政府部门高级行政工作的经验。同年，复星又与全球领先投资集团——凯雷投资集团在全球展开战略合作，共同聚焦中国经济高速增长所带来的机会。

通过与这些全球领先的企业与个人进行合作，复星不断学习，开始在全球化投资、融资、运营管理、人力资源等各方面向国际一流企业对标、学习，逐步向成为一家全球化企业迈进。

三　复星全球化经典案例：地中海俱乐部

复星于 2010 年开始投资的法国旅游度假连锁集团——地中海俱乐部（Club Med），该项目是其有史以来第一笔真正意义上的海外投资项目，这个项目之后成为复星全球化的经典案例。在这之前，复星未曾涉足旅游业。选择进军旅游业是因为旅游是消费升级中一个重要的板块。经过长时间的研究和调查，复星发现全球旅游产业非常庞大，其中休闲度假这一细分领域占据整个旅游产业相当份额。而在中国，虽然当时中国旅游业长期以两倍于 GDP 的增速成长，但休闲度假细分领域的占比非常有限。

之所以选择地中海俱乐部，是因为这家企业是全球最大的旅游度假连锁集团，业务覆盖全球 6 大洲，其法式精致的风格以及一价全包的独特商业模式让这一品牌享誉全球。然而，这个已有近 70 年历史的世界级品牌却始终都没能在中国市场中有所作为。因此，地中海俱乐部无疑成为复星实施“中国动力嫁接全球资源”战略最理想的平台。当时，地中海俱乐部受金融危机的影响，业绩大幅下挫，连年亏损，而这给了复星“抄底”的机会。

2010 年，复星开始投资地中海俱乐部，持续增持到近 10%，成为当时的最大股东之一。之所以没有直接谋求控股股权，一是因为复星考虑到自己在旅游行业属于初次涉足，故以小资金参股起步，降低失败风险，以学习为主；二是希望向对方表态自己不是激进投资者，主要是来提供帮助，以求共同创造和分享价值。

的确，说起旅游产业，当时的复星也许不及对方专业，但要说对中国市场的了解，复星多年多元化产业运营所积累下的知识和资源对于法国人来说简直就是无价之宝。果不其然，复星仅仅在入股地中海俱乐部六个月后，就成功帮助后者在中国黑龙江的亚布力开出中国第一家度假村。这次高效的合作让法国人对复星刮目相看，信任也在彼此间建立起来。

随后的两年，双方继续合作，并于 2013 年 9 月开出了桂林度假村。这是一个极具中国特色的度假村项目，也是当时地中海俱乐部全球唯一一个山水主题的度假村，相比传统的海滩和滑雪两大主题有了很大的创新。同时，地中海俱乐部在中国的游客数不断上升，整体业绩持续改善。

然而，尽管中国市场的开拓非常顺利，地中海俱乐部在全球的业务却始终较为疲软。而复星通过与地中海俱乐部的合作，已逐步积累起相当的行业知识和经验，并培养起自己的团队。2013 年 5 月，复星正式提出对地中海俱乐部的私有化要约，从而希望更直接地介入后者的运营管理和战略规划，并将其完全纳入自己的平台体系下，以对之更全面地赋能。

虽然这份要约得到了包括地中海俱乐部 CEO 在内的管理层的全力支持，但由于少数小股东的反对使得进程大大拖慢，而意大利竞争者的参与使之升级为一场长达 2 年之久的持久战。最后，几经波折，复星战胜来自意大利的竞争对手，私有化成功。对于这场旷日持久的收购战，曾亲身经历的复星高管回忆，当时的杠杆收购和要约/反要约战给团队带来了很大的挑战和压力，但通过此战，让复星获得了宝贵的经验。

同样重要的是，这让地中海俱乐部的管理层看到了复星的坚持，从而建立起牢固的互信，这对日后复星的投后管理工作非常关键。因为收购完成对复星来说，只是价值创造的开始。

复星在并购完成后便开始全面优化地中海俱乐部的运营策略。首当其冲的就是设立高管激励计划，通过利益的捆绑调动管理人员的积极性；其次，复星对地中海俱乐部的全球供应链进行整合，并纳入复星的全球供应链系

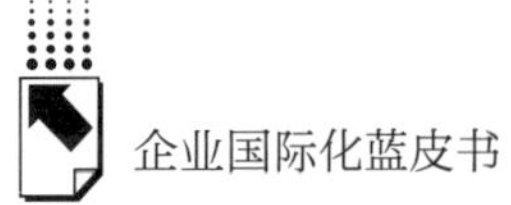

统，提升管理效率，降低采购成本；再次，复星帮助地中海俱乐部强化自有渠道，降低对中介渠道的依赖，并优化线上数字化销售平台，提升营销效率；最后，复星积极推动地中海俱乐部的轻资产扩张战略，凭借旗下地产与金融业务的支持，加速后者在全球的扩张。

通过以上这些努力，地中海俱乐部在私有化后的几年脱胎换骨，中国游客数持续高涨，中国也成为继法国之后的全球第二大市场。同时，得益于运营效率的大幅提升，地中海俱乐部成功扭亏为盈，近三年度假村经营利润的年复合增长率达到26%。2018 年 1 月，法国总统马克龙在访华期间盛赞地中海俱乐部项目为中法经济合作共赢的教科书。

在整个地中海俱乐部项目中，从接触到参股、从私有化到投后管理、产业深度运营与整合，复星一直在了解、学习和钻研，探索全球化的路径和方法，积累人才，从而逐渐形成了复星出海模式的雏形。

四　复星全球化的核心逻辑：投资补强产业

地中海俱乐部之所以被视为复星全球化的一个经典案例，是因为它完美演绎了复星以投资推动产业、补强产业的三个阶段。这三个阶段成为复星全球化产业发展的三部曲。

阶段一为从零起步，通过投资（从参股到控股）进入一个产业，这个阶段考验的是复星在价值投资和投后管理方面的能力。复星善于发掘具有产品和品牌核心竞争力、但暂时陷入运营困境的企业，通过复星的一整套高效管理模式的注入和中国市场的引入，帮助企业扭亏为盈，走上稳步增长的正轨。这个阶段的案例除了刚刚所说的地中海俱乐部之外，还有德国服装品牌 Tom Tailor，复星通过投资它进入时尚产业，并通过管理运营的注入帮助后者在去年扭亏为盈。类似的例子还有英冠足球俱乐部狼队，也是从零开始，通过管理与引援上的赋能，复星在短短两年内就帮助球队升超成功。

阶段二是复星通过运营整合，将产业逐步做大做强的阶段。这一阶段，复星会彻底将并购的企业引入复星的协同赋能体系中，通过整合旗下资源帮助企业向上下游延伸，通过资本的注入帮助企业扩张，形成规模化的经济效应。比如复星将同样由其投资的加拿大国宝级艺术表演团体“太阳马戏”植入地中海俱乐部的度假村中，从产品角度赋能后者；后又将英国老牌旅行社 Thomas Cook 的客户资源与地中海俱乐部的客户打通，帮助后者拓展欧洲市场。去年，地中海俱乐部在日本北海道 Tomamu 开出新度假村，也正是有赖于复星在日本的地产资管平台 IDERA 的协同。

阶段三是阶段二价值实现的结果，即经过复星的整合赋能，让企业做到行业领先的地位。目前，复星旗下能达到这一阶段的在海外有葡萄牙保险公司 Fidelidade。Fidelidade 本身就具有优秀的管理团队，只是在欧洲金融危机期间业务大幅萎缩。复星发现了它的价值，并帮助它挺过了艰难的时刻，如今 Fidelidade 是葡萄牙市场份额领先的综合类保险公司。

从以上这些案例，我们可以看出，复星今天虽然在海外收购的企业不少，但从来不是大手大脚的，向来都不是跟风。恰恰相反，复星会去寻找运营有困难的企业来获得相对较低的估值，再通过自己的运营管理和资源整合帮助企业创造新的价值。这十多年来，复星可能会错失一些好的产业机遇，但严守投资纪律却能让复星避开大量风险。俗话说，投资是场输家的游戏，少犯错比追求最大收益重要得多。复星正是坚持“步步为营”的全球化策略，一路稳健走到今天。

五　复星全球化运营的核心：人才

关于复星的全球化、多产业运营，人们问得最多的还是复星如何能同时管得了那么多地方和那么多不同的产业。这里就要回到全球化的本质，全球化的原则向来就是互惠互利，对于国家的外交如此，对于企业也是如此。

企业的核心是人，无论产业位于哪个国家都需要人才去管理，如果集团层面对旗下产业只是想着去控制或是独占利益，那么就会最终落得个“孤家寡人”，企业全球化也就无从谈起。因此，开放式的、公平的、激励式的人才任用理念是复星全球化运营的基础。

以上这种人才任用理念就体现在复星的 Glocal 战略中。Glocal 是由全球化（Global）与本地化（Local）两个词组合而来，意为复星在实现全球布局的同时，也要加强本土化能力，这就离不开直接在当地聘用的人才。他们不需要融入当地社会的过程，他们也更善于利用当地的资源，显然要比从中国派驻高效得多。

复星对全球每一位员工承诺，只要加入复星，无论国籍、肤色、性别，一律都是复星人，一律有同样的机会，重要的是这个人能为复星创造什么价值，复星欢迎来自全球的精英。

2016 年，复星推出的全球合伙人战略也更好地实践了 Glocal 战略。全球合伙人都是在各个区域和领域能够独当一面的企业家，他们在复星这个平台上共同成长，共同分享价值。目前，在复星超过 30 位全球合伙人中，有 5 位来自葡萄牙、法国、日本、瑞士、德国等国家。他们在实现复星全球化区域广度的同时，也确保了复星本土化的产业深度。

关于中国企业的全球化，每当有人提出如何解决国与国之间文化冲突的问题时，复星国际董事长郭广昌都会如此回答：文化冲突是一个伪命题，在尊重当地习俗、遵守当地法律法规的基础上，无论在哪个国家，商业的本质或者说做生意的方式都是一致的，无非就是企业家精神、为客户创造价值、成本运营，等等。当然，除了这些核心价值观之外，如果双方在战略逻辑上无法达成一致，那项目就情愿不做，复星坚信“人和”是项目成功的基础。

六　复星全球化 2.0：中国、全球双向驱动

经过 10 年左右的实践，复星“中国动力嫁接全球资源”的出海模式已相当成熟，而通过与海外被投企业的合作协同，复星自我也在不断学习，不断加深产业积累，并有能力独立开发出全球领先的产品，出口到全球，尤其是印度、巴西、非洲等一些具有经济增长潜力的新兴国家和地区。这就不再只是“中国动力嫁接全球资源”了，而是“中国资源嫁接全球动力”，两种模式合在一起，复星称为全球化 2.0——中国、全球双向驱动。

举例来说，复星旗下的复星医药10年前就开始进入非洲市场，至今已构建了相当完善的药品营销渠道。复星医药拥有独立知识产权的青蒿琥酯注射剂已在全球销量超过1亿支，让复星医药在非洲获得了极高的知名度。2017年，复星医药收购了法国药品分销公司TRIDEM，它是西非法语区第三大药品分销公司，将进一步打通非洲药品市场。同时，复星医药还收购了印度仿制药企业Gland Pharma，后者十多年来向美国出口药品，其将为复星医药打通印度与美国的部分药品分销渠道。

类似地在旅游行业，2018年4月28日，由复星历时6年时间筹建的一站式娱乐休闲及综合旅游度假目的地——三亚·亚特兰蒂斯正式开业，该项目的开工时间正是复星对地中海俱乐部提出私有化要约的2013年。作为海南旅游3.0时代的标杆项目，三亚·亚特兰蒂斯独具复星的特色，那就是多产业的融合。它融合了住宿、餐饮、文化娱乐、水上乐园、海洋、水族馆、亲子活动、购物八大业态，将复星在海外投资并购的产业嫁接其中，相互赋能，形成一个独特的生态。这个项目将中国旅游业提升到世界级的高度，将吸引来自全球各地的游客。

复星重视打造产品。复星内部有个明确的要求，就是“复星出品，全球精品”。正如复星国际董事长郭广昌所说，“商业实在没有什么秘诀可言，如果非要归纳出一点，那一定就是产品、产品力”。在有效整合全球优质资源基础上，耐得住寂寞，不断进行创新研发，精益求精，用匠心打磨全球好产品，确保了复星的竞争力，也让复星的全球化战略扎实落地。

回望过去的十多年，复星的全球化可能不是最快的，但一直很稳。复星全球化的成功基于其对中国未来经济发展趋势的准确判断，也基于其步步为营、行稳致远的产业发展理念，更基于其开放互信、互惠共赢的处世理念。文章的最后，给出由复星国际董事长郭广昌提出的全球化五点忠告：合规是底线；互惠互利是基础；人才全球化；全球化管理要构建沟通顺畅的敏捷性组织；要做积极履行社会责任的全球公民。希望复星全球化的经验能给志在全球化的中国企业带来启发。

B.18
福耀玻璃的国际化战略与启示

董庆前　牛　骁*

摘　要：　福耀玻璃工业集团股份有限公司是一家专注汽车玻璃生产的大型跨国集团。从1987年成立至今，福耀集团从一个乡镇小厂发展为在9个国家和地区建立现代化生产基地、在全球建立6个设计中心的大型跨国集团。从低附加值的汽车玻璃产业链底端进入汽车配件产业链上游，参与新车型的设计，分享高附加值。目前，福耀在全球的业务覆盖超过70个国家，总资产达317亿元，全球市场23%的份额，已成为全球范围内最大的汽车玻璃生产和供应商。本文将从市场拓展、人才使用、技术驱动、创新理念四个方面去解读福耀的国际化之路；同时分析福耀在国际化过程中通过启示的总结和分析，为中国企业“走出去”提供参考。

关键词：　福耀集团　国际化　市场拓展

关于企业国际化战略的研究，起源于20世纪的六七十年代，这一时期，随着二战的结束，以欧美为首的国家通过十几年经济社会的发展，国内的市场开始饱和，海外市场成为技术产品和企业发展需拓展的重要空间。理论界

---

* 董庆前，中国社会科学院研究生院政府政策与公共管理系经济学博士生，全球化智库（CCG）地方课题研究部总监、研究员，主要从事人才国际化，人才流动、人才体制机制改革及人才政策研究等；牛骁，硕士，全球化智库（CCG）助理研究员。

也在这一时期掀起了对企业国际化研究的热潮，最早提出这一理念的是麻省理工学院的理查德教授，他指出企业国际化是企业发展到一定阶段，对国际市场的一种自觉反应。在我国有学者也指出，企业国际化分成两条路，一是经营的国际化；二是多国本土化的国际化。随着对企业国际化研究的不断深入，对于企业国际化战略的研究也不断加深，从目前来看，企业的国际化战略也是多元的，不是单一的，至于企业的选择取决于企业对客观情况和自身条件的判断。这些客观情况和条件主要包括企业自身发展状况、国内市场发展状况和目标国的状况。从发展状况来看，企业要经过非直接/特殊项目出口、积极出口和许可证贸易、积极出口和国外投资生产、国外 R&D 与生产和全方位的跨国营销和生产等阶段。从企业战略的内容来分一般包括：市场国际化、人才国际化、技术国际化和理念等方面。

一　福耀玻璃的国际化主要战略及特点

福耀玻璃工业集团股份有限公司是一家专注汽车玻璃生产的大型跨国集团。从制造水表玻璃的乡镇小厂到现在的大型跨国集团，从低附加值的汽车玻璃产业链底端到汽车配件产业链上游，福耀集团目前的业务覆盖全球超过 70 个国家和地区，总资产也高达 317 亿元，其商标更是目前中国汽车玻璃行业唯一的驰名商标。福耀集团从 1987 年的乡镇小厂走向全球市场，其“走出去”的过程颇具当时所处时代的特征，其国际化战略也是我国制造业发展的一面旗帜，本文通过简单梳理分析，分别从市场国际化、人才国际化、技术全球化和创新理念全球化等方面浅析福耀玻璃的国际化战略历程，以期从福耀玻璃的案例中找到能为我国企业特别是制造业全球化带来更多参考，不断推进我国企业走向世界，提升我国企业在国际舞台上的竞争力。

（一）国际市场拓展战略：当好“配角”，积极尝试

改革开放后中国汽车行业蓬勃发展，福耀玻璃借改革开放春风，从一家生产水表玻璃的乡镇小厂到 A 股上市公司，继而顺势走上了国际化之路。

1993 年，福耀玻璃在 A 股市场上市，是行业内第一个上市公司，标志着它奠定了行业龙头地位。但与此同时，国内汽车市场已经告别了爆发增长期，汽车玻璃的市场也趋于饱和，福耀的规模已然触及发展的隐形天花板。于是“走出去”拓展海外市场，是摆在福耀面前的必选之路。

福耀的国际化市场拓展战略，可以总结为两个方面。一方面，是利用中国低廉的生产成本，通过价格优势拓展国际市场；另一方面，不断（尝试）在海外设置机构，加强对外联络和对市场的了解，在实践中学习，最终达到研产销全部可以在海外完成的目的。

通过低价打开国际市场当然是自然而然的行为，但福耀还是有自己独特的见解。“福耀来到新的国家，应该学会做好‘配角’。”① 福耀集团董事长曹德旺一语道破福耀在开拓国际市场时的核心理念。2002 年，福耀连同一大批国内汽车玻璃制造商被控制着北美汽车玻璃市场的制造商 PPG 等三家企业以“倾销”为名上诉至美国商务部，随后不久 PPG 加拿大公司又将福耀集团上诉至加拿大国际贸易法庭，福耀集团几乎在同一时间遭到美国和加拿大的反倾销调查。虽然在经过艰难的角逐后，福耀在官司中胜诉，但是曹德旺还是从中体悟到在陌生的国家进行市场拓展时，短时间内获得过大的市场份额和显露出占领市场的野心会让合作的国家产生危机感，就像中国人需要“一片自己的玻璃”，美国人、德国人都需要属于自己的玻璃，这样符合当地人民的长远利益，因此要想在国际市场寻求发展，首先必须学会低调，学会当好“配角”。

此外，福耀通过不断地尝试，在海外多国逐渐建立起多个研产销中心。1995 年，福耀在美国南卡罗来纳州建立了自己的第一座海外工厂，正式开启了国际化的长征。这一次的尝试让福耀铩羽而归，在工厂建立后，福耀发现员工工资实在太高，而每小时的产量又太低，生产成本让福耀无法承受；此后，福耀将工厂改造成仓库，将国内生产的玻璃在那里储藏、更换包装，

① 曹德旺：《我在美国市场只能做“最佳配角”》，中国财经周刊，http：//www. ceweekly. cn/2016/0425/148870. shtml。

但是仍因成本问题难以为继；最后，福耀将仓库出售，把公司进一步压缩，只做销售。[①] 但是失败不但没有压垮福耀，反而使其更加强大。曹德旺利用美国的销售处不断积累着北美市场的信息，为日后重返美国做准备。同样地，早在1997年曹德旺就访问过俄罗斯，当年由于俄罗斯刚刚开始转型，很多人的观念还停留在计划经济模式，福耀选择在俄罗斯设立办事处，加强对当地市场的了解，在14年之后才在俄罗斯设立了工厂。[②] 通过实践和近距离的接触，福耀在走向国际化的路上虽然坎坷不断，但是随着近两年俄罗斯和美国的工厂逐渐扭亏为盈，福耀摸着石头过河的国际化道路也逐渐走上了正轨。

（二）国际人才使用战略:人才国际化和本土人才化并重

2017年，第四届全球华人汽车精英联合年会暨“中国拥抱世界”汽车产业创新论坛上，福耀创始人曹德旺谈到，他“希望能够‘武装’一批干部去海外发展，并吸纳当地人才来缓解福耀玻璃巨大的人才需求”。[③] 可以说，这句话道出了福耀的国际人才观，既要注重对本土人才的“武装”，促进国内人才的“国际化”，同时也十分重视将原本在中国的人力资源管理战略与当地的实际情况相结合，发挥外籍人才的重要作用，最大程度发挥人才在企业全球化中的重要作用。

在海外，福耀充分利用国际化的中国人才。我国每年都有大量的海外留学生，他们在国外学习、交流，对于当地的文化、风俗习惯、科技发展等比较了解，是中外文化的连接的重要桥梁和纽带。福耀在海外的机构中大量吸收留学人才，加速了企业在当地的融入，有力地推动了企业的国际化战略的实现。

---

① 福耀玻璃：《一家中国企业美国建厂梦的破灭》，金羊网，http：//finance. sina. com. cn/j/20040220/0930640538. shtml。

② 曹德旺：《我研究了17年后才选择在俄罗斯投资》，中国新闻周刊，http：//finance. ifeng. com/a/20170907/15659126_ 0. shtml。

③《热议产业升级与人才国际化2017“中国拥抱世界”汽车产业创新论坛隆重召开》，搜狐汽车，http：//www. sohu. com/a/200364001_ 562725。

此外，无论是在美国还是俄罗斯，福耀都坚持招募当地的人才，实现本土化管理以克服语言和文化导致的交流问题。“虽然曹德旺不会讲英语，但他在谈判时最先意识到雇用当地员工能带来巨大潜在利益的人”，美国俄亥俄州莫瑞恩市的一位负责人说。[①] 福耀深知本土化是企业国际化的长久之计，因此还制订了为期三年的“国产化计划”，即用三年时间，让更多的美国员工走上管理和技术骨干岗位，如已经实施师带徒计划，三个月为一期，让中国技术骨干带美国徒弟。[②]

（三）技术驱动国际化战略：通过引进、合作、自主研发逐步推进国际化发展

曹德旺强调，“改变中国制造的形象，必须从提高质量入手”。福耀的国际化很大程度上是由其对技术的追求所驱动。通过引进技术，制造出物美价廉的产品作为进入外国市场的资本，在通过与国际巨头合作达到世界一流水平，最后自力更生、力求创新、实现超越。可以说，正是有对技术不断的追求才有了福耀今天的国际化发展。

在福耀实力还很薄弱的时候，技术的进步依靠引进外国的先进设备。20世纪90年代初，福耀进军加拿大汽修市场，但不久后却因质量达不到加拿大国内销售的标准，所有产品被全部退货。这次惨痛的经历让福耀明白，自己闭门造车的产品与国际标准相差甚远。在国内占据半壁江山的福耀玻璃与国际汽车工业的标准还有相当大的差距。为了解决这一难题，福耀立刻从芬兰引进了最先进的钢化炉，按芬兰的生产标准建立新厂，升级生产方式，优化产品质量，生产符合国际产品质量标准的汽车玻璃。[③]

在福耀积累了与国际巨头合作的资本后，加强了与巨头的合作，初步

---

① 《福耀在美国：美国工人究竟怎么看待中国老板曹德旺》，新浪财经，http：//finance.sina.com.cn/chanjing/gsnews/2017-08-02/doc-ifyinryq7619768.shtml。

② 《人民日报走访福耀美国公司：员工表示加班都是自愿的_ Hroot》，http：//www.hroot.com/d-9347921.hr。

③ 《福耀玻璃海外发展　国际化要走灵活“碎步”》，http：//futures.money.hexun.com/1862807.shtml。

走上了自主研发的道路。1996 年，福耀与法国圣戈班合作，通过其先进的技术来培训员工，员工们在双方合作期间从法国圣戈班学习了先进的管理经验和生产技术，不仅使福耀玻璃的质量更上一层楼，而且使福耀整体的运营、管理、理念等各个方面都开始与国际接轨。福耀产品的质量也开始受到国际市场的认可，逐步占领国际市场。为了更好地实现产品的优化升级，福耀还通过与圣戈班合作使其完成从汽车玻璃生产企业到汽车玻璃设计企业的转变，并依靠圣戈班先进的生产技术、国际化的管理技术，迅速朝全球化靠拢。

但要在国际市场立足，最后一定要依靠自有的核心技术。1998 年，福耀在福建福清成立第一个研究中心，此后不断增加研发力量，在上海、天津、苏州、重庆设立设计研发机构，此外还走出国门在美国、德国设立研究机构，与当地市场需求深度链接。近年来，福耀的研发费用占营收的比重一直保持在 4% 以上，高于主要国际竞争者旭硝子的 3% 、板硝子的 1.5% 和圣戈班的 1.1% 。[①] 研发新产品，致力于不仅做供货商，还要做客户需求的创造者，超越客户的需求，用生产拉动需求。

（四）坚持前瞻性国际化理念：以先进的理念引导企业国际化发展

福耀多年的发展中一直保持着很强的战略前瞻性，在其同行还在盲目地海外扩张，只会用价格战搞倾销来抢占市场，却由于他国的排斥和管制而灰头土脸的时候，以超前的理念合理布局、稳扎稳打，逐渐在国际市场中分得一杯羹。福耀在国际化过程中成功的理念有很多，以下将介绍其最为基础，也最为关键的几条。

一是知己知彼。进行充分的调研，才能行稳致远。曹德旺讲，“企业想要走出去第一个先问自己，为什么要走出去？你准备拿什么东西走出去？你

---

① 《稳健成长，福耀全球——福耀玻璃（600660）公司深度报告》，http：//www. cgws. com/cczq/ggdt/ccyj/201808/t20180806_ 290617. html。

对那个地方了解多少?”[①] 一系列的朴实问题，简单而直接，传达出其核心理念，就是要知己知彼，不打没有准备的仗，尤其是在一个陌生的国家，陌生的环境里，这样做显得格外重要。曹德旺出手非常谨慎，2014 年才在美国大规模投资，距离 1995 年的初尝试足足 19 年，而在俄罗斯投资，他也研究了 17 年。

二是多国本土化。制造业“走出去”的含义远远不只是将货物卖到国外去，而是要使得我们的企业融入全球的市场中，从设计到生产再到销售实现“本土化”，一方面可以提高产品在该区域的竞争力，另一方面也规避了各国对进口产品的管制和控制。福耀的本土化策略是以产品先行，在 70 多个国家增进市场和福耀的相互了解，等需求扩大时考虑建厂，建厂时积极雇用、培养当地人才，做到生产、管理的本土化，根据不同国家、不同区域的特点，灵活地调整当地分支企业的结构、功能、员工待遇；等等，做到在多国进行具有当地特色的本土化。

三是坚持不断升级技术和生产方式。福耀的发展离不开对技术的不断追求，正是这种追求使得福耀成为引领国际化的领跑者。在 2014 年福耀已经成为世界最大汽车玻璃制造商之一时，仍然没有放弃对技术的追求。2014 年董事长曹旺德提出了两大战略：“技术领先、智能生产”；2015 年 4 月，又提出口号“让工业 4.0 在福耀落户”。2015～2016 年，两年间福耀的数字化、智能化实践初见成效。如今福耀结合智能化和信息化的生产设备和研究实验室已处于全球行业内领先水平。这些“数字化、智能化”的成果使福耀制造成本降低，实现产品进一步升级。

二　福耀集团的国际化战略发展启示

（一）要在外国市场中摆正位置

曹德旺曾说：“走出去的时候要摆正自己的位置，你是客，不是主，切

---

① 曹德旺：《什么是福耀走向全球的秘诀?》，中国汽车要闻，http：//www. sohu. com/a/197470615_ 352084。

忌喧宾夺主!"[①] 开拓新的市场是企业发展的必然诉求，福耀的经验是在向外发展时，一定要摆正自己的位置。中国企业国际化的进程中，尤其是在开拓发达国家市场的时候，经常会遇到当地市场已被一些行业巨头占据的情况，这个时候是要凭借自身的价格优势硬碰硬吗？福耀的答案是寻求合作，共同发展。

福耀在打赢倾销官司的同时，不但没有与 PPG 继续争斗下去，反而还积极寻求合作，最后两方各取所需，在技术、生产、物流、销售各个方面达成全面合作，形成了与当地巨头和平相处、共同发展的局面，使得福耀成功进入美国市场。摆正自己的位置就是说，正确地评估自己的实力，在进入海外市场时，是否能够应对既得利益的阻力。这并不是说企业国际化一定要小心翼翼，步步为营，在对方市场尚未饱和的情况下，大刀阔斧未尝不可，但是福耀的经验和教训告诉我们，一定不能盲目，要在充分了解对方市场的情况下，合理地选择自己的目标和策略，避免不必要的冲突，尽快融入当地市场。

（二）重视国际化人才的运用和培养

在企业的国际化进程中，福耀充分认识到"留学生"这一群体的重要性，同时积极"武装"国内人才走出去，在本地开展人才培训，积极吸收当地人才外企业服务，通过使用国际化的人才来调节和解决，企业落地与当地文化、风俗等企业文化的融入，实现企业在国际化进程中的迅速"本土化"。正如在 2017 年全球华人汽车精英联合年会暨"中国拥抱世界"汽车产业创新论坛上，中国与全球化智库理事长王辉耀所强调的，要"利用发挥外籍人士、海外华侨华人以及留学生力量，扩大国际化人才在董事会、独立董事会的比例，加强人力资源管理国际化，建立企业研发中心，扩大国际交流合作等措施来培养国际化人才"。[②]

① 丁建泽：《曹旺德的"出走"带给我国民营企业的启示》，和君观点，http：//www.hejun. com/thought/point/201707/8639. html。

② 《热议产业升级与人才国际化　2017"中国拥抱世界"汽车产业创新论坛隆重召开》，搜狐汽车，http：//www. sohu. com/a/200364001_ 562725。

（三）时刻不放松对技术的追求和创新

对于竞争激烈的制造业来说，先进的技术是推动企业发展的必要因素。福耀很早就站到了国内行业的顶点，但他们一直专注于在生产高质量的玻璃产品基础上进行玻璃产品创新，以技术创新驱动国际化发展。正是由于对技术的高标准、严要求，福耀集团生产的汽车玻璃不仅在质量上获得标准最为严格的奥迪汽车的认可，更是凭借领先于汽车设计的创新玻璃产品获得了宾利、宝马、奔驰等汽车品牌的订单，打破了玻璃巨头对行业的垄断，在国际市场取得了可观的份额。

三　小结

福耀集团在国际化的战略中，搭乘改革开放的潮流，稳扎稳打，“当好配角”，开拓国际市场；其次重视发挥人才作用，积极推动人才国际化战略，以人才国际化带动企业国际战略的发展。在企业发展进程中，通过积极与国际合作，实现技术的快速追赶，同时面对激烈的国际竞争，企业立足产品质量与创新，积极进行智能化与数字化，革新生产方式，打造“福耀4.0”。纵观福耀的“走出去”战略，福耀集团在国际化的大潮中亦有浮沉，但福耀集团积极面对挫折，调整“走出去”的心态，摆正自己的位置；抓住人才在国际化战略的这一核心要素；在创新产品质量方面始终保持着国际竞争力的优势，这些战略对于福耀玻璃集团国际化的发展具有重要的推动作用，也为我国其他制造业企业推动自身的国际化发展提供了有益的探索和经验。

B.19 产业新城新模式助力马来西亚经济发展

于蔚蔚*

摘　要： 经过数年国际化发展的探索与努力，碧桂园已摸索出国际产业新城的发展模式。在这种模式下，森林城市在不增加当地政府债务负担的前提下，通过建立自我造血的产城模式，促进产业发展和城市建设的全面提升。在森林城市的带动下，新山整个社会经济和社会活力得到了激发。正如《福布斯》杂志所评价，森林城市作为碧桂园集团最重要的国际战略项目之一，已经成为未来城市的典范。同时，碧桂园努力把森林城市打造成为中国与东盟国家经贸合作的样板工程，共谱合作共赢之歌。

关键词： 一带一路　产业新城　中马合作　海外投资

一　新山的区位优势及“一带一路”建设机遇

马来西亚工业现代化问题一直是政府最为关切的议题之一。马来西亚拥有丰富的原油等原材料，以及具有竞争力的劳动力成本。但是需要从发达国家进口机器设备、原材料和半成品。譬如轴承、发动机等，从而满足国内制造的需要。经过数十年的经济发展，马来西亚完成了一定的资本和技术积累，自21世纪初政府的工作重点转向于实现产业功能升级和部门间升级。

---

* 于蔚蔚，全球化智库（CCG）企业全球化研究部总监，CCG研究员。

在林毅夫教授的新结构主义经济学中，提出了一个国家实现产业转型升级的一般化路径。其中最为关键的因素之一，即是建立有为政府。根据各个产业不同的发展阶段和自身的比较优势，综合利用招商引资、海外并购、人才引进、研发投入等一系列政策工具推动产业的发展。由于马来西亚拥有良好的区域环境和战略契机，这些政策工具将更好地推动产业升级。

（一）东盟创造了良好区域发展环境

2015 年 12 月 31 日，时任东盟轮值主席国马来西亚前外长阿尼法 · 阿曼宣布东盟共同体正式成立。这是东盟历史上又一个重要的里程碑，标志着东盟继欧盟之后真正跨入共同体时代。

据商务部统计，截至 2017 年，东盟人口总计为 6.2 亿，经济总量为 2.6 万亿美元。为了推动贸易发展，东盟成员国努力降低区域内关税及非关税壁垒。文莱、印度尼西亚、马来西亚、菲律宾、新加坡、泰国 99% 以上的商品关税已经取消或税率降至 5% 以下。新成员国柬埔寨、老挝、缅甸、越南也将本国近 80% 的商品关税取消或税率降至 5% 以下。经过十年的努力，东盟内部贸易成本下降超过 15%。正是得益于此，东盟区内贸易规模迅速扩大。截至 2017 年，东盟区内贸易占总贸易额的比重约为 25%。此外，2008 年 12 月，东盟成员国签署了《东盟全面投资协议》，逐步降低或取消区域内投资壁垒。据统计，2000 ~ 2016 年，东盟吸收的外国直接投资（FDI）总额从 209.55 亿美元增至 967.23 亿美元，增长 3.6 倍。①

由此可见，东盟在五十年的历程中已取得了举世瞩目的成就。按照世界银行的标准，新加坡、文莱已迈入高收入国家的行列，马来西亚、泰国属于中高等收入国家，印尼、菲律宾、越南、老挝、缅甸、柬埔寨属于中低等收入国家。世界经济论坛预计，到 2020 年，该地区将会成为世界第五大经济体。

① ASEAN Investment Report 2017：Foreign Direct Investment and Economic Zones in ASEAN：p. 328.

不过，正如新加坡资深外交官马凯硕在《东盟奇迹》中指出，东盟最大的成就在于促进东南亚和平以及缓冲了亚太地区冲突。东盟通过增进各成员国之间的战略互信，从而为地区经济繁荣创造了良好的环境。

（二）“一带一路”为马来西亚创造机遇

自 2013 年中国正式提出“一带一路”倡议以来，许多国家以实际行动表达了对该倡议的积极支持。作为一项旨在搭建“人类命运共同体”的国际政治经济新秩序的规划蓝图，“一带一路”倡议的独特之处在于充分调动各沿线国家的自主性，使其根据各自比较优势进行各项经济合作安排。在这种新的秩序框架内，发展中国家将获得更大的国际市场空间以支撑国家经济发展的需要。更重要的是，这是对现有国际秩序的完善，可以使得发展中国家能够享受公正的国际制度。

作为东盟地区经济实力最强的国家之一，马来西亚已经成为“一带一路”在东南亚最重要的参与国家之一。中马双边贸易增长强劲，2017 年中国对马来西亚出口额为 383.3 亿美元，占马来西亚进口总额的 19.6%，同比增长 11.6%。2017 年马来西亚对华出口额为 294.2 亿美元，占马来西亚出口总额的 13.5%，同比增长 23.8%。[①] 中国对马投资额从 2012 年开始波动上浮，于 2016 年达到峰值。同年，中国也成为马来西亚制造业最大的外资来源地，并连续多年成为马来西亚工程施工总承包最主要的合作方。虽然 2016 年底开始，中国政府收紧对外投资监管政策，2017 年中国非金融类对马直接投资降至 23.6 亿美元，但仍占马来西亚外国直接投资总额的 7%，在投资来源国中排名第七。[②] 中马两国经贸合作具有雄厚的基础，而“一带一路”则为两国深化合作提供了更为广阔的空间。

作为与新加坡隔海相望的滨海城市，新山系马来西亚第三大城市。2006 年，马来西亚设立了国家级经济特区——依斯干达特区。依斯干达特区以新

---

① 资料来源：马来西亚统计局。

② 引自新加坡星展银行数据。

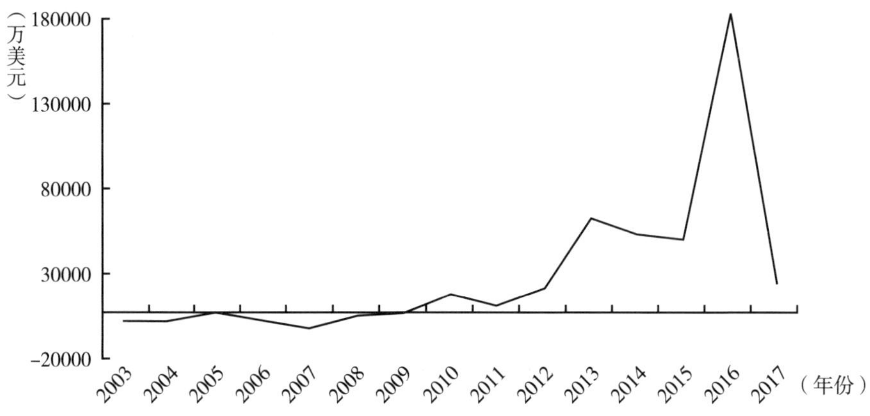

图1　中国非金融类对马直接投资流量

资料来源：中国商务部。

山作为特区核心，占地约2217平方公里，位于马来半岛最南端，依傍马六甲海峡。凭借得天独厚的区位优势，以及“一带一路”倡议带来的巨大发展机遇，依斯干达特区和新山成为马来西亚吸引外资和发展最为迅速的地区。截至2017年，依斯干达特区吸引外国投资高达954.7亿林吉特（1林吉特约为1.6元人民币）。其中，中国的累计投资资金为303.9亿林吉特，其次为新加坡的211.5亿林吉特①。依斯干达重点项目如森林城市（Forest City）、努沙再也科技园（Nusajaya Tech Park）和松林制片厂（Pinewood Studio）已投入运营。

二　森林城市：产城融合新模式

（一）森林城市的本质是产业新城

如何推动马来西亚的产业转型升级，是碧桂园集团在规划设计森林城市

① 中国驻马来西亚大使馆经济商务参赞处，http：//my.mofcom.gov.cn/article/sqfb/201802/20180202715691.shtml。

的早期努力及探索思考的问题。作为中国新型城镇化进程的身体力行者，碧桂园集团一直以承担社会责任为己任，摸索出兼顾企业自身效益、社会经济效益、文化环境效益的新型绿色生态智慧城市建造模式。碧桂园集团研究认为，作为具有巨大发展潜力的经济体，马来西亚和新山更需要优质的产业资源。而且，本地市场有效需求不足，新山需要成为一个具有国际竞争力的经济体，吸引东盟乃至全世界的人才和人口定居，才能真正支撑本地的市场。因此，碧桂园集团领导层决定把森林城市打造成为产业新城项目。

（二）探索产城融合新模式

森林城市在发展之初，便与国际著名管理咨询公司麦肯锡合作，制定了产城一体的规划定位，明确规划发展文创旅游、医疗保健、教育培训、总部基地、近岸金融、新兴科技、电商基地、绿色智慧八大产业。在马来西亚政策许可的前提下，根据总体规划，逐步实现八大产业的落地，预计在开发期内总共可为马来西亚创造约 2000 亿林吉特的 GDP。

传统的 PPP 模式或产业新城项目虽然以企业资本投入为主，但是政府对项目的信用担保无疑成为政府的或有负债。因此，碧桂园探索出一条可以避免加重政府的债务负担，实现项目自身可持续发展的产城融合新模式。如同常规的产业新城项目，森林城市分为“产业”和“城市”两大部分。其中，森林城市的产业部分将包含产业园区的建设和运营，产业资源引入或孵化和全方位服务，基础配套设施的建设等。目的在于为当地带来优质企业，推动当地就业和经济增长。

随着产业新城的产业发展，土地也会相应实现溢价，直接为城市部分带来可观的经济效益。城市部分的作用同样至为关键，为产业提供足够的现金流和人才支撑。相比产业部分较长的投入回收周期，城市部分则凭借快速周转的地产产品建造和销售，为产业新城运营商带来充足的利润以及实现现金流的增加，从而可以反哺产业部分初期巨大的资金需求。更为重要的是，通过建设一流的各类配套设施，如人才公寓、医院、学校、商业中心等，产业新城可以成为一个人才宜居之所，也间接激发了整个产业新城的商业活力，吸引更多的优质企业入驻。随着森林城市产业园区的逐渐成熟，产业发展服务将取代城市配套部分，成为碧桂园集团主要的收入来源，从而实现真正意义上的良性循环。

森林城市产城融合模式的创新之处在于，政府不需要为项目提供任何担保，更不需要政府以土地出让金返还项目的基础设施建设、公共设施建设项目、产业发展服务等投入。项目依靠不断完善自身的造血功能，从而覆盖项目的前期投入。森林城市在不增加当地政府债务负担的前提下，通过建立自我造血的产城模式，实现产业发展和城市建设的全面提升。

（三）构建产业与城市良性互动

森林城市在充分挖掘新山地缘优势和海洋生态环境的基础上，对新山进行保护性开发——通过整合新山优质的旅游资源、生态资源、海洋环境，同时导入产业资源，实现经济发展、产业升级和生态保护三者并顾。

具体而言，碧桂园凭借庞大的产业资源库，对每一个项目进行产业和资源分析，利用产业筛选模型科学定位发展产业，用科学模型演绎产业发展路径，以科学的产业规划吸引优质企业入驻森林城市。积极发展符合自身特色的主导产业，以产业的发展为支撑，带动森林城市经济发展，提供充分的就业机会，促进当地居民的就业，实现居住与就业的平衡。

此外，森林城市根据企业的不同需求，逐步引入科技孵化中心、创业中心、资本中心、产业中心、上市公司培育中心、信息数据中心和公共服务中心等功能板块。同时，提供战略和操作层面的智力服务和金融服务，如创业培训、市场开发、科技推广、融资担保、管理咨询、知识产权服务、上市辅导等，充分运用金融工具为企业提供多元化和低成本的融资安排，以应用吸引产业集聚。构建股权交易、企业上市、企业并购等多层次资本市场，促进企业做大做强。形成产业与金融一体化作业，为森林城市注入强大发展和创新动能，打造科技产业集聚地。

在产业新城发展过程中，森林城市引入并大力发展生产性服务业，包括金融保险、不动产服务、法律服务、商业服务业、咨询服务等，通过生产性服务业进一步提升价值链的高度，吸引高端人才来就业定居。森林城市将为集聚人才创建优质平台。突出以重大产业项目汇聚人才，实现“人才带项目”“项目聚人才”双向互动，依托重点实验室、企业高端研发中心等为核心的人才资源载体平台，进一步加大推进“人才 + 平台”的人才引进模式，全力推进创新基地等平台建设，加大企业与高等院校合作，着力引进高层次人才。

与此同时，森林城市将进一步集聚要素，提升配套功能，新建集商业、文化、体育、卫生于一体的商业中心，不断完善配套设施以吸引高端产业人才定居。通过一系列吸引人才入驻和定居的措施，碧桂园将把森林城市打造成为高度宜居的新城环境，带动高级人才的聚集，并以高级人才的聚集促进产业的转型与升级。通过打造这一良性循环，不断保持森林城市经济和社会的旺盛活力。

三　产城新模式凸显社会经济效益

自 2013 年底项目开始运作至今，森林城市已经建立起新城的初步规模，并且为马来西亚柔佛州经济及社会发展带来了巨大的促进效应。2017 年，森林城市缴纳的各项税费超过 1 亿林吉特，也为新山直接或间接创造了大量就业机会，员工本地化率更是超过 80%。

森林城市为柔佛州带来了大量的国际游客及投资者。截至 2018 年 4 月，森林城市直接吸引超过 23 万名游客和 1.8 万名国际投资者到访柔佛州新山，为当地带来了大量的消费，极大促进了当地的旅游业、酒店业、零售业、餐饮业的发展。此外，在森林城市推动下，马来西亚亚洲航空开通广州至新山的直飞航班。航班频次为每日一班，每次承载率高达 90% 以上。

森林城市对于高端人才引进成功显著。截至 2018 年 4 月，森林城市引进了数十名国内外知名高校博士，并与清华大学、新加坡南洋理工大学、马来西亚理工大学等知名高校签订引进高端人才和技术的合作协议，合作内容包括设立奖学金、实习及学习基地、学术研究合作等多个领域。

为了推动新山的产业转型升级，森林城市大力发展先进的建筑工业化产业。森林城市汲取新加坡等国际成熟的建筑工业化设计施工经验，携手德国艾巴维公司和意大利欧陆公司，落地亚洲占地面积及产能最大、生产技术及设备最先进的建筑工业化基地。该基地是集建筑设计、预制生产、物流运输、配件加工、装配施工、科技研发等全产业链于一体的综合型、现代化建筑产品生产基地，总占地约169万平方米。当前，一期工厂已于2017年投产，设计年产26万立方米建筑材料，相当于100万平方米建筑面积所需构件，已实现单体厂房产能亚洲第一，并且提供超过300个就业岗位（90%为本土技术工人）。年设计产能可达100万立方米，生产的建筑构件未来还可供应整个马来西亚市场乃至东盟国家。并将有智能制造等一批企业落地基地，力争实现装配式建筑和装配式装修全产业链覆盖。碧桂园计划把该建筑工业化基地建设成为智能装配建筑产业示范基地，并以装配建筑为产业纽带，通过引进、研发人工智能等先进产业，大力投入科技研发，实现智能供应链、互联网、大数据与智能装配建筑等各种技术融合。注重建立完整的产业生态，旨在激发区域经济内生动力，推动马来西亚尽快掌握相关工业的核心技术，大力促进建筑工业的转型升级。

四　打造“一带一路”国际合作新典范

森林城市本着“产城融合”与“城市创新”的核心理念，力求达成“依斯干达和新加坡经济一体化的纽带”、“泛亚太经贸一体化的东南亚基地”和“全球未来绿色智慧城市的典范”三个目标，最终实现可持续发展。森林城市这一理念和取得的成就多次受到国际社会的高度认可，并获得了各项世界级的奖项。

2016年，获联合国人居署颁发联合国住房和城市可持续发展大会可持续城市与人居环境奖之全球人居环境规划设计奖；获MIPIM Asia颁发“最佳未来超级城市”奖；LEED－CS授予城市展厅绿色建筑金级预认证。在第三届联合国住房和城市可持续发展大会关联会议——第十一届全球人居环境论坛上，森林城市再获全球人居环境论坛“社会责任杰出贡献荣誉证书”；2017 年，建筑工业化基地获联合国人居署颁发可持续城市与人居环境奖之全球绿色建筑产业化示范园奖。2018 年 3 月，美国著名杂志《福布斯》将森林城市评为“影响未来的五座新城”。

在马来西亚正值经济转型升级和“一带一路”倡议的重大战略机遇下，森林城市正处于百年难遇的发展机遇之中。“一带一路”激发了不同国家充分利用自身要素禀赋优势和生产的规模经济整合资源，提高整个社会生产系统的效率，最终实现生产盈余的最大化。森林城市为落实“一带一路”倡议、推动国际产能合作、促进民心相通发挥重要平台作用。

依托碧桂园的全球化战略和资源整合能力，森林城市将成为国际科技创新枢纽的战略支撑点，在东盟地区起到引领科技发展的作用，推动新山和马来西亚加快发展知识密集型、资本密集型、技术密集型经济，不断完善创新动力机制，发挥创新对发展的乘数效应，打造国际产业创新创业中心和国际新兴产业基地，这对构建高新现代产业体系将带来极大的推动作用。

昔日海上丝绸之路为世界带去了中国商品，这种和平发展共享繁荣之路赢得了沿线各国人民的拥护。今天，碧桂园希望把森林城市打造成为中国与东盟国家的经贸合作的新典范，再谱合作共赢之歌。

B.20

以“空中丝绸之路”推动内陆地区融入全球化发展

——河南航投参与“一带一路”的探索与实践

张明超*

摘　要： 本文在中国发展全面融入“全球化”的时代背景下，立足河南对外开放发展的实际情况，结合河南航投与卢森堡货航合作背景，发展思路和建设成绩，总结“空中丝绸之路”建设经验和启示，探讨下一步“空中丝绸之路”建设思路，为内陆地区开放发展和中国企业参与“一带一路”建设提供参考和借鉴。

关键词： 空中丝绸之路　河南航投　卢森堡　双枢纽战略

河南民航发展投资有限公司（以下简称“河南航投”）是经河南省委、省政府批准，于2011年8月29日注册成立的省管国有企业，主要承担着加快河南民航产业发展、参与国内外航空公司重组合作、引领带动郑州航空港经济综合实验区建设发展的责任使命。

2013年，在习近平总书记提出共建丝绸之路经济带和21世纪海上丝绸之路的重要合作倡议后不久，河南民航发展投资有限公司（以下简称“河南航投”）与卢森堡国际货运航空公司（以下简称“卢森堡货航”）就正式

* 张明超，河南民航发展投资有限公司党委书记、董事长，厦门大学高级工商管理硕士。

“联姻”，开始打造一条横贯中欧的“空中桥梁”，构建辐射全球的“双枢纽”航空货运网络。2017 年 6 月 14 日，习近平总书记在北京会见卢森堡首相格扎维埃·贝泰尔时强调，要深化双方在“一带一路”建设框架内金融和产能等合作，中方支持建设郑州—卢森堡“空中丝绸之路”。自此“空中丝绸之路”正式成为国家“一带一路”倡议的重要组成部分，并被刻上了“河南印记”。

一 “空中丝绸之路”发展历程

（一）“双枢纽”战略架起郑州 - 卢森堡“空中丝绸之路”

卢森堡国际货运航空公司成立于 1970 年，以卢森堡机场为基地开展商业运营。经过 48 年的发展，卢森堡货航成为欧洲最大的全货运航空公司，运营一支 14 架波音 747 - 8F 型和 14 架波音 747 - 400F 型机队。各项运营表现在行业内均处于领先水平，据国际航空运输协会（IATA）公布的数据，按航空货运市场份额划分，卢森堡货航在全球航空公司中排名第六位。2013 年初，卢森堡政府因欧盟反垄断法律限制，寻求出售卢森堡货航部分股权。

河南航投作为一家年轻企业，在得知消息后，迅速启动相应投资程序，聘请安永国际、中银国际、北京中伦等外部专业机构组建专业收购顾问团队，加紧展开竞购工作，同时，邀请卢方政企高层先后数次到访河南郑州，拜会省政府高层领导，实地考察郑州机场货运枢纽建设情况。

经过实地考察和调研后，河南航投提出郑州 - 卢森堡“双枢纽”战略，即以卢森堡芬德尔机场为欧美的主要货运枢纽、以郑州新郑国际机场为亚太地区的货运枢纽，形成覆盖全球主要国家和地区、连接主要货运机场的航线网络，河南航投通过投资不但可以借助对方跻身全球民航业第一梯队，同时，卢森堡货航也可以借助河南航投及河南省政府的支持，拓展中国市场，双方通过长期的战略合作，培育完善郑州机场国际货运枢纽功能，带动郑州港区的经济发展。

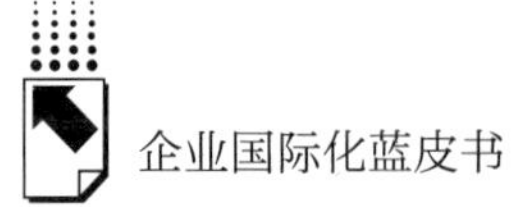

郑州－卢森堡“双枢纽”战略一经提出，即刻赢得卢方上下高度认同，虽然遭遇了卢森堡政府换届和反对党上台执政的突然变故，但是经过与卢森堡当地工会、各党派代表、卢森堡货航董事会等卢森堡各界人士开展对话，深入宣传国务院、河南省政府对郑州航空港经济综合实验区的规划及政策支持，河南航投最终赢得了卢方新一届政府的认可与肯定，从众多竞争者中脱颖而出。

卢森堡与河南在发展航空经济上具有共同的利益诉求，打造“双枢纽”战略区位优势得天独厚。郑州是中国的腹地，卢森堡则是欧洲腹地，是欧洲法院、欧洲投资银行、欧洲议会等多家欧盟机构所在地，同时是全球的金融中心、欧洲的交通枢纽和货运转运中心，是进入欧洲市场的门户。二者地理区位相似，机场定位和发展战略相近，联手打造覆盖欧美、亚太的双航空枢纽，具有得天独厚的地理条件。豫卢双方利益诉求一致，卢森堡货航通过以河南航投为平台，以战略合作为基础，顺利进入中国内陆市场，进而与中方建立更加稳固长期的合作机制，为卢森堡货航甚至卢方企业在亚太地区的发展提供良好机遇；建立一个跨越中欧的双枢纽机场模式，为河南架起一条横贯空中的亚欧大陆桥，既可完善郑州机场航线网络，迅速提升航空物流集散能力、持续增长郑州机场货运吞吐量，推动郑州国际航空枢纽的打造，也有利于促进河南省民航优先发展战略的实现，发挥航空经济带动区域经济发展效应。

豫卢双方经济互补性强，卢森堡产业体系成熟、经济基础雄厚、综合配套能力强，以卢森堡货航为代表的卢方企业在诸多领域具有不可比拟优势，以期在全球范围占领更多新兴市场，增添经济发展的新动能；河南作为中国内陆省份，产业结构相对单一，经济增长主要依赖粮食、能源等传统性产业，在经济进入新常态下，亟须承接调整产业结构，承接东部沿海产业转移，优化粗放型经济发展模式，打造合理的产业体系。构建“双枢纽”合作模式为其对接世界一流产业打开了一扇窗口。同时，作为中国第一人口大省，河南承东启西、连南贯北的陆路交通枢纽核心地位，巨大的市场潜力，航空港经济综合实验区等国家级战略倾斜性支持，都为卢森堡实现产业转移，双方发挥优势互补，实现经济互动奠定了良好的合作基础与广阔的合作空间。

（二）“空中丝绸之路”建设成绩

“空中丝绸之路”不仅是郑州和卢森堡两点间的空中通道，而且是通过“双枢纽”战略的实施，促进航空物流、跨境电商、金融合作、人文交流等全方位的合作发展，实现在更大范围、更宽领域、更高层次上融入全球经济体系。

自 2014 年卢森堡货航落户实验区以来，发展势头迅猛，运营发展取得了“新成绩”。相继开通卢森堡、芝加哥、米兰 3 条航线，航班由每周 2 班增至每周 15 班，通航点由 3 个增加至 14 个，航线覆盖欧美亚 3 大洲的 23 个国家 100 多个城市。开航至今，卢森堡货航在郑航线累计共执飞近 2274 个航班，累计国际货运量 39 万吨，取得“4 个第一”的好成绩：累计国际货运量、国际货运航线数、航班数量、国际通航点等多项主要指标居郑州机场首位。

以郑州—卢森堡空中货运大通道为基础，豫卢双方不断开辟更多领域的合作，探索出“投资与贸易相结合、走出去与请进来相结合、技术引进与培育新兴产业相结合”的“卢森堡模式”。2015 年，河南航投与卢森堡货航、沃龙宝物流公司签署了在郑州合资组建货运航空公司、合资飞机维修基地、卡车航班公司等三项协议；2016 年卢森堡国铁多式联运股份公司与郑州国际陆港公司签署《合作备忘录》；2017 年河南航投分别与卢森堡货航、卢森堡大使馆签署《关于成立合资货运航空公司的合资合同》和《关于在河南开展签证便利业务谅解备忘录》。

合作带来了丰富的外延合作机会。河南航投以与卢森堡货航的合作为战略突破口，将其作为河南与全球行业先锋展开合作的桥梁与纽带，积极与国内外知名企业联系对接，通过对外交流合作，实现借鉴和学习国际领先企业的网络搭建、市场资源和技术经验，推动郑卢“空中丝绸之路”建设。2014 年，通过卢森堡货航引荐，先后邀请并接待德铁信可、瑞士空港、史带集团等企业来访，探讨深度合作；2015 年，卢森堡货航分别在郑州召开第三季度董事会、全球经理人大会，世界航空货运大佬齐聚郑州；2017 年，卢森堡商会在郑举办河南－卢森堡“一带一路”经济合作论坛，卢森堡货航、卢森堡 GSK、欧亚申根集团等 21 家到访，与河南企业洽谈合作。

二 “空中丝绸之路”经验与启示

（一）“双枢纽”战略是“空中丝绸之路”建设的必要前提

“双枢纽”战略以构架亚欧“空中大陆桥”为起点，逐步织密织大以双枢纽机场为核心的航线网络，带动了物流、人流、资金流等高端要素资源向枢纽机场集聚，同时以组建合资货航公司、设立飞机维修基地、建立现代化的物流分拨体系、构建“新鲜卢森堡”双向跨境 E 贸易，举办两地合作论坛、金融峰会，开展签证便利化业务为延伸，实现了现代化的高端产业转移与承接、让“空中丝路”走向了买卖全球，促进了两地经贸互动、文化的交流合作，激发了双边区域经济增长的内在动力，有效奠定了“空中丝绸之路”建设的交通基础、产业合作模式，文化交流沟通机制。

（二）发挥优势互补是“空中丝绸之路”建设的有效保障

在发展航空运输产业、航空维修、航空物流等航空经济相关产业方面，卢方的专业技术、管理经验、人才团队、软硬件设施、专业资质优势明显，河南与卢方的合作，无疑可以在这方面补自己的“短板”，为郑州国际航空枢纽的打造提供强有力的支撑。而河南市场潜力大、发展势头强劲、政策优势明显，航空运输及物流等新兴产业在这里具有很大的发展空间，发展前景可期。双方合作以来，起到了取长补短的良好成效，从航空运输产业不断拓宽合作范围、深化合作领域，迅速提升双方区域经济整体的发展活力与竞争力，形成了豫卢共同发展、共同受益的局面，丰富了“空中丝绸之路”的内涵。

（三）实现互惠共赢是“空中丝绸之路”建设的根本目的

“双枢纽”战略的构建秉承了共同发展、互惠共赢、共同提高的宗旨。双方合作以来始终坚持这一原则，卢森堡货航已连续三年实现盈利，与此同时卢森堡货航也为郑州国际航空枢纽的打造起到至关重要的作用。合作的良好成效拓展了“双枢纽”战略内涵的延伸，卢方不仅在技术人才、管理经验上给予河南支持，在股权方面也开展了合作，例如合资货运航空公司、飞机维修基地的建设等项目，卢方均在河南进行股权投资，产业融合、经贸互动、文化交流将进一步加强利益共同体、责任共同体、命运共同体的打造，促进双方将合作共赢的模式进行到底，实现“空中丝绸之路”经济同频共振、民心相通的目的。

三 “空中丝绸之路”建设思路

习近平总书记明确支持建设郑州 - 卢森堡“空中丝绸之路”，即是对郑州 - 卢森堡“双枢纽”战略的充分肯定，又是对河南发展临空经济，加快经济转型升级提出的殷切期望，下一步河南航投将在“双枢纽”的发展基础上，在基础设施、金融贸易，文化旅游等方面加快合作，不断完善以中外双支点资源配置、双市场辐射、内外双向联动的系统化整体合作路径。

（一）进一步夯实基础，拓宽领域，以“空中丝绸之路”推动豫卢全面深度融合发展

扩大对外开放，促进经贸交流。融入郑州航空港经济综合实验区、中国（河南）自由贸易试验区、郑洛新国家自主创新示范区和中原城市群——河南“三区一群”建设，开展自由贸易先行先试，在口岸平台建设等多个方面开展制度创新和改革试验；发展壮大电子商务，拓展“跨境电商 + 空港 + 陆港 + 邮政”运营模式，建设双向跨境贸易平台和电商综合运营中心；完善口岸功能，申建药品进口口岸，建设国际邮件经传中心，加快形成河南

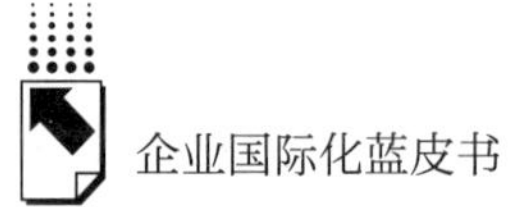

“1+N”功能口岸体系和辐射全球主要经济体的口岸开放新格局；提升通关能力，创新口岸监管方式，建设国际先进水平的国际贸易“单一窗口”，完善综合保税区保税加工、保税分拨、保税物流等功能，聚焦重点经贸合作领域，构建“优进优出”发展格局。

加强资金融通，强化金融服务保障。依托卢森堡国际金融中心地位，推进金融业务合作与创新，推动与卢森堡国际银行等欧盟金融机构合作，大力发展租赁业；深化金融服务业开放，吸引国际金融机构在豫设立分支机构，支持设立大型跨国企业财务中心、结算中心；积极发展离岸金融，推动在河南自贸试验区内发展离岸金融业务，吸引欧盟国家央行、主权财富基金和投资者投资境内人民币资产，构建国际化金融服务支撑体系。沟通民心，深化人文交流合作。

搭建全方位交流平台，深化与卢森堡等欧洲国家在旅游、文化、教育、人才、科技等领域的合作交流。开展签证便利业务，建成投用卢森堡飞行签证中心；推动旅游互惠合作，推动成立航空旅游联盟，建成豫卢双向旅游平台，举办中欧旅游年、“中华源”河南系列旅游推广活动；推动教育科技交流合作，推动河南高校与欧美高水平大学开展中外合作办学活动，构建中欧人文交流重要门户。

（二）以“双枢纽”战略推广“空中丝绸之路”，构建“丝路空网”

“双枢纽”战略成功实施为河南航投“走出去”，发展航空产业，与卢森堡等“一带一路”沿线国家在更高层次、更广范围、更宽领域开展合作提供了可循的路径与合作模式。在下步的工作中，河南航投拟在郑州-卢森堡“双枢纽”合作上，进一步织密航线网络，形成连接世界重要航空枢纽和主要经济体多点支撑的航线网络格局。

扩大合作领域和范围。积极引导和培育吸引更多国际货运航空公司开辟和加密货运航线，扩大全货机航班运营规模，构建连接世界主要枢纽机场的空中骨干通道。完善航空客运航线网络，积极与国内外知名航空公司对接，加快开通郑州—卢森堡客运航线网络，不断联通国际枢纽节点城市，完善通航点的布局。同时，加快建设卢森堡货航合资的郑州基地航空公司，提升卢森堡货航、合资公司及成员企业直航覆盖率，并大力推动本土客运基地航空公司组建，引进国内外知名航空公司在郑州设立基地公司，不断织密织大“空中丝绸之路”航线网络。

（三）整合多方资源，组建“走出去”联合体

河南航投寻找更多航空运输、基础设施建设、物流服务提供商、金融机构等合作伙伴，组成“走出去”联合体，结合多方优质资源，进一步推动“空中丝绸之路”建设。河南航投紧紧抓住航空物流行业为突破口，上延至生产制造企业和地方政府，下扩至具体客户和零售终端，利用产业资本集群优势形成产业链闭环，提升企业利润率。河南省作为人口大省、资源大省，地方经济发展正面临经济转型升级、产业结构调整的迫切任务，航空经济作为最重要的突破口，在全球经济发展中战略作用日益凸显。近年来，河南越来越多的项目出现了跨地区、跨行业、跨融资特点，民航产业涵盖航空物流业、高端制造业和现代服务业等先进产业形态。通过打造大枢纽，进而形成大物流，通过大物流带动大产业，而大产业的集聚最终能够塑造大都市，壮大城市群，带动河南全省经济社会整体发展，实现富民强省、振兴中原的伟大使命。

B.21

爸爸的选择“中国制造，世界研发”的品牌发展战略

王胜地*

摘　要： 北京爸爸的选择科技有限公司成立于2015年，响应国家推进“中国制造”的战略方向，顺应“互联网+”的发展趋势，矢志研发，为打造新国货母婴日化品牌而不懈奋斗。三年的时间，爸爸的选择品牌斩获众多行业奖项，不仅获得国人认可，同时也走向世界，为中国制造业的崛起贡献力量。爸爸的选择依靠科研，专注品质，在进口品牌占绝对优势的情况下，它以惊人的发展速度撕开了母婴市场的缺口，其品牌战略和发展方向为中国制造企业发展提供了有效的借鉴，值得研究与思考。

关键词： 爸爸的选择　“中国制造世界研发”发展战略　世界500强企业愿景

北京爸爸的选择科技有限公司成立于2015年，总部位于北京，是一家集研发、生产、销售于一体的全产业链日化高新技术企业。公司主要从事母婴全产业链研发、生产和销售，拥有北京、日本神户2个国际研发中心和亚

---

* 王胜地，北京爸爸的选择科技有限公司CEO，全球化智库（CCG）常务理事，北大青年CEO俱乐部理事长，获得北京大学理学学士学位、长江商学院MBA以及美国康奈尔大学商学院MBA。

洲最大的单体纸尿裤生产基地，拥有多项专利和著作权。日本研发中心作为中国日化领域首个海外实验室，立足全球资源，与顶级科技机构合作，吸收最先进的科研成果，始终保持自主创新能力。与此同时，爸爸的选择还在各大论坛和峰会中狂揽大奖：年度中国妈妈宝宝喜爱品牌奖、中国口碑影响力纸尿裤品牌奖、年度创新母婴品牌奖等都收入囊中，彰显了品牌实力。目前，公司员工达到千人，在全国有 80 多家分公司与办事处，覆盖 12000 多家销售网点，产品热销全国。爸爸的选择一开始就定位于国际化的品牌营销策略，早在 2015 年 6 月就登陆了纽约时代广场，被美通社、《洛杉矶商业报》、《波士顿邮报》等 200 多家海外媒体报道。2017 年 9 月，爸爸的选择正式进军美国市场，在海外推动消费者了解和使用中国品牌，打破对中国品牌的偏见，如今爸爸的选择正以中国品牌的新形象展示在世界面前。

一　爸爸的选择国际化发展战略确立的背景

在全球纸尿裤市场中，婴儿纸尿裤市场趋于成熟，尤其是北美市场、欧洲西部、日本等发达国家和地区，由于市场饱和竞争激烈，增速较慢。而亚太地区的婴儿潮以及中低消费群体生活水平的提高，新兴市场和欠发达地区的纸尿裤市场迎来爆发时期。新兴市场的增长率远高于全球平均水平，增长最快的国家有中国、印度、印度尼西亚、罗马尼亚、俄罗斯、乌克兰和尼日利亚等国家。

根据中国纸尿裤市场调查分析报告，随着进口产品成本的降低，中国消费能力的提高，以及家长对婴儿健康的关注，自 2001 年以后纸尿裤市场呈快速增长趋势，至 2010 年，婴儿纸尿裤消费量增长率为 31.7%，婴儿纸尿片消费量增长率为 7.5%；市场规模达到 184.8 亿元。① 2013 年单独二孩政策的发布，直接促进了次年婴儿纸尿裤市场的井喷。2014 年，国内婴儿纸尿裤产品的年消费量为 228.6 亿片，根据中国产业信息网统计，2014 年纸

① 资料来源：中国林产化工网。

尿裤市场规模约267亿元，相比2013年的240亿元市场规模，同比增长11%。[①] 2016年二胎政策全面开放，无疑对婴儿纸尿裤生产和市场再次产生了巨大的推动作用。2018年，预计市场规模将达到500亿元。中国纸尿裤市场的发展前景可见一斑。

然而蓬勃发展的中国纸尿裤市场，却长期被日本花王、大王、尤妮佳，美国帮宝适、好奇等品牌占据。目前我国共有纸尿裤品牌1200多个，其中好奇、妈咪宝贝、帮宝适、安尔乐和花王占据市场份额的71%。[②] 进口品牌仍处于绝对优势。

行业调查显示，早在20世纪90年代，婴儿纸尿裤产品就有中国制造，进口品牌也多在国内代加工生产，然而大环境下所导致的消费者对中国制造的不信任，以及对纸尿裤品质日益注重，国人宁愿不远万里，不辞辛苦地去国外海淘纸尿裤，进而催生了海淘纸尿裤行业的火热发展。这是中国制造难以适应消费升级的尴尬与苦闷。事实上，经过多年的发展，中国制造有实力、有能力去打造优质的产品与品牌，去争夺国际母婴市场所带来的巨大红利。

新时期企业的第一大新动力来自伟大的“中国梦”。习近平主席曾指出：实现中华民族伟大复兴，就是中华民族近代以来最伟大的梦想。爸爸的选择作为国产日化新国货的代表，随着“中国制造2025”战略，“一带一路”倡议、“丝绸之路经济带”等一系列国家鼓励政策驱动，从纸尿裤入手，投身母婴日化生产领域，致力于为消费者提供高质量的产品，还母婴消费者尊严。同时，为中国制造正名，让世界认识到中国不仅是制造大国，同时也是制造强国。

爸爸的选择成立的时机，赶上了发展机遇的同时也面临着重重挑战。据2015年行业数据显示，纸尿裤销量将近300多亿片，但这300多亿片却充斥着1200多个品牌，600多个厂家。其中排名前六的国内外品

① 资料来源：中国产业信息网。

② 资料来源：博思数据发布的《2018～2023年中国品牌纸尿裤市场深度调研与投资前景研究报告》。

牌——帮宝适、好奇、妈咪宝贝、花王恒安、大王总占比约80%。[①] 1000多个品牌争夺剩下的20%的市场份额，竞争的残酷性可想而知。而随着中国市场的稳步扩张，世界领先品牌也盯住了中国市场，运用世界先进技术装备和工艺生产新型产品，加紧开拓。就是在这样严峻的行业背景下，爸爸的选择在北京成立了。

爸爸的选择确立了“互联网＋制造业”商业模式，整合营销、电商、供应链三个方面的优势资源，最终确定用C2M（即顾客对工厂）方式进军互联网母婴行业。不但开拓了母婴产品线，扩充纸尿裤、拉拉裤、湿厕巾、婴儿洗护用品等产品门类，为中国家庭带来更多优质可信赖的母婴产品，更用互联网思维改造传统制造业，引发全行业关于产业创新和战略调整的思考。

二　爸爸的选择“中国制造，世界品牌”的战略发展

（一）研、产、销全产业链布局，打开全球化竞争新空间

1. 创新和研发是企业的生命线

现代企业竞争力的核心是自主创新能力，是持续不断的研发能力，企业要想走得更加长远，离不开对研发的资金投入和人才投入。国货母婴日化品牌应该把更多精力放到如何拥抱、开发新技术上来，从而对产品不断进行升级迭代，为满足消费者苛刻需求提供更优秀的解决方案。

因此，爸爸的选择自成立起就定位于日化科技品牌，先后成立了北京、日本神户两个国际化研发中心，以实际行动为创新助力。并集聚了日化领域的高端科研人才，与国际顶级机构合作，以“安全、干净”的生产理念，仅用一年多时间，就从行业新兵转为行业标兵，从竞争对手日美进口品牌手中抢回失去的市场份额，赢得大批国内消费者喜爱和信赖。2016年，爸爸

① 资料来源：中国产业信息网。

的选择销售额达到了 1 亿元。

无论是贸易战的威胁还是新动能转换的大势，以前依靠劳动力、原材料等的优势加工模仿的道路已然行不通。只有依靠研发创新，打造出可以媲美进口产品的品质，打造出国民乃至世界认可的品牌，才能在未来市场上占有一席之地。而产品更新迭代的速度见证着爸爸的选择矢志研发的决心，产品从极素系列到极素极薄 1.0 系列再到极素极薄 2.0 系列，以工匠精神深挖纸尿裤领域，用最好的材料、最好的工艺专心做最好的产品。2017 年，爸爸的选择销售额达到 3 亿元，在竞争激烈的纸尿裤行业犹如一匹黑马崭露头角，引得行业人士的关注。爸爸的选择表示，在产品方面会继续创新研发，承诺永远不偷工减料，坚守安全、干净的产品品质初心。期待更多的国产母婴品牌商能够共同为提高国产产品品质、提升品牌影响力、甚至国际影响力而努力。此外也希望更多的优质资本可以关注母婴产品的发展，而不仅仅是投入渠道的开发。只有国产品牌强，渠道利润才能更合理，整个行业才有良性的发展。

2. 深耕供应链，打通上下游

爸爸的选择在发展过程中意识到，为更好地把控产品质量，赢得消费者的信赖，进而降低经营风险和成本，必须把供应链掌握在自己手里。2017 年 9 月，爸爸的选择建立了山东生产基地。占地近 108 亩，总规划 18 条生产线，集食品级洁净车间、智能化生产设备、多功能研发中心、整零结合仓储系统于一体，三期建成后产能可达 20 亿片，是亚洲最大的单体纸尿裤生产基地。工厂的建成是企业发展史上的标志性事件，因为这意味着全产业链基本完成闭环。

为了从源头保证产品安全品质，爸爸的选择与业内顶级的原材料供应商长期合作，并与美国 3M 等 20 多家供应商签订了诚信供应商协议，以保证供货系统的高效率、可控性，形成全球供应链。除此之外，爸爸的选择还坚持自行研发无纺布等上游材料和改善生产设备和工艺。爸爸的选择目前旗下产品已经有纸尿裤、拉拉裤、湿巾婴儿护理产品，并计划投入开发卫生巾、洗护用品、化妆用品等最为普适性的大日化产品，其中婴儿洗护产品也已经上市。

3. 全球化品牌营销策略

品牌是企业的标识，是在激烈市场竞争中脱颖而出的有效竞争手段。一个特定的品牌理念能与消费者产生一种精神“共鸣”，这样的品牌才具有生命力、吸引力和竞争力。

爸爸的选择名称的确立，顺应了当下女权主义的风潮，打出“爸爸选择纸尿裤，妈妈选择美丽”的口号，作为品牌的国际处女秀登上纽约时代广场，引来美通社、《洛杉矶商业报》、《波士顿邮报》等200多家海外媒体的关注与报道。让“爸爸回归家庭”的理念也赢得母婴行业主要消费主体妈妈们的一致认可。

在踏进国际市场的同时，爸爸的选择也在国内站稳脚跟。在CCTV一套、二套、七套频道黄金广告时段，全面投放广告；亮相北京火车站，并同步覆盖上海、郑州、广州等地6000多次沿线高铁媒体；利用综艺节目和明星效应，在全国打响品牌和知名度，例如亮相北京卫视李咏主持的《全是你的》黄金综艺节目以及在安徽卫视的《时尚妈咪》中胡可的亲情推荐，全方位、多角度、多层次地进行新旧媒体的宣传。

另外，爸爸的选择纸尿裤“安全、干净”的生产理念、极素的包装设计、率先采用国际检测等一直走在母婴品牌定位的前沿，赢得了广大消费者的认可，也被越来越多的国产母婴品牌学习，成为名副其实的母婴纸尿裤的国货新标准。

（二）从纸尿裤入手，拉长产品生产线

爸爸的选择初期的迅速发展离不开单一化的品牌发展战略。在资源有限的情况下，产品的专一性确保了品牌的质量与企业的生存空间。把资源聚焦，以安全干净的理念打造爸爸的选择品牌下的纸尿裤、拉拉裤，以绝对的质量和超高的性价比优势打开市场，站稳脚跟。

之后，爸爸的选择开发相关产品，例如湿巾、卫生巾和婴儿洗护产品，秉承一贯的“安全干净”的公司理念，打造高质量的母婴日化产品。

产品的共通性、相关性极易获得消费者的认可，减少顾客的认知协调，提高新品的成功率。纸尿裤市场的成功开辟，有利于其他产品的新产品的推出。

虽然二胎政策和消费升级拉动了母婴市场的高速增长，但二胎政策激励效果不明显，市场红利并没有预测中的理想。尤其是贸易战对母婴市场带来的变化，经济变得更深层次的下滑，母婴市场的规模势必更加缩水。拉长产品生产线，能够为企业带来新鲜血液，抢占更多的市场份额，也是企业立足全球，长远发展的战略部署。

（三）先难后易的国际化发展战略

爸爸的选择品牌在 2015 年 6 月就登上纽约时代广场，把美国作为品牌营销的第一站。2017 年在日本成立研究中心，主要承担日化用品研发、新产品的检验以及新品在日本推广等任务，把母婴行业成熟且研发实力强劲的日本作为打进世界市场的桥头堡。并在同年 9 月正式进军美国市场，作为新国货代表，在世界舞台上树立中国制造也有国际化、高端化的强势品牌的形象。

爸爸的选择采用先难后易的发展战略，一是基于国内市场的形势，消费者对进口产品的盲目选择，以及对国产品牌的极度不信任；二是基于中高端产品的定位，以绝对的质量打入美日市场，爸爸的选择的价格优势就会凸显出来。

事实证明，爸爸的选择的国际化发展战略是成功的。目前，用国际市场反推国内销售，爸爸的选择的营销策略取得了事半功倍的效果。在美、日的成功销售增强了国内消费者对产品的信心，爸爸的选择产品也吸引了来自印度、巴基斯坦等新兴市场和欠发达地区的合作。现在已经逐步打开并进入海外市场，已在印度、北美地区、南美地区等地设立了办事处和分支机构，并将进入巴基斯塔、俄罗斯市场。爸爸的选择在新加坡、巴西等国家和地区建立办事处和分支机构，逐渐打开更多的市场。而这一战略的成功离不开爸爸的选择对质量的坚守和持续不断地创新研发。

三　世界500强的企业愿景

至2018年，在世界500强企业中，中国上榜企业已实现了连续14年的增长。从数量上看中国居于第二名，与美国并驾齐驱，第三名日本对此望尘莫及。而在这份榜单中，攸关民生的中国企业却无一上榜。爸爸的选择企业秉承“向前一步”的公司理念，愿景是成为受人尊敬的世界500强的日化企业，立足于中国制造，以研发创新生产世界一流的母婴产品，致力于为全球消费者提供高品质的产品和服务。

当今的世界500强的日化企业是顺延了世界大工业经济，社会分工细化的红利，是大机器下的产物，规模性和组织细分已经做得非常好。但局限于规模性，企业的创新就会较慢，研发时间较长，出现品类形象老化等问题。而爸爸的选择是一家以创新为驱动的高新技术企业。加强与科研院校的合作，调配全球优质资源，对于日化前沿乃至新材料的前沿技术，可以在第一时间做尝试、做创新、做转化，产品不断迭代升级，速度非常快。除此之外，爸爸的选择也在多方面坚守，做出了巨大的努力。

（一）坚守价格底线

打折与促销活动是众多企业惯用的销售套路，尤其是在“618”、“双十一”等全国购物热潮时期。而爸爸的选择始终坚守价格底线，用过硬的质量、最小的折扣力度照样取得了不俗战绩。

爸爸的选择作为国货高端品牌，一直以来坚决维护线上的价格稳定，抵制价格战，以品质赢得顾客，也为行业树立健康风气。

互联网经济渠道暗网时代的来临，为价格维护带来了巨大的阻力。为打击渠道乱价，爸爸的选择不惜人力、物力专门成立技术团队，一是保障销售渠道的利益，二是维护品牌形象，保持品牌的市场地位与品牌价值。因为价格一旦降下去，再升上来几乎是不可能的。要想在世界舞台上走得更远，就必须把品牌价值与品牌形象重视起来，赢得世人尊重。

（二）保护知识产权

在知识经济时代，专利创造价值。企业尤其是科技企业，知识产权是其在市场竞争中决胜的重要法宝。爸爸的选择自惜羽毛，即使在缺乏资金的发展初期仍坚持投资研发，用最好的资源生产最优的产品。三年来，爸爸的选择精心维护树立起来的国产品牌，甚至不惜代价与不良电商打官司，拿起法律的武器去维护自身的权益，也是维护所有被侵害知识产权企业的权益。

中国企业必须重视知识产权，知识产权犹如品牌战略的灵魂。前进在世界500强的道路上，没有知识产权就没有未来，经不起任何的风吹草动，在贸易战和经济危机来临的时候不堪一击。

（三）广揽人才

企业始于人也止于人，爸爸的选择在全国乃至全球吸收了一大批人才。人才储备是进军世界五百强的一个发力点。爸爸的选择在人才选拔和培养上，也是按照世界500强企业的标准来进行。2018年，爸爸的选择开始大规模的校园招聘以及相应的管理培训。新员工通过在山东工厂“斯巴达”训练营的全封闭式训练，一方面帮助培养其需要的专业技能和知识，使新员工迅速进入职业角色；另一方面让新员工建立对企业价值观和企业文化的认可。爸爸的选择以“相信奋斗的力量”为企业文化，在日化这一最细腻的行业，与一群最彪悍的人同行。

四　小结

中国经济经过三十多年的持续高速增长后，进入新的增长阶段。从国际环境看，世界经济持续复苏乏力；从国内环境看，中国经济进入新常态，经济发展方式正从规模速度型粗放增长转向质量效率型集约增长。消费在升级，人民对于产品品质和绿色环保的需求日益强烈。爸爸的选择成立之初就立志打造一款安全干净的产品，并以“极素”作为品牌的核心价值，满足中国乃至世界新爸爸妈妈们的需求，提供高质量、高性价比的产品。爸爸的选择一直秉承着“向前一步”的公司理念，在研发与产品质量上从不懈怠，在产品升级上从不停止，以“世界500强”为奋斗目标，在日化领域绽放光彩。

B.22

京东集团国际化的印尼样本：以核心优势深耕本地市场

京东集团

摘　要： 2004 年，京东集团进入电商领域，10 年后的 2014 年 5 月在美国纳斯达克证券交易所挂牌上市。京东集团是中国第一个成功赴美上市的大型综合型电商企业，曾三次入榜《财富》全球 500 强，2008 年位列第 181 位，在全球仅次于亚马逊和 Alphabet，位列互联网企业第三名。在国家“一带一路”倡议指引下，京东不断推进国际化战略，目前已经在印度尼西亚、泰国等东南亚国家和地区开展业务，并将开拓欧美和其他市场。本文以京东印度尼西亚业务为例，通过对京东智能供应链及本地化策略的论述，阐释以京东为代表的中国电商企业如何将中国的电子商务模式扩展到海外，从而实现“中国制造通全球，全球商品通中国”；为更多中国企业“走出去”提供参考。

关键词： 京东集团　电子商务　智能供应链　正道成功

在国家“一带一路”倡议和鼓励企业“走出去”的大背景下，京东集团积极推进国际化战略，希望通过优质的供应链服务，为全球消费者和品牌商持续创造价值。目前，京东正在以物流为载体布局东南亚，并逐步开拓欧美市场和全球其他市场。

京东集团董事局主席兼首席执行官刘强东曾表示，未来十年，京东一定且必须要做成的事情就是：希望通过以技术驱动的供应链服务，服务全球的消费者和品牌商，通过降低社会化成本，提升人们的美好生活水平①。

东南亚地区一直是京东集团全球化战略的重点。京东希望把本地区优质的商品和文化通过方便快捷的电商渠道介绍给中国消费者，同时把全世界的优质商品通过电商平台提供给当地的消费者，并与当地政府和企业在科技创新领域深入合作，用京东引以为傲的供应链服务和科技成果帮助当地经济社会实现数字化转型。

一　以物流作为国际化的开路先锋

作为“21 世纪海上丝绸之路”的首倡之地，印度尼西亚（以下简称印尼）是中国“一带一路”倡议中极其重要的一环，也是京东集团海外战略的第一站。

自 2016 年 3 月京东印尼站（以下简称京东印尼）运营以来，京东克服了语言、文化方面的多种差异，在印尼迅速发展。目前，京东印尼的商品已覆盖 19 个品类、127 个子品类，库存量单位（SKU）超过了 35 万，为印尼 2000 万用户提供服务，为当地创造的工作岗位超过 2000 个。京东印尼并非简单复制国内发展路径，而是打造电商国际化运营的一个成功样本。

印尼人口近 3 亿，属于世界人口大国之一。目前，在印尼约有 2747 万人使用互联网。但印尼的线上零售业占比只有 1%。因此，印尼的电商市场发展有巨大的空间，是东南亚电商市场的第一大国。根据市场研究公司 Statista 的数据，印尼电商市场规模 2018 年将达 85.91 亿美元，到 2022 年这一数字将达到 164.75 亿美元，年均复合增长率为 17.7%。

但印尼电商的发展也有很多阻碍。据《雅加达邮报》报道，受制于群

① 《刘强东：今年的 618 是面向无界零售基础设施的“大阅兵”》，中华网，https://economy.china.com/tech/13001906/20180619/32548542.html，2018 年 6 月 19 日。

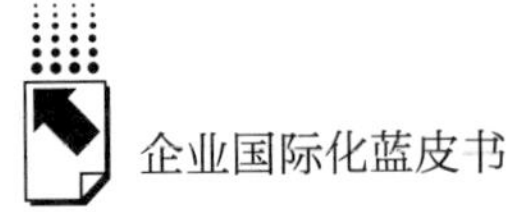

岛格局，印尼的国内生产总值中物流成本所占的比例为26%，是新加坡和马来西亚的2倍。由于城市化率低、基础设施极其匮乏，快递的配送时效平均在5~7天，“千岛之国”的物流问题，成为在印尼开展业务的电商企业最难跨越的难题。

在2015年京东到印尼做了关于物流的前期考察后，开始实施整体规划方案。半年时间，京东通过物流规划与工程、物流系统、物流设备及包装解决方案、物流运营管理这四大产品体系，打造出一个以体验为导向的包括仓储、运输、配送、客服、售后全流程的电商物流解决方案，将国内最核心的技术和经验进行产品化的对外输出，全力攻克“千岛之国”的物流问题。随着京东印尼电商业务的试运营，自营物流实现同步履约。

相较于当地其他电商而言，京东的物流优势非常明显。目前京东在印尼拥有电商企业最大的物流网络——建立在雅加达、泗水、棉兰、望加锡、坤甸、三宝垄6个城市的10个自有仓库；覆盖7大岛屿、483个城市、6500个区县，85%的订单可在1天内到达的配送服务。同时，京东在国内标志性的快速送达服务也在落地——在雅加达地区推出了配送标准时效产品“210”服务（即当日上午10：00前提交的现货订单，当日送达；夜里10：00前提交的现货订单，次日15：00送达）。2017年9月，京东在印尼搭建了大件直送模式，大件商品的直送服务在很大程度上提升了用户体验。

印尼与中国的电子商务虽然发展阶段不同，但京东物流的网络设计逻辑是一样的，那就是围绕消费者的聚集点建设仓储配送网络，将物品放在离消费者最近的地方，并以用户体验为核心去做优化。

二　以“正道成功”深耕本地化

本地化一直是所有跨国公司面临的难题，尤其是在印尼这种消费市场尚不十分成熟、消费者对于商品的信心仍显不足的国家。本土企业或许更能洞察消费者的心理，但跨国公司则需要付出更多的精力来建立消费者的信任。

过去14年来，京东凭借“正道成功”的核心理念在中国获得了巨大的信誉和声誉。自创立之初，京东就坚持“诚信经营、正道成功”的原则，树立了“正品行货”的品牌形象，坚持不卖假货水货、不逃税漏税、不行贿受贿的原则，希望做一个不违法、没有贪污腐败的企业。

“正道成功”不仅仅是指要合法依规地取得商业上的成功，更重要的是要成为行业中的价值典范，用高标准的行为规范和准则实现自我要求、自我完善，为整个生态的发展和社会的进步做出担当和贡献①。

在印尼，京东也秉持同样的理念，京东也是当地电商市场上首家高度重视“正品”的电商企业。这一方面体现在为当地消费者提供高品质的商品和服务，另一方面体现在对本地人才的大力培养。

通过了解消费者消费需求的变化、严审商家资质、严控进货渠道、保证商品品质等手段，京东在印尼慢慢赢得消费者信任，更多的印尼用户选择在京东上购买价值更高、品质更有保障的商品。

京东采取的本地化营销策略，确保所有经营活动与印尼消费者密切相关并产生共鸣——考虑到印尼的电子支付业务尚未充分发展，京东主要支持其他支付手段，如货到付款、银行转账等，并已与包括银行、金融公司在内的24家支付公司开展合作；京东在印尼推出了自己的时尚品牌STYLEHAUS，并与印尼最优秀的设计师进行合作；与印尼载旗航空公司印尼鹰航（Garuda Indonesia）签署谅解备忘录，在京东印尼平台上开设鹰航商店；京东还在印尼举行了“JD公寓之旅”“JD雅加达办公楼之旅”“JD婚礼”等诸多创意线下活动。

在最靠近消费者的末端配送环节，京东也不断改进服务以更加贴近消费者。在“万岛之国”把货物送出去已经不易，做好售后服务则对电商企业提出了更高的要求。为此，京东不仅设立了专门的客户服务团队，还将国内的逆向取件服务也搬到了印尼，通过售后系统的搭建，消除用户的后顾之忧；京东印尼物流小哥的“坐骑”不是国内常用的电动三轮车，而是印尼

① 《刘强东的一封信：价值观如何升级为“正道成功”》，搜狐网，http：//www.sohu.com/a/226815195_404443，2018年3月30日。

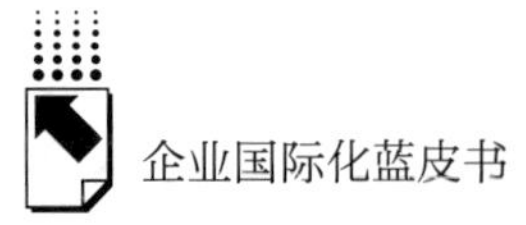

常见的摩托——这种细节上的不断本地化是京东印尼团队一直在做的事。

此外，京东对印尼本地人才的培养直接推动了电商业务的本地化进程。目前京东印尼95%以上的员工均在当地招聘，覆盖了运营、仓库、物流和支持等。随着电商业务的不断扩大，京东预计到2018年底将提供更多的就业机会。除此之外，京东也不断将电子商务的“正道成功”实践普及到印尼更多的地区，整体提高人才质量和印尼电子商务劳动力的竞争力。

通过本地化人才战略，京东不仅能够让自己更加贴近当地消费群体，同时这些人才也对印尼的数字经济发展带来了非常积极的影响。

此外，京东还将最新的前沿科技引入印尼，如京东自主研发的无人机、无人车、无人超市。同时，结合印尼本地线上和线下商业实际情况，京东促成其技术落地并帮助更多印尼企业体验新的商业模式。其中，东南亚首家无人超市——京东X无人超市印尼PIK店已于2018年8月正式投入运营，作为无人科技和无界零售深度融合的创新产品，无人超市通过人工智能、物联网、生物识别等京东自研技术，为印尼消费者带来了前所未有的购物模式。

京东在印尼以及东南亚地区的发展策略，不仅在于要为当地的商家和消费者提供具有竞争力且安全优质的产品及服务，更在于要将京东最核心、最先进的商业模式、供应链管理、物流管理方案带到当地。

三 “一带一路”带来的新机遇

共建“一带一路”正在成为我国参与全球开放合作、改善全球经济治理体系、促进全球共同发展繁荣、推动构建人类命运共同体的中国方案①。五年来，中国同“一带一路”相关国家的货物贸易额累计超过5万亿美元，对外直接投资超过600亿美元，为当地创造20多万个就业岗位，我国对外

① 《习近平：推动共建“一带一路”走深走实造福人民》，央广网，http://china.cnr.cn/news/20180828/t20180828_524343453.shtml，2018年8月28日。

投资成为拉动全球对外直接投资增长的重要引擎①。

习近平主席于2013年10月在印尼首次提出共建“21世纪海上丝绸之路”的重要倡议。在此倡议引领下，中国连续多年成为印尼最大贸易伙伴。京东印尼成立三年多来，时刻感受到两国政府相关部门的支持与帮助，以及各方齐心协力共建“一带一路”的热情。

京东印尼积极促进中印（尼）贸易往来，为两国消费者提供优质的商品。京东印尼从中国向印尼进口优质的“中国制造”商品，包括3C及配件、服饰、母婴用品、健康用品、家居家装等；同时京东印尼也帮助印尼优质商品出口中国，为中国消费者提供丰富的“印尼制造”，包括咖啡、特色小吃、特色服饰、水果、家居家具及本地手工艺品②。

京东印尼不仅与本地的品牌商合作，随着印尼消费者对中国制造需求的增加，京东也把更多的中国品牌带给了当地消费者——在2017年“双十一”期间，京东印尼的小米手机在3天内4万台库存就被抢购一空；而在2018年“618”期间，京东印尼平台商品出库量比上年同期增长191%，这其中有大量来自中国生产的各类商品。

刘强东此前在接受采访时曾表示，中国电商走出去一定要伴随着中国品牌走出去，要跟随着这个浪潮站到潮头上去，这也是中国电商巨大的优势。“京东在印尼做生意，不仅仅只是我们自己在卖国际品牌，卖印尼本地的产品，我们更希望的是把中国品牌一块带到印尼去，带到东南亚去，带到欧美去，共同取得成功。”刘强东说。

这种双向互惠的机遇难能可贵。在“一带一路”倡议不断落地结果、中国企业成规模“走出去”的时代背景下，京东作为其中的开拓者和建设者是非常幸运的。印尼电商行业作为印尼的新兴产业已经逐渐成为亚洲最大的市场之一，印尼政府2017年发布的《电子商务路线图》，连同已经颁布

① 《习近平：推动共建“一带一路”走深走实造福人民》，央广网，http://china.cnr.cn/news/20180828/t20180828_524343453.shtml，2018年8月28日。

② 《京东印尼展示着“中国速度”和“中国态度”》，中国产业经济信息网，http://www.cinic.org.cn/zgzz/yx/444945.html，2018年8月10日。

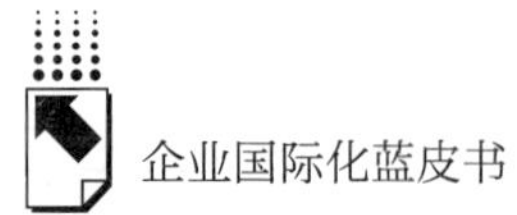

和即将颁布的一系列有利于电商和物流行业发展的法律法规，也为京东印尼业务的发展尤其是探索新业务模式提供了更加清晰的政策方向。京东将秉持“正道成功”的核心理念，在印尼市场代表“中国品牌”及中国优秀企业不断拓展影响力，为两国经贸交流贡献力量。

目前，京东正积极将自身的国际化融入国家“一带一路”倡议下，不断拓展国际市场，在全球打通了200多个国家和地区的销售通道。京东也是全球唯一拥有中小件、大件、冷链、B2B、跨境和众包（达达）六大物流网络的企业，凭借这六张大网在全球范围内的覆盖以及大数据、云计算、智能设备的引入应用①，京东的智能供应链体系将为中国与沿线国家的商贸往来提供优质的服务，为国内外消费者带去“京东品质”。

四　京东的国际化为中国企业做出表率

京东一直致力于成为一家为社会创造最大价值的公司。经过14年砥砺前行，京东在商业领域一次又一次突破创新，取得了跨越式发展②。与此同时，京东不忘初心，积极履行企业社会责任，在促进就业、提升社会效率、反哺实体经济等方面不断为社会做出贡献③。

自成立以来，京东始终秉承“正道成功”理念，坚守“正品行货”底线，保持对商业伦理的敬畏和对消费者的尊重，打造中国电子商务的良好形象，赢得国内市场的认可，已经成为中国“品质电商”的标杆。

2018《财富》世界500强排行榜上，京东集团连续第三年上榜，继续引领中国三大互联网公司入榜，并较上年提升了80位，列榜单第181位，仅次于亚马逊和谷歌母公司Alphabet，在入榜的全球六大互联网公司中居第三位。作为中国领先的技术驱动型电商和零售基础设施服务商，在过去的三年间，京东凭借着高速的增长不但实现了排名的大幅攀升，也向全球展现出

① 京东官网，https：//about. jd. com/。

② 京东官网，https：//about. jd. com/。

③ 京东官网，https：//about. jd. com/。

中国零售行业和消费市场的蓬勃生命力。

越来越多的国内外企业，凭借京东先进的技术和零售基础设施，使其业务更上一层楼。2018 年 6 月，谷歌与京东结成了广泛的战略合作伙伴关系，谷歌对京东投资 5.5 亿美元，双方除了探索在人工智能、AR/VR 技术、无人技术等领域的合作，还探索在全球多地合作开发零售解决方案。

随着消费需求变得无时不有、无处不在，如何在正确的时间、合适的场景，把合适的商品传递给合适的消费者，是对所有制造商、品牌商和零售商的终极要求和挑战①。京东将继续优先推进技术创新，帮助合作伙伴增强自身实力，提高效率，科技创新也将帮助京东实现“零售即服务”战略，推动公司下一阶段的发展②。

未来十年，京东将继续拓展东南亚市场以外的欧美和其他市场，把京东供应链服务大力输出到全球市场；将中国的电子商务模式扩展到海外，从而实现“中国制造通全球，全球商品通中国”，带领更多中国品牌走向海外市场的同时，为中国消费者带来更多优质的商品，推动全球商业进步与人类生活品质提升。

---

① 《新业务带动增长　京东高研发投入下仍保持连续盈利》，搜狐网，http：//www.sohu.com/a/247673356_115865，2018 年 8 月 17 日。

② 《京东 Q2 净利同比增 31.2%　转型无界零售成效显现》，搜狐网，http：//www.sohu.com/a/247947652_730804，2018 年 8 月 17 日。

B.23
科锐国际全球化发展与跨国服务实践

王天鹏 *

摘 要： 作为首家登录A股的人力资源服务企业，科锐国际自成立以来的22年时间里，在服务专业度、品牌影响力、国际化布局等多个方面都成为中国人力资源服务业的引领者。借“一带一路”国家战略东风，中国企业的全球化发展也从孕育期向全面推进期进行转变，人才问题毫无疑问是中国企业“走出去”的难点，人才招聘与管理成为企业“走出去”面临的重要挑战，而这些为中国人力资源服务企业提供了大好机遇。科锐国际一路伴随客户成长，在自身拓展国际化实践路径的同时，也通过全球化的人力资源服务，帮助中国企业解决了众多海外招聘难题，支持了客户海外业务的成功开拓。

关键词： 全球化 “一带一路” 跨国服务 人力资源

北京科锐国际人力资源股份有限公司（以下简称“科锐国际”）是业内领先的以技术驱动的整体人才解决方案服务商，目前在中国大陆、中国香港、印度、新加坡、马来西亚、美国、英国等全球市场拥有超过80家分支机构，1600余名专业招聘顾问，在超过18个行业及领域内为客户提供中高端人才访寻、招聘流程外包、灵活用工、招聘培训、智库专家等服务与解决方案，以及

* 王天鹏，科锐国际创始人/副董事长，集团投资并购总裁，全球化智库（CCG）常务理事，20年以上人力资源行业专业招聘与管理经验。

在线猎头、“互联网+”灵活用工、SaaS 简历及薪酬管理等技术平台。在过去的22 年中，科锐已与 3000 家以上的跨国集团、国内上市公司、快速成长性企业、国企、政府以及非营利性组织建立长期合作关系。2017 年 6 月 8 日，科锐国际在深圳证券交易所创业板上市，成为中国首家登录 A 股的人力资源服务企业。

一　科锐国际全球化布局举措与实施

科锐国际从一家起步于北京的民营人力资源公司，到目前已成为服务网络覆盖中国、亚太、北美及欧洲等地的国际化人力资源企业，其全球化发展主要体现在业务布局、本地化团队、服务创新这几个方面的规划与实践。

（一）国际化实践路径

当前，人才竞争全球化，中国企业面临“走出去”过程中海外本地人才配置的挑战，同时也急需在全球市场招贤纳士，将那些具有国际顶尖技能、全球化视野、实践经验的人才“引进来”，支持其业务实现跨越式发展。随着企业的全球化发展，人力资源服务也呈现全球化态势。科锐国际在十余年中的国际化布局，很大程度上是跟随其客户走向国际市场的脚步，来支持中国企业获取全球人才竞争优势。

1. 分支机构国际化

最初，科锐国际是伴随客户的海外业务发展需要，选择在相应的地区建立分支、进行业务布局。2004 年，科锐国际在香港设立了分公司，2012 年设立印度分公司，并开始大力加速其在东南亚等海外市场的拓展。

2. 投资并购国际化

2014 年，科锐国际与新加坡招聘服务机构 Fos Search 合资成立 CI Fos，实现了新加坡、马来西亚、泰国、印尼等东南亚市场的海外布局；此后控股英国老牌猎头公司安拓在华全资子公司；收购香港猎头公司 Aurex Group，并随其发展步伐将服务向北美市场进一步迈进。

近年来，随“一带一路”国家战略催化，中国企业纷纷布局海外市场、谋求新的业务增长点，对专业的国际化团队需求愈发迫切，急需通过高效、高质量的本地化团队配置来加速推动其海外业务成功。科锐国际也更加主动地来推进自身的全球化布局。

2018 年，科锐国际收购英国领先招聘服务供应商 Investigo，正式进军欧洲人力资源市场，进一步完善了国际化布局，提升了国际竞争力，同时也汲取了更广阔的优势服务领域。

3. 服务领域国际化

科锐国际注重行业与职能细分，并随市场发展和客户需求不断基于现有领域进行裂变，目前已形成的重点服务领域，与中企“走出去”投资的重点领域非常一致，与“一带一路”沿线国家所需的招聘行业和职位高度匹配，具体如图 1 所示。

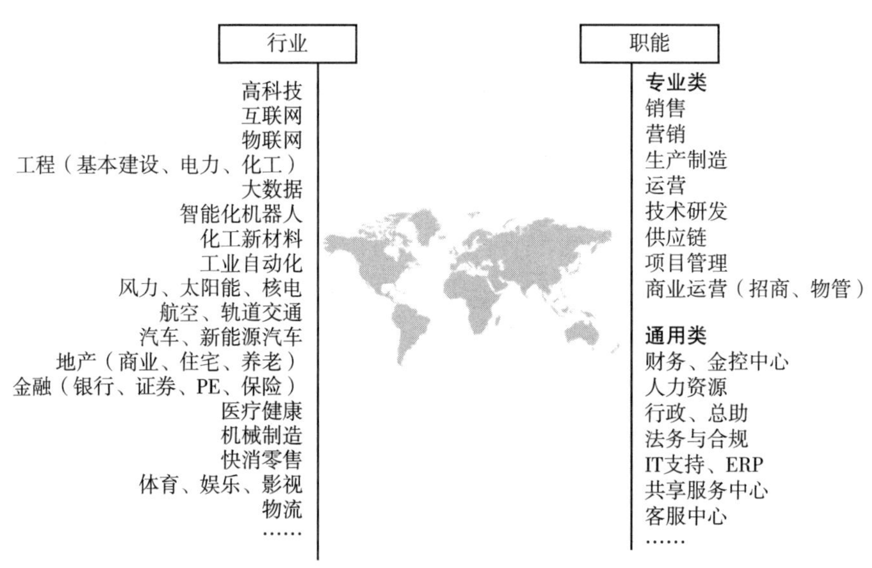

图 1　紧密贴合“一带一路”建设的重点行业与职能划分

（二）本地化团队建立

经过十余年的发展，科锐国际在中国香港、印度、新加坡、马来西亚、美国、英国等多个国家及地区都建立了分支机构。其中，专业的本地化服务团队的建立是全球化业务拓展中最为关键的一环。

1. 本地团队优势

海外当地顾问对于当地的劳动用工环境、人才市场均有深入的洞察和理解，而且在语言能力、文化差异、社会习俗、宗教信仰等方面均有着国内员工所不具备的得天独厚的优势。尤其对于科锐这样的本土企业来说，在文化上，能够对同样是中资企业具有深入的认同和共鸣；在服务上，能够切实结合海外当地市场的情况来做出本地化策略与落地执行，极大地提升了自身竞争力。

目前，科锐国际已经在东南亚、北美、欧洲等多个国家和地区建立了本土化团队，来自当地的顾问与候选人具有相同文化基因和成长背景，对候选人动机和顾虑因素的把控更加深入、精准，熟悉当地人才市场、法律法规、文化习俗，在海外业务的实施与推进过程中起到关键作用。

2. 国内、国际联动

同时，科锐国际加强国内、国际联动，选拔国内工业、高科技、医药、地产、金融等核心领域中拥有丰富海外人才招聘经验的优秀顾问，与海外当地顾问共同成立国际化人才招聘项目组。能够在最短时间内，深入了解和澄清客户用人需求和用人标准，快速调配国际人才招聘资源，并为客户提供咨询建议。

（三）技术创新，与时俱进

近年来，全球人力资源服务呈现平台化方向趋势，服务形态更加丰富，新模式和新业态不断涌现，对我国发展人力资源服务业具有重要的启示和借鉴意义。科锐国际在22年来，始终对商业模式不断探索，从单一的中高端猎头服务，不断创新和裂变出新的服务模式与产品。

随着大数据、云计算、人工智能等新型技术的普遍应用，科锐国际也在技术平台、产品开发及应用上加大投入，通过技术驱动为整体解决方案赋能，促进业务更加高效地开展。同时也将专业的服务与技术相融合，推出包括在线猎头 C2B 平台——才客、灵活用工共享服务平台——即派、中小企业人力资源管家——薪薪乐、SaaS 简历管理平台——睿聘在内的自有技术平台，为中小企业、成长型企业、新型产业等更多领域、更广泛的客户提供服务及技术支持，提升服务价值。

二 支持中国企业获取全球化人才跨国服务实践

随着中国企业不断“走出去”，我国人力资源服务企业也随之迎来了全球化发展的新机遇，一方面“走出去”企业需要在当地雇用外籍人才，并从中国总部派驻人才到海外；另一方面也要将全球优秀的人才吸引到国内寻求职业发展，帮助企业实现顶尖全球化人才配置。

由于“一带一路”沿线多为发展中国家及新兴经济体，虽然人才储备较为丰富，但是当地缺乏专业的人力资源服务机构为企业提供支持，这为中国人力资源服务企业“走出去”带来了天然的市场需求。越来越多的中国人力资源服务企业开始积极开拓国际市场，致力于为“走出去”企业提供特色化、精细化的跨国人力资源服务。

（一）企业全球化发展中的人力资源挑战

中国企业在国际化发展和吸引全球人才加盟过程中还面临诸多困难，包括：国际化人才储备不足、海外市场招聘渠道匮乏、中西文化观念冲突、雇主品牌吸引力弱、不同地区劳动法律法规差异等。科锐国际根据过去 5 年来服务过的 100 多个招聘项目进行总结，以上痛点主要源于两点：不一致和不专业。

1. 不一致

不一致表现在语言、社会习俗、宗教等方面。从语言方面来看，以马来西亚为例，科锐国际在为客户提供服务的过程中，有的客户认为马来当地华人资源丰富，中文能力不成问题，但事实并非如此。当地华人接受的教育体系并不相同，马来语和英语才是当地的主要语言，即便是华人，想达到客户要求的较高的中文交流水平也是不容易的。

从习俗方面来看，不同国家和地方的风俗与宗教不同，也对企业在文化机制建立、本地化员工管理等方面提出了更高的要求。比如印度尼西亚，当地的穆斯林员工每天需要祈祷。建造祈祷室或在特殊月份设定弹性工作时间，对当地员工的习俗与宗教信仰表达尊重就显得非常必要。

2. 不专业

不专业主要表现在企业在“出海”过程中对于海外当地人才的理解不到位导致招聘需求多变、对候选人发掘能力不够、招聘流程冗长、面试环节不合理、雇主品牌认知度低等方面，以及薪酬激励体系与当地市场水平相比存在差异，按国内标准进行薪酬设计，缺乏对于当地市场的了解。

还有一些企业在招聘前期从准备上就不够专业，比如在海外招聘过程中没有英文官网、缺乏岗位描述等英文资料，很难对本地候选人产生吸引力。

（二）跨国服务助力企业全球化引才成功案例

近三年来，科锐国际为超过 40 家企业提供国际化业务发展所需要的顶尖人才团队配置 2500 个以上。其中包括为多家国内高科技、医药研发企业从美国硅谷、新加坡等地引入国家“千人计划”等海外顶尖人才，助力企业实现全球业务扩张；支持多家能源、电力、基建领域大型央企、国企实施“一带一路”沿线项目所需的海外人才团队配置，并为企业提供当地法律法规、文化差异咨询建议，覆盖 17 个国家及地区，在支持企业全球化人才竞争方面取得了一系列的成绩与宝贵经验。以下为这其中的几个成功案例。

案例1：中资企业首次出海，资源、品牌、文化不对称

客户是一家知名的中国 IT 服务外包企业，在马来西亚拥有众多金融客户，为满足市场需求以及自身全球化战略，于马来西亚新设立了分支机构，需在短期内招募多名新兴技术领域开发人员。作为海外业务拓展的第一站，如何在马来西亚当地快速搭建起一支高质量的本地化团队，对客户来说具有关键意义。

在要求上，客户认为马来西亚当地华人资源丰富，中文能力不成问题，

所以要求候选人必须是华人，且具有流利的中文能力。技术上，客户要求候选人掌握前沿技术开发语言、在新技术领域具备过硬的开发能力，同时还要有技术资质认证。然而目前该技术属于非常小众的新兴科技领域，人才资源本身就很有限，同时满足以上条件的候选人更是凤毛麟角。

在品牌上，客户同其他中资企业类似，也遇到了品牌吸引力不足的问题，当地候选人对于中资企业的管理机制，加入后的文化适应等方面均有很大顾虑。

在流程上，海外招聘往往涉及地域、时间、人员等多方面协调，很容易导致招聘流程过于冗长。客户前期从面试到 Offer 发放的周期近一个月，候选人的稳定性大打折扣，其间还出现了候选人因流程过长而退出的情况。

针对以上问题，科锐国际迅速采取相应的解决方案。首先成立国内、国际联动的项目组，进行市场摸排，为客户提供多种组合方案。第一种是语言能力优先，将候选人锁定华人以及会讲中文的当地人，资质认证不作为必备条件，扩大人选覆盖面。第二种是满足技术及资质要求，将不会说中文的候选人也纳入目标范畴。最终，客户明确将语言能力作为第一要素。

选派马来西亚本地的专业顾问团队跟进招聘，顾问对当地的行业动态、人才供给以及地域文化都非常了解，能够熟练地用中文沟通。借助科锐以往为中国企业客户提供的大量海外服务实践经验，和在相关领域人才的充足供给，在明确需求后就快速提供了一批具备中文能力且技术过硬的高质量候选人。

同时，顾问还全面参与到招聘各个环节，与客户一起面试，参与客户内部对潜在候选人的讨论，为人员雇用提供咨询建议。科锐发现，当地的优秀候选人在薪资要求上普遍超出客户预期。由于客户之前没有海外薪酬制定的经验，科锐结合当地市场的整体薪酬水平与结构为客户提供了定制化调研，分析候选人职业规划与薪酬期许，建议客户调整当地薪酬水平，提高竞争力。

在候选人的吸引方面，科锐的顾问做了大量努力，为候选人介绍客户在国内同业中的领先地位、发展现状、管理风格以及未来规划，并通过候选人的圈子进行扩散传播，提升客户在当地的知名度。同时通过当地的社交平台大力宣传“一带一路”倡议下中国企业的发展势头以及文化价值观，加深候选人的理解与对客户平台的认可。

在招聘推进方面，当地顾问在加大对候选人意愿把控的同时，与客户反复协调、并及时分享人才动态，最终将 Offer 流程缩短为 1 ~2 周，确保了候选人后续的顺利入职。最终通过本地技术人员的顺利到岗，有力推动了客户海外业务拓展。

案例2：克服文化、民情差异障碍，化解海外当地人才招聘难题

客户是一家国内领先的建材企业，响应“一带一路”国家政策拓展海外市场，将中东地区作为其海外市场的重要基地之一。需要在伊朗招聘一名国家经理，且需伊朗本地人，负责伊朗本地市场的业务拓展及销售，推进当地市场发展，在人才招募方面遇到了巨大的挑战。

首先，对当地市场缺乏了解。客户在当地无办事处，且 HR 均是在国内的中国人，对当地市场环境、人才状况毫无了解，人力资源和招聘渠道皆为空白。

其次，面临巨大的文化差异。伊朗作为伊斯兰国家，当地工作时间、劳动法相关政策法规、薪水发放制度与其他国家均有较大差异，客户对其毫无了解，为沟通协调带来困难：比如伊朗工作周是固定周六到周三，周四半天弹性，一周总时长确保 44 个小时，加上一些穆斯林假期等，需要充分协调客户与候选人双方的时间。由于伊朗受到了国际制裁，从海外发放薪水面临账户冻结等问题，为人才的招聘及顺利入职带来极大障碍。同时，伊朗当地还有非常特殊的劳动法政策，民情对背景调查等的不接受，这些都大大增加了如候选人的搜寻、面试、入职等整个流程的难度。

而在沟通协调等方面，也同样面临着困扰。用人经理常驻迪拜，客户 HR 均在国内，面试时间、面试结果确定需要多方协调、沟通、反馈；再加上语言沟通障碍，当地获取信息渠道较为闭塞，人才获取效率低，沟通成本高。

科锐国际结合当地民情、政策特点，制订有效解决方案。基于实际需

求，与客户首先明确，从最初意向的国内外派遣调整为当地候选人招募。

依托科锐自身前瞻性的海外布局，快速响应，选派具备行业及海外经验的资深顾问，英文流利、熟悉当地法律和商业规范，负责与 HR 澄清招聘需求。凭借对本土企业需求的精准把握能力，迅速盘点目标公司的目标人才，并向客户提供目标企业及上下游的人才地图，结合当地市场的薪酬结构和水平，为客户提供人才甄选和薪酬建议。

基于科锐对当地人才市场的了解，结合与候选人沟通过程的信息积累，对伊朗当地的特殊民情、文化差异及时与客户沟通、反馈，遇到问题提供有效的解决方案。通过与候选人的沟通，有针对性地梳理其对工作的诉求，打消顾虑；宣传客户在行业内领先地位及发展前景，加大对候选人的吸引力。

配合面试官节奏，安排并及时调整面试时间。对候选人提前进行面试邀约，提高到面率。增加候选人储备，应对面试时间及候选人的意外变化。最终成功在当地招聘到一名国家经理，为客户在当地的业务开拓及时提供了人才支持。

案例3：央企海外基建，国内人才派驻海外

客户是一家大型央企建筑集团，在国家“一带一路”倡仪背景下，参与并承包巴基斯坦基础设施建设，作为“中巴经济走廊”的重要组成部分，项目建成后将极大促进当地经济社会发展，也将为中巴互联互通发挥积极作用。作为项目的人才保障，需招聘一批海外项目人才，包括海外项目总工、经理、副经理等关键岗位，客户在招聘上面临着比较突出的困境。

一是作为央企重要的海外项目，对候选人各方面要求极高：硬性能力方面要求候选人是工程管理出身，具备完整以亚洲区域为主的海外项目经验，至少 8 年工作经验；软性能力方面要求候选人具有良好的跨文化沟通能力，丰富的市场资源和人脉积累，具备“一带一路”沿线国家基础设施项目管理能力等。符合要求的候选人数量极为有限。

二是在人才吸引上挑战也非常巨大，巴基斯坦海外项目存在一定安全风险，当地经济水平落后，气候环境恶劣，候选人对安全、环境以及项目前途存在较大顾虑。大部分符合要求的海外人才不愿意考虑，沟通成功率很低。

三是协调时间上面临挑战，央企海外项目人员招聘周期特别短，要求人选 1 个月之内到位，面试候选人分布在国内各地，甚至很多人才在海外，回国面试很困难，且央企面试时间固定，对于协调沟通面试候选人带来很大挑战。

科锐国际接受委托后，首先与客户总部进行深入沟通，明确需求。基于岗位需求和目标人才特点，盘点人才库资源，利用科锐多年的海外人才积累优势，不断甄选合适的人才，总结候选人对驻外项目的考虑因素。

针对目的地国劳动力市场开展深度调研，包括风土人情、宗教信仰、政治制度、社会环境、经济发展状况、劳动用工政策法规、工会力量、福利保险等，做到知己知彼，有针对性地打消候选人对当地安全、环境的顾虑。

大力宣传用人单位优秀的平台、海外项目的机会、有吸引力的薪酬；提升职位吸引力；缩减面试流程为 1 轮，提升面试效率，增加成功率。通过一系列的定制化措施，有效解决了该企业的海外人才招聘问题。

三　中国人力资源服务业“走出去”建议

作为中国首家登录 A 股的人力资源服务企业，科锐国际如今已经在全球化发展的征程中迈出了坚实的步伐，同时取得了一些瞩目的成绩，无论在自身的服务网络覆盖、本地化顾问团队建立、海外市场人才获取策略等方面均在市场上处于引领地位。在支持客户全球化发展，为其搭建人才智力桥梁这一过程中，更是起到了积极的推动作用。

随着中国产业升级以及“一带一路”建设的战略引导，中资企业走向世界将持续升温，基于对全球化人才的渴求，也必将带动人力资源服务业走向全球。中国的人力资源服务企业在“走出去”的过程中，需要注意和落实以下几个方面。

（一）针对国家及地区特点，提供定制化的人力资源服务，合理配置资源。积累跨区域资源优势，扩大业务格局。

（二）建立领先的品牌形象，提高产业及人员专业化水平，加大行业高

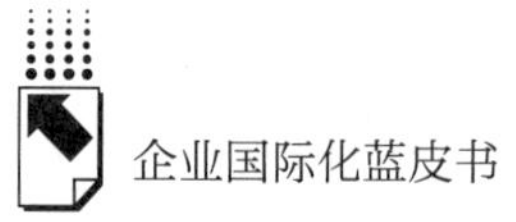

层次人才培养和引进力度。

（三）提早调研全球化发展路径中各个国家的法律制度、劳动用工环境、市场薪酬激励体系、其他企业最佳实践等，提前做好员工招聘与管理准备。

（四）认识和尊重文化差异，制定适合海外的当地人才招聘与管理机制，为候选人提供清晰的工作内容，设计符合当地市场标准的业绩指标和薪酬激励机制，因地制宜做好管理工作。

（五）增强企业社会责任意识，在当地居民中树立企业和国家的良好形象，建立信任，加强认同感。

期待不远的将来，有更多的中国企业、更多的人力资源服务品牌能走向国际市场、实现全球引领。科锐国际也将在现有基础上，不断探索和思辨，进一步完善自身产品结构、优化服务模式，以国际化标准一路前行，向全球顶尖人力资源服务品牌这一目标继续迈进。

附　　录

Appendixes

B.24 2017～2018中国企业国际化事件统计

年份	月份	交易方	标的	交易金额（百万美元）	股份比例（%）	投资方所属行业	标的所属行业	标的所在国家或地区	洲际区域
2017	7	中国投资有限责任公司	黑石集团	13790.00	100	金融业	交通运输、仓储及邮政业	英国	欧洲
2017	7	浙江开山压缩机股份有限公司	Presco Energy，LLC	3.00		制造业	制造业	美国	北美洲
2017	7	中信现代农业产业投资基金	陶氏化学	1100.00		农，林，牧，渔业	农业	巴西	南美洲

续表

年份	月份	交易方	标的	交易金额（百万美元）	股份比例（%）	投资方所属行业	标的所属行业	标的所在国家或地区	洲际区域
2017	7	复星国际、北京三元食品股份有限公司	Montagu	730.00	100	金融业、制造业	食品制造业	法国	欧洲
2017	7	中国东方航空股份有限公司	Air France - KML 法荷航	440.00	10	交通运输、仓储及邮政业	交通运输、仓储及邮政业	法国	欧洲
2017	7	中国投资有限责任公司	TPG RE Finance Trust Inc.	190.00	15.5	金融业	房地产业	美国	北美洲
2017	7	山东黄金矿业股份有限公司	加拿大金矿公司 Barrick Gold (ABX. TO)(ABX. N)	960.00	50	制造业	制造业	加拿大	北美洲
2017	7	恒康医疗集团股份有限公司	澳大利亚 PRP Diagnostic Imaging Pty Ltd	264.65	70	制造业	制造业	澳大利亚	大洋洲
2017	7	永泰能源股份有限公司	美国 HRC 医疗集团辅助生殖项目	198		采矿业	制造业	美国	北美洲
2017	7	腾讯控股有限公司	Go - Jek	150.00		信息传输、计算机服务和软件业	信息传输、计算机服务和软件业	印度尼西亚	亚洲
2017	7	联化科技股份有限公司	Project Quartz Bidco Limited	127.98	100	制造业	制造业	英国	欧洲

续表

年份	月份	交易方	标的	交易金额（百万美元）	股份比例（%）	投资方所属行业	标的所属行业	标的所在国家或地区	洲际区域
2017	7	腾讯控股有限公司	Frontier Developments	145. 10		信息传输、计算机服务和软件业	信息传输、计算机服务和软件业	英国	欧洲
2017	7	中国石油天然气集团公司	伊朗南帕尔斯天然气田第11期项目			采矿业	采矿业	伊朗	亚洲
2017	7	海航集团有限公司	ODEBRECHT TRANSPORT AEROPORTOS S. A.（兴建运输机场股份有限公司，OTPA）	19. 80	60	交通运输、仓储及邮政业	交通运输、仓储及邮政业	巴西	南美洲
2017	7	滴滴（中国）科技有限公司	Grab			信息传输、计算机服务和软件业	信息传输、计算机服务和软件业	新加坡	亚洲
2017	7	中国华信能源有限公司	哈萨克斯坦国家石油和天然气公司（哈国家油气公司）	350. 00	51	制造业	石油加工、炼焦及核燃料加工业	罗马尼亚	欧洲
2017	7	碧桂园控股有限公司		300. 00		房地产业	房地产业	澳大利亚	大洋洲
2017	8	联想控股有限公司	Precision Capital	1760. 00	90	制造业	金融业	卢森堡	欧洲

续表

年份	月份	交易方	标的	交易金额（百万美元）	股份比例（%）	投资方所属行业	标的所属行业	标的所在国家或地区	洲际区域
2017	8	北京蓝色光标数据科技股份有限公司	We Are Very Social Limited	10.40		信息传输、软件和信息技术服务业	信息传输、软件和信息技术服务业	英国	欧洲
2017	8	北京北斗星通导航技术股份有限公司	Rx Networks Inc.			制造业	制造业	加拿大	北美洲
2017	8	湖北富邦科技股份有限公司	PST INDUSTRIES			制造业	制造业	荷兰	欧洲
2017	8	深圳广田集团股份有限公司	LIXIL 集团公司	546.00	100	建筑业	建筑业	日本	亚洲
2017	8	中国长江三峡集团公司	ODEBRECHT TRANSPORT AEROPORTOS S. A.（兴建运输机场股份有限公司，OTPA）	1390.00		水利、环境和公共设施管理业	水利、环境和公共设施管理业	秘鲁	南美洲
2017	8	复星集团合营公司南京南钢钢铁联合有限公司	Koller Beteiligungs GmbH			制造业	制造业	德国	欧洲
2017	8	北京京东世纪贸易有限公司	Go – Jek	100.00		信息传输、计算机服务和软件业	信息传输、计算机服务和软件业	印度尼西亚	亚洲

续表

年份	月份	交易方	标的	交易金额（百万美元）	股份比例（%）	投资方所属行业	标的所属行业	标的所在国家或地区	洲际区域
2017	8	阿里巴巴网络技术有限公司	Tokopedia	1100.00		信息传输、计算机服务和软件业	信息传输、计算机服务和软件业	印度尼西亚	亚洲
2017	8	莱茵达体育发展股份有限公司个人	英超南安普顿俱乐部	234.00		文化、体育和娱乐业	文化、体育和娱乐业	英国	欧洲
2017	8	北京京东世纪贸易有限公司	Central Group	500.00		信息传输、计算机服务和软件业	信息传输、计算机服务和软件业	泰国	亚洲
2017	8	海航集团有限公司	莱法州和黑森州	17.43		综合	交通运输、仓储及邮政业	法国	欧洲
2017	8	京信通信系统（中国）有限公司	老挝电信			信息传输、计算机服务和软件业	信息传输、计算机服务和软件业	老挝	亚洲
2017	8	甘肃刚泰控股（集团）股份有限公司	Buccellati	225.50	85	批发和零售业	批发和零售业	意大利	欧洲
2017	8	结好控股有限公司	St. Andrew Street London LLC	27.60		金融业	房地产业	英国	欧洲
2017	8	海南省农垦投资控股集团有限公司	KM公司以及新加坡ART公司	137.00		金融业	制造业	印度尼西亚/新加坡	亚洲

续表

年份	月份	交易方	标的	交易金额（百万美元）	股份比例（%）	投资方所属行业	标的所属行业	标的所在国家或地区	洲际区域
2017	8	海航集团有限公司	新加坡政府投资公司（GIC）和淡马锡			交通运输、仓储及邮政业	交通运输、仓储及邮政业	瑞士	欧洲
2017	8	北京东方雨虹防水技术股份有限公司	CAPAROL Beteiligungs-GmbH	27.70		制造业	制造业	德国	欧洲
2017	8	深圳市海普瑞药业集团股份有限公司	Kymab Group Limited			制造业	制造业	英国	欧洲
2017	8	深圳市江波龙电子有限公司	Lexar			制造业	制造业	美国	北美洲
2017	8	深圳立讯精密工业股份有限公司	采埃孚（ZF）	1200.00		制造业	制造业	德国	欧洲
2017	9	北京小米科技有限责任公司	sharechat	15.60		制造业	信息传输、计算机服务和软件业	印度	亚洲
2017	9	兖矿集团有限公司	Mitsubishi Development Pty Ltd	230.00	29	采矿业	采矿业	澳大利亚	大洋洲
2017	9	海航集团有限公司	新加坡物流和仓储公司 CWT Ltd.	1000.00	100	交通运输、仓储及邮政业	交通运输、仓储及邮政业	新加坡	亚洲

续表

年份	月份	交易方	标的	交易金额（百万美元）	股份比例（%）	投资方所属行业	标的所属行业	标的所在国家或地区	洲际区域
2017	9	招商局集团有限公司	TCP Participacoes SA	150.00	90	金融业	交通运输、仓储及邮政业	巴西	南美洲
2017	9	中国投资有限责任公司、中国人寿保险（集团）公司	InterPark			金融业	交通运输、仓储及邮政业	美国	北美洲
2017	9	信泰资本管理有限公司	QHotels			金融业	房地产业	英国	欧洲
2017	9	奥飞娱乐股份有限公司	FunnyFlux	16.20		文化、体育和娱乐业	文化、体育和娱乐业	韩国	亚洲
2017	9	沈阳三生制药有限责任公司、中国中信集团有限公司	Therapure	290.00		制造业、金融业	制造业	加拿大	北美洲
2017	9	兖州煤业股份有限公司	力拓（Rio Tinto）			采矿业	采矿业	澳大利亚	大洋洲
2017	9	北京北斗星通导航技术股份有限公司	Friedrich & Wagner Holding GmbH	67.16	50	信息传输、计算机服务和软件业	科学研究、技术服务和地质勘查业	德国	欧洲

续表

年份	月份	交易方	标的	交易金额（百万美元）	股份比例（%）	投资方所属行业	标的所属行业	标的所在国家或地区	洲际区域
2017	9	江苏奥力威传感高科股份有限公司	Schürholz GmbH、Schürholz GmbH & Co. KG Stanztechnik 及 Schürholz Polska Sp z o. o.	6. 93	32	制造业	制造业	德国	欧洲
2017	9	大连天神娱乐股份有限公司	DotC United Inc	340. 00		文化、体育和娱乐业	信息传输、计算机服务和软件业	英国	欧洲
2017	9	中国忠旺控股有限公司	乌纳铝业股份有限公司	230. 00		制造业	制造业	德国	欧洲
2017	9	广东东方精工科技股份有限公司	Fosber	38. 30	40	制造业	制造业	意大利	欧洲
2017	9	北京首都农业集团有限公司、中信现代农业产业投资基金	樱桃谷农场有限公司	234. 00	100	农,林,牧,渔业	农,林,牧,渔业	英国	欧洲
2017	10	上海药明康德新药开发有限公司	ResearchPoint Global			制造业	制造业	美国	北美洲
2017	10	中弘控股股份有限公司	Abercrombie & Kent Group of Companies S. A.	386. 00	91	房地产业	文化、体育和娱乐业	美国	北美洲

续表

年份	月份	交易方	标的	交易金额（百万美元）	股份比例（%）	投资方所属行业	标的所属行业	标的所在国家或地区	洲际区域
2017	10	弘毅投资股份有限公司	Magnolia		30	金融业	制造业	意大利	欧洲
2017	10	香港国际建设投资管理集团有限公司	盛世企业	34.00		建筑业	建筑业	新加坡	亚洲
2017	10	山鹰国际控股股份公司	Nordic Paper Holding AB	270.14		制造业	制造业	瑞典	欧洲
2017	10	中国投资有限责任公司	Equis Energy	3700.00		金融业	能源\新能源\矿产	新加坡	亚洲
2017	10	浙江吉利控股集团有限公司	TPG 资本和 SinarMas	311.00	22	制造业	金融业	丹麦	欧洲
2017	10	成都康弘药业集团股份有限公司	IOPtima Ltd.	46.72		制造业	制造业	以色列	亚洲
2017	10	复星医药（集团）股份有限公司	印度药企 Gland Pharma	1019.00	74	综合	制造业	印度	亚洲
2017	10	深圳能源集团股份有限公司	RE Mojave Holdings LLC、RE Cantua Holdings LLC、RE Arabian Holdings LLC 三家公司	232.00	100	能源\新能源\矿产	能源\新能源\矿产	美国	北美洲

续表

年份	月份	交易方	标的	交易金额（百万美元）	股份比例（%）	投资方所属行业	标的所属行业	标的所在国家或地区	洲际区域
2017	10	腾讯控股有限公司	Ola			信息传输、计算机服务和软件业	信息传输、计算机服务和软件业	印度	亚洲
2017	11	神华集团有限责任公司	Copelouzos	3520.00	75	能源\新能源\矿产	能源\新能源\矿产	希腊	欧洲
2017	11	宁波均胜电子股份有限公司	ePower			制造业	制造业	挪威	欧洲
2017	11	万科企业股份有限公司、厚朴、高瓴资本、SMG、中国银行	普洛斯（GLP）	11600.00		综合	交通运输、仓储及邮政业	新加坡	亚洲
2017	11	新希望集团有限公司	澳洲宠物食品公司 Real Pet Food Company			农、林、牧、渔业	农、林、牧、渔业	澳大利亚	大洋洲
2017	11	中国航天科技集团公司	Erae		70	制造业	制造业	韩国	亚洲
2017	11	山东如意毛纺服装集团股份有限公司	英威达（Invista）	2000.00		制造业	制造业	美国	北美洲
2017	11	携程旅游网络技术（上海）有限公司	Twizoo			信息传输、计算机服务和软件业	信息传输、计算机服务和软件业	英国	欧洲

续表

年份	月份	交易方	标的	交易金额（百万美元）	股份比例（%）	投资方所属行业	标的所属行业	标的所在国家或地区	洲际区域
2017	11	阿里巴巴网络技术有限公司	以色列二维码技术创业公司 Visualead	30.00		信息传输、计算机服务和软件业	信息传输、计算机服务和软件业	以色列	亚洲
2017	11	携程旅游网络技术（上海）有限公司	Trip. com			信息传输、计算机服务和软件业	信息传输、计算机服务和软件业	英国	欧洲
2017	11	山东济宁如意毛纺织股份有限公司	Bagir Group		54	制造业	制造业	以色列	亚洲
2017	11	南京海辰药业股份有限公司	Nerviano Medical Sciences Group S. r. l			制造业	制造业	意大利	欧洲
2017	11	鲁信创业投资集团股份有限公司	StoreDot Ltd.	5.00	1.27	金融业	制造业	以色列	亚洲
2017	11	厦门金达威集团股份有限公司	PSupps Holdings, LLC	7.50	15	制造业	制造业	美国	北美洲
2017	11	上海新眼光医疗器械股份有限公司	Medical Technical Products Limited Partnership	2.50	100	制造业	制造业	美国	北美洲
2017	11	吉利汽车控股有限公司	Terrafugia			制造业	制造业	美国	北美洲

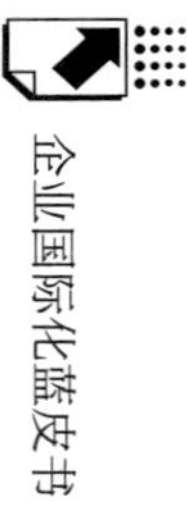

续表

年份	月份	交易方	标的	交易金额（百万美元）	股份比例（%）	投资方所属行业	标的所属行业	标的所在国家或地区	洲际区域
2017	11	北京小米科技有限责任公司	佑米公司			制造业	制造业	韩国	亚洲
2017	11	鹏博士电信传媒集团股份有限公司	Urban Communications Inc.	11.00	100	信息传输、计算机服务和软件业	信息传输、计算机服务和软件业	加拿大	北美洲
2017	11	新大洲控股股份有限公司	Lirtix S. A. 和 Rondatel S. A.	82.30	100	综合	制造业	乌拉圭	南美洲
2017	11	恒信东方文化股份有限公司	Pioneer Capital Pukeko LP Limited			文化、体育和娱乐业	文化、体育和娱乐业	新西兰	大洋洲
2017	11	赛摩电气股份有限公司	Epistolio S. r. l.	4.05		制造业	制造业	意大利	欧洲
2017	11	中国华信能源有限公司	Central European Media Enterprises Ltd			制造业	文化、体育和娱乐业	捷克斯洛伐克	欧洲
2017	11	中国华信能源有限公司	Montepio Seguros			制造业	金融业	葡萄牙	欧洲
2017	11	腾讯控股有限公司	Snapchat	2000.00	12	信息传输、计算机服务和软件业	信息传输、计算机服务和软件业	美国	北美洲
2017	11	神华集团有限责任公司	Copelouzos	3520.00		能源\新能源\矿产	能源\新能源\矿产	希腊	欧洲
2017	11	海航集团有限公司	Automotive Holdings	307.60		综合	交通运输、仓储及邮政业	澳大利亚	大洋洲

续表

年份	月份	交易方	标的	交易金额（百万美元）	股份比例（%）	投资方所属行业	标的所属行业	标的所在国家或地区	洲际区域
2017	11	苏州东山精密制造股份有限公司	eASIC			制造业	制造业	美国	北美洲
2017	11	北京字节跳动科技有限公司	Musical. ly	1000. 00		信息传输、计算机服务和软件业	信息传输、计算机服务和软件业	美国	北美洲
2017	11	艾艾精密工业输送系统（上海）股份有限公司	Bode Belting GmbH	1. 73	49	制造业	制造业	德国	欧洲
2017	11	北方国际合作股份有限公司	Energija Projekt d. d.	37. 00	76	电力、煤气及水的生产和供应业	电力、煤气及水的生产和供应业	克罗地亚	欧洲
2017	11	贵州轮胎股份有限公司		400. 00		制造业	制造业	越南	亚洲
2017	11	联想控股有限公司	富士通			制造业	制造业	日本	亚洲
2017	11	招商局集团有限公司		1120. 00		金融业	交通运输、仓储及邮政业	斯里兰卡	亚洲
2017	12	中国南方电网公司	Brookfield Infrastructure Partners LP	1300. 00	28	电力、煤气及水的生产和供应业	电力、煤气及水的生产和供应业	智利	南美洲
2017	12	吉利汽车控股有限公司	沃尔沃集团		8. 2	制造业	制造业	瑞典	欧洲
2017	12	国家电网有限公司	巴西 CPFL 公司	6568. 58	94. 75	电力、煤气及水的生产和供应业	电力、热力的生产和供应业	巴西	南美洲

续表

年份	月份	交易方	标的	交易金额（百万美元）	股份比例（%）	投资方所属行业	标的所属行业	标的所在国家或地区	洲际区域
2017	12	江西特种电机股份有限公司	Tawana Resources	14.79	11.45	制造业	采矿业	澳大利亚	大洋洲
2017	12	上海飞乐音响股份有限公司	Havells Sylvania (Thailand) Limited	1.85	100	制造业	制造业	泰国	亚洲
2017	12	上海飞乐音响股份有限公司	Feilo Malta Limited	40.00	20	制造业	制造业	英国	欧洲
2017	12	浙江鼎力机械股份有限公司	California Manufacturing and Engineering Co., LLC	20.00	25	制造业	制造业	美国	北美洲
2017	12	金沙江创业投资基金	NEC	54.00	100	金融业	制造业	日本	亚洲
2017	12	中渝置地控股有限公司				房地产业	房地产业	英国	欧洲
2017	12	中国电信集团有限公司	巴西电信运营商Oi SA			信息传输、计算机服务和软件业	信息传输、计算机服务和软件业	巴西	南美洲
2017	12	洛阳栾川钼业集团股份有限公司	Louis Dreyfus Company Metals B. V.			采矿业	交通运输、仓储及邮政业		
2017	12	苏州春兴精工股份有限公司	CALIENT Technologies, Inc.	147.90	51	制造业	信息传输、计算机服务和软件业	美国	北美洲
2017	12	卧龙电气集团股份有限公司	美国通用电气	142.00		制造业	制造业	美国	北美洲

续表

年份	月份	交易方	标的	交易金额（百万美元）	股份比例（%）	投资方所属行业	标的所属行业	标的所在国家或地区	洲际区域
2017	12	创业集团（控股）有限公司	Vimab Holding AB	23.55		建筑业	制造业	瑞典	欧洲
2017	12	华润（集团）有限公司	Dudgeon	805.00	30	综合	电力、煤气及水的生产和供应业	英国	欧洲
2017	12	北京歌石股权投资管理中心	Lithium X	206.00		金融业	能源\新能源\矿产	加拿大	北美洲
2017	12	南丰国际控股有限公司		396.00		房地产业	房地产业	英国	欧洲
2017	12	宁波乐惠国际工程装备股份有限公司	NSM Magnettechnik GmbH	4.61		制造业	制造业	德国	欧洲
2017	12	上海云锋投资管理有限公司	医疗器械集团 Esaote	333.00		金融业	制造业	意大利	欧洲
2017	12	深圳市新纶科技股份有限公司	Akron Polymer Systems, Inc.			制造业	制造业	美国	北美洲
2017	12	震雄集团有限公司				制造业	房地产业	英国	欧洲
2017	12	金卫医疗科技（上海）有限公司	ASA Global Inc.	7.71		制造业	房地产业	日本	亚洲
2017	12	滴滴出行科技有限公司	99	100.00		信息传输、计算机服务和软件业	信息传输、计算机服务和软件业	巴西	南美洲

续表

年份	月份	交易方	标的	交易金额（百万美元）	股份比例（%）	投资方所属行业	标的所属行业	标的所在国家或地区	洲际区域
2017	12	浙江华友钴业有限公司	Nzuri Copper Limited	7.37		制造业	采矿业	澳大利亚	大洋洲
2017	12	上海加冷松芝汽车空调股份有限公司	Bitzer	3.80	100	制造业	制造业	芬兰	欧洲
2017	12	祥祺集团有限公司	Saïd Holdings	355.70		房地产业	房地产业	英国	欧洲
2017	12	南京埃斯顿自动化股份有限公司	M. A. I GMBH & CO. KG	10.22	50	制造业	制造业	德国	欧洲
2017	12	腾讯控股有限公司	Spotify		10	信息传输、计算机服务和软件业	信息传输、计算机服务和软件业	瑞典	欧洲
2017	12	京东方科技集团股份有限公司	SES – imagotag	237.00		制造业	制造业	法国	欧洲
2017	12	合肥合锻智能制造股份有限公司	Lauffer	27.70		制造业	制造业	德国	欧洲
2017	12	吉利汽车控股有限公司	AB Volvo		8.20	制造业	制造业	瑞典	欧洲
2017	12	腾邦集团有限公司	马尔代夫 TMA 集团（Trans Maldivian Airways Private Limited）	110.00		综合	文化、体育和娱乐业	马来西亚	亚洲

续表

年份	月份	交易方	标的	交易金额（百万美元）	股份比例（%）	投资方所属行业	标的所属行业	标的所在国家或地区	洲际区域
2017	12	黑龙江飞鹤乳业有限公司	美国营养补充剂零售商 Vitamin World Inc	28.00		农、林、牧、渔业	农、林、牧、渔业	美国	北美洲
2017	12	华新水泥股份有限公司		140.00		制造业	建筑业	尼泊尔	亚洲
2017	12	福建恒力房地产发展有限公司	25 Gresham Street	210.80		房地产业	房地产业	英国	欧洲
2017	12	金山能源集团有限公司	Kuni Umi Energy	8.66		制造业	制造业	日本	亚洲
2017	12	北新集团建材股份有限公司	坦桑尼亚阳光集团公司			制造业	制造业	坦桑尼亚	非洲
2017	12	人人媒体控股有限公司	Trucker Path			信息传输、计算机服务和软件业	信息传输、计算机服务和软件业	美国	北美洲
2017	12	博爱新开源医疗科技集团股份有限公司	BioVision	288.00	100	制造业	制造业	美国	北美洲
2018	1	上海宏达矿业股份有限公司	Miviphealthcare Holdings, LLC	300.00		采矿业	制造业	美国	北美洲
2018	1	北京国锐房地产开发有限公司	100 StPauls Churchyard, London EC4M8 BU	177.50		房地产业	房地产业	英国	欧洲

续表

年份	月份	交易方	标的	交易金额（百万美元）	股份比例（%）	投资方所属行业	标的所属行业	标的所在国家或地区	洲际区域
2018	1	宁波均胜电子股份有限公司	Quin GmbH	36.84	25	制造业	制造业	德国	欧洲
2018	1	威高集团有限公司	Argon MedicalDevices Holdings	844.00		制造业	制造业	美国	北美洲
2018	1	上海裸心社企业管理咨询有限公司	Gravity			信息传输、计算机服务和软件业	房地产业	澳大利亚	大洋洲
2018	1	汤臣倍健股份有限公司	Life - Space	521.00		制造业	制造业	澳大利亚	大洋洲
2018	1	阿里巴巴网络技术有限公司	XpressBees			信息传输、计算机服务和软件业	交通运输、仓储及邮政业	印度	亚洲
2018	1	广东中山达华智能科技股份有限公司	ASN Satellites	9.80	49	制造业	制造业	马来西亚	亚洲
2018	1	亿帆医药股份有限公司	Merrylake International Limited		100	制造业	制造业	英国	欧洲
2018	1	腾讯控股有限公司	Skydance Media			信息传输、计算机服务和软件业	文化、体育和娱乐业	美国	北美洲
2018	1	中山大洋电机股份有限公司	Hydrogenious Technologies GmbH	7.67	10.20	制造业	制造业	德国	欧洲

续表

年份	月份	交易方	标的	交易金额（百万美元）	股份比例（%）	投资方所属行业	标的所属行业	标的所在国家或地区	洲际区域
2018	1	中矿资源勘探股份有限公司	Tiger Resources Limited	250.00		采矿业	采矿业	刚果	非洲
2018	1	沈阳新松机器人自动化股份有限公司	SHINSUNG E&G CO., LTD.			制造业	制造业	韩国	亚洲
2018	1	中国烟台张裕葡萄酿酒股份有限公司	歌浓酒庄	15.57		制造业	制造业	澳大利亚	大洋洲
2018	1	北方华创科技集团股份有限公司	Akrion	15.00		制造业	制造业	美国	北美洲
2018	1	腾讯控股有限公司	WP Technology	50.00		信息传输、计算机服务和软件业	信息传输、计算机服务和软件业	加拿大	北美洲
2018	1	中国中信集团公司	Oaktree Capital Management			金融业	制造业	法国	欧洲
2018	1	河南郑州煤矿机械集团股份有限公司	Robert Bosch Investment Nederland B. V.	630.80	100	制造业	制造业	德国	欧洲
2018	1	腾讯控股有限公司	MySquar			信息传输、计算机服务和软件业	信息传输、计算机服务和软件业	缅甸	亚洲
2018	1	浙江执御信息技术有限公司	MarkaVIP			信息传输、计算机服务和软件业	信息传输、计算机服务和软件业	约旦	亚洲

续表

年份	月份	交易方	标的	交易金额（百万美元）	股份比例（%）	投资方所属行业	标的所属行业	标的所在国家或地区	洲际区域
2018	1	江苏洋河酒厂股份有限公司	Vina San Pedro Tarapaca Wine Group	66.00		制造业	制造业	智利	南美洲
2018	1	北京昆仑万维科技股份有限公司	Grindr Holding Company	152.00	38.47	信息传输、计算机服务和软件业	信息传输、计算机服务和软件业	美国	北美洲
2018	1	重庆莱美药业股份有限公司	Argos Therapeutics Inc.	1.50		制造业	制造业	美国	北美洲
2018	1	乐普（北京）医疗器械股份有限公司	Viralytics	22.10	13	制造业	制造业	澳大利亚	大洋洲
2018	1	湖北富邦科技股份有限公司	Saturas Ltd.	1.50		制造业	制造业	以色列	亚洲
2018	1	中国石油天然气股份有限公司	印尼国有油气公司 印尼国家石油公司		20	制造业	制造业	印度尼西亚	亚洲
2018	1	中国中信集团公司	Oaktree Capital Management			金融业	制造业	法国	欧洲
2018	1	中国创新投资有限公司	Power Energy Solutions, Inc.			制造业	制造业	美国	北美洲
2018	1	北京京东世纪贸易有限公司	Tiki. vn			信息传输、计算机服务和软件业	信息传输、计算机服务和软件业	越南	亚洲
2018	1	雪松控股集团	Nobel Group, NOBG. SI			综合	交通运输、仓储及邮政业	新加坡	亚洲

续表

年份	月份	交易方	标的	交易金额（百万美元）	股份比例（%）	投资方所属行业	标的所属行业	标的所在国家或地区	洲际区域
2018	1	中国平安保险	Tyto Care			金融业	制造业	美国	北美洲
2018	2	狮子山集团有限公司	Quarto	6.83		文化、体育和娱乐业	文化、体育和娱乐业	英国	欧洲
2018	2	广州弘亚数控机械股份有限公司	MasterwoodS. p. A.	18.56	75	制造业	制造业	意大利	欧洲
2018	2	上海岱美汽车内饰件股份有限公司	Motus Integrated Technologies	167.80		制造业	制造业	美国	北美洲
2018	2	金沙江创业投资基金		2250		金融业	制造业	土耳其	亚洲
2018	2	复星国际有限公司	Guide Investimentos S. A.	52.00		综合	金融业	巴西	南美洲
2018	2	腾讯控股有限公司	Gaana	115.00		信息传输、计算机服务和软件业	信息传输、计算机服务和软件业	印度	亚洲
2018	2	浙江吉利控股集团有限公司	戴姆勒	9000.00	9.70	制造业	制造业	德国	欧洲
2018	2	康得新复合材料集团股份有限公司	海外先进高分子材料平台企业	2200.00		制造业	制造业		
2018	2	哈药集团股份有限公司	GNC Holdings Inc.	300.00	40	制造业	制造业	美国	北美洲

续表

年份	月份	交易方	标的	交易金额（百万美元）	股份比例（%）	投资方所属行业	标的所属行业	标的所在国家或地区	洲际区域
2018	2	软控股份有限公司	eCobalt Solutions Inc.	80.00		制造业	采矿业	加拿大	北美洲
2018	2	视觉（中国）文化发展股份有限公司	500PX，INC.	17.00	100	文化、体育和娱乐业	文化、体育和娱乐业	美国	北美洲
2018	2	大连大杨创世股份有限公司	InStitchu	2.50		制造业	制造业	澳大利亚	大洋洲
2018	2	重庆博腾制药科技股份有限公司	CDMO			制造业	制造业	美国	北美洲
2018	2	中国宝力科技控股有限公司	Yota Devices	15.50	10	金融业	制造业	俄罗斯	欧洲
2018	2	深圳和而泰智能控制股份有限公司	De'Longhi Appliances S. r. l.	5.10	55	制造业	制造业	德国	欧洲
2018	2	钱唐控股有限公司	Orient Capital Opportunity Fund SPC	9.68		批发和零售业	房地产业	英国	欧洲
2018	2	上海微创医疗器械（集团）有限公司	LivaNova	190.00		制造业	制造业	意大利	欧洲

续表

年份	月份	交易方	标的	交易金额（百万美元）	股份比例（%）	投资方所属行业	标的所属行业	标的所在国家或地区	洲际区域
2018	2	中国中信集团公司	Euromoney Institutional Investor PLC	180.5		金融业	制造业	英国	欧洲
2018	2	复星国际有限公司	Jeanne Lanvin SAS	121.80		综合	制造业	法国	欧洲
2018	2	中国东方弘泰资本投资有限公司	Imagina Media Audiovisual			金融业	文化、体育和娱乐业	西班牙	欧洲
2018	2	蓝帆医疗股份有限公司	Biosensors International Group，LTD.	920.00	93.37	制造业	制造业	新加坡	亚洲
2018	2	荣丰控股集团股份有限公司	National Bank of Greece			房地产业	金融业	希腊	欧洲
2018	2	蓝星安迪苏股份有限公司	Nutriad	193.00		制造业	制造业	比利时	欧洲
2018	2	上海医药集团股份有限公司	康德乐	557.00	100	制造业	制造业	马来西亚	亚洲
2018	2	进阶发展集团有限公司				房地产业	房地产业	日本	亚洲
2018	2	山东济宁如意毛纺织股份有限公司	JAB 集团	700.00		制造业	制造业	瑞士	欧洲

续表

年份	月份	交易方	标的	交易金额（百万美元）	股份比例（%）	投资方所属行业	标的所属行业	标的所在国家或地区	洲际区域
2018	2	招商局港口控股有限公司	Gold Newcastle Property Pty Holding Limited	4. 60	50	交通运输、仓储及邮政业	交通运输、仓储及邮政业	澳大利亚	大洋洲
2018	2	深圳市汇顶科技股份有限公司	Commsolid GmbH	10. 57	100	制造业	信息传输、计算机服务和软件业	德国	欧洲
2018	2	中国保利集团公司	St. Modwen	117. 50		房地产业	房地产业	英国	欧洲
2018	2	联美量子股份有限公司	Mantis Vision Ltd.	36. 00	17. 36	电力、煤气及水的生产和供应业	制造业	以色列	亚洲
2018	2	南京红太阳股份有限公司	Ruralco Soluciones S. A.	23. 00	60	制造业	制造业	阿根廷	南美洲
2018	2	阿里巴巴网络技术有限公司	Bigbasket			信息传输、计算机服务和软件业	信息传输、计算机服务和软件业	印度	亚洲
2018	3	复星国际有限公司	Wolford	37. 85		综合	制造业	奥地利	欧洲
2018	3	顾家家居股份有限公司	Scali Consolidated Pty Limited	58. 00		制造业	制造业	澳大利亚	大洋洲
2018	3	苏州东山精密制造股份有限公司	Flex Ltd.	292. 50		制造业	制造业	新加坡	亚洲

续表

年份	月份	交易方	标的	交易金额（百万美元）	股份比例（%）	投资方所属行业	标的所属行业	标的所在国家或地区	洲际区域
2018	3	美克国际家居用品股份有限公司	M. U. S. T. Holdings Limited 和 Rowe Fine Furniture Holding Corp.	29.92		制造业	制造业	美国	北美洲
2018	3	阿里巴巴网络技术有限公司	Rocket Internet			信息传输、计算机服务和软件业	信息传输、计算机服务和软件业	巴基斯坦	亚洲
2018	3	阿里巴巴网络技术有限公司	Lazada	1000.00	32	信息传输、计算机服务和软件业	信息传输、计算机服务和软件业	新加坡	亚洲
2018	3	阿里巴巴网络技术有限公司	Zomato	150.00	32	信息传输、计算机服务和软件业	信息传输、计算机服务和软件业	印度	亚洲
2018	3	阿里巴巴网络技术有限公司	Telenor	184.50	45	信息传输、计算机服务和软件业	信息传输、计算机服务和软件业	巴基斯坦	亚洲
2018	3	中国银行股份有限公司	The Standard Life	93.77		金融业	房地产业	英国	欧洲
2018	3	先达国际物流控股有限公司	T. Y. D. Holding	4.84	25	交通运输、仓储及邮政业	交通运输、仓储及邮政业	荷兰	欧洲
2018	3	蓝池创投有限公司	Rent the Runway	20.00		金融业	制造业	美国	北美洲
2018	3	腾讯控股有限公司	Ubisoft Entertainment	452.00		信息传输、计算机服务和软件业	信息传输、计算机服务和软件业	法国	欧洲

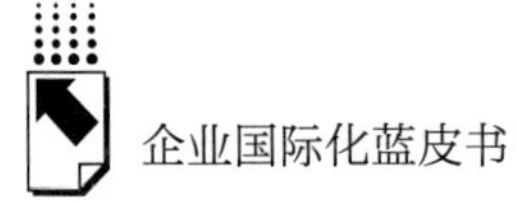

续表

年份	月份	交易方	标的	交易金额（百万美元）	股份比例（%）	投资方所属行业	标的所属行业	标的所在国家或地区	洲际区域
2018	3	中国石油天然气集团公司	阿布扎比的3个海上油田	575.00		制造业	采矿业	阿拉伯联合酋长国	亚洲
2018	3	腾讯控股有限公司	N26			信息传输、计算机服务和软件业	金融业	德国	欧洲
2018	3	鸿博股份有限公司	Intellectual Property			制造业	文化、体育和娱乐业	韩国	亚洲
2018	3	渤海汽车系统股份有限公司	TRIMET	71.10		制造业	制造业	德国	欧洲
2018	3	凯辉私募股权投资基金	Innovative Office Products			金融业	制造业	美国	北美洲
2018	3	比亚迪股份有限公司	BIOSAR公司	30.00		制造业	制造业	澳大利亚	大洋洲
2018	3	中国南方电网公司	加拿大资产管理公司BIP	1300.00	27.80	电力、煤气及水的生产和供应业	电力、煤气及水的生产和供应业	智利	南美洲
2018	3	中国石油天然气集团公司	TTWork		30	制造业	制造业	巴西	南美洲
2018	3	深圳市海普瑞药业集团股份有限公司	Curemark LLC	59.53		制造业	制造业	美国	北美洲

续表

年份	月份	交易方	标的	交易金额（百万美元）	股份比例（%）	投资方所属行业	标的所属行业	标的所在国家或地区	洲际区域
2018	3	苏州锦富技术股份有限公司	BRV 莲花基金			制造业	制造业	韩国	亚洲
2018	3	广东中山达华智能科技股份有限公司	SupremeSAT(PVT) LTD.		49	制造业	制造业	斯里兰卡	亚洲
2018	3	国投中鲁果汁股份有限公司	Appol	18.95	100	制造业	制造业	波兰	欧洲
2018	3	华润啤酒（控股）有限公司	喜力啤酒	1000.00		制造业	制造业	荷兰	欧洲
2018	3	上海开能环保设备股份有限公司	9737600 Canada Inc.	3.39		电力、煤气及水的生产和供应业	电力、煤气及水的生产和供应业	加拿大	北美洲
2018	3	海航集团有限公司	PLOVDIV AIRPORT	98.00		交通运输、仓储及邮政业	交通运输、仓储及邮政业	保加利亚	欧洲
2018	3	海信集团有限公司	东芝株式会社（Toshiba Corporation）	71.00	95	制造业	制造业	日本	亚洲
2018	4	江苏百川高科新材料股份有限公司	Metals Tech Limited	1.33		制造业	采矿业	澳大利亚	大洋洲
2018	4	海尔集团有限公司	Haier New Zealand Investment Holding Company Limited			制造业	制造业	新西兰	大洋洲

续表

年份	月份	交易方	标的	交易金额（百万美元）	股份比例（%）	投资方所属行业	标的所属行业	标的所在国家或地区	洲际区域
2018	4	中国中信集团有限公司	Trilogy	180.00		金融业	其他	新西兰	大洋洲
2018	4	广州航新航空科技股份有限公司	Magnetic MRO AS	52.00		制造业	制造业	爱沙尼亚	欧洲
2018	4	山鹰国际控股股份公司	Boreal Bioref			制造业	制造业	芬兰	欧洲
2018	4	腾讯控股有限公司	Marble	10.00		信息传输、计算机服务和软件业	信息传输、计算机服务和软件业	美国	北美洲
2018	4	中国安泰科技股份有限公司	Cotesa GmbH			制造业	制造业	德国	欧洲
2018	4	广东星徽精密制造股份有限公司	Donati S. r. l		70	制造业	制造业	意大利	欧洲
2018	4	杭州中亚机械股份有限公司	Magex SRL	9.77	100	制造业	制造业	意大利	欧洲
2018	4	欧普照明股份有限公司	Trilux GmbH	590.00		制造业	制造业	德国	欧洲
2018	4	北京兆泰房地产开发有限责任公司		1240.00		房地产业	房地产业	英国	欧洲
2018	4	成都康弘药业集团股份有限公司	IOPtima Ltd.	7.00		制造业	制造业	以色列	亚洲

续表

年份	月份	交易方	标的	交易金额（百万美元）	股份比例（%）	投资方所属行业	标的所属行业	标的所在国家或地区	洲际区域
2018	4	Nuo Capital	Sozzi Arredamento		30	金融业	制造业	意大利	欧洲
2018	4	阿里巴巴网络技术有限公司		350.00		信息传输、计算机服务和软件业	信息传输、计算机服务和软件业	泰国	亚洲
2018	4	安徽德力日用玻璃股份有限公司				制造业	制造业	巴基斯坦	亚洲
2018	4	北京小米科技有限责任公司	ZestMoney			制造业	信息传输、计算机服务和软件业	印度	亚洲
2018	4	爱康医疗控股有限公司	Orthopaedic Research UK	23.44		制造业	制造业	英国	欧洲
2018	4	恒安国际集团有限公司	Finnpulp			批发和零售业	制造业	芬兰	欧洲
2018	4	腾讯控股有限公司	Dream 11	100.00		信息传输、计算机服务和软件业	信息传输、计算机服务和软件业	印度	亚洲
2018	4	深圳市创新投资集团有限公司	Formlabs			金融业	制造业	美国	北美洲
2018	4	北京科锐国际人力资源股份有限公司	Investigo Limited	29.19	52.50	租赁和商务服务业	租赁和商务服务业	英国	欧洲
2018	4	深圳万讯自控股份有限公司	Scape Technologies A/S			制造业	制造业	丹麦	欧洲

续表

年份	月份	交易方	标的	交易金额（百万美元）	股份比例（%）	投资方所属行业	标的所属行业	标的所在国家或地区	洲际区域
2018	4	广东锦峰集团有限公司	Incarlopsa	1200.00		综合	制造业	西班牙	欧洲
2018	4	阿里巴巴网络技术有限公司	Paytm	45.00		信息传输、计算机服务和软件业	信息传输、计算机服务和软件业	印度	亚洲
2018	4	淄博齐翔腾达化工股份有限公司	Integra Holdings Pte. Ltd.	36.00	51	制造业	制造业	瑞士	欧洲
2018	4	中国复星国际有限公司	Fortis Healthcare	350.00		综合	交通运输、仓储及邮政业	印度	亚洲
2018	4	北控水务集团有限公司	TRILITY Group Pty Ltd.			电力、煤气及水的生产和供应业	电力、煤气及水的生产和供应业	澳大利亚	大洋洲
2018	4	宁波均胜电子股份有限公司	Takata Corporation	1588.00		制造业	制造业	日本	亚洲
2018	4	青岛双星股份有限公司	韩国锦湖轮胎	605.00	42	制造业	制造业	韩国	亚洲
2018	4	网龙网络控股有限公司	Edmodo	137.50		信息传输、计算机服务和软件业	信息传输、计算机服务和软件业	美国	北美洲
2018	4	中国投资有限责任公司	Nature's Care Manufacture Pty	600.00		金融业	批发和零售业	澳大利亚	大洋洲
2018	4	上海拉夏贝尔服饰股份有限公司	Vivarte SAS	61.30	40	制造业	制造业	法国	欧洲
2018	4	远东发展有限公司	新加坡荷兰路的住宅发展物业	167.80		房地产业	房地产业	新加坡	亚洲

续表

年份	月份	交易方	标的	交易金额（百万美元）	股份比例（%）	投资方所属行业	标的所属行业	标的所在国家或地区	洲际区域
2018	4	碧桂园控股有限公司	Lindhill 和 Galliard	536.30		房地产业	房地产业	英国	欧洲
2018	4	盛大游戏有限公司	Kakao	9.20		信息传输、计算机服务和软件业	信息传输、计算机服务和软件业	韩国	亚洲
2018	4	中科创达软件股份有限公司	MMSolutions	36.55		制造业	制造业	保加利亚	欧洲
2018	5	汤臣倍健股份有限公司	Bayer	15.60		制造业	制造业	澳大利亚	大洋洲
2018	5	鹏欣环球资源股份有限公司		1500.00		采矿业	采矿业	印度尼西亚	东南亚
2018	5	阿里巴巴网络技术有限公司	SQream	26.40		信息传输、计算机服务和软件业	信息传输、计算机服务和软件业	以色列	亚洲
2018	5	长达健康控股有限公司	Darling Paganini Holding Limited	1.27	40	制造业	制造业	塞舌尔共和国	非洲
2018	5	北京京东世纪贸易有限公司	ESR	306.00		信息传输、计算机服务和软件业	交通运输、仓储及邮政业	美国	北美洲
2018	5	上海医药集团股份有限公司	Takeda Chromo Beteiligungs AG	144.00	100	制造业	制造业	日本	亚洲
2018	5	浙江春风动力股份有限公司	奥地利摩托车生产商 KTM Industries AG（KTM）	17.99	1.17	制造业	制造业	奥地利	欧洲

续表

年份	月份	交易方	标的	交易金额（百万美元）	股份比例（%）	投资方所属行业	标的所属行业	标的所在国家或地区	洲际区域
2018	5	中国葛洲坝集团有限公司	巴西圣保罗圣诺伦索供水系统公司	200.00	100	水利、环境和公共设施管理业	水利、环境和公共设施管理业	巴西	南美洲
2018	5	无锡威孚高科技集团股份有限公司	Protean Holdings Corp.	30.00		制造业	制造业	美国	北美洲
2018	5	嘉里物流联网	Shipping and Airfreight Services（S. A. S.）			交通运输、仓储及邮政业	交通运输、仓储及邮政业	南非	非洲
2018	5	广东欧珀移动通信有限公司	Baca			制造业	信息传输、计算机服务和软件业	印度尼西亚	欧洲
2018	5	海信集团有限公司	斯洛文尼亚家用电器制造商 Gorenje	172.00	22.56	制造业	制造业	斯洛维尼亚	欧洲
2018	5	玖龙纸业（控股）有限公司	Catalyst Paper Operations Inc	175.00	100	制造业	制造业	美国	北美洲
2018	5	天合光能股份有限公司	西班牙光伏跟踪支架公司 Nclave Renewable S. L.			制造业	制造业	西班牙	欧洲
2018	5	曲美家居集团股份有限公司	挪威家具制造商 Ekornes	633.00		制造业	制造业	挪威	欧洲
2018	5	恒睿铂松（上海）股权投资有限公司	Children's Group, LLC			金融业	制造业	美国	北美洲

续表

年份	月份	交易方	标的	交易金额（百万美元）	股份比例（%）	投资方所属行业	标的所属行业	标的所在国家或地区	洲际区域
2018	5	恒申控股集团有限公司	Fibrant			制造业	制造业	荷兰	欧洲
2018	5	滴滴出行科技有限公司	Taxify			信息传输、计算机服务和软件业	信息传输、计算机服务和软件业	爱沙尼亚	欧洲
2018	5	上海硅产业投资有限公司	Soitec		14.50	制造业	制造业	法国	欧洲
2018	5	腾讯控股有限公司	Grinding Gear Games(GGG)			信息传输、计算机服务和软件业	信息传输、计算机服务和软件业	新西兰	大洋洲
2018	5	深圳市中金岭南有色金属股份有限公司	缅甸金属有限公司	11.45	19.90	采矿业	采矿业	缅甸	亚洲
2018	5	浙江铁流离合器股份有限公司	Geiger Fertigungstechnologie GmbH	44.93	100	制造业	制造业	德国	欧洲
2018	5	远大医药（中国）有限公司	Sirtex	355.00		制造业	制造业	澳大利亚	大洋洲
2018	5	均安控股有限公司	Sigma Epsilon Fund Limited			建筑业	建筑业	菲律宾	亚洲
2018	5	深圳信立泰药业股份有限公司	M. A. Med Alliance SA(MA)	20.00	16.67	制造业	制造业	瑞士	欧洲
2018	5	腾讯控股有限公司	NewsDog			信息传输、计算机服务和软件业	信息传输、计算机服务和软件业	印度	亚洲

续表

年份	月份	交易方	标的	交易金额（百万美元）	股份比例（%）	投资方所属行业	标的所属行业	标的所在国家或地区	洲际区域
2018	5	中国长江三峡集团公司	葡萄牙电力公司	10900.00		电力、煤气及水的生产和供应业	电力、煤气及水的生产和供应业	葡萄牙	欧洲
2018	5	天齐锂业股份有限公司	Inversiones TLC SpA，与Nutrien	4066.00	23.77	制造业	制造业	智利	南美洲
2018	5	安泰科技股份有限公司	Cotesa GmbH		100	制造业	制造业	德国	欧洲
2018	5	厦门金达威集团股份有限公司	Zipfizz Corporation	80.00	100	制造业	制造业	美国	北美洲
2018	5	上海浦东科技投资有限公司	ASTI Holdings Limited			金融业	制造业	新加坡	亚洲
2018	5	顾家家居股份有限公司	Rolf Benz AG& Co. KG 和 RB Management AG	49.10		制造业	制造业	德国	欧洲
2018	5	宁波继峰汽车零部件股份有限公司	Grammer			制造业	制造业	德国	欧洲
2018	5	亿帆医药股份有限公司	SciGen Ltd.	28.00		制造业	制造业	新加坡	亚洲
2018	5	潍柴动力股份有限公司	锡里斯动力控股有限公司（Ceres Power）	53.56		制造业	制造业	英国	欧洲

续表

年份	月份	交易方	标的	交易金额（百万美元）	股份比例（%）	投资方所属行业	标的所属行业	标的所在国家或地区	洲际区域
2018	5	中信银行股份有限公司	阿尔金银行（Altyn Bank）		50.10	金融业	金融业	哈萨克斯坦	亚洲
2018	5	北京比特大陆科技有限公司	Circle Internet Financial	110.00		金融业	金融业	美国	北美洲
2018	5	苏州斯莱克精密设备股份有限公司	O. K. L 罐线有限公司	3.00		制造业	制造业	美国	北美洲
2018	5	浙江今飞凯达轮毂股份有限公司	沃森制造（泰国）有限公司		100	制造业	制造业	泰国	亚洲
2018	5	复星医药有限公司	诺华制药公司	2000.00	74	综合	制造业	瑞士	欧洲
2018	5	国家电网公司	澳洲基础设施基金IFM		20	电力、煤气及水的生产和供应业	电力、煤气及水的生产和供应业	德国	欧洲
2018	5	中国复星国际有限公司	Keystone Foods			综合	农、林、牧、渔业	美国	北美洲
2018	5	创新工场有限公司	Fictiv	15.00		金融业	信息传输、计算机服务和软件业	美国	北美洲
2018	5	深圳市远望谷信息技术股份有限公司	OEP 10 B. V.	203.00	80	信息传输、计算机服务和软件业	信息传输、计算机服务和软件业	荷兰	欧洲
2018	5	阿里巴巴网络技术有限公司	Daraz			信息传输、计算机服务和软件业	信息传输、计算机服务和软件业	巴基斯坦	亚洲

续表

年份	月份	交易方	标的	交易金额（百万美元）	股份比例（%）	投资方所属行业	标的所属行业	标的所在国家或地区	洲际区域
2018	5	北京万东医疗科技股份有限公司	百胜医疗集团			制造业	制造业	意大利	欧洲
2018	5	绿叶制药集团有限公司	英国生物制药公司阿斯利康（Astra Zeneca）	546.00		制造业	制造业	英国	欧洲
2018	5	四川雅化实业集团股份有限公司	澳大利亚矿企 CORE EXPLORATION LTD			采矿业	采矿业	新西兰	大洋洲
2018	5	力丰（集团）有限公司	Prima Group	2.75	0.60	制造业	制造业	意大利	欧洲
2018	5	匹克体育用品有限公司	OZARK			文化、体育和娱乐业	文化、体育和娱乐业	瑞士	欧洲
2018	5	鼎晖投资有限公司	Sirtex Medical	1410.00		金融业	制造业	澳大利亚	大洋洲
2018	5	腾讯控股有限公司	SoundHound	100.00		信息传输、计算机服务和软件业	信息传输、计算机服务和软件业	美国	北美洲
2018	5	湖北能源集团股份有限公司	Empresa de Generación Huallaga S. A.	277.00		电力、煤气及水的生产和供应业	电力、煤气及水的生产和供应业	秘鲁	南美洲
2018	5	腾讯控股有限公司	Bluehole	460.70		信息传输、计算机服务和软件业	信息传输、计算机服务和软件业	韩国	亚洲

续表

年份	月份	交易方	标的	交易金额（百万美元）	股份比例（%）	投资方所属行业	标的所属行业	标的所在国家或地区	洲际区域
2018	5	深圳信立泰药业股份有限公司	Mercator MedSystems, Inc.	4.00		制造业	制造业	美国	北美洲
2018	5	浙江森马服饰股份有限公司	Inchiostro SA	129.80		制造业	制造业	法国	欧洲
2018	5	广东欧珀移动通信有限公司	POPxo. com 公司	5.20		制造业	信息传输、计算机服务和软件业	印度	亚洲
2018	6	中信金属有限公司	Ivanhoe Mines	560.00	19.90	采矿业	制造业	加拿大	北美洲
2018	6	苏州东山精密制造股份有限公司	FLEX	29.25		制造业	制造业	美国	北美洲
2018	6	北京京东世纪贸易有限公司	Shadowfax	20.00		信息传输、计算机服务和软件业	交通运输、仓储及邮政业	印度	欧洲
2018	6	陕西炼石有色资源股份有限公司	Northern Aerospace Limited	51.90	100.00	采矿业	制造业	英国	欧洲
2018	6	杰克缝纫机股份有限公司	FINVER S. p. A.	26.90		制造业	制造业	意大利	欧洲
2018	6	苏州胜利精密制造科技股份有限公司	JOT Automation Oy	58.90	100	制造业	制造业	芬兰	欧洲
2018	6	厚安创新基金	软银集团	775.00		金融业	制造业	英国	欧洲
2018	6	中国泛海控股集团	Genworth 公司	3825.00		综合	金融业	美国	北美洲

续表

年份	月份	交易方	标的	交易金额（百万美元）	股份比例（%）	投资方所属行业	标的所属行业	标的所在国家或地区	洲际区域
2018	6	欢聚时代科技（北京）有限公司	Bigo	272.00		信息传输、计算机服务和软件业	信息传输、计算机服务和软件业	新加坡	亚洲
2018	6	上海凯利泰医疗科技股份有限公司	Elliquence，LLC	77.15	100	制造业	制造业	美国	北美洲
2018	6	网易传媒科技（北京）公司	Bungie	100.00		信息传输、计算机服务和软件业	信息传输、计算机服务和软件业	美国	北美洲
2018	6	杭州巨星科技股份有限公司	Capvis II Equity LP AG	187.76	100	制造业	制造业	瑞士	欧洲
2018	6	中国国家电力投资集团公司	圣安东尼奥水坝			电力、煤气及水的生产和供应业	电力、煤气及水的生产和供应业	巴西	南美洲
2018	6	招商局集团有限公司	纽卡斯尔港	450.00	50	金融业	交通运输、仓储及邮政业	澳大利亚	大洋洲
2018	6	中国罕王控股有限公司	Primary Gold		100	采矿业	采矿业	澳大利亚	大洋洲
2018	6	长江实业（集团）有限公司	APA Group	9800.00	100	金融业	电力、煤气及水的生产和供应业	澳大利亚	大洋洲
2018	6	中国复星国际有限公司	FFT GmbH & Co. KGaA			综合	制造业	德国	欧洲
2018	6	沣沅弘（北京）控股集团	消费品投资基金 L Catterton	191.00	88.80	金融业	制造业	法国	欧洲

B.25
后　记

2018 年正值我国改革开放 40 周年，同时也是我国十九大后全面深化改革再出发的第一年。全球化智库（CCG）作为中国企业全球化发展的观察者、研究者和推动者持续跟进中国企业全球化发展进程。

CCG 已经连续五年在社会科学文献出版社出版《中国企业全球化报告》蓝皮书并发布“中国企业全球化 50 强”“中国企业全球化新锐 50 强”等榜单，在社会中引起广泛关注。2018 年，CCG 在调研访谈的基础上，结合大量“走出去”案例研究，组织国内外在跨国投资领域有深入研究与丰富实践经验的专家、学者和企业家成立中国企业全球化研究课题组，成员逾五十人，编写了《中国企业全球化报告（2018）》。

此外，以《中国企业全球化报告》为基础，CCG 自 2014 年开始，每年在海南三亚举办“中国企业全球化论坛”。在过去四年的论坛中，我们邀请了来自国内外企业界、学术界及政府部门等近千位精英人士参加论坛，围绕“中国企业全球化发展”这一主题，多角度、多维度、全方面展开了精彩的讨论，共谋中国企业海外发展之道。在四次论坛中，CCG 企业全球化研究课题组对与会专家、学者和“走出去”企业代表进行访谈调研，收集了宝贵的一手资料。CCG 还将四次论坛的专家观点总结汇总至企业全球化蓝皮书的调查篇中。

在本报告的编写过程中，我们得到多方面的支持、帮助与指导，在此一并致谢。

感谢原国家外经贸部副部长、博鳌亚洲论坛原秘书长龙永图先生与河仁慈善基金会创办人、捐赠人曹德旺先生为本书作序。

感谢河仁慈善基金会和西南财经大学对中国企业全球化研究给予的赞助支持。感谢商务部国际贸易经济合作研究院、中国国际经济合作学会、美国企业公共政策研究所等机构有关同仁的支持。

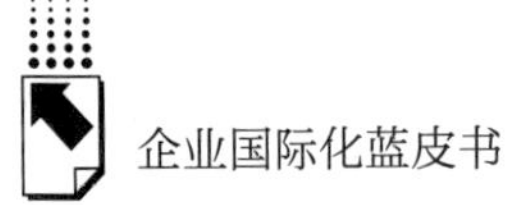

感谢西南财经大学发展研究院对本课题研究的支持。其中，特别感谢西南财经大学党委书记赵德武与校长卓志、副校长史代敏对发展研究院工作的大力支持。感谢西南财经大学发展研究院李卫锋副教授、陆毅茜副教授、陈涛博士、朱春辉等以及工商管理学院肖慧琳副教授对本报告的协助和支持。

在本书编写过程中，中国国际经济合作学会、西南财经大学发展研究院和全球化智库有关研究人员参与了相关章节的研究、撰写或数据收集、分析工作。书稿的具体组织和撰写分工如下：主编、总思路和总体框架（王辉耀、苗绿）；总报告（王辉耀、苗绿）；评价篇（王辉耀、曹佳洁、CCG 企业全球化研究课题组全体成员）；调查篇（王辉耀、苗绿、曹佳洁、于蔚蔚、侯少丽）；专题篇（何伟文、霍建国、唐琪娃、丁继华、卢进勇、李小永、韦洪斌、赵刚）、对策篇（吴赟、张诗伟、邬国华、雷宇京）；案例篇（张亚勤、苗绿、董庆前、牛骁、于蔚蔚、张明超、王胜地、王天鹏）。Junni Ogborne 对报告中的英文部分进行了译校；于蔚蔚对书稿进行审读、编辑和整理。另外，李凌枫、陈雨萌也为本报告的编写提供了帮助；李卫锋、唐蓓洁、刘宇、许海玉、李庆、董慧对报告的出版提供了支持。

借此机会，还要感谢社会科学文献出版社谢寿光社长、邓泳红主任、陈晴钰编辑对本书的出版提供的积极支持。此外，还要感谢国内外参与中国企业“走出去”问卷调查的众多企业分享自身的国际化发展经验。

中国企业全球化发展是一个长期过程，任重而道远。CCG 对中国企业全球化发展的研究也将会是长期、持续的过程。我们希望通过对中国企业全球化的研究，为中国企业“走出去”提供借鉴和参考；为政府部门提供决策依据和政策建议；为研究和学术机构提供第一手专业信息。期望大家协力，共同助力中国企业“走出去”，在国际舞台上发挥更大的影响力，为世界经济的繁荣和发展做出更大的贡献。

由于编写时间匆促，书中难免出现纰漏，欢迎社会各界批评指正。

王辉耀　苗绿
2018 年 9 月于北京

Abstract

CCG's Report on the Globalization of Chinese Enterprises (2018) is the latest fruit of CCG's continuous research into the internationalization of Chinese firms, which has been running for the last five years. The report contains theoretical and empirical research, providing analysis of various aspects of the overseas development of Chinese enterprises. The report consists of seven sections, namely General Report, Evaluation Reports, Investigation Reports, Special Topic Reports, Strategies and Recommendations, Chinese Enterprises Case Studies, and Appendixes.

The first section, General Report, systematically reviews the current situation of FDI globally as well as from China. Breakdown of investment flows shows that the US and Europe are still the favored destinations for investors and that FDI is still concentrated in the service sector. Regarding the mode of investment, both cross-border M&A and greenfield investment have declined. Despite the spread of protectionism, overall, the trend for FDI policies is to be more oriented towards openness and facilitation.

Looking at the outbound investment of Chinese enterprises specifically, the preferred destination has shifted from North America to Europe and Asia; investment entities are increasingly diversified; the mode of investment for growing cross-border M&A activity and falling greenfield investment. Sector-wise, FDI is mainly concentrated in manufacturing, particularly high-end sectors.

The first section also analyzes five major challenges faced by Chinese enterprises in overseas development from 2017 to 2018. The chapter highlights how the overseas development and compliance management of Chinese enterprises need to be in line with international standards. The study also emphasizes that Chinese enterprises have a long way to go in the evolution from "product internationalization" to "brand internationalization."

Difficulties of Chinese enterprises in aligning with the Belt and Road Initiative is discussed, as well as obstacles facing FDI into the US due to the intensifying Sino - US rivalry. In addition, the section also highlights the need to improve the efficiency of public-private partnerships (PPP) for Chinese enterprises to undertake overseas projects. Based on in-depth analysis, corresponding countermeasures and solutions are proposed to provide a reference for the overseas development of Chinese enterprises.

In the Evaluation Reports section, CCG presents the list of "Top 50 Chinese companies going global" which is based on the continuously updated Chinese Enterprise Globalization Evaluation System (2018) and on data that CCG has collected on over 300 Chinese companies that invest overseas. The reports also include the "Top 50 newly-developing Chinese enterprises", the "Top 10 Chinese enterprises in 'Belt and Road' Initiative, and the "Top 10 innovative Chinese enterprises".

The Investigation Reports section presents survey feedback and expert opinions drawn from forum discussions. CCG cooperated with Ifeng. com to conduct online surveys of over 200 enterprises, providing an overview of Chinese enterprises "going out," problems that they face, the impact of policy changes, and prospects of the enterprises participating in the Belt and Road Initiative. To gather expert opinions, CCG compiled views shared at the 4th China Outbound Forum by experts, scholars, and entrepreneurs. This section provides an overview of the current trends and issues facing Chinese enterprises "going out," serving as a valuable reference for Chinese enterprises that have already invested or plan to invest overseas.

Special Topic Reports are based on in-depth discussions on the compliance issues faced by Chinese enterprises in their overseas development; research on the outbound investment of private enterprises; and research on Belt and Road Initiative economic and trade cooperation. Moreover, this chapter provides specific analysis of the characteristics of Chinese enterprises' overseas development.

The Strategies and Recommendations section covers several themes, including the current trends, opportunities and challenges for SMEs regarding overseas development; how professional lawyers interpret the core clauses of

Chinese enterprises' cross-border M&A contracts; analysis of the impact of recent US and EU regulations on Chinese enterprises.

The Chinese Enterprise Case Studies section highlights eight stories of Chinese companies that have attained notable success in globalization, namely Fuyao Group, Fosun Group, Career International, Baidu, JD, Country Garden, Daddy's Choice, and Henan Civil Aviation Development & Investment Co. Analysis of these cases provides a reference to Chinese enterprises moving forward in the progress of globalization.

Finally, the Appendices list a collection of key events regarding Chinese outbound investment activities from 2017 to 2018.

It is hoped that this book will help readers understand the processes of Chinese enterprises' globalization, providing theory and analysis to supports the continuous overseas development of Chinese firms, and helping relevant government agencies in policymaking.

Contents

I General Report

Abstract: In 2017, the world economy enjoyed a period of recovery. However, foreign direct investment (FDI) continued to decline. The drop was the highest in the last 15 years, including the slowdown witnessed during the 2008 -2009 global financial crisis.

Regionally, the United States and Europe continue to be favored by investors. By sector, investment is still concentrated in service industries. Regarding modes of investment, both cross-border M&A and greenfield investment have declined. Even though protectionism has spread globally, international investment policies trend towards openness and facilitation.

Impacted by the strengthening of domestic and foreign investment policy supervision, and increasing US restrictions on China's investment sectors, in 2017, Chinese enterprises' total foreign investment declined for the first time in a decade. Among key trends, investment has shifted from North America to Europe and Asia; investment entities are more diversified; the preferred investment mode is cross-border M&A, and greenfield investment continues to decline. Sector-wise, investment is mainly concentrated in the manufacturing industry, particularly high-end manufacturing.

This report summarizes the situation and characteristics of global foreign investment, particularly by Chinese enterprises, from 2017 to 2018. It analyzes factors behind the decline in FDI, including international politics, economy, and the investment environment. The report outlines five major challenges that Chinese enterprises face overseas and provides corresponding countermeasures and suggestions for Chinese enterprises.

Keywords: Chinese Enterprises; Global Development; FDI; Countermeasures and Suggestions

Ⅱ Evaluation Reports

Abstract: Globalization is a way for enterprises to upgrade technology, tap new markets, promote innovation, and keep pace with or even lead the development of the industry. CCG has been tracking the internationalization of Chinese enterprises for the last five years. Based on thorough theoretical and empirical research, CCG has developed an evaluation system for the globalization of Chinese enterprises. Based on changes in the global economic and political environment, CCG's research group has constantly refined this evaluation system.

Taking "going out, going in, and sustainable development" as the cornerstone development path and "co-creation, win-win and co-development" as the rating criteria, CCG selected five rating elements for the evaluation, namely: performance, strategy, talent, market and corporate social responsibility. Based on the Delphi method, objective valuation, and accounting methods, this study compiles the list of "Top 50 Enterprises in China's Globalization Development in 2018".

Keywords: Enterprise Globalization; Evaluation System; Co-creation and Win-win

Ⅲ Investigation Reports

B. 4 Report on Chinese Companies' Outbound Investment 2018

CCG Research Group on Enterprises Globalization / 081

Abstract: To deepen understanding of the current situation regarding the overseas development of Chinese enterprises, in cooperation with iFeng. com, the CCG Enterprise Globalization Group conducted the "Chinese Enterprises Globalization Survey."

The survey consists of five parts: statistical analysis of Chinese enterprises' "going out"; investigation of the key factors that influence Chinese enterprises; identifying the main challenges for Chinese enterprises "going out"; the impact of policy changes on enterprises; and current trends and prospects of enterprises participating in the BRI. The purpose of the survey is to better understand the current situation and challenges that Chinese enterprises face, present empirical data on realized and planned Chinese overseas investments, and provide a reference to relevant policymakers.

Keywords: Chinese Enterprises; Foreign Investment; Investment Risk; Investment Policy; Belt and Road Initiative

Abstract: In the speech at the Boao Forum for Asia in 2018, President Xi declared that "economic globalization is an irreversible trend of our times." China's support of globalization and free trade is firm and its open attitude towards embracing globalization is clear to the world. However, anti-globalization currents in the form of populism and protectionism are prevalent in many parts of the world and trade barriers are increasing. Under this situation, where is China's overseas investment to go? Is the trend of "de-globalization" impeding the globalization of Chinese enterprises?

The chapter also addresses key issues such as the significance of the BRI to Chinese enterprises' overseas investment; and the new opportunities, challenges, and responsibilities that globalizing Chinese enterprises will face in the new era. To shed light on these issues, the Center for China and Globalization compiled the views of experts, scholars and entrepreneurs drawn from the Fourth China Enterprise Globalization Forum in 2017 for readers' reference.

Keywords: Globalization of Enterprises; Belt and Road Initiative; Made in China; Corporate Social Responsibility

Ⅳ Special Issue Reports

Abstract: Belt and Road projects do not solely depend on government support and financing to be successful. There have already been major achievements by enterprises under the Belt and Road Initiative (BRI), particularly private

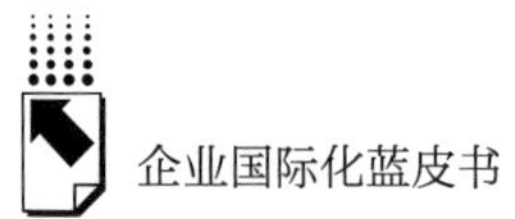

enterprises. To build on the significant accomplishments of the first five years of the BRI, in the second five-year period, more emphasis should be put on enterprise investment that is based on market factors and focused on the social and economic needs of the host country. This orientation will be crucial to the long-term sustainable development of the BRI.

There is a need to innovate and enhance our conceptual understanding of the BRI and refine government management models to facilitate effective cooperation between government, trade associations, business, and finance.

Keywords: Belt and Road Initiative; Sustainability; Enterprise Investment

B.7 Economic Cooperation on the Belt and Road: Current Trends and Development Prospects *Huo Jianguo* / 136

Abstract: In the five years since it was launched, the results of the Belt and Road Initiative (BRI) have surpassed expectations. This success is based on the vitality of mutually beneficial and win-win modes of cooperation, drawing on impetus provided by the vision of "a community of shared future for mankind" proposed by China.

Based on analysis of BRI achievements to date, this chapter examines issues and contradictions encountered in the implementation of the BRI in more detail. It also proposes corresponding solutions to mitigate risks and ensure the smooth development of the BRI. This chapter is a positive contribution to the development of the BRI, offering a valuable reference for policymakers and enterprises participating in the BRI.

Keywords: Belt and Road Initiative; Economic and Trade Cooperation; Risk Analysis

Abstract: This chapter analyzes the fundamental characteristic of "going out" as a cyclical feature of world economic history. The trend has both contingent and inevitable aspects. The fact that a given country emerges as the "factory of the world" does not mean that its manufacturing industries and businesses cannot successfully "go out," i. e. develop overseas. Rather, the success of a country in "going out" depends on whether it can establish core advantages and realize industrial upgrading in the process of manufacturing development.

To further explore factors shaping this cyclical process, this chapter selects Japan's economic take-off after World War II as a benchmark. It summarizes three reasons for Japan's rapid rise: the impetus given by the historic opportunity of serving US "special needs" at the time; symbiosis with the conglomerate structure as a foundation of development; and micro-innovation and continuous improvement by Japanese entrepreneurs as a driving force.

The chapter summarizes three laws of Japanese enterprises "going out" based on case studies of Sony, 7-11, and Muji. By examining when, why and how enterprises "go out," this chapter provides strategic insights for Chinese enterprises to draw on. Finally, the chapter provides an overview of current trends in Chinese manufacturing "going out" via e-commerce from the perspective of early-stage investors.

Keywords: Going Out; World Factory; Japanese Economic History; Internationalization Via E-commerce

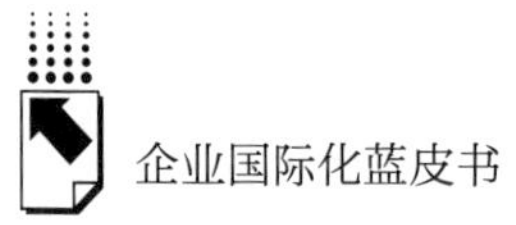

Abstract: International and domestic trends in corporate compliance show a strengthening awareness among Chinese firms "going out" of the need for compliance and compliance management to achieve stable development. This chapter presents over ten compliance case studies of Chinese and foreign companies, covering both positive and negative examples, and analyzes them from a compliance management perspective. Case studies were selected to present a key area of corporate compliance or for their intrinsic reference value.

The compliance case studies of leading companies presented in this chapter provide lessons for Chinese enterprises expanding abroad.

Keywords: Compliance Awareness; Compliance Management; "Going Out" Case Studies; Compliance Experience and Lessons

Abstract: With China's growing foreign direct investment into European countries and the United States, Chinese investments are increasingly subject to national security reviews in these countries. Trends show both commonalities and differences regarding the use and processes of national security reviews in Europe and America. This chapter analyzes trends regarding national security reviews of foreign investment in Europe and America at the macro, industry, and enterprise level.

Based on this analysis, the chapter lays out the characteristics of national security review programs in the United States, EU, Germany, and other countries. Finally, appropriate countermeasures are proposed for Chinese companies "going out" to deal with foreign investment security reviews.

Keywords: Foreign Direct Investment; National Security Review for Foreign Investment; Critical Infrastructure; Critical Technology

Abstract: Since the start of 2018, there have been increasing signs that the United States and Europe are engaging in a "technology cold war" to limit China's technological development. This chapter explores causal factors in China and the broader global arena behind the development of the "technology cold war" mentality from economic, scientific, and technological perspectives.

The chapter recommends that China adhere to the road of innovation-driven development to deal with challenges by strengthening homegrown innovation, further opening to the outside world, and working to inform international public opinion. This will promote science and innovation and deliver greater social contributions to both China and the world.

Keywords: Technology Cold War; Innovation; Homegrown Innovation; Opening-up

V Strategy Recommendations

Abstract: This chapter discusses whether, when, and how a Chinese technology-based small-to-medium enterprise (SME) in a mature industry should "go out." Based on Yamazaki and Takeda's Developmental Model of Multinational Corporations and Vernon's International Product Cycle Theory, this chapter analyzes opportunities and challenges for a market leader, Jiangsu Bealead Intelligent

Technology Incorporated. For further growth, the company needs to engage in cross-border investment after having established a firm base in the domestic market. Subsequently, financing and early planning are important before the company "goes out." As for the investment mode, joint ventures may be appropriate.

Keywords: SME; Mature Industry; Foreign Direct Investment

Abstract: Cross-border M&A activities of Chinese-listed companies have become more rational in recent years following the tightening of the domestic and overseas policy. Against this backdrop, it is increasingly important that agreements be designed to spread risk, optimize the distribution of responsibility, and realize business objectives. An M&A agreement solidifies the intentions of both parties, reflecting key arrangements of the M&A transactions.

This chapter features recent typical cases of cross-border M&A of A-share listed companies and a comprehensive scan of the core terms of cross-border M&A agreements of Chinese listed companies. As well as providing a systematic review and summary of cross-border M&A transaction documents of Chinese listed companies, it also provides an in-depth study of the core clauses of cross-border M&A agreements, including related issues of logic, risk, and commercial interest.

Keywords: Listed Company; Cross-border M&A; Legal Liability Risk

Abstract: This chapter provides an update on changes since 2017 in Chinese laws and regulations regulating outbound direct investment (ODI) by Chinese companies, as well as laws and regulations regulating foreign investment into the US and EU.

The chapter identifies the potential risks that Chinese companies face in outbound investments and outlines strategies for risk mitigation. On the one hand, China's deepening reform and opening up calls for increased investment by Chinese companies in the US and EU. On the other hand, the US and EU are creating laws and regulations for more robust scrutiny of foreign investment. The chapter emphasizes the need for Chinese companies to strengthen understanding of relevant regulatory frameworks to prepare for tougher compliance measures and potential risks due to legislative changes impacting outbound investment.

Keywords: Cross-border Investment; Scrutiny of Foreign Investment; Investment Approval

Abstract: The relations between the world's two largest economies are now at a crossroads, beset by the escalating trade conflict. This chapter reviews the history of Sino –US trade for 40 years, analyzes the present situation and future of Sino –US trade conflict, and puts forward some countermeasures and suggestions.

Keywords: Sino –US trade; Trade conflict; Investment; Policy

Ⅵ Enterprise Case Studies

Abstract: From the early introduction of technology, through the micro-innovation of business models, to leadership in certain areas of technology and exports, the "go global" approach of Chinese internet companies has become symbolic of China's economic transition with respect to globalization.

The internationalization of China's internet companies has gone through three stages, exporting application tools, business models and technologies. As China's first AI company, Baidu is already a leader in several areas such as technology, products, talent, ecosystem building, and globalization. New internationalization approaches are now being explored, beyond tool applications and business models, in a bid to establish global technology paradigms for the age of AI, accelerate the exchange and development of global talent, and set new directions for the internationalization of China's internet sector.

Keywords: Baidu; AI; Internet; Technology Paradigm; Globalization

Abstract: Fosun, a representative of Chinese multinationals, has followed a unique development path via cross-border investment and M&A. In recent years, Fosun's internationalization strategy has been upgraded from version 1. 0, that focused on bringing high-quality overseas brands and products to the growing Chinese market, using this expanding base to fuel global performance and market value; to version 2. 0, which leverages China's industrial upgrading to export products, technologies and models to emerging markets such as Africa and India.

The consistent logic is to achieve integrated development and value creation through the global integration of resources, gaining industrial strength through investment.

Fosun adopts "Glocalization" as a core strategy, emphasizing localization capabilities and creating high-quality products while implementing global distribution. Fosun's strategy and philosophy of mutual trust and mutual benefit have contributed to its solid international expansion over many years.

Keywords: Fosun; Globalization Strategy; Industry Operation; Resource Integration; Glocal

B. 18 Insights from Fuyao Group's internationalization strategy

Dong Qingqian, *Niu Xiao* / 290

Abstract: Fuyao Glass Group is a large multinational corporation specializing in the production of auto glass. Since its creation in 1987, Fuyao has grown from a small factory into a large multinational group with modern production facilities in nine markets and six design centers across the world. Moreover, it has gradually climbed from the low to the high end of the auto glass industry value chain, now participating in car design and other high value-added activities. It is now the largest producer and supplier of auto glass in the world, with almost a quarter of the global market.

This chapter covers four aspects of Fuyao's internationalization process: market expansion, talent, technology impetus, and innovation concepts. It also provides a model for Chinese enterprises planning to "go global" by drawing on Fuyao's experience and lessons learned during in its international expansion.

Keywords: Fuyao Group; Internationalization; Strategy

B. 19 The Role of "Industry New Towns" in Malaysia's Economic Development

Yu Weiwei / 299

Abstract: Through several years effort and exploration, Country Garden has devised a developmental model for an international "industry new town" with its Forest City development in Johor Bahru. This model, based on the premise that "Forest City" does not increase the local government's debt burden, aims to promote industrial development and overall city improvement by establishing a self-sustaining model of urban development. The development of Forest City has helped to stimulate the economy and social vitality of Johor Bahru. As noted by Forbes magazine, Forest City, one of Country Garden's most significant international strategic projects, has become a blueprint for future cities. At the same time, Forest City has become an exemplary project for mutually beneficial cooperation between China and ASEAN countries.

Keywords: Belt and Road Initiative; Industry New Town; China-Malaysia Cooperation; Overseas Investment

B. 20 Using the "Aviation Silk Road" to Drive the Global Integration of Interior Regions

Zhang Mingchao / 308

Abstract: This chapter provides an overview of the "Aviation Silk Road" against the backdrop of China's globalization and the opening-up process of Henan province. The project is based on cooperation between Henan Civil Aviation Development & Investment Corporation and Cargolux Airlines International. Construction of the "Aviation Silk Road" provides a reference for the opening-up and development of China's interior regions and the participation of Chinese enterprises in the Belt and Road Initiative.

Keywords: Aviation Silk Road; Henan Civil Aviation Development & Investment Corporation; Luxembourg; Dual Hub Strategy

B. 21 Daddy's Choice: The "Chinese Manufacturing, Global Development" Brand Development Strategy

Wang Shengdi / 316

Abstract: Established in 2015, Beijing Daddy's Choice Science and Technology Company has developed an innovative brand of maternity and infant products based on an R&D intensive-approach aligned with China's industrial strategies Made in China 2025 and Internet Plus. Over the past three years, the Daddy's Choice brand has won numerous industry awards and gained recognition not only in China and but also overseas, contributing to the upgrading of Chinese manufacturing. The brand strategy and developmental model of Daddy's Choice provide a valuable reference for other Chinese manufacturers.

Keywords: Daddy's Choice; "Chinese manufacturing Global Development" Brand Strategy; The Vision of Becoming One Fortune 500 Company

Abstract: JD. com launched its e – commerce business in 2004. In May 2014, it became the first major Chinese internet company listed on NASDAQ. JD. com is a Fortune 200 company and the world's third largest internet company after Amazon and Alphabet.

JD. com already has operations in Indonesia and Thailand and continues to expand into Southeast Asia, with an eye towards growing in Europe and the US in future. This chapter describes JD's operations in Indonesia, articulating JD's strengths in smart supply chain and local strategy. It highlights how JD has leveraged its experience accumulated from operating in China to efficiently expand overseas, and how this can set a good example for other Chinese companies.

Keywords: JD. com; E-commerce; Smart Supply Chain; Doing Business the Right Way

Abstract: Career International, the first A - listed human resources service company, is a pioneer in China for its expertise, brand influence, and the global presence it has achieved in the last 22 years. In line with the BRI, Chinese enterprises have expanded into international markets but face challenges in the recruitment and management of talent. This has created significant opportunities for Chinese staffing agencies such as Career International. Career International provides practical solutions to various recruitment issues faced by Chinese enterprises and offers support for their international expansion.

Keywords: Globalization; Belt and Road Initiative; Cross-border Services; Human Resources

Ⅶ Appendixes

皮书起源

“皮书”起源于十七、十八世纪的英国，主要指官方或社会组织正式发表的重要文件或报告，多以“白皮书”命名。在中国，“皮书”这一概念被社会广泛接受，并被成功运作、发展成为一种全新的出版形态，则源于中国社会科学院社会科学文献出版社。

皮书定义

皮书是对中国与世界发展状况和热点问题进行年度监测，以专业的角度、专家的视野和实证研究方法，针对某一领域或区域现状与发展态势展开分析和预测，具备原创性、实证性、专业性、连续性、前沿性、时效性等特点的公开出版物，由一系列权威研究报告组成。

皮书作者

皮书系列的作者以中国社会科学院、著名高校、地方社会科学院的研究人员为主，多为国内一流研究机构的权威专家学者，他们的看法和观点代表了学界对中国与世界的现实和未来最高水平的解读与分析。

皮书荣誉

皮书系列已成为社会科学文献出版社的著名图书品牌和中国社会科学院的知名学术品牌。2016年，皮书系列正式列入“十三五”国家重点出版规划项目；2013~2018年，重点皮书列入中国社会科学院承担的国家哲学社会科学创新工程项目；2018年，59种院外皮书使用“中国社会科学院创新工程学术出版项目”标识。

中国皮书网

（网址：www.pishu.cn）

发布皮书研创资讯，传播皮书精彩内容
引领皮书出版潮流，打造皮书服务平台

栏目设置

关于皮书：何谓皮书、皮书分类、皮书大事记、皮书荣誉、
皮书出版第一人、皮书编辑部

最新资讯：通知公告、新闻动态、媒体聚焦、网站专题、视频直播、下载专区

皮书研创：皮书规范、皮书选题、皮书出版、皮书研究、研创团队

皮书评奖评价：指标体系、皮书评价、皮书评奖

互动专区：皮书说、社科数托邦、皮书微博、留言板

所获荣誉

2008 年、2011 年，中国皮书网均在全国新闻出版业网站荣誉评选中获得“最具商业价值网站”称号；

2012 年，获得“出版业网站百强”称号。

网库合一

2014 年，中国皮书网与皮书数据库端口合一，实现资源共享。

S 基本子库
UB DATABASE

中国社会发展数据库（下设 12 个子库）

全面整合国内外中国社会发展研究成果，汇聚独家统计数据、深度分析报告，涉及社会、人口、政治、教育、法律等 12 个领域，为了解中国社会发展动态、跟踪社会核心热点、分析社会发展趋势提供一站式资源搜索和数据分析与挖掘服务。

中国经济发展数据库（下设 12 个子库）

基于“皮书系列”中涉及中国经济发展的研究资料构建，内容涵盖宏观经济、农业经济、工业经济、产业经济等 12 个重点经济领域，为实时掌控经济运行态势、把握经济发展规律、洞察经济形势、进行经济决策提供参考和依据。

中国行业发展数据库（下设 17 个子库）

以中国国民经济行业分类为依据，覆盖金融业、旅游、医疗卫生、交通运输、能源矿产等 100 多个行业，跟踪分析国民经济相关行业市场运行状况和政策导向，汇集行业发展前沿资讯，为投资、从业及各种经济决策提供理论基础和实践指导。

中国区域发展数据库（下设 6 个子库）

对中国特定区域内的经济、社会、文化等领域现状与发展情况进行深度分析和预测，研究层级至县及县以下行政区，涉及地区、区域经济体、城市、农村等不同维度。为地方经济社会宏观态势研究、发展经验研究、案例分析提供数据服务。

中国文化传媒数据库（下设 18 个子库）

汇聚文化传媒领域专家观点、热点资讯，梳理国内外中国文化发展相关学术研究成果、一手统计数据，涵盖文化产业、新闻传播、电影娱乐、文学艺术、群众文化等 18 个重点研究领域。为文化传媒研究提供相关数据、研究报告和综合分析服务。

世界经济与国际关系数据库（下设 6 个子库）

立足“皮书系列”世界经济、国际关系相关学术资源，整合世界经济、国际政治、世界文化与科技、全球性问题、国际组织与国际法、区域研究 6 大领域研究成果，为世界经济与国际关系研究提供全方位数据分析，为决策和形势研判提供参考。

法律声明